제2판

행정계량분석론

- 통계분석의 기초, 응용, 실습 -

김 민 주

도서출판 대영문화사

제2판 머리말

데이터의 중요성이 날로 강조되고 있다. 여기서 말하는 중요성이란 데이터 분석의 중요성을 말한다. 인터넷을 비롯한 정보통신기술의 발달 덕분에 오늘날 데이터 수집에서 발생하는 제약은 많이 극복되었다. 단적으로 볼 때 공공기관은 일정한 데이터에 관해서는 의무적으로 수집해서 축적해 두어야 하고 또 그것을 공개해야 하는 경우도 많다. 공공기관의 이런 데이터를 이용하는 것이 어렵지 않은 시대가 되었기 때문에 누구나 마음만 먹으면 공공 영역의 2차 데이터 정도는 쉽게 확보할 수 있다. 그래서 이제는 데이터를 얼마나 잘 확보할 수 있느냐(혹은 얼마나 가지고 있느냐)보다는 데이터를 분석하는 역량이 있는가 혹은 어느 정도 되는가가 중요해졌다. 쉽게 획득할 수 있는 데이터를 분석할 수 있는가의 여부가 빅데이터 시대에 살아가는 우리에게 놓인 과제이자 기회가 된 것이다.

『행정계량분석론』은 행정학을 비롯한 사회과학 전공자들이 그러한 과제를 수행하고 기회를 잡는 데 도움을 주는 책이다. 따라서 이 책은 이미 진행된 빅데이터 시대를 살아갈 전공자들의 데이터분석 역량 향상에 기여하고자 하는 목적을 지니고 있다. 그 목적에 얼마나 기여했는지는 모르겠지만, 지난 5년 간 많은 사람들이 이 책의 초판을 많이 이용하며 지지를 보내주었다.

그에 보답하고자 기존의 초판을 보완해서 제2판을 이번에 출간하게 되었다. 초판의 전반을 검토하면서 이해의 수월성을 높이고자 내용을 수정하고 또 추가하는 작업을 했다. 특히 초판에서는 없었던 요인분석 기법을 새롭게 추가하여 기존에 총 3부 12장까지였던 분량이 13장으로 늘어났다.

이 책은 그동안 학부생뿐 아니라 대학원생에게도 많이 활용된 것으로 알고 있다. 그만큼 책임감과 사명감이 더욱 크게 다가온다. 앞으로는 데이터를 분석할 수 있는 사람과 그렇지 못한 사람으로 구분될 수도 있을 것이라는 전망도 있다. 『행정계량분석론』 제2판은 미래 세대 모두가 데이터를 분석할 수 있는 사람이 되는 데 조금이라도 기여했으면 하는 바람을 지니고 있다.

제2판 출간을 결정하며 많은 도움을 주신 대영문화사 임직원분들께 깊은 감사의 마음을 전한다. 이 책이 빛을 발할 수 있었던 것은 출판사 임직원분들의 진심어린 수고 덕분이라고 생각한다. 그리고 사랑하는 가족에게도 감사의 마음을 전한다.

2021년 2월
연구실에서 김민주

초판 머리말

이 세상은 숫자가 지배한다고 해도 과언이 아니다. 어쩌면 우리는 태어나서 죽을 때까지 숫자와 함께 살아갈지도 모른다. 태어나면서부터 태어난 년(年), 월(月), 일(日), 시(時)가 숫자로 기록되어 평생의 사주(四柱)가 부여된다. 이 숫자는 살아가면서 생일날이 되어 매년 그 숫자가 도래되는 날을 손꼽아 기다리곤 한다. 죽을 때도 숫자로 날짜가 기록되어 후손들에 의해 기억된다. 이러한 간단한 개인사를 넘어 이 사회 속에서는 더 많은 숫자가 넘쳐난다. 뉴스를 켜기만 해도 경제성장률이니 출산율이니 소득 수준이니 OECD 국가들 중 몇 위를 했느니 하는 숫자들이 흘러나오고, 강의하러 강의실에 들어서면 학생들은 학점과 토익 성적 때문에 힘들어하는 소리가 들린다. 이 글을 쓰는 나 역시 지금이 몇 시인지 시계 바늘이 가리키는 숫자를 확인하고 있다.

그래서 사회를 이해하는 방법 중 하나가 바로 숫자를 통한 이해이다. 숫자를 통해 무엇을 이해한다고 하면 수학을 먼저 떠올리며 골치 아프다고 지레 생각해버리는 경우가 있는데, 사실 전혀 그렇지 않다. 숫자를 통해 무엇을 이해한다는 것은 오히려 복잡한 것을 간단한 숫자로 표현해서 쉽게 이해하기 위해서이다. 그래서 사회 곳곳에서 표현되고 있는 숫자는 사회를 이해하는 데 중요한 정보가 된다.

정부 영역에서도 마찬가지이다. 정부활동들은 숫자로 표현되는 경우가 많고 또 숫자로 평가되기도 한다. 예를 들어, 행정서비스를 전달할 때 효율성 등이 중요하게 고려되고, 정부활동을 평가할 때도 목표 대비 달성도나 이용률이나 만족도 등과 관련된 자료들이 대부분 숫자로 수집되어 수치적 정보로 결과가 도출된다. 이처럼 정부 영역에서도 정부활동에 관한 많은 정보가 수치로 표현되고 있다.

이 책은 바로 여기에 관한 이론적 지식과 실무적인 응용 방법을 안내해주기 위해 쓰였다. 특히 이 책은 정부 영역에 초점을 두고 있다. 정부 영역에 관한 수치적 정보 도출과 이해는 개인이나 사회 모든 영역과도 관련된 면이 많기 때문이다. 그래서 간단히 말해, 이 책은 여러 행정 현상을 계량적으로 분석하는 방법에 관한 책이다. 계량적 이해는 수치적 이해를 말한다.

복잡한 행정 현상을 간단한 수치로 이해한다는 것은 분명 매력적인 일이다. 복잡하게 얽혀 있을수록 핵심적인 정보를 캐내는 것은 더욱 중요하며, 이때 그 정보는 간략한 모습을 띤 정보일수록 좋다. '핵심적인 정보'를 '간략히' 보여주므로 매력적인 것이다. 그 작업을 가능하게 해주는 도구가 계량분석 방법이다. 그래서 복잡한 행정 현상을 간단한 핵심적인 숫자로 이해하는 매력적인 일을 가능하게 해주는 행정계량분석 방법 역시 매력적이다.

그렇다고 행정계량분석이 관념적 이끌림을 주는 매력만 지니는 것은 아니다. 실용적이고 실무적이기도 하다. 행정계량분석 방법을 통해 도출하는 유용한 정보는 적절하고 적실성 있는 정책을 만들고 집행하는 데 결정적인 도움을 주기 때문이다. 그래서 배워 볼 만하다. 아니 필요하다면 반드시 배워야 할 분야이다.

따라서 행정학이나 정책학을 전공하는 사람이라면 행정계량분석은 반드시 학습해야 한다. 이 책은 학부 수준과 대학원 수준을 모두 아우를 수 있게 되어 있으므로 누구든 학습할 수 있다. 그리고 비단 행정학 전공자가 아니더라도 이 책을 사용해서 학습할 수 있다. 통계분석의 일반적인 이론과 기법이 그대로 여기서 다루어지기 때문이다. 사회 현상을 수치와 통계로 이해하고자 하는 누구든지 이 책에서 상당한 도움을 받을 수 있을 것이라고 확신한다.

이 책은 몇 가지 점에서 기존의 책들과는 다른 장점을 지니고 있다. 첫째, 이 책은 통계분석 프로그램인 SPSS를 실제로 사용하는 방법을 자세히 설명하고 있다. 실습하는 절차에 대해 하나하나 화면을 캡처해서 보여주면서 설명하고 있다. 강의를 통해 설명을 들은 후 혼자서 캡처된 화면을 보면서 따라 해도 충분할 정도로 자세히 설명하고 있다. 이 책에서는 SPSS 21 버전을 사용한 예를 보이고 있지만 그 이전 버전이나 이후 버전 어느 것이든 상관없이 이 책을 통해 학습할 수 있다. 버전별로 분석에 사용되는 메뉴는 큰 차이가 없기 때문이다. 둘째, 실습에 필요한 데이터를 별도의 CD를 통해 제공하고 있다. 이 CD 속에는 통계분석 기법별로 사용할 수 있는 간단한 데이터들이 들어 있다. 이 데이터를 사용해서 실습 절차대로 따라할 수 있도록 했다. 셋째, 통계분석 프로그램인 SPSS를 사용해서 분석한 결과를 보고서나 논문으로 작성하는 방법에 관해 자세히 설명하고 있다. 일종의 보고서 샘플을 제시하면서 분석 결과를 어떻게 작성해야 하는지에 관해 보여준다. 넷째, 이 책은 통계적 용어를 사용하기는 하지만 상당히 쉬운 언어로 풀어서 설명하고 있다. 어쩔 수 없이 통계적 용어가 들어간 설명이 있어야 하는 경우도 많지만, 사실 일상의 언어로 풀어서 설명할 수 있는 통계 용어가 상당히 많다. 그래서 이 책은 쉽게 쓰기 위해 무작정 통계적 용어를 사용하지 않는 설명이 아니라, 통계적 용어를 함께 사용하되 일상의 언어로 이해하기 쉽게 설명했다. 다섯째, 학습 내용과 관련되면서 비교적 가볍게 읽을 수 있는 '읽기 자료'를 본문 중간중간에 삽입해 두었다. 주로 신문의 칼럼이나 기사들이다. 현재 배우고 있는 지식이 실생활과 많이 관련된다는 사실을 확인하면서, 학습 중간에 잠깐 동안 맛보는 일종의 분위기 환기용으로 활용될 수 있을 것이다.

이 책은 총 3부 12장으로 구성되어 있다. 크게 세 개의 상위 주제가 있고 각각의 주제에 하위 주제들이 포함되어 있는 형식이다. 하위 주제들은 세 개의 상위 주제에 각각 구분되어 포함되어 있으나, 연속적으로 1장부터 12장까지 이어진다.

이 책이 나오기까지 많은 분의 도움과 격려가 있었다. 지도교수인 고려대학교 행정학과 윤성식 교수님은 내가 한없이 존경하는 분이다. 내가 학생일 때나 교수가 되었을 때나 윤 교수님은 가장 큰 스승으로 내 마음속에 자리 잡고 계신다. 감사한 마음은 헤아릴 수 없다. 그리고 현재 내가 몸담고 있는 동양대학교 행정경찰학부 교수님들께도 많은 도움을 받았다. 교수님들께서는 언제나 나를 편하게 대해주면서 연구 환경을 최적으로 만들어 주셨다. 이에 감사한 마음을 전하고 싶다.

그리고 가족에 대한 무한한 감사의 마음도 전한다. 아버지(김석웅)와 어머니(이재선)는 내 삶의 가장 소중한 분들로서 나를 위해 모든 것을 해주시는 분들이다. 큰 자형(임상홍)과 큰누나(김혜숙)는 형제들 간의 맏이로서 든든한 역할을 하고, 둘째 자형(최명원)과 둘째 누나(김미숙)는 보이지 않게 물심양면으로 많은 도움을 주고, 막내 자형(김석근)과 막

내 누나(김현숙)는 사소한 일까지도 도맡아서 자발적으로 모든 일을 먼저 한다. 그리고 조카 임아름, 임창우, 최은지, 최지혁, 김유라는 세상에서 가장 귀엽고 사랑스럽다. 내가 대학원 시절에 조카들은 나의 큰 에너지였다. 장인어른(김진성)과 장모님(강상전)은 나를 언제나 따뜻하게 맞아주면서 깊은 애정과 진솔한 배려로 큰 감동을 주신다. 처형(김한나)은 현명하고 지혜롭게 나와 아내에게 아낌없는 사랑과 지지를 보내주신다. 마지막으로, 아내 김유라는 나를 가장 존중해주면서 내가 부족한 많은 것들을 하나하나 다정한 손길로 채워준다. 아내는 양가 모두를 행복하게 만드는 일등 공신이다.

끝으로, 이 책의 출판을 흔쾌히 받아들이고 출판 과정에 큰 도움을 준 대영문화사 임직원분들께 감사의 마음을 전하고자 한다.

2015년 1월

연구실에서 김민주

차 례

제2부 통계분석의 기초 이론과 응용

제3부 통계분석 기법의 원리와 실습

제1부

행정과 계량분석

제1부에서는 행정 현상을 계량적으로 이해한다는 것의 의미와 정부에 의해 통계행정이 어떻게 이루어지고 있는지에 대해 학습한다. '제1장 행정계량분석의 의미'와 '제2장 국가와 행정계량분석'으로 구성되어 있다.

행정계량분석론

제**1**장

행정계량분석의 의미

제1절 행정계량분석과 통계

1. 계량분석과 행정계량분석

계량분석은 수치화된 자료로 수치화된 정보를 산출해내는 분석 방법이다. 계량(計量)이라는 말이 수를 세거나 계산하는 것을 뜻하기 때문에 계량분석의 가장 원초적인 뜻은 숫자를 이용한 분석을 의미한다. 계량분석의 대상이 행정 현상이라면 이는 행정계량분석이 된다. 따라서 행정계량분석은 관심 있는 행정 현상에 대해 수치화된 관련 자료를 분석하여 수치화된 정보를 도출해내는 과정을 의미한다.

수치화된 분석이 핵심이 되는 이러한 계량분석은 그 기초가 통계학이다. 수치적 자료를 분석하고 수치적 정보를 도출해내는 고유한 분야가 바로 통계학이기 때문이다. 그래서 계량분석이라고 하면 보통 통계분석이라고 이해한다. 단지 각 학문 분야별로 수치로 분석한다는 말을 더 강조하기 위해 '○○계량분석'이라고 할 뿐이지, 사실은 해당 분야에 대한 통계분석을 한다는 것으로 이해해도 무방하다. 그래서 때로는 '○○통계분석'이라고 부르기도 한다. 같은 맥락에서 행정 현상을 대상으로 수치적 정보를 분석한다고 하면, 앞서 언급했고 또 이 책의 제목이기도 한 '행정계량분석'으로 말하기도 하고 '행정통계분석'이라고 말하기도 한다. 중요한 것은 행정 현상을 수치화된 자료로 수치화된 정보를 도출해내는 행정계량분석은 통계지식을 기초로 하고 있다는 점이다. 이 책 내용의 대부분이 통계이론의 기초 지식과 응용지식으로 이루어져 있는 이유도 바로 그 때문이다. 그런 점에서 행정계량분석을 학습하기 이전에 통계와 통계학의 의미에 대해 간략히 알 필요가 있다.

2. 통계와 통계학

통계는 복잡한 정보들을 하나의 숫자로 표현하는 간편한 도구이다. 우리가 통계를 알면 좋은 점이 바로 이것이다. 복잡한 사회와 우리의 생활을 간단하게 이해할 수 있게 해주는 도구이기 때문이다. 통계는 말 그대로 도구일 뿐 그 어떤 진리도 아니다. 그래서 통계라고 말할 때 수학 공식이나 수치 계산과 연결지어서 어렵고 힘든 공부라고 생각하지 말고 복잡한 우리 생활을 간단하게 이해하게 해주는, 그리고 예측하는 데 도움을 주는 도구라고 생각하면 된다. 통계는 그 이상도 그 이하도 아니다.

그렇기 때문에 실제로 통계는 우리 생활에서 많이 사용되고 있다. 통계를 아주 싫어하지만 야구를 좋아하는 사람도 타율이니 승률이니 방어율과 같은 통계 수치를 이야기한다. 통계와 같은 수학이라면 몸서리칠 정도로 싫어하는 동네 아저씨도 대선 기간에 발표되는 여론조사를 놓고 목청 높여 토론한다. 시청률에 밤잠 설친다는 연예인의 머릿속도 통계 수치로 가득하다.

이처럼 복잡한 현실을 간편하게 보여주는 도구인 통계는 실생활에 많이 사용되는 만큼 그 정의가 규정으로 명시되어 있다. 우리나라의 경우, 『통계행정편람』과 「통계법」에 통계의 의미를 명시하고 있다. 우선, 통계청의 『통계행정편람』에 명시되어 있는 통계의 의미를 보면, "집단에 관한 수량적이고 객관적인 정보"가 통계이다. 이를 좀 더 구체적으로 표현하면, "시간, 공간 및 속성이 규정된 집단에 대해 집단의 현상을 체계적인 숫자에 의하여 표현한 것"이 통계라고 할 수 있다. 그리고 「통계법」에 규정되어 있는 통계의 정의는, "통계란 통계 작성기관이 정부정책의 수립 · 평가 또는 경제 · 사회 현상의 연구 · 분석 등에 활용할 목적으로 산업 · 물가 · 인구 · 주택 · 문화 · 환경 등 특정의 집단이나 대상 등에 관해 직접 또는 다른 기관이나 법인 또는 단체 등에 위임 · 위탁하여 작성하는 수량적 정보를 말한다"로 규정되어 있다.

이러한 통계에 대한 연구를 하는 학문을 통계학이라고 한다. 즉, 통계학은 분석하고자 하는 관심 집단에 대한 자료를 수집 및 정리 · 요약하고 이로부터 얻은 정보나 자료를 바탕으로 과학적인 판단을 내릴 수 있는 방법을 제시해주는 학문을 의미한다. 행정계량분석의 기초적 지식이 통계학이라는 점에서 행정계량분석에서도 통계학의 의미가 행정 현상이라는 대상에 그대로 적용되어 나타난다.

3. 행정계량분석의 역사적 사례

행정 현상에 대한 수치적 자료를 이용하는 행정계량분석은 기법의 정교함이나 난해함에 따라 차이는 있지만 과거에도 존재해 왔다. 이는 통계학의 어원에서 알 수 있다.

통계학(statistics)은 고대 로마의 '국가'를 의미하는 'status'라는 단어에서 유래했다. 과거 군주가 통치의 일환으로 세금을 거두기 위해 기본적인 행정정보가 필요한 데서 비롯되었다. 즉, 인구나 토지 등에 대한 정보를 수집하고 정리하는 데서 시작된 것이다. 실제로 인구조사 센서스의 어원인 라틴어 Censere도 taxation(세금 부과)의 의미를 지닌다.

지금까지 알려진 행정 현상의 수치적 정보 수집 및 분석에 해당되는 역사 속의 통계조사의 사례를 보면, BC 1440년경 모세의 구약성서에 나와 있는 20세 이상 전쟁에 참여할 수 있는 남자의 숫자를 집계한 인구조사, BC 3050년경 이집트 피라미드 건설을 위한 조사 담당 조직, BC 2200년경 이집트 최초의 토지조사, BC 2300년경 중국의 인구조사, BC 435년경 로마 최초의 인구 센서스 시행, AC 1801년경 영국·포르투갈·프랑스의 국세조사 등이 있다. 이후 근대로 오면서 물리학이나 천문학 등의 발전과 더불어 무게나 거리 등의 물리적 양에 대한 측정의 정확성이 높아지면서 행정 현상에 대한 수치적 정보 조사 및 분석은 더욱 증가했다. 물론, 먼 과거에는 주로 산술적인 수치 정보가 전부이긴 했다. 하지만 행정 현상에 대한 수치적 이해를 추구하는 활동은 분명히 존재했다는 점에서, 행정계량분석은 역사 속에서도 존재해 온 활동이라 할 수 있다.

이처럼 통계학은 과거 병역이나 과세 등의 국가 통치를 위한 기술로 시작되어 오늘날에 이르기까지 꾸준히 발달했다. 그래서 지금도 국정 운영의 중요한 기초자료로서 통계조사가 활용되고 있고 또 그 기법들이 발달하고 있다. 정기적으로 통계조사를 실시할 것을 법률로도 명시하고 있다.

제2절 행정계량분석의 유용성

행정계량분석은 학문의 영역과 일반사회 영역, 그리고 행정 영역에서 유용한 수단으로 사용된다. 비록 행정계량분석이 행정학의 한 연구 분야로 여겨지기는 하지만, 행정계량분석을 통해 학습하고 익히는 지식은 사회의 제반 현상을 이해하는 데 도움이 된다. 행정학 자체가 일상생활과 밀접하게 관련되어 있기 때문에, 그에 대한 계량적 분석인 행정계량분석 역시 우리의 삶이나 사회 전반에 관련된 유용한 정보와 지식을 제공하는 것이다. 구체적으로 행정계량분석의 유용성은 '탐색(exploration)'의 수단, '기술(description)'의 수단, '설명(explanation)'의 수단, '증거(evidence)'의 수단, '검정(testing)'의 수단, '평가(evaluation)'의 수단, '예측(prediction)'의 수단으로 나누어서 볼 수 있다.

우선, 행정계량분석은 탐색의 수단으로서 유용성을 지닌다. 어떤 행정 현상에 대해 관심이 생길 때 해당 현상에 관한 기초적인 정보를 얻기 위해 행정계량분석을 사용할 수 있다. 강력 범죄가 많이 발생한다는 뉴스를 보고 최근 10년 간 우리 마을에서 발생한 평균 강력 범죄 건수가 얼마이고 그에 따른 평균 피해액은 얼마인지에 대해 알아보고자 할 때 행정계량분석의 지식은 유용하게 사용될 수 있다.

행정계량분석은 기술의 수단으로서도 유용성을 지닌다. 기술은 현상에 대한 사실적 자료에 기초한 서술을 의미한다. 교육부가 학생들의 평균 독서량이 학년별로 어떻게 다른지에 대해 관련 통계자료를 활용하여 서술한다면, 기술의 수단으로서 행정계량분석 지식을 활용하는 것이 된다.

그리고 행정계량분석은 설명의 수단으로서도 유용하다. 설명은 인과관계를 밝히는 활동이다. 어떤 현상의 원인이 무엇이고 그 결과가 무엇인지에 대해 알고자 한다면, 이는 설명의 방식으로 해당 현상을 바라보는 것이다. 예를 들어, 예술인들의 문화예술지원금이 예술인들의 창작활동 횟수에 영향을 주었는지에 대해 계량적 자료에 의한 인과관계를 분석하는 것이 행정계량분석을 이용한 설명이 된다.

행정계량분석은 증거의 수단으로서도 유용성을 가진다. 어떤 주장에 대한 증거는 다양하게 제시될 수 있는데, 강력한 증거 중 하나가 통계분석과 같이 수치화된 분석에 의한 통계값들이다. 행정 현상에 대한 행정계량분석의 결과가 증거의 수단으로서 사용되는 것이 바로 그 점이다. 예컨대, 특정 지역이 안전에 취약하다는 주장을 하면서 특별한 안전대책의 필요성을 강조할 때, 안전행정 관련 자료를 이용한 계량분석 결과가 안전에 취약한 증거로서 활용될 수 있다.

행정계량분석은 검정의 수단으로서 유용하다. 통계학 지식에 기초한 계량분석의 핵심적인 내용은 통계자료를 분석한 결과가 의미가 있는지 아니면 의미가 없는지에 대해 판단하는 것이다. 자료를 분석했다고 해서 그 결과가 모두 의미 있는 것은 아니기 때문에 유의미성을 반드시 검정하게 되는데, 바로 이 검정의 수단이 계량분석의 기법들이 되는 것이다. 따라서 행정 현상에 대한 유의미성 검정은 행정계량분석을 통해 이루어질 수 있다.

행정계량분석은 평가의 수단이 되기도 한다. 특히 정책을 평가할 때 정책 효과의 유무는 행정계량분석을 통해 이루어질 수 있다. 그리고 설정한 목표가 달성된 정도나 투입 대비 산출의 비, 또 비용과 편익의 분석 모두 행정계량분석에 의해 도움을 받을 수 있다. 특히 사회가 복잡해지고 빅데이터의 시대에 방대한 양의 정보를 분석해서 정책을 평가하고자 할 때 행정계량분석의 다양한 기법들은 상당히 유용하게 사용될 수 있다.

마지막으로, 행정계량분석은 예측의 수단으로서도 유용하다. 계량분석은 기존의 다양한 데이터를 분석하여 현재의 상태를 이해하는 데 도움을 주기도 하지만, 현존하는 데이터를 이용해서 미래를 예측할 수도 있다. 기존의 행정 자료에서 획득한 정보들에 기초해서 미래 예측이 가능한 수학적 식을 도출함으로써 해당 현상에 대한 예측을 할 수 있는 것이다.

이처럼 통계분석이 기초가 되는 행정계량분석은 많은 유용성이 있지만, 항상 인지하고 있어야 할 사항은 앞서도 언급했듯이 통계분석 혹은 계량분석의 결과가 진리는 아니라는 점이다. 우리가 알고자 하는 현상을 이해하고 예상하는 데 사용되는 하나의 방법이고 도구일 뿐이다. 이 세상 어디에도 완벽한 도구는 없다. 행정계량분석도 마찬가지이다. 행정계량분석을 가장 잘할 수 있는 최상의 조건이 마련되었다고 해서 계량 및 통계분석을 통해 진리나 진실이 밝혀지는 것은 아니다. 불완전한 데이터를 이용할 수밖에 없는 것이 현실이고, 제한된 합리성 혹은 비합리적인 인간의 특성으로 인해 착각해서 숫자 하나를 잘 못 기입할 수 있는 가능성도 얼마든지 있다. 그리고 마음만 먹으면 악의적으로 조작도 가능한 것이 통계이다. 그래서 아무리 정교한 계량분석 기법을 사용한 결과라고 해도 그에 대해 의구심을 품고 쉽게 동의하지 못하는 사람들이 항상 존재하는 것이다. 그렇지만 오류를 줄이려는 노력과 정직하게 사용하려는 노력이 전제된 통계는 복잡한 현대 사회에서 많은 유용성을 지닌 강력한 분석 도구임에는 틀림없다.

그래서 행정 영역에서는 통계분석의 유용성을 극대화시키기 위해 통계분석과 활용에서 지향해야 할 일종의 기본 이념을 제시하고 있다. 「통계법」에 그와 관련된 사항이 다음과 같이 명시되어 있다. ① 통계는 각종 의사결정을 합리적으로 수행하기 위한 공공자원으로서 사회 발전에 기여할 수 있도록 작성·보급 및 이용되어야 한다. ② 통계는 정확성·시의성 및 일관성을 확보할 수 있도록 과학적인 방법에 따라 작성되어야 한다. ③ 통계는 개인이나 법인 또는 단체 등의 비밀이 보장되는 범위 안에서 널리 보급 · 이용되어야 한다. 이러한 기본 이념에 바탕을 둔 통계조사 활동과 계량분석이 이루어짐으로써 그 유용성을 극대화해야 한다. 이는 결국 국가와 사회의 경쟁력을 크게 높이는 데 기여하는 일이다.

읽기자료 1-1 통계자료로 사회 읽기

세계 여성의 날, 부끄러운 한국 여성 관련 통계

매일경제와 서울시가 서울 소재 기업 1,000곳을 대상으로 설문조사한 결과 10곳 중 6곳은 여전히 채용 시 남성을 더 선호하는 것으로 나타났다. 출산휴가, 육아휴직 등 문제 때문에 여성은 채용 단계에서부터 부담을 느낀다는 게 기업들의 토로다.

오늘은 106회 '세계 여성의 날'이다. 하지만 한국 여성에 대한 사회 · 경제적 차별의 벽은 여전히 최악이다. 한국 여성의 경제활동 참가율은 54.5%로 OECD 평균(61.8%)에 크게 못 미친다. 대졸 여성의 경제활동 참가율(60%)은 OECD 국가 중 최하위다. 남녀 임금 격차(38.9%)는 OECD 평균(15.8%)의 약 2.5배다. 고위공직자 중 여성 비율은 5%가 채 안 되고 공기업 여성 임원 비율은 0.6%, 100대 기업의 여성 임원 비율은 2% 미만이다. 양성평등 지수는 OECD 34개 회원국 중 31위, 『이코노미스트』 발표 유리천장(glass ceiling) 지수는 OECD 국가 중 꼴찌다. 세계경제포럼(WEF)이 밝힌 성 격차 지수는 세계 136개국 중 111위다. G20 국가라고 믿기 어려울 정도로 부끄러운 수치들이다.

여성에 대한 사회적 · 정치적 · 경제적 차별은 세계 최저 출산율(1.18명)이라는 부메랑으로 날아왔다. 한국은 OECD 국가 중 13년째 출산율 1.3명을 못 넘기고 있는 유일한 국가다. 이 추세대로라면, 현재 5,020만 명인 대한민국 인구는 2100년엔 1,900만 명으로 줄어든다. 인구 감소로 노동력 부족, 소비 감소, 경기 침체가 심화되면 기업은 물론 국가도 존망의 기로에 서게 된다. 남녀 차별을 없애고 여성의 경제활동을 늘리는 것은 단순히 여권(女權) 문제가 아니라 국가 존속을 위한 절체절명의 과제다.

역대 정부마다 '여성 지위를 높이겠다'며 수조 원씩 퍼부었지단 여성 지위는 해마다 뒷걸음질쳐 왔다. 통상적인 정책으로는 안 된다는 얘기다. 선진 유럽 국가에서 여성의 사회적 지위가 올라가고 출산율이 회복된 데는 정부의 적극적인 개입이 주효했다. 프랑스는 2010년 기업에 여성 임원 할당제를 도입한 후 2년 만에 여성 임원 비율이 12%에서 22%로 상승했다.

영국도 정부가 앞장서서 기업 여성 임원 비율 30%를 강제하려는 움직임을 보이고 있다. 여성 문제야말로 대통령이 직접 나서야 한다. 장차관 등 정부 고위직 여성 비율 40%, 상장기업 여성 임원 · 이사진 30% 강제 할당 등 범국가적 비상대책을 수립해 당장 실행해야 한다.

출처: 매일경제, 2014.3.8.

제3절 행정계량분석의 종류와 과정

1. 행정계량분석의 종류

행정계량분석이 통계학 지식에 기초하기 때문에 행정계량분석의 종류도 통계학의 종류에 따라 나눌 수 있다. 기술통계학(descriptive statistics)과 추론통계학(inferential statistics)이 그것이다.

기술통계학은 수집한 방대한 자료의 특성이나 속성을 파악할 수 있도록 일정한 기준에 의해 자료를 정리하는 방법을 다루는 분야이다. 쉽게 말해 기술통계학은 '자료의 정리와 단순화'를 지향한다. 자료의 정리를 위해 도표나 표를 만들거나, 자료를 요약하여 대표 값을 제시하거나, 분포의 형태 등을 찾는 데 중점을 두는 분야이다. 단순화하다 보니 자료의 세부적인 정보가 생략되기도 하지만 자료에서 알고자 하는 핵심 정보는 효율적으로 전달된다. 기술통계분석으로 분류되는 통계 방법으로는 합계, 평균, 분산, 표준편차, 상관계수 등이다.

추론통계학은 일정한 기준에 의해 정리되고 요약된 자료에서 알 수 있는 여러 정보를 이용하여 모집단의 특성을 추정·추측·검정하는 통계학의 분야이다. 현재 가지고 있는 자료를 사용해서 미지의 값을 추론하는 것이므로, 알려진 세계에서 나온 자료로 미지의 세계를 알아보고자 하는 여러 방법이 추론통계학에서 다루어진다. 기술통계학의 간단한 표현인 자료의 단순화에 빗대어서 표현하자면 추론 통계는 '자료의 숨은 그림 찾기'이다. 그런 점에서 통계분석 중에서 추론통계학은 원천 데이터에서 어떠한 의미 있는 결론을 도출하는 탐정 업무와도 같다. 추론통계분석으로 분류되는 용어로는 표본통계량, 추정, 검정 등이고, 관련 방법으로는 회귀분석, 분산분석, 범주형 자료분석, 시계열분석 등이 있다.

여기서 기술통계학과 추론통계학의 여러 방법(평균, 분산, 표준편차, 분산분석, 회귀분석 등)은 앞으로 이 책에서 배울 내용들이다. 실제로 현실에서 통계자료가 수집되면 자료를 정리하고 자료로부터 기본적인 정보를 얻기 위해 기술통계학이 필요하고, 주어진 자료를 통해 모집단의 정보를 추론하는 추론통계학이 필요하다. 따라서 행정계량분석을 배운다는 것은 행정 현상을 대상으로 행정계량분석의 두 종류인 기술통계학과 추론통계학의 세부적인 방법을 배우는 것이라 할 수 있다.

2. 행정계량분석의 핵심 과정

행정계량분석은 관심 있는 모든 개체가 포함되어 있는 모집단의 특성을 찾기 위해 모집단에서 일부의 개체들을 추출해서 여러 값을 구한 다음, 그 값에 기초해서 모집단의 특성을 추론하는 과정으로 이루어진다. 이때 다양한 행정계량분석의 기법들을 활용하여 도출한 결과를 해석하고 함의를 찾아내는 것이 행정계량분석 학습의 핵심이다.

행정계량분석의 핵심 과정은 [그림 1-1]을 통해 좀 더 가시적으로 이해할 수 있다. 우선, 관심의 대상이 되는 행정 현상의 전체 개체들이 포함되어 있는 모집단을 선정한다. 모집단 전체를 조사하고 분석하기에는 여러 시간과 비용의 문제가 크게 발생하기

그림 1-1 행정계량분석의 핵심 과정

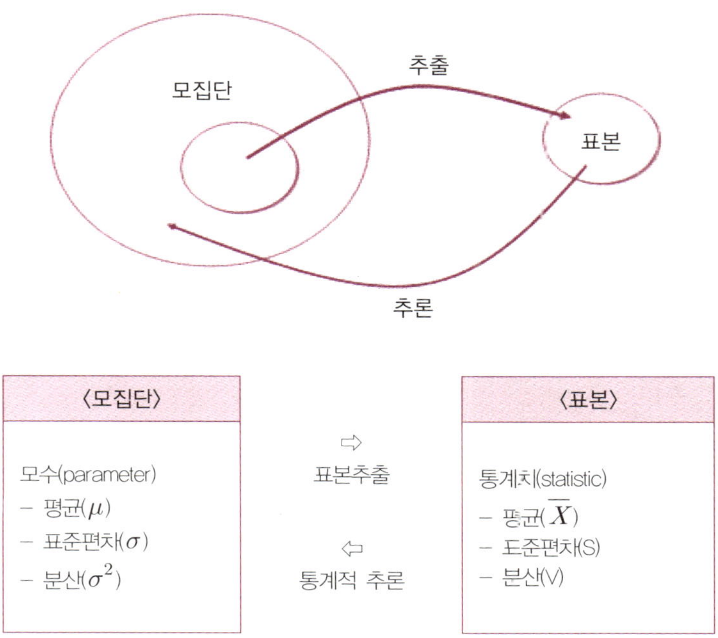

때문에 모집단의 일부 개체를 별도로 뽑아서 분석을 진행하다. 이 과정이 모집단에서 표본을 추출하는 과정이다. 추출된 표본을 통해 모집단의 특성을 추론하게 되는데, 모집단의 특성은 평균(μ), 표준편차(σ), 분산(σ^2) 등이다. 이 값들은 표본의 평균($\overline{X}$), 표준편차(S), 분산(V) 등에서 추론된다. 그래서 먼저 구해지는 것은 표본의 값들이고 그것을 통해 애초에 관심을 두고 있었던 모집단의 값들을 추론한다.

한편, 평균, 표준편차, 분산은 모집단과 표본에서 모두 구해지는데, 모집단과 표본의 값들로 각각 구분하기 위해 서로 기호를 달리 사용한다. 혹은 모집단의 경우 모평균, 모표준편차, 모분산으로 부르고, 표본의 경우 표본평균, 표본 표준편차, 표본분산 등으로 부르기도 한다.

이 과정을 순차적 절차로 살펴보면 [그림 1-2]와 같이 표현된다. 우선, 관심 있는 행정 현상에 대해 문제를 제기한다. 문제를 해결하거나 문제와 관련된 결정을 위해 행정 현상의 구체적 대상인 모집단을 정의한다. 어떤 행정 현상이 그 대상인지를 명확히 표현하는 것이 중요하다. 그 후 모집단으로부터 표본을 추출하여 관심 있는 정보를 도출

그림 1-2 행정계량분석의 순차적 절차

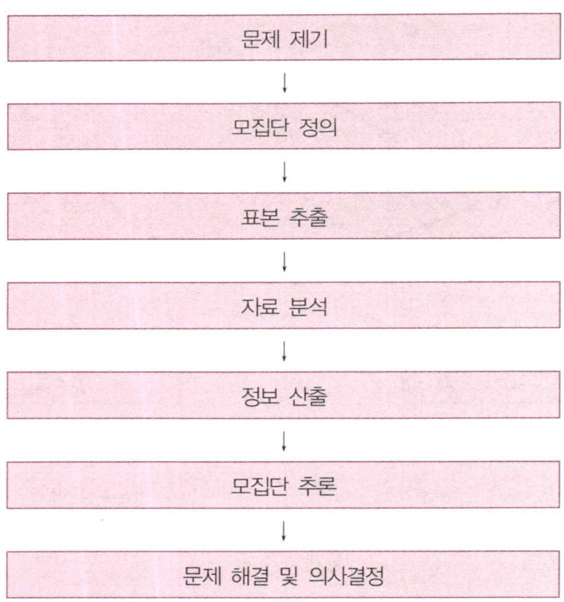

하기 위해 관련 자료를 분석한다. 이때 적절한 통계기법이 적용된다. 이후 정보가 산출되면 이를 모집단 추론을 위해 사용한다. 모집단의 특성이 추론되면 처음에 제기되었던 문제를 해결하거나 문제와 관련한 의사결정을 한다.

행정계량분석의 이러한 순차적 절차는 정부의 국정관리에 유용하게 사용되고 있다. 예를 들어, 정책을 수립하거나 결정하거나 평가하는 등에 활용되고, 조직이나 개인의 성과관리 과정에서도 활용된다. 그리고 정부예산의 수입과 지출을 분석하거나 재정성과를 진단할 때도 활용된다. 따라서 행정계량분석은 정부가 국정관리를 할 때 정부의 다양한 부문에서 유용한 정보를 획득하게 해주고 그에 기초해서 문제 해결과 의사결정을 하는 데 도움을 준다.

제4절 행정계량분석의 주요 기본 용어

행정계량분석에 대해 본격적으로 학습하기 이전에 몇 가지 기본적인 용어를 미리 익힐 필요가 있다. 기본적인 용어는 모두 통계학에서 사용되는 용어들이다. 행정계량분석이 통계학 지식에 기초하기 때문에 통계분석에서 사용되는 기본적인 용어에 대한 이해가 선행되어야 행정 현상에 대한 계량적 분석을 실시할 수 있다.

• 모집단(population)

관심의 대상이 되는 집단의 모든 개체의 집합 또는 관심의 대상이 되는 전체의 집합을 의미한다. 모집단은 유한 모집단(finite population)과 무한 모집단(infinite population)으로 구분하기도 한다. 유한 모집단은 관심의 대상이 되는 개체들의 수가 단시간에 큰 변화 없이 어느 정도 정해져 있는 모집단을 말한다. 예를 들어, 부산 가덕도 전체 주민의 수나 A대학 전체 학생의 수 등이 그에 해당한다. 무한 모집단은 관심의 대상이 되는 개체들의 수가 명확히 정해져 있지 않고 한계 없이 증가될 수 있는 모집단을 말한다. 예를 들어, 어느 공장에서 생산되는 볼펜의 수나 휴대폰의 수 등이 그에 해당한다.

• 모수(parameter)

모집단의 특성을 나타내는 값 혹은 수치로서 모집단 분포의 특성을 나타내는 대표값이다. 모집단에 속한 모든 개체를 대표할 수 있는 어떤 특성을 말한다. 모집단의 특성을 나타내주는 수치로는 모집단 평균 μ(뮤), 모집단 분산 σ^2(시그마 제곱), 모집단 표준편차 σ(시그마) 등이 있다.

• 표본(sample)

모집단으로부터 추출된 모집단의 일부 혹은 모집단의 부분집합을 의미한다. 관심 대상 전체의 개체들이 모인 모집단에서 선택된 일부 개체들의 묶음이다. 그리고 모집단에서 조사 대상으로 채택된 일부라고도 할 수 있다. 원어 그대로 샘플로 부르기도 한다.

• (표본)통계치(통계량, statistics)

표본의 특성을 수치화한 값을 말하며, 주로 표본평균, 표본분산, 표본 표준편차, 표본 비율 등이 사용된다. 앞서 모집단의 특성을 나타내주는 모수와 대응해서 표본의 특성을 나타내주는 값이 통계치인 것이다. 표본통계치라고 부르기고 하고 그냥 통계치라고 부르기도 한다.

• 전수조사(센서스, census, complete enumeration)

모집단에 대한 특성을 분석하고 정보를 얻기 위해 모집단의 모든 개체(추출 단위)에 대해 실시하는 조사를 말한다. 인구총조사(population census) 등이 여기에 해당한다.

• 표본조사(sample survey)

모집단의 일부인 표본을 추출해서 시행하는 조사를 말한다. 현실의 많은 연구와 조사는 모집단의 모든 개체를 다 조사하는 전수조사가 힘들기 때문에 표본조사를 주로 시행한다. 이 책에서도 주로 표본조사를 다룬다. 물론 이 표본조사를 통해 모집단의 특성을 추론하는 것이 중요하다.

• 추출 단위(sampling unit)

모집단으로부터 구체적인 개체들이 뽑아지는 단위를 말한다. 예를 들면, 어느 공장에서 생산되는 휴대폰의 수명을 검사한다면, 추출 단위는 각각의 휴대폰이 된다. 앞의 모집단과 표본의 용어를 여기에 적용시키면, 표본은 검사를 진행하기 위해 추출된 일부의 휴대폰들이 되고 무한 모집단은 이 휴대폰 공장에서 계속 생산되는 모든 휴대폰이 된다.

• 난수(random number)

분석하고자 하는 대상의 모든 숫자(개체)의 추출확률이 같아지도록 한 상태에서 랜덤하게 뽑은 수를 의미한다. 무작위(無作爲)로 뽑은 수인 것이다.

• 검정(testing)

모집단에 대한 주장의 타당성을 표본을 통해 검토하고 점검하는 행위를 말한다. 검정의 결과는 표본으로부터 모집단에 대한 결론을 도출하는 통계적 근거가 된다. 행정계량분석을 학습하는 것은 검정의 방법을 배우는 것이 그 핵심이다.

• 오차(error)

통계조사 과정의 어떤 실수나 불완전함 등으로 인해 실제의 진실된 결과와 조사자나 연구자가 행한 분석 결과와의 차이를 의미한다. 오차를 최소화시키는 것은 표본을 통해 모집단의 특성을 정확하게 추론해내기 위해서이다.

• 표본오차(sampling error)

모집단으로부터 추출된 표본에 의해서 모집단 전체의 특성을 파악하고자 할 때 발생하는 오차이다. 이는 모집단 전체를 조사하지 않고 그 일부인 표본만을 조사해서 모집단의 특성인 것으로 일반화하기 때문에 발생하는 오차이다. 표본 선택이 잘못됨으로 해서 발생되는 오차이다. 모집단을 잘 대표하지 못하는 표본을 선택했다면 그 결과가 표본오차의 발생으로 이어질 가능성이 높다. 관심 있는 대상에 속하는 개체를 전부 조사하지 않고 표본을 선택해서 조사하는 이상 어쩔 수 없이 발생되는 오차이다.

• 비표본오차(nonsampling error)

표본 추출 과정 및 조사 진행 과정에서 야기되는 여러 오류로 인해 발생하는 오차로서, 표본오차 이외의 모든 오차가 여기에 해당된다. 주로 조사자의 질문 방법이나 조사원의 자질, 조사원이나 연구원의 인지적 능력, 그리고 자료 수집의 방법으로서 면접의 방법이나 질문지 방법에서 구성상의 문제 등이 있을 때 발생되는 오차이다. 표본오차를 줄이기 위해 전수조사를 한다면, 설사 표본오차가 없어지더라도 비표본 오차는 여전히 발생될 수 있다.

• **통계 패키지**(statistical package)

복잡한 대용량의 자료를 신속하고 손쉽게 처리할 수 있도록 개발된 프로그램을 의미한다. 기존에 많은 프로그램들이 존재하고 있고 또 개발되고 있다. 현재 주로 많이 사용되는 프로그램에는 S-Link, Excel, Minitab, SAS, SPSS, Stata 등이 있다. 이 책에서 다루는 통계지식의 이론적 내용들은 어느 프로그램을 사용하든지 상관없이 공통적으로 알아두어야 할 지식들이다. 다만, 이 책에서 실습에 중점을 두고 있는 프로그램은 SPSS이다. 하지만 이 책에서 설명하고 있는 통계분석 지식의 이론적 내용을 명확히 이해하고 익혔다면 어느 프로그램을 사용하든지 상관없이 해당 프로그램의 운용 능력만 익히면 짧은 시간 내에 각 프로그램을 운용할 수 있을 것이다. 중요한 것은 어느 프로그램을 쓰느냐가 아니라 기본적인 통계지식을 갖추고 있어야 한다는 점이다. 다만, 프로그램들마다 다룰 수 있는 분석기법이나 데이터의 유형이 다르기 때문에 연구자나 조사자는 본인에게 필요한 프로그램을 적절히 선택해서 사용해야 한다.

읽기자료 1-2 빅데이터 통계분석의 중요성

빅데이터는 자원… SNS는 새로운 생산라인

"세상에 존재하는 모든 데이터 정보의 90%가 지난 2년 새 생겨난 겁니다. 27억 명이 인터넷과 연결된 지금, 그들이 만드는 정보의 양은 기하급수적으로 늘고 있습니다. 과거에는 이런 데이터가 무용지물이었지만 이제는 분석기술을 통해 의미 있는 정보를 뽑아낼 수 있게 되었습니다. 정보는 21세기의 천연자원입니다."

미래의 새 기술을 조망하고 기업 비즈니스 기회를 발굴하는 '2013 IBM 인터커넥트' 행사가 9일 싱가포르 마리나베이샌즈호텔에서 열렸다. 버지니아 로메티 IBM 회장은 기조연설자로 나서 "모바일, 클라우드, 빅데이터, 소셜 비즈니스 등 4대 기술이 우리의 미래를 더 지혜롭게 만들어줄 것"이라며 이같이 말했다.

지난해 취임한 로메티 회장은 IBM 102년 사상 첫 여성 수장(首長)으로 화제가 된 인물이다. 시스템 엔지니어 출신인 그는 IBM이 컴퓨터와 서버를 만들어 파는 하드웨어 회사에서 소프트웨어 중심 회사로 변신하는 데 큰 역할을 했다는 평가를 받고 있다.

로메티 회장은 "인류의 역사를 돌아보면 새 시대를 여는 아주 흥미로운 기술이 등장하는 시기가 있는데 지금이 바로 그때"라며, "18세기가 증기, 19세기가 전기, 20세기가 수력이었다면 21세기는 정보가 혁명의 원동력"이라고 말했다. 그는 "전 세계 사람들이 국경 없이 실시간으로 언제 어디서나 모바일을 통해 정보를 생산, 공유하고 있다"며 "이렇게 생성되는 빅데이터를 쓸모 있는 정보로 분석해냄으로써 우리는 우리가 만드는 모든 것에 인텔리전스(지혜)를 더할 수 있게 되었다"고 평가했다.

IBM은 2020년까지 500억 개 이상의 기기가 인터넷과 연결될 것이라고 전망한다. 스마트폰, 자동차뿐 아니라 TV, 냉장고, 가스레인지 등 생활 속 모든 기기가 인터넷과 연결되는 세상이 온다는 것이다. 로메티 회장은 "여기서 얻는 데이터를 통해 우리는 에너지, 고통, 금융, 유통, 헬스, 제조업, 도시 등 여러 분야를 혁신할 수 있을 것"이라며, "장벽이 사라진 투명한 공간의 정보를 가장 빠르고 효과적으로 가공해 활용하는 기업만이 승자가 될 것"이라고 내다봤다. 이어 "이런 시대에는 사람들의 소셜 네트워크 또한 새로운 생산라인이 될 것"이라고 전망했다.

IBM은 최근 빅데이터와 관련된 기술의 연구개발(R&D)에 1억 달러(약 1,070억 원) 이상을 투자하는 등 신기술 확보에 박차를 가하고 있다. 최근 20억 달러에 인수한 클라우드 서비스 전문기업인 소프트레이어를 포함해 최근 5년 간 25개 회사를 사들였을 정도로 공격적인 합병 전략도 쓰고 있다.

IBM은 "앞으로 5년 간 200억 달러를 추가로 투자해 유망 기업을 내부로 끌어들일 것"이라며, "이를 통해 2015년까지 전체 이익의 절반 이상을 소프트웨어 사업을 통해 얻을 계획"이라고 말했다.

출처: 동아일보, 2013.10.10.

제 2 장

국가와 행정계량분석

제 1 절　국가통계의 의미와 종류

제 2 절　통계행정기관과 국가통계제도

제 3 절　통계행정과 민간위탁

제1절 국가통계의 의미와 종류

정부에서 통계행정을 통해 공식적으로 생산하는 가장 기본적이고 기초적인 통계를 국가통계라고 한다. 국가통계는 「통계법」의 대상이 되는 통계로서 일종의 공공재이다. 즉, 국가통계는 정치·경제·사회·문화 등 사회 전반적인 변화와 경향을 진단하고 과학적이고 합리적인 정책을 수립하기 위한 필수적인 공공재이다. 따라서 각 국가별 정부는 통계행정을 통해 국가통계를 생산하고 관리하면서 다양하게 활용하고 있다.

예컨대, 국가통계는 국가의 조세 징수나 징병의 기초자료를 위해 이용되며, 통계를 이용해서 실태를 파악하여 이를 기초로 정책이나 계획을 수립하고 집행된 정책을 평가하기 위해 이용된다. 그리고 통계는 정부활동의 설득이나 홍보를 위해서도 활용된다. 어떤 정책의 필요성을 위한 정당성의 근거를 통계를 이용해서 보여주기도 하고, 정책의 추진 실적과 관련된 통계를 통해 국민들에게 정책의 실효성을 알리기도 한다.

정부뿐 아니라 기업, 연구소, 국제기구, 개인들에게도 국가통계는 많이 활용된다. 기업의 경우, 성공적인 기업경영을 위한 합리적인 의사결정을 이끌어내기 위해 기업 외부의 환경 변화와 관련된 정보를 국가의 공식적인 통계자료를 통해 획득한다. 연구소에서는 국가통계를 근거로 경제·사회 현상 등을 연구하는 데 활용하고, 세계화된 오늘날 많은 국제기구도 국가 간의 비교를 위해 국가통계를 이용한다. 개인 역시 개인의 의사결정이나 사회 현상을 이해하기 위해 국가통계를 많이 사용한다. 이러한 국가통계 활용은 모두 통계행정이 중심이 된 정부의 통계활동에 의해 조사되고 생산된 덕분에 가능하다. 그런 점에서 국가통계는 국정관리를 위한 기초적이고 유용한 정보원이자, 국가통계 그 자체가 국정관리 대상의 하나로서 정부활동의 핵심적인 위치에 서 있다고 볼 수 있다.

이러한 국가통계는 다양한 비교 기준에 의해 분류될 수 있다. 첫 번째 구분은 조사통계와 보고통계이다. 조사통계는 직접 조사를 실시하여 만드는 통계를 말한다. 조사 대상의 전체를 조사하든 아니면 대표성을 지닌 일부를 조사하든, 조사 대상을 직접적으로 조사하여 획득한 통계가 조사통계이다. 보고통계란 법령에 의해 국민들이 정부기관에 신고, 보고, 등록 등을 한 결과 만들어진 자료에 기초해서 수집한 통계를 말한다. 이는 조사통계처럼 해당 통계를 위해 정부가 직접적으로 활동한 결과가 아니라, 정부가 일반적인 행정활동을 하는 가운데 수반되어 발생된 통계이다.

두 번째 구분은 1차 통계와 2차 통계(가공통계)이다. 1차 통계는 통계조사를 실시한 그 자체의 결과로서의 통계를 말한다. 어떠한 가공도 있지 않은 원자료(raw data)의 성격을 지닌 통계이다. 일종의 날것이다. 반면, 2차 통계 혹은 가공 통계는 1차 통계에 수학적 연산 등을 활용하여 조작(operation)을 가한 통계이다. 1차 통계 데이터에서 평균이나 산포도 등의 특성 값을 구한 값이 포함된 통계이다.

세 번째 구분은 지정통계와 일반통계이다. 지정통계란 통계청장이 지정 · 고시하는 통계를 말한다. 통계청장은 통계 작성기관의 장의 신청에 따라 정부의 각종 정책의 수립 · 평가 또는 다른 통계의 작성 등에 널리 활용되는 통계에 대해 지정통계로 지정한다. 여기에는 전국을 대상으로 작성하는 통계, 지역 발전을 위한 정책 수립 및 평가의 기초자료가 되는 통계, 다른 통계의 모집단 자료로 활용 가능한 통계, 또 국제연합 등 국제기구에서 권고하는 통일된 기준 및 작성 방법에 따라 작성하는 통계, 그 밖에 지정통계로 지정할 필요가 있다고 통계청장이 인정하는 통계 등이 해당된다. 반면, 일반통계는 지정통계 이외의 통계를 말한다.

제2절 통계행정기관과 국가통계제도

1. 통계행정기관

통계행정기관은 국가통계를 생산하고 관리하는 기관이다. 통계행정기관은 크게 두 가지로 나누어 볼 수 있다. 하나는 통계 작성기관이고 다른 하나는 국가통계위원회이다. 여기서는 우선, 통계 작성기관에 대해 살펴보고 이어서 국가통계위원회에 대해 알아본다. 통계 작성기관은 다시 중앙 및 지방자치단체가 통계 작성의 주체가 되는 통계 작성 행정기관과 그 밖의 기관이 통계 작성의 주체가 되는 통계 작성 지정기관으로 구분된다.

1) 통계 작성기관

(1) 통계 작성 행정기관

우리나라 통계 작성의 주무 행정기관은 통계청이다. 「통계청과 그 소속기관 직제」 제3조에 의하면, 통계청은 국가통계 활동의 전반적인 기획 및 조정, 통계 기준의 설정, 각종 경제 · 사회통계의 작성 및 분석, 통계정보의 처리 및 관리에 관한 사무를 관장한다. 그렇지만 그 외의 통계 작성 행정기관도 있다. 각급 통계 작성기관이 그것이다. 따라서 각급 통계 작성기관은 각각의 고유 업무와 관련하여 통계를 작성하고 있으며, 통계청은 이들의 통계활동을 종합적으로 관장하여 조정하는 통계 조정 기능을 맡고 있다.

① 통계청

통계청은 우리나라의 국가통계행정을 종합적으로 관장하는 기관으로서, 인구 및 가구의 실태를 파악하는 인구주택총조사, 산업총조사, 경제활동인구조사, 소비자물가조사, 사회통계조사, 농림어업총조사 등을 실시하여 통계를 생산 및 관리하는 기관이다. 특히 통계청은 대규모 통계조사를 실시하는 데 주도적인 역할을 한다. 총조사가 대표적이다. 총조사의 주기는 5년이며, 통계청장은 총조사를 실시하려는 경우에 조사 목적, 조사 대상, 조사 기간 등 조사에 필요한 사항을 전국적으로 배포되는 일간신문에 공고하고, 통계청의 인터넷 홈페이지에 15일 이상 게재해야 한다.

통계청은 '국가통계 발전전략'을 통해 국가통계 발전전략의 기본 목표 및 방향을 "선진 일류국가 건설을 위한 국가통계 시스템 구축"으로 정하고 있다. 이를 위한 전략적 방향으로서 대응성, 효율성, 정확성, 편리성을 들고 있다. 대응성은 정책 수요에 대응한 통계 개발 · 개선, 효율성은 통계 생산비용 절감 및 국민 응답 부담 경감, 정확성은 객관적이고 정확한 통계 작성, 편리성은 통계 정보 활용의 편의성 제고를 의미한다. 이러한 기본 목표 및 방향과 전략 방향을 통해 통계청은 우리나라 통계행정의 주무기관이자 통계 작성 행정기관 중 가장 비중 높은 역할을 담당하고 있다.

② 통계청 이외의 통계 작성 행정기관

통계 작성 행정기관은 통계청 이외에도 중앙정부의 각 부처별 국(局), 과(課) 수준의 통계전담 조직과 지방자치단체의 경우 광역시와 각 시 · 군 · 구, 읍 · 면 · 동에 통계 업무를 담당하는 다양한 수준의 기구들이 있다. 중앙행정기관은 [표 2-1]과 같다. 중앙행정기관이 작성하고 있는 통계 수는 총 432종이고, 그 중 통계청이 68종으로 가장 많이

표 2-1 중앙행정기관의 통계 작성 현황(2020년 통계청 자료) (단위: 종)

기 관	작성 통계 수	종류별		작성 방법별		
		지정	일반	조사	보고	가공
계	432	60	372	223	152	57
통계청	68	37	31	39	2	27
기획재정부	7	1	6	1	6	0
통일부	3	0	3	0	3	0
환경부	26	4	22	10	13	3
국가보훈처	2	0	2	1	1	0
행정안전부	14	0	14	3	10	1
법무부	2	1	1	-	1	0
교육부	6	1	5	5	-	0
문화체육관광부	22	0	22	18	4	0
농림축산식품부	20	0	20	9	9	2
산업통상자원부	20	1	19	17	3	0
국토교통부	30	1	29	8	20	2
보건복지부	37	1	36	15	16	6
고용노동부	19	4	15	9	9	1
국방부	1	0	1	0	1	0
과학기술정보통신부	36	4	32	31	2	3
국가인권위원회	1	0	1	1	0	0
조달청	1	0	1	0	1	0
경찰청	3	0	3	0	3	0
국세청	1	0	1	0	1	0
관세청	6	0	6	0	3	3
검찰청	1	0	1	0	1	0
산림청	12	1	11	8	3	1
특허청	2	0	2	1	1	0
기상청	3	0	3	0	3	0
중소벤처기업부	14	1	13	11	0	3
농촌진흥청	4	0	4	4	0	0
병무청	1	0	1	0	1	0
식품의약품안전처	11	0	11	0	9	2
해양수산부	19	1	18	5	13	1

문화재청	1	0	1	0	1	0
공정거래위원회	2	0	2	0	1	1
여성가족부	14	0	14	13	1	0
해양경찰청	1	0	1	0	1	0
소방청	4	0	4	1	3	0
방송통신위원회	3	0	3	3	0	0
인사혁신처	2	1	1	1	1	0
질병관리청	13	1	12	8	4	1

작성하고 있다. 통계행정의 주무기관으로서 통계청을 제외하면 보건복지부가 가장 많은 37종의 통계를 작성하고 있다. 보건복지 정책의 기초자료로서 다양한 인구 자료가 필요하기 때문인 것으로 보인다. 그리고 지방자치단체의 경우 서울시를 비롯하여 2020년 12월 현재 작성 통계 수는 615종이다. 이 중 지정통계는 17종, 일반통계는 598종, 조사통계는 210종, 보고통계는 264종, 가공통계는 141종이다. 지방자치단체 중에서 가장 많은 종의 통계를 작성하는 곳은 부산과 제주특별자치도이다. 각각 15종의 통계를 작성한다. 지방자치단체와 관련한 통계 작성 현황 자료는 지방자치단체 수가 많기 때문에 여기서 표로 제시하기에 제약이 있어서 간단한 정보만 제시했다. 관련 자료는 통계청 홈페이지에서 쉽게 확인할 수 있다.

(2) 통계 작성 지정기관

통계 작성은 중앙정부의 행정기관과 지방자치단체 이외에도 「통계법」 제15조에 의해 지정받은 통계 작성 지정기관에 의해서도 이루어진다. 통계청장은 통계의 작성·보급 및 이용을 촉진하기 위해 정부정책의 수립·평가 또는 경제·사회 현상의 연구·분석 등에 이용되는 수량적 정보를 작성하고 있거나 작성하고자 하는 기관 등의 신청이 있는 경우 해당 기관 등을 통계 작성 지정기관으로 지정할 수 있다. 물론 일정한 기준에 충족되어야 지정될 수 있다.

실제로 「통계법시행령」 제18조에 의하면, 통계 작성 지정기관으로 지정을 받으려는 기관 등은 일정한 요건을 가지고 있어야 한다. 그것은 민법이나 그 밖의 다른 법률에 따라 설립된 법인일 것, 통계의 작성과 보급에 필요한 조직, 인력과 예산을 충분히 가지고 있거나 구체적인 확보계획을 가지고 있을 것, 구체적이고 실현할 수 있는 통계의 작성·보급에 관한 계획을 가지고 있어야 한다는 조건이다.

대표적인 곳으로 한국은행, 한국산업은행, 기업은행, 대한상공회의소 등이 있다. 생산하는 통계의 종류와 관련하여 한국은행에서는 통화·금융·재정에 관한 통계, 국민계정, 산업연관표, 국제수지표, 자금순환표, 생산자물가지수, 수출입물가지수, 기업경영분석 등 국가의 주요 경제통계를 작성한다. 한국산업은행에서는 주요 기업의 경기전망조사, 설비투자계획조사, 기업의 재무분석 등의 통계를 작성한다. 그리고 기업은행에서는 중소기업동향조사, 중소제조업제품경기전망조사, 중소제조업설비투자전망조사 등의 통계를 작성한다. 대한상공회의소에서는 기업경기전망조사, 제조업근로자 모델별 임금조사, 주요수입상품 경쟁력조사 등의 통계를 작성한다. 그 밖에도 한국전력공사, 국민연금공단, 한국금융투자협회, 에너지경제연구원, 한국생산성본부, 국립공원관리공단, 한국행정연구원 등 많이 있는데, 2020년 현재 기준으로 볼 때 총 통계 작성 지정기관은 119개이고, 전체 작성 통계 수는 201개이다.

읽기자료 2-1 통계 작성 지정기관

전기안전공사, 감전사고 통계 작성기관 추진
객관적 통계 확보로 전기재해 예방 도모

전기안전공사가 감전사고에 대한 공식 통계 작성기관 지정을 추진한다. 공사 안전기준처에 따르면, 현재 우리나라에는 감전사고와 관련해 국가가 인정하는 객관적인 통계가 사실상 전무한 상태다. 이 때문에 실질적인 감전 예방 대책을 수립하고 전기 재해를 줄이기 위한 홍보 등을 위해선 정확한 감전사고 통계가 절실하다는 지적이 많았다.

그동안 전기안전공사는 본사와 전국 사업소 등에서 화상전문병원과 경찰서 등을 방문해 자체 감전사고 조사표에 의거, 직접 방문조사를 실시해 왔다.

이를 통해 매년 발간하는 「전기재해 통계분석」에 감전사고와 관련한 다양한 통계 정보를 제공해 왔다.

그러나 실제 방문 조사 과정에서 정보 접근이 쉽지 않은 경우가 많다는 게 현장의 지적이다. 의료법 및 개인정보보호법 등으로 인해 의료기관이 소속 환자의 개인정보에 대한 제공을 기피하고 있기 때문에 정확한 통계를 내는 데 한계가 있다는 것이다.

의료법 제21조는 "의료인이나 의료기관 종사자는 환자가 아닌 다른 사람에게 환자에 관한 기록을 열람하게 하거나 그 사본을 내주는 등 내용을 확인할 수 있게 해서는 안 된다"고 명시하고 있다.

이와 관련 공사 관계자는 "그동안 감전사고 통계는 변사사고 처리자 중 감전 사망자에 대한 전국 경찰서의 조사 결과, 병원에 입원 치료했거나 입원 중인 자에 대한 병원 치료 기록을 기초로 작성되어 왔다"며 "공사가 국가 승인 통계 작성기관이 되면 보다 객관적이고 정확한 자료를 수집, 분석할 수 있을 것으로 기대된다"고 말했다.

이에 따라 공사는 올해 통계 작성 운용 현황과 개선안을 마련해 국가 승인 통계 작성기관으로 등록하기 위한 방안을 세울 예정이다. 통계전문가도 자체적으로 육성하고 데이터베이스 시스템도 개선할 방침이다.

내년에는 통계 작성기관 등록을 위한 모든 시스템을 완료하고 2016년 감전사고 부문 통계작성기관으로 등록하겠다는 계획이다.

한편, 공사가 지난해 펴낸 「전기재해 통계분석」(제22호)에 따르면, 2012년 감전재해 사망·부상자는 총 571명으로 이 중 사망자는 32명에 달한다. 전년 대비 사망자는 17명이 감소했으나 부상자는 31명이 증가한 수치다. 이 중 만 15세 이하 어린이 및 유아의 사고는 14.9%(부상자 85명)에 이르고 있다.

출처: 전기신문, 2014.2.24.

2) 국가통계위원회

국회통계위원회는 앞에서 살펴본 여러 기관과는 달리 통계 작성기관은 아니고 국가통계에 관한 심의·의결기구이다. 「통계법」 제5조의 국가통계위원회 규정(대통령령)에 의해 기획재정부 장관이 위원장으로 설치된 위원회로서 통계의 작성·보급 및 이용에 관한 여러 사항을 심의·의결하는 기구가 국가통계위원회인 것이다.

국가통계위원회에서는 여러 사항을 심의·의결한다. 대표적으로 몇 가지를 보면, 국가통계 발전을 위한 중장기 정책 목표와 추진 방향에 관한 사항, 국가통계 발전 기본계획 및 시행계획의 수립 및 변경에 관한 사항, 유사·중복 통계의 조정, 통·폐합 및 통계 작성기관 간 협력에 관한 사항, 통계 품질진단 및 개선 등 품질관리에 관한 사항, 통계 표준 분류 등 통계의 작성·보급 및 이용의 기준에 관한 사항, 행정자료의 활용에 관한 사항, 통계 작성기관의 통계정보시스템 활용에 관한 사항, 그 밖에 통계의 작성·보급 및 이용에 관한 사항 등이다.

국가통계위원회의 구성은 위원장이 기획재정부 장관이 위원장이 되고, 그 외 위원으로는 교육부 장관, 과학기술정보통신부 장관, 행정안전부 장관, 문화체육관광부 장관, 농림축산식품부 장관, 산업통상자원부 장관, 보건복지부 장관, 환경부 장관, 고용노동부 장관, 여성가족부 장관, 국토교통부 장관, 해양수산부 장관, 통계청장(간사), 한국은행 총재, 중소기업중앙회장, 한국개발연구원장, 한국보건사회연구원장이 해당된다. 이들

18명(위원장 포함) 모두는 당연직위원이며, 이와 함께 통계에 관한 학식과 경험이 풍부한 자 중에서 위원장이 위촉한 12명의 민간위원도 있다. 따라서 총 30명이 위원이 될 수 있다. 그리고 통계 부문별로 전문적인 사항을 검토하고 연구하기 위해 통계정책분과위원회, 경제통계분과위원회, 사회통계분과위원회, 통계데이터분과위원회, 지역통계분과위원회와 같은 5개 분과위원회를 운영하고 있다.

2. 통계 작성의 주요 활동

통계행정의 가장 기본은 통계 작성이다. 통계의 유용한 사용도 바람직한 통계 작성이 선행 조건이다. 그래서 통계행정에서 반드시 고려되어야 할 사항은 통계 작성이 제대로 이루어지도록 하는 것이다. 통계행정에서 바람직한 통계작성을 위한 주요 활동은 크게 두 가지이다. 하나는 통계 조정활동이고 다른 하나는 통계 품질관리활동이다.

1) 통계조정

통계조정은 통계 작성기관 간 통계작성의 중복을 방지하여 통계의 체계성과 신뢰성을 높이기 위해 통계청이 관련 기관들과 통계를 조정을 하는 행위를 말한다. 통계조정 기능을 통해 분산되어 있는 통계활동의 중복을 방지하고 통계 수급의 균형을 도모하며, 통계의 체계적 발전과 상호 관련성을 갖도록 각종 통계 작성의 기준 설정과 통계 작성 기법의 개선을 도모하고자 한다.

이러한 통계조정 기능이 필요한 이유는 통계의 중복된 작성은 국민들의 응답 부담을 가중시켜서 결국은 응답 기피 현상을 초래하게 되므로 이런 현상을 방지하기 위해서이다. 그뿐만 아니라 통계 생산자 측면에서는 불필요한 통계 생산으로 인해 비용이 발생되므로 이를 방지할 필요가 있고, 이용자 측면에서도 중복되어 작성된 통계가 서로 일치하지 않을 경우 자료를 이용할 때 여러 혼란이 발생될 수가 있기 때문에 통계조정이 필요하다. 이는 국가통계에 대한 신뢰성을 높이는 일이기도 하다.

이를 위해 우리나라의 경우, 통계 작성기관의 장은 새로운 통계를 작성하고자 하는 경우에는 그 명칭, 종류, 목적, 조사 대상, 조사 방법, 조사 사항의 성별 구분 등에 관해 미리 통계청장의 승인을 받아야 한다. 승인을 받은 사항을 변경하거나 승인받은 통계의 작성을 중지하고자 하는 경우에도 마찬가지이다. 승인을 하지 않는 경우 중 하나가 이미 승인을 받은 다른 통계와 조사 또는 보고의 대상·목적 및 방법 등 그 내용이 동일 또는 유사하다고 인정되는 경우이다. 그리고 통계 작성기관의 장은 다른 법률에 따라 통계를 작성하는 경우에도 승인을 받아야 하는 사항 중 그 법률에서 정하지 아니한 사항에 관하여는 미리 통계청장과 협의해야 한다. 협의를 거친 사항을 변경하거나 협의를 거친 통계의 작성을 중지하고자 하는 경우에도 동일하다. 또 통계청장은 통계 작성기관이 동일한 기준에 따라 통계를 작성할 수 있도록 국제 표준분류를 기준으로 산업, 직업, 질병·사인(死因) 등에 관한 표준 분류를 작성·고시해야 하는데, 이 경우도 통계청장은 미리 관계 기관의 장과 협의해야 한다.

2) 통계 품질관리

통계도 품질관리를 한다. 통계가 정책과 계획, 그리고 국가 현안의 판단 근거 자료가 되기 때문에 질이 낮다면 전반적인 국정 운영도 질 낮은 결과를 낳게 된다. 따라서 통계에 대한 품질이 강조되고 있다.

품질이란 사용을 위한 적합성(fitness for use)에 기초하여 사용자의 만족의 정도를 나타내는 제품이나 서비스의 특성을 의미한다. 이에 비추어보면 통계품질이란 통계 사용자의 통계 사용 적합성에 기초한 만족의 정도를 나타내는 특성이다. 이를 관리한다는 것이 통계 품질관리이다. 여기서 관리란 설정한 목표를 달성하기 위한 제반 활동의 조작(operation)을 의미한다. 통계품질의 목표는 경제적이면서 양질의 통계 생산과 제공이 기반이 되어 통계 사용의 만족감을 주고 통계 제공처의 신뢰를 향상하는 데 있다. 따라서 종합하면 통계 품질관리(Quality Management for Statistics)란 사용자들에게 경제적인 양질의 적합한 통계를 제공하여 통계 사용의 만족감을 높이고, 통계 제공처의 신뢰를 향상시키기 위해 이루어지는 체계 및 제반 활동을 의미한다.

통계 품질관리의 중요성은 그 의미에서도 알 수 있듯이 통계 생산이나 이용, 그리고 제공처의 신뢰 측면에서 통계행정의 중요한 기반이 된다. 통계품질이 양질이어야 그에서 비롯되는 여러 활동이 의미 있기 때문이다. 그래서 통계 품질관리는 법적으로 규정되어 실행되고 있다. 「통계법」 제9조, 제10조, 제11조에는 각각 정기통계품질진단, 수시통계품질진단, 자체통계품질진단을 규정하고 있다. 정기통계품질진단의 경우, 통계청장은 정부의 각종 정책 수립 · 평가 또는 다른 통계의 작성 등에 널리 활용되는 통계로서 대통령령으로 정하는 주요 통계(다른 통계의 모집단 자료로 활용도가 높은 통계, 국제연합 등 국제기구에서 권고하는 통일된 기준 및 작성 방법에 따라 작성하는 통계, 정책수립 및 학술연구 기초자료로 중요도 및 활용도가 높은 통계 등)의 작성 및 보급의 제반 과정에 대해 10년의 범위 안에서 주기적으로 실시한다.

그렇다면 통계품질은 어떤 측면에 의해 판단할 수 있는가? 여러 가지 측면이 있겠지만, 관련성, 정확성, 시의적절성, 비교성, 일관성, 접근성을 들 수 있다. 먼저, 관련성(relevance)은 통계 사용자의 요구 사항을 충족하는 정도이다. 통계를 이용하는 사람에게 해당 통계가 얼마나 의미 있고 유용한가를 나타내는 개념이다. 관련성이 높은 통계가 생산되고 제공되기 위해서는 통계 사용자들의 요구 사항을 조사하여 그것을 반영한 통계가 되도록 해야 한다. 해당 통계가 사용자 입장에서 얼마나 유용하게 사용될 수 있을 것인가를 다각적인 면에서 고려한 통계를 생산해야 한다.

정확성(accuracy)은 통계의 오류가 최소화된 정도를 말한다. 통계상의 오류가 없다면 정확성이 높은 통계이다. 특히 통계는 표본을 통한 모집단의 특성을 추정하는 과정을 거치기 때문에, 표본에서 비롯된 통계치와 미지의 모집단의 모수 사이의 오차가 작을수록 정확성이 높은 통계이다. 이는 곧 표본오차와 비표본오차 등이 작다는 의미이기도 하다.

시의적절성(timeliness)은 통계를 작성하는 시점과 결과를 공표하는 시점 간 차이가 적은 정도를 말한다. 통계가 작성된 시점과 결과가 공표되는 시점 사이에 지나치게 큰 간격이 생긴다면 현실에 유용한 정보가 될 수 없다. 이는 관련성 측면에서도 질 낮은 통계가 된다. 이용자가 현재 시점에서 알고 싶은 것을 제대로 알려주지 않기 때문이다. 하지만 그렇다고 지나치게 시의적절한 측면만을 강조하면 조사 및 분석 시간의 부족으로 정확성이 떨어지는 통계가 만들어질 수도 있으니 주의해야 한다.

비교성(comparability)은 통계의 시 · 공간적 비교가능성을 의미한다. 현재 생산된 통계가 시간과 공간이 다른 통계에 의해 비교할 수 있는 형태를 지니고 있어야 한다는 것이다. 이는 통계에서 동일한 용어나 측정 방법 및 측정 도구, 그리고 조사 방법 및 분류 방법 등을 사용하는 정도를 나타내는 것이기도 하다. 이용자의 사용 적합성을 강조한다는 점에서, 통계 사용자는 해당 통계 자체에서의 유용한 정보도 얻고자 하겠지만 해당 통계와 다른 시기의 통계나 다른 나라의 통계와의 비교에서 오는 정보를 얻고자 하는 경우에 이를 충족시키는 정도가 비교성이다. 특히 오늘날과 같이 국제적인 비교가 많이 이루어질 때 통계의 비교성은 통계품질의 중요한 측면이 된다. 그래서 OECD나 세계은행(World Bank)과 같은 곳에서 생산되는 통계는 비교가 가능하도록 동일한 방식에 의해 통계가 생산되고 분배되고 있다.

일관성(coherence)은 동일한 현상에 대해 서로 다른 출처에서 수집된 통계들의 결과가 서로 유사한가의 정도를 말한다. 정부의 경우 여러 부서가 서로 고유한 업무를 하면서도 한편으로는 유사한 업무들을 진행하기도 한다. 이럴 때 동일한 현상에 대해 서로 상반되는 결과를 보이는 통계를 제시한다면 국가통계는 일관성이 없는 통계가 된다. 예를 들어, 정부의 각 부처에서 시행하는 국제개발협력 예산을 각 부처가 개별적으로 공시하고 있는 규모와, 국제개발협력 주관 부처가 각 부처의 예산을 모두 조사해서 일괄적으로 제시한 값이 서로 다르다면 일관성에 문제가 있는 통계가 된다. 그리고 연간 통계자료와 월간 통계자료가 서로 차이가 있다면 이 역시 일관성이 없는 통계가 된다. 일관성 있는 통계가 되기 위해서는 유사한 현상에 대해 통계를 작성하는 기관들 간의 사전 논의와 합의가 반드시 필요하다. 통계가 일관성을 잃는다면 이용자 입장에서는 정부통계에 대한 신뢰가 거의 없어진다.

접근성(accessibility)은 통계 이용자가 통계에 쉽게 접근할 수 있는 정도를 말한다. 통계를 이용하기 쉽도록 하기 위해서는 이용 수단의 편리성과 매뉴얼의 편의성이 확보되어야 한다. 인터넷이 편리한 이용 수단이 될 수 있고, 이용할 때 복잡한 매뉴얼이 아니라 가독성이 높은 편의성을 지니고 있어야 한다. 특히 오늘날에는 스마트폰과 같은 휴대용 단말기를 통해서도 통계 이용의 접근성을 높일 수 있는 방안을 마련할 수 있다.

3. 국가통계제도

국가통계제도는 통계행정을 통해 국가통계를 생산해내는 방식에 관한 규칙을 의미한다. 세부적인 규칙들은 다양할 수 있지만 크게 보면 두 가지 방식으로 나뉜다. 집중방식 통계제도와 분산방식 통계제도가 그것이다.

1) 집중방식 통계제도

집중방식 통계제도는 한 국가의 모든 통계활동이 전문적인 특정 통계 작성기관에 의해 이루어지는 방식이다. 대개 중앙통계기관이 별도로 존재하는 형태로서, 이 기관이 국가통계에 관한 업무를 주관하고 총괄한다. 그래서 정부의 각 기관에서 필요로 하는 모든 통계를 중앙통계기관이 직접 작성해서 공급한다. 집중방식 통계제도를 채택하고 있는 국가는 캐나다, 스웨덴, 핀란드, 네덜란드, 호주, 인도네시아 등이다.

집중방식 통계제도의 장점은, 우선 통계 작성 과정에서 통계 작성의 객관성을 확보하기 쉽다는 점이다. 이는 통계 작성기관이 행정적으로 독립되어 있고 정치적으로도 중립적으로 구성되어 있기 때문이다. 그리고 통계 전문 인력을 한 기관에 배치하여 통계활동을 하도록 하기 때문에 통계 업무에 전문가를 효율적으로 활용할 수 있는 장점도 있다. 이와 함께 하나의 통계기관에 의해 통계활동이 이루어지기 때문에 통계의 중복을 사전에 방지할 수 있고 통계 상호 간의 연계가 수월하다. 또 한 기관에서 여러 분야의 통계자료가 이용 가능하기 때문에 통계자료 이용의 편의성이 높은 장점도 있다. 그리고 자료의 통합관리가 쉽고 전문 인력의 기술 축적이 편리하게 이루어질 수도 있다. 무엇보다도 하나의 통계기관에 의해 통계활동이 이루어지기 때문에 신속하고 저렴하게 이용자의 요구에 부응하는 통계자료를 생산할 수 있는 장점이 있다. 통계행정의 통합 체계를 이루기 쉬운 것도 집중방식 통계제도의 장점이다.

반면 단점으로는, 여러 통계 이용기관에서 실질적이고 구체적으로 필요로 하는 요구가 정확하게 반영된 통계가 조사되지 않을 가능성이 높다. 표준적이고 평균적인 이용을 고려한 통계 생산이 이루어지기 때문이다. 그리고 각 통계별 해당 분야의 전문지식 활용이 어렵다는 점도 단점이다. 한 기관에서 통계활동이 일괄적으로 이루어지므로 구체적인 사안별 통계 지식을 모두 갖추고 있는 전문가가 통계활동을 하는 것은 아니기 때문이다. 그리고 분야별 통계 이용자의 구체적인 요구 변화를 신속하고 충분히 파악하지 못할 수 있다는 단점도 있다.

2) 분산방식 통계제도

분산방식 통계제도는 통계 작성 기능이 특정한 전문 통계기관이나 중앙통계기관에 집중되어 있지 않고 여러 기관에 분산되어 있는 방식이다. 그래서 각 기관마다 고유한 업무를 수행하는 데 필요한 통계를 직접 생산한다. 분산방식 통계제도는 필요와 실정에 맞는 통계를 해당 기관이 스스로 작성한다는 점에서 통계 작성의 책임은 각 기관에 있다. 우리나라가 여기에 해당되며, 미국, 일본, 영국, 대만 등에서도 채택하고 있는 제도이다. 앞서 우리나라가 통계청 이외의 다양한 기관에서도 통계를 조사하고 생산하고 있다는 것을 살펴본 것이 바로 이를 보여주는 것이다. 우리나라는 미국과 일본의 영향을 받아 이러한 분산방식 통계제도를 채택하고 있는데, 구체적으로 「통계법」에 그 근거를 두고 있다. 「통계법」 제3조에 의하면, 우리나라 국가통계에서 통계 작성기관이란 중앙행정기관 · 지방자치단체 및 제15조에 따라 지정을 받은 통계 작성 지정기관을 말한다.

분산방식 통계제도의 장점으로는, 각 기관마다의 고유 업무를 반영해서 관련 전문가들이 통계활동을 하기 때문에 통계조사와 생산에서 각 분야의 전문지식을 최대한 활용할 수 있다는 점을 들 수 있다. 그리고 통계 작성 과정에서 이용 목적이 반영되어 통계 수요에 신속하고 효율적인 대응이 가능하도록 하는 장점도 있다.

그러나 단점으로는, 동일 또는 유사한 통계들이 중복되어 작성될 가능성이 높다는 점을 들 수 있다. 사회통계의 경우, 사회의 다양한 분야들이 중복되는 경우가 많기 때문이다. 그리고 하나의 기관에서 통합하여 통계활동이 이루어지지 않기 때문에 우수한 통계 전문 인력의 집중적인 활용이 어려운 점도 있다. 이와 함께 각 기관별로 통계 작성 시 통계자료의 중립성과 객관성이 낮아질 우려가 있다. 기관별로 유리한 통계만을 의도적으로 생산할 가능성이 있기 때문이다.

4. 국가통계의 기본 원칙

국가통계는 몇 가지 원칙에 의해 작성되고 관리 및 활용된다. 통계청에 의해 명시된 국가통계의 기본 원칙은 다음과 같다.

첫째, 국가통계는 공익적 가치를 가진 공공재로서 중립성이 보장되어야 한다. 국가통계는 어느 한 개이나 기관의 것이 아니다. 일종의 공공재이다. 따라서 특정 이익을 반영한 국가통계가 되어서는 안 되고 공공재적 속성에 따라 누구에게나 혜택이 갈 수 있는 재화여야 한다.

둘째, 국가통계는 객관적이고 과학적인 방법을 사용하여 정확하고 신뢰할 수 있도록 작성되어야 한다. 신뢰성이 담보되지 않은 통계는 그 자체의 문제도 크지만, 그보다도 정확하지 않은 통계에 기초한 정책설계나 평가는 더 큰 문제를 초래할 수 있다.

셋째, 국가통계 작성을 위한 비용이나 응답 및 조사 부담 등을 고려한 계획을 수립하여 효율적인 조사가 이루어지도록 해야 한다. 국정관리를 위해 세상의 모든 통계가 다 있으면 좋겠지만, 비용 및 제반 부담을 고려한다면 현실적이지 않다. 따라서 통계 작성을 위해서는 현실적 여건을 고려한 효율적 조사가 중요하다.

넷째, 국가통계는 다른 통계와 비교하여 사용할 수 있도록 비교 가능한 개념, 분류, 방법 등을 사용해야 한다. 통계는 작성하는데서 끝나는 것이 아니다. 활용을 통한 유용한 정보 산출이 무엇보다도 중요하다. 그렇게 하기 위해서는 여타 통계들과 비교 가능하도록 해야 한다.

다섯째, 개인이나 법인 또는 단체 등의 비밀에 속하는 자료는 통계 목적으로만 사용되어야 하고 엄격히 보호되어야 한다. 애초에 통계가 국가 통치의 수단으로 시작될 정도로 통제 목적으로 활용될 수 있는 사적이거나 비개방적 속성의 정보들을 많이 포함하고 있다. 잘못된 사용과 악용은 큰 파장을 낳을 수 있기 때문에 더욱 엄격한 주의가 필요한 것이 바로 통계자료이다.

여섯째, 국가통계 작성에 필요한 인력, 예산, 전산 장비 및 프로그램 등을 충분히 확보해야 한다. 통계는 기본 여건이 갖추어져 있지 않으면 작성될 수 없다. 통계 작성 능력을 지닌 인력도 필요하고 충분한 예산도 필요하다. 그리고 통계는 수많은 수치적 자료를 포함하고 있기 때문에 그것을 관리할 수 있는 프로그램도 마련되어야 한다.

일곱째, 국가통계의 실용성을 향상시키고, 공익적 가치를 극대화하기 위해 이용자들을 효과적으로 참여시켜야 한다. 통계는 정부의 단독 사용을 위한 자료가 아니다. 정부 이외의 일반 이용자들 모두가 통계 사용의 대상자들이다. 따라서 이들을 참여시켜서 통계 활용의 실용성을 더욱 높여야 한다.

여덟째, 국가통계는 모든 이용자가 쉽고 편리하게 접근하여 활용할 수 있어야 한다. 아무리 통계자료가 정확하고 신뢰가 높다고 하더라도 이용하기에 어렵거나 불편하면 무용할 뿐이다. 이용의 편의성과 접근성은 통계 활용의 핵심이다.

제3절 통계행정과 민간위탁

통계행정은 인력과 예산으로 운영된다. 돈과 사람은 행정학의 모든 분야에서도 마찬가지이지만 통계행정에서도 필수적인 사항이다. 우선, 인력과 관련해서 '제1차 국가통계발전(2013~2017년) 기본계획'에 따르면, 현재 우리나라의 전체 통계 인력은 4,737명이며, 그 가운데 중앙행정기관 통계 인력은 3,867명(81.6%)이다. 여기서 통계 인력 4,737명 중 상용직은 3,854명(81.4%), 임시직은 883명(18.6%)으로 구성되어 있다. 특징적인 것은 중앙행정기관의 통계 인력 중 통계청(3,260명)과 고용노동부(522명) 2개 기관의 인력이 전체의 79.8%를 차지하고 있다는 사실이다. 지방자치단체 통계 인력은 410명(8.7%)으로 기관당 1.6명이며, 민간지정기관 통계 인력은 460명이고, 이 중 한국은행 통계 인력이 202명이다.

통계행정을 위해서는 인력과 함께 예산도 필요하다. 이를 통계예산이라고 하는데, 통계예산이란 통계 업무 수행 과정에 직접 사용된 사업비와 기타 경비를 의미(통계업무 담당자의 경상 급여 및 수당은 제외)한다. 인건비를 제외한 현재 우리나라의 통계예산은 2,722억 원으로 국가 전체 예산의 0.08% 수준이다. 그 중 중앙행정기관이 1,888억 원(69.4%), 민간지정기관 586억 원(21.5%), 지방자치단체 248억 원(9.1%)으로 구성되어 있다.

그러나 이러한 인력과 예산으로 필요한 통계들을 모두 통계행정으로만 생산하고 관리하는 것은 어렵다. 현대 사회의 복잡성만큼이나 다양한 현상을 이해할 수 있는 정보 획득을 위해 여러 종류의 통계자료가 필요하다. 그리고 고도의 전문성이 요구되는 통계를 정부가 수집하고 관리하는 것이 어려운 경우도 있다. 또 비용을 고려했을 때 정부가 직접 통계행정을 수행하는 것이 더 비효율적인 경우도 있다.

그래서 정부는 통계조사와 관리 및 정보 산출을 위해 민간위탁을 실시하고 있다. 정부의 다른 부문과 마찬가지로 통계행정의 일부도 민간위탁에 의해 이루어지고 있다. 실제로 여러 중앙행정기관(통계청 제외)은 통계조직이 없어 민간기관 또는 산하 연구기관 등을 통해 통계를 위탁 생산되는 경우가 많다. 한 예로, 조사통계 119종 중 101종(84.9%)이 위탁에 의해 이루어진 해도 있었다.

따라서 통계청은 통계품질 제고를 위해 통계조사 민간위탁 평가·관리에 대한 지침 제정이 필요함을 인식하여 『통계조사 민간위탁 지침 제정안』을 발간했다. 『통계조사 민간위탁 지침 제정안』은 민간위탁 통계 작성 시 정확성과 신뢰성을 담보할 수 있도록 통계 작성기관이 검토·확인해야 할 기본적인 사항을 규정하고 있다.

통계행정의 민간위탁 시 진행 과정은 크게 기획, 조사기관 선정, 조사표 설계 및 조사지침서 작성, 조사, 자료 처리 및 분석, 조사 결과 관리, 통계 공표 및 이용으로 구분된다. 우선, 기획 단계는 통계 작성기관에서 실시한다. 기획은 통계조사 전반에 관한 방향을 설정하고 명시한다. 이를 위해 조사 목적을 구체화하고 그에 맞는 조사 대상을 결정하고, 응답 부담 경감과 중복 조사에 따른 예산 낭비를 방지하기 위해 행정자료나 다른 통계로부터 필요한 자료 수집 가능 여부를 검토한다. 이어서 위탁할 조사기관(수탁기관)을 선정한다. 이 역시 통계 작성기관에서 실시한다. 이때는 업무 수행에 필요한 조직 체계와 전문성과 실무 능력을 갖춘 인력(조사 관련 분야 학위 취득자, 사회조사분석사 등)의 보유 여부를 검토하고, 기관의 조사 시행계획 및 일정이 적절히 수립되어 있는지에 대해서도 검토한다. 다음으로, 통계 작성기관 혹은 수탁기관이 조사표 설계 및 조사지침서를 작성한다. 조사표의 조사 항목은 주기적 조사인 경우, 일관성과 시계열 유지를 위해 지난번 조사 항목과 연계가 가능한지에 관해 점검한다. 그리고 조사지침서에는 조사 요령, 조사표 작성 요령, 조사표 내용 검토 요령, 조사 불응 시 대처 요령 등이 수록되어 있는지 확인한다.

이러한 준비가 갖추어지면 수탁기관에 의해 조사가 진행된다. 이때 통계 작성기관은 홈페이지 등을 통해 통계 조사명, 조사 목적·내용·대행업체명 등을 공개하고, 조사지침서·현장조사 요령서 등에 대한 교육이 충실하고 통일되게 이루어지고 있는지 확인한다. 그리고 조사 진척 상황 등에 대해 정기적으로 보고받거나 확인이 이루어진다. 조사가 진행된 뒤 통계 작성기관 혹은 수탁기관에 의해 자료 처리 및 분석이 이루어진다. 이때는 조사 과정에서 발생한 오류를 검증하기 위한 내용 검토 요령서가 충실하게 갖추어져 있는지 확인하고, 당초 조사 목적에 맞는 통계표들이 작성되었는지 점검한다. 통계 작성기관에 의해 조사 결과가 관리되는 단계가 그 다음 단계이다. 통계 작성기관은 통계조사 및 자료분석이 완료되면 수탁기관으로부터 조사설계서, 조사표 원본, 조사 결과 원자료 파일, 자료처리 보고서 등의 조사 결과물을 제출받아서 보관한다. 마지막으로, 통계 작성기관은 통계를 공표하여 이용 가능하도록 한다. 공표를 할 때는 통계를 널리 보급할 수 있는 공표 방법을 선택하여 공표하고 정확한 통계 이용을 위해 필요한 사항을 함께 공표한다.

제2부

통계분석의 기초 이론과 응용

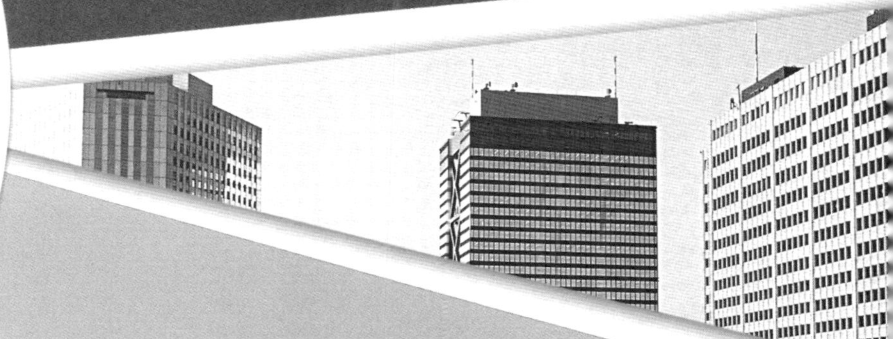

제2부는 행정계량분석에 필요한 통계분석의 기초 이론과 응용 방법에 대해 학습한다. '제3장 통계자료의 수집', '제4장 통계자료의 정리', '제5장 확률과 확률분포', '제6장 표본분포와 추정', '제7장 가설검정'으로 구성되어 있다.

행정계량분석론

제 3 장

통계자료의 수집

제1절 자료의 종류

자료(data)란 연구나 조사의 기초가 되는 재료로서 현상에 대한 설명이나 기술을 가능하게 하는 사실이나 정보를 의미한다. 자료는 숫자, 문자, 소리, 그림, 사진, 행동 등의 형태를 띤 정보로 존재한다. 그래서 자료는 다양한 기준에 따라 여러 종류로 나눌 수 있다. 기준을 무엇으로 정하는가에 따라 다양하지만 여기서는 크게 네 가지 구분으로 나눈 자료의 종류들을 살펴보기로 한다.

1. 양적 자료와 질적 자료

양적 자료(quantitative data)는 양적인 크기가 수치로 표현되는 자료로서, 키, 거리, 소득, 나이, 길이, 온도, 무게, 민원인 수 등의 자료가 그에 해당한다. 양적 자료는 사칙연산(四則演算)이 가능하다. 질적 자료(qualitative data)는 수치화된 양적인 크기로 나타내기 어려운 자료로서, 선호하는 정당, 좋아하는 지역, 존경하는 위인, 민원의 유형, 성별, 선호하는 드라마, 좋아하는 음악, 감정 상태 등에 관해 기술된 자료가 그에 해당된다. 양적 자료와 달리 질적 자료는 사칙연산이 불가능하다.

2. 연속 자료, 이산 자료, 범주형 자료

연속 자료(continuous data)는 어떤 구간 내에서 모든 실수 값을 가질 수 있는 자료로서, 교량 길이, 숭어 크기, 키, 몸무게, 호박 크기 등이 그 예이다. 이산 자료(discrete data)는 정해진 실수 값만을 가질 수 있는 자료이며, 여기에는 학교 수, 교통사고 건수, 가덕도 대항마을 주민 수, 교량 수, 불량품 수, 학생 수 등이 해당된다. 범주형 자료(categorical data)는 범주로 분류하여 각각의 범주에 속하는 도수로 나타낸 자료를 말하며, 여기에는 지역(중부, 남부, 북부), 성별(남, 여), 상품품질 수준(상, 중, 하), 종교(불교, 기독교, 천주교, 원불교), 소득(100만 원 미만, 100~200만 원, 200만 원 이상) 등이 그 예가 된다.

3. 1차 자료, 2차 자료, 3차 자료

1차 자료(primary data)는 연구자가 분석하고자 하는 대상 집단이나 현상으로부터 직접 수집한 자료를 말한다. 직접수집 자료라고도 한다. 2차 자료(secondary data)는 분석 대상에 대한 자료를 직접 수집하지 않고 제3자로부터 수집한 자료를 의미한다. 간접수집 자료라고도 한다. 연구자가 여러 정부기관이나 통계기관으로부터 수집한 자료 등이 여기에 해당한다. 1차 자료는 수집에 많은 시간과 비용을 필요로 하지만 정확성을 획득할 수 있는 장점이 있는 반면, 2차 자료는 저렴한 비용과 짧은 시간에 자료를 수집할 수 있는 장점이 있지만 원하는 자료나 정확한 자료가 아닐 수도 있다.

3차 자료는 분석하고자 하는 동일한 연구문제에 대해 기존에 일정한 문헌으로 만들어진 자료를 말한다. 그래서 3차 자료 역시 직접 수집한 자료가 아니기 때문에 2차 자료라고도 할 수 있다. 하지만 데이터의 조작(operation)이 발생했고 의견이나 편향이 가해진 자료라는 점에서 또 다른 자료로서 3차 자료로 분류된다. 3차 자료는 연구자가 관심 있어 하는 주제에 대해 본격적으로 조사를 실시하기 전에 검토하는 선행연구(기존 연구)자료로서 주로 활용된다. 그리고 연구자가 분석한 결과를 비교하는 기준으로서 3차 자료가 활용되기도 한다. 또 3차 자료는 연구 주제를 탐색하는 데 사용되기도 한다.

4. 종단적 자료와 횡단적 자료

종단적 자료는 시계열자료(time series)라고도 하며 일정한 기간 동안의 시간 변화에 따른 자료를 말한다. 예를 들어, 지난 6개월 간 증가한 소득, 1년 간 환율, 10년 간 예산 등이 그에 해당된다. 횡단적 자료(cross-sectional)는 특정한 시간대에 얻어지는 자료를 말한다. 2014년 영주지역의 아파트 가격이나 1981년 가덕도에서 태어난 아이들의 수 등이 그 예이다.

제2절 표본조사

1. 표본조사의 의미

관심 있는 현상에 대해 조사하고자 할 때 그 현상에 해당되는 개체들을 모두 조사하는 것은 쉬운 일이 아니다. 개체 수가 많을수록 모두 조사하는 것은 불가능에 가깝다. 예를 들어, 대한민국 국민들의 여가시간이 얼마인지에 대해 조사하고자 한다면, 해당되는 개체들은 대한민국 국민 모두가 된다. 그런데 일일이 한 명 한 명에게 여가 시간의 양을 물어보면서 조사하는 것은 정말 어려운 일이다. 전혀 못할 일은 아니지만 상당한 시간과 비용이 드는 일이 된다. 그래서 이때 전체 개체들을 대표할 수 있는 일정 부분의 개체들을 선정해서 조사하는 것이 바로 표본조사(sample survey)이다. 전체의 일부를 통해 전체 집단의 특성을 추정하는 조사 방법인 것이다. 통계학 용어로 나타내면, 모집단에서 모집단을 대표할 수 있는 표본을 선정해서 전체 모집단의 특성을 추론하기 위해 조사하는 것이 표본조사이다. 따라서 표본조사는 표본을 선정해서 허용된 오차 범위 내에서 모수를 추정하여 모집단의 특성을 도출하기 위한 조사이다.

복잡한 현대 사회에서 많은 조사가 표본조사에 의해 이루어지고 있다고 볼 수 있다. 표본조사에서 가장 중요한 것은 표본이 모집단을 잘 대표할 수 있어야 한다는 점이다. 예를 들어, 대학교 학부과정 학생들의 강의 만족도 조사를 표본조사를 통해 시행하고자 할 때, 그 모집단인 대학교 학부과정 학생 전체에서 모집단을 잘 대표하는 학부 학생을 추출해야 한다. 하지만 대학원생까지 포함된 대학교 전체 학생에서 표본을 추출한다면 이 표본은 모집단을 잘 대표하는 표본이라고 할 수 없다.

물론 오늘날 많은 조사가 표본조사로 이루어지지만 표본조사와 비교되는 전수조사가 없는 것은 아니다. 사회과학에서 어떤 용어나 개념에 대한 의미는 유사하거나 차이가 있는 다른 용어의 의미와 비교함으로써 더 잘 이해할 수 있다. 그런 차원에서 표본조사의 의미는 전수조사의 의미를 살펴봄으로써 더 잘 이해할 수 있다. 전수조사는 분석하고자 하는 관심의 대상이 되는 집단에 속하는 모든 개체를 조사하는 것을 말한다. 모집단에 대한 특성을 분석하고 정보를 얻기 위해 모집단의 모든 개체(추출 단위)를 조사하는 것이다. 여기에는 가구와 개인을 대상으로 하는 인구 및 주택 총조사나 사업체를 대상으로 하는 사업체 기초통계조사 등이 있다. 전수조사는 주로 국가 전체의 현황을 총괄적으로 조사하고 정부정책의 가장 기초적인 자료로 활용하기 위해 이루어진다. 통상적으로 정부기관 등의 대규모 기관에서 행하는 경우가 많다. 하지만 전수조사의 경우, 조사비용과 시간 및 노력이 많이 소요되기 때문에 쉽게 이루어지기 힘든 것이 현실이다. 그럼에도 불구하고 반드시 전수조사가 필요한 경우에는 실시되고 있다. 무엇보다도 전수조사는 여러 표본조사의 표집의 틀로 활용되어 후속 연구의 토대로서 그 역할을 하기 때문에, 비록 쉽지 않은 조사이기는 하지만 반드시 필요한 조사이기도 하다.

이처럼 표본조사가 주로 이루어지지만 중요한 조사로서 전수조사도 시행되고 있다. 조사를 할 때 전수조사를 할 것인가, 아니면 표본조사를 할 것인가는 여러 가지 요인에 의해 결정되지만 표본조사를 할 수밖에 없는 경우도 있다. 대표적으로 제품의 파괴조사이다. 예를 들어, 자동차 안정성 테스트나 그릇이나 침대의 강도 시험, 그리고 볼펜의 수명 시험과 같이 제품에 파손을 가해 조사하는 경우 원칙적으로 전수조사는 불가하다. 이럴 때는 표본조사가 될 수밖에 없다.

2. 표본조사의 장점과 한계점

표본조사를 시행하는 것은 여러 가지 장점이 있기 때문이다. 무엇보다도 조사 과정에서 시간과 비용과 노력이 절감되기 때문이다. 자료를 수집할 때뿐 아니라 수집된 자료를 분석하는 시간과 비용도 상당히 절감된다. 그리고 조사의 정확성도 높아진다. 흔히 관심이 있는 대상에 속하는 개체들을 하나하나 조사하는 모집단 전체를 대상으로 하는 조사가 더 정확한 조사라고 생각하는데, 그렇지 않다. 그 반대이다. 모집단 전체를 대상으로 조사하는 전수조사의 경우 자료의 양이 방대하기 대문에, 조사 과정에서 자료가 누락되거나 자료처리에서 실수를 범할 확률이 높다. 따라서 표본조사를 통해 조사의 정확성을 높일 수 있다. 또 표본조사를 진행할 경우 전수조사보다는 심도 있는 조사가 가능해 질 수 있다. 선택된 표본에 집중해서 조사하기 때문에 상대적으로 모집단 전체를 조사하는 경우보다는 심도 있는 조사를 진행하기 쉽다. 그리고 표본조사는 원하는 결과를 전수조사보다 빨리 획득할 수 있다. 시시각각 변화하는 현대 사회에서 필요한 분석 결과를 얻기가 수월하다.

하지만 표본조사는 근본적으로 모든 개체를 대상으로 조사하는 것이 아니기 때문에, 표본조사의 결과가 표본으로 선정되지 못한 모집단의 다른 개체들까지 모두 잘 대표하지는 못한다는 한계를 지니고 있다. 즉, 표본조사는 모집단을 완전히 잘 대표하는 분석 결과를 도출하기는 현실적으로 불가능하다는 것이다. 그리고 표본조사는 모집단의 특성을 왜곡하는 경우도 있다. 의도적으로 원하는 결과를 얻고자 할 때 편의가 강하게 반영된 표본을 선정해서 모집단의 특성인 것처럼 분석 결과를 제시하는 경우이다. 잘못 선정된 표본은 모집단을 왜곡해서 대표하게 되는 문제점이 있다. 이처럼 선택적 편의(selection bias)가 발생된 표본은 표본의 수를 증가한다고 해서 더 나은 결과를 도출하지도 못한다. 예를 들어, 우리나라 국민들의 정치적 성향을 조사하고자 할 때 특정한 지역에서 강하게 보이는 정치적 성향을 연구자의 주장대로 활용하기 위해서는 특정한 지역에서만 표본을 추출하는 것이다. 이때 표본의 수를 증가한다고 해도 왜곡된 통계 결과만 나오게 된다. 연구자가 표본의 수를 늘리기 위해 특정한 지역에 사는 사람을 더 증가시키기 때문이다. 표본의 수가 늘어나도 특정한 지역의 주민들의 정치적 성향만 추가적으로 더 조사될 뿐이다.

3. 표본조사의 주요 개념

• 조사 단위(observational unit)

모집단에 속하는 조사의 대상이 되는 가장 작은 요소를 말한다. 예를 들어, 학생들의 학교생활 만족도를 조사한다고 하면 이때 조사 단위는 각 개인(학생)이 되고, 지역의 가구당 소득을 조사한다고 하면 각 가구가 조사 단위가 된다. 조사 단위를 어떻게 설정할 것인가는 조사 내용에 따라 다르게 결정된다. 조사 단위를 명확히 밝히지 않는 조사와 연구 결과는 타당하지 못한 연구 함의를 도출하므로 명확히 밝혀야 한다.

• 추출 단위(표집 단위, sampling unit)

모집단에서 추출하는 조사 단위의 모임을 말한다. 경우에 따라서는 조사 단위 하나가 추출 단위가 되기도 하고, 여러 개의 조사 단위로 구성된 집합이 추출 단위가 되기도 한다. 예컨대, A학과의 학생들의 만족도를 조사한다고 할 때 각 학생 개인을 선택할 경우에는 조사 단위와 추출 단위가 모두 개인이 되지만, 만일 A학과에 구성되어 있는 각 반을 먼저 추출하고 각 반에서 한 학생(개인)을 조사하는 경우에는 반이 추출 단위가 되고 개인이 조사 단위가 된다.

• 추출틀(표집틀, sampling frame)

표본으로 추출되는 추출 단위의 목록(list)을 말한다. 학생이 추출 단위라면 학생들의 목록이 추출틀이 되는 것이다. 추출틀은 모집단을 잘 반영하는 것이어야 한다. 이를 위해서는 모집단 내의 모든 추출 단위가 빠짐없이 모두 망라되어 있어야 하고, 추출 단위의 중복도 있어서는 안 된다.

제3절 표본추출(표집) 방법

표본조사를 시행할 때 가장 기본적으로 고려해야 할 것은 모집단을 잘 대표하는 표본이 선정되어야 한다는 점이다. 모집단을 잘 대표하지 못하는 표본이 선정되었다면 분석 결과는 아무런 의미 없는 결과로 치부될 수도 있다. 좋은 표본은 모집단의 축소판이어야 한다. 따라서 표본을 어떻게 추출할 것인가는 표본조사의 첫걸음이자 핵심이다.

사실 완벽한 표본을 추출하는 것은 현실적으로 불가능하다. 언제나 표본추출오차(sampling error)가 존재한다. 다만, 이 오차를 줄일 수 있는 방법들이 있고, 또 설사 오차가 존재하더라도 그 오차를 상회할 수 있는 조사의 함의를 낳게 해주는 방법들이 있을 뿐이다. 다양한 표본추출 방법들이 존재하는 이유가 바로 그 때문이다.

표본추출 방법에는 크게 확률추출 방법(probability sampling)과 비확률추출 방법(non-probability sampling)이 있다. 확률추출 방법이란 모집단에 속해 있는 각각의 추출 단위들의 추출확률이 사전에 주어져 있는 경우를 말한다. 이는 모집단에 속한 개체들이 표본으로 추출될 확률이 모두 동일하다는 것과 같은 말이다. 여기에는 단순무작위추출 방법, 계통추출 방법, 층화추출 방법, 집락추출 방법, 무작위전화걸기 방법 등이 해당된다.

비확률추출 방법이란 모집단에 속해 있는 각각의 추출 단위들의 추출확률을 알 수 없는 경우이다. 대개 조사자의 주관적 판단에 의해 표본이 추출되는 경우이다. 따라서 비확률추출 방법에 의해서는 각각의 추출 단위들이 표본으로 추출될 확률을 객관적으로 나타내기 어렵기 때문에, 과학적인 방법으로 활용되기에는 한계가 있다. 하지만 이 방법은 확률추출 방법에 비해 시간과 비용이 적게 드는 장점이 있고, 본조사에 앞서 이루어지는 탐색적 조사에 많이 사용된다. 여기에는 간편추출 방법, 판단추출 방법, 할당추출 방법, 눈덩이추출 방법 등이 있다.

1. 확률추출 방법

1) 단순무작위추출 방법

우리가 흔히 무작위 추출을 한다고 말할 때 의미하는 것이 바로 이 단순무작위추출(simple random sampling) 방법이다. 모집단에 속하는 추출 단위가 표본으로 추출될 확률이 동일한 경우로서 모집단의 특정한 부분이 반영되거나 반영되지 않게 된다. 이 방법은 오차를 최소화한다는 점에서 장점을 지니지만 모집단이 큰 경우 시간 소요가 많다는 단점이 있다.

단순무작위추출 방법은 모집단의 모든 개체에 일련의 번호를 부여하고, 조사자의 편의를 없애기 위해 난수표를 사용하여 개체의 일련번호와 난수표의 번호가 일치하는 개체를 표본으로 선정한다. 좀 더 구체적으로 추출하는 방법을 살펴보면, 우선 모든 개체에 일련번호를 부여한다. 그리고 모집단으로부터 추출하고자 하는 표본 수만큼의 난수(random number)를 찾아서 난수와 일치하는(난수의 특정 자릿수를 지정) 개체들을 표본으로 선택한다. 이때 만약 같은 난수가 여러 번 발생되면 맨 처음 나온 것만을 선택하고, 나중의 수는 무시하고 계속해서 난수를 발생시킨다.

예를 들면, 직원 수가 100명인 어느 공장에서 직원들을 대상으로 직무 만족도를 조사하고자 한다. 그 중 50명의 단순무작위표본을 선택하고자 한다. 이를 위해 먼저 100명의 직원에게 00, 01, 02, 03,⋯, 98, 99의 고유번호를 부여한다. 그리고 나서 난수표에서 출발점을 정하고, 난수의 끝에서 두 자리 숫자를 읽어 그 고유번호와 일치하는 직원을 표본으로 선택하여 뽑는다. 만약 똑같은 난수가 여러 번 발생하게 되면 나중에 생긴

수는 무시하고 계속 난수를 발생시킨다. 난수가 985436이 뽑혔다고 한다면 끝 두 자리가 36이므로 36번을 부여받은 직원이 표본으로 뽑히게 된다. 그리고 다음 난수인 875622가 뽑혔다면 끝자리가 22이므로 22번을 부여받은 직원을 뽑는다. 이렇게 50명을 뽑는다.

일상생활에서 사람들은 랜덤 혹은 무작위로 표본을 추출한다는 말에 대해 잘못 알고 있는 경우가 많다. 랜덤하게 추출한다는 것이 전체 모집단 조사 단위 중에서 조사자가 마음대로 혹은 아무렇게나 뽑거나 아니면 여기저기서 손이 닿는 대로 뽑는 것으로 오해하는 경우가 있는데 절대 그렇지 않다. 명동거리에 서서 지나가는 사람들 아무에게나 설문조사를 하는 것은 절대 무작위로 표본을 선택해서 조사하는 것이 아니다. 명동거리에서 설문에 응답한 사람들은 명동에 온 사람들에만 한정된 것일 뿐, 조사하고자 하는 대상 전체(모집단)가 표본으로 뽑힐 동일한 확률을 지닌 상태에서 표본으로 선정된 것이 아니다. 이러한 표집 방법은 이어서 설명하겠지만 모두 비확률추출 방법으로 표본을 선택하는 방법이다. 절대 오해하지 말아야 할 것이 단순무작위 방법에 의한 표본 추출이 이것저것 손 가는 대로 뽑는 방법이 아니라는 사실이다.

한편, 앞서 제1장 등에서 이미 여러 번 언급되기는 했지만, 표본추출 방법과 관련해서 좀 더 명확히 알아 두어야 할 것이 난수의 의미와 난수 발생의 방법이다. 난수란 분

그림 3-1 단순무작위추출 방법

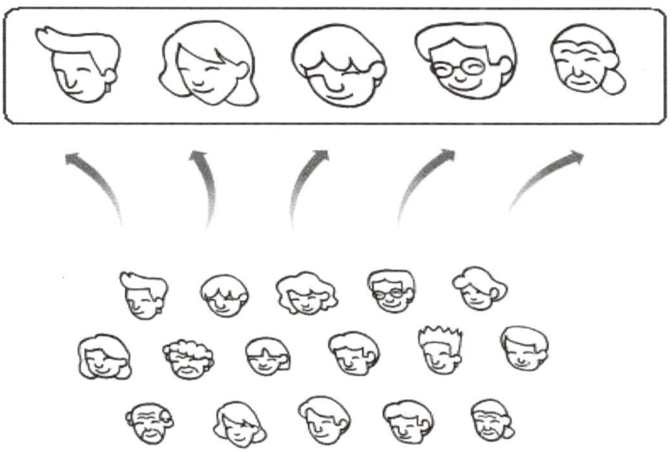

석하고자 하는 대상의 모든 숫자(개체)들의 추출확률이 같아지도록 한 상태에서 랜덤하게 뽑은 수를 의미한다. 난수 발생 장치의 예를 보면, 안이 보이지 않는 상자 속에 크기와 모양이 모두 같은 구슬이 10개 들어 있다고 하자. 구슬들에는 각각 0에서 9까지의 숫자가 새겨져 있다. 상자를 잘 흔들어 섞은 후에 그 중에서 한 개의 구슬을 뽑는다. 그러면 각각의 숫자가 새겨진 구슬이 뽑힐 확률은 1/10로 모두 동일하다. 복원 추출을 계속해서 구슬에 새겨진 번호들을 기록하면 이 수들이 난수가 된다. 숫자는 0에서 9 사이의 값들로 표현된다. 이와 같은 원리에 의해 만들어진 표가 난수표(tables of random numbers)이다. 난수는 엑셀의 'RAND()'을 이용해서 쉽게 생성할 수도 있다.

2) 계통추출 방법

계통추출(systematic sampling) 방법은 표본의 간격을 구해서 첫 번째 표본 간격에서 하나를 선택하고 이어서 다음 표본 간격에서 또 선택하는 방법이다. 여기서 표본 간격은 모집단의 크기를 표본의 크기로 나눈 것을 말한다. 중요한 것은 첫 번째 표본 간격 내에서의 선택은 무작위로 이루어져야 한다. 그 이후에는 일정한 간격을 두고 선택한다.

이 방법에 의한 표본 추출은 단순무작위추출 방법보다 편리하고 추출틀 내의 조사단위들이 랜덤하게 배열되어 있다면 단순무작위추출 방법 대신 사용할 수도 있다. 그러나 주의할 점은 추출틀 내에 일정한 주기성이 발견되면 이 방법을 사용해서는 안 된다. 특정한 개체만이 선택되기 때문이다. 그렇게 되면 모집단을 잘 대표하는 표본이라고 할 수 없다.

예를 들어, 학생 3,000명 중에서 100명을 뽑으려고 한다. 그러면 모집단의 크기가 3,000명이고 이 중 100명을 뽑는 것이므로, 이는 30명당 1명을 뽑는 것으로 생각할 수도 있다. 다시 말해, 3,000명을 일렬로 세우고 이를 30명 단위로 쪼갠다고 생각하자. 그럼 100개의 그룹이 생긴다. 제일 처음부터 30명씩 한 그룹으로 이루어진 100개의 그룹에서 각각 1명씩 선택하면 총 100명이 뽑힌다. 이를 위해 맨 처음 30명으로 이루어진 그룹에서 한 명을 뽑는데, 이때 난수표를 이용해서 단순무작위 방법으로 선택하는 것이 중요하다. 그 후 선택된 한 명이 30명 중에서 몇 번째에 해당되는지를 확인한 다음에, 30명으로 이루어진 두 번째 그룹에서 해당되는 순서에 있는 사람을 뽑으면 된다. 두 번

그림 3-2 계통추출 방법

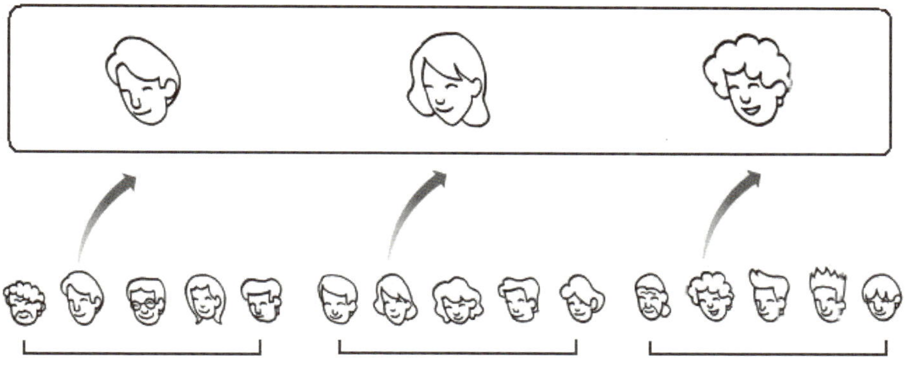

째 그룹부터는 첫 번째에 뽑힌 사람의 순서에 30을 더해서 자동적으로 선택한다. 첫 번째 사람이 5번으로 부여된 사람이었다면, 그 다음 사람은 35번, 그 다음 사람은 65번, 그 다음은 95번이 된다. 이렇게 마지막 번호인 2975번까지 선택하면 된다. 만일 이렇게 뽑았을 때에도 모집단을 잘 대표하는 개체들로 표본이 구성된다면 단순무작위로 표본을 선택할 때보다도 손쉽게 뽑은 결과가 된다.

3) 층화추출 방법

층화추출(stratified random sampling) 방법은 일정한 기준에 따라 구분된 동질성이 높은 집단(group) 또는 계층(strata)들로 구성된 모집단에서 집단 혹은 계층으로부터 표본을 무작위로 추출하는 방법이다. 이때 구분된 집단이나 계층은 서로 중복되지 않게 구성되어 있어야 한다. 대개 층화추출 방법은 성, 연령, 학력, 지역, 규모, 종류 등의 층화변수(stratification variable)로 표시되어 구분된다. 층화추출 방법에 의해 추출된 표본을 분석하면 전체 모집단에 대한 추정뿐만 아니라 각 층별 추정 결과도 얻을 수 있다.

예를 들어, 어떤 도시의 시청에서 제공하는 행정서비스에 대한 주민들의 만족도를 조사하려고 한다. 만족도 조사는 전체 주민들의 만족도뿐만 아니라 연령별(청년층, 중년층, 노년층) 만족도도 함께 살펴보려고 한다. 이때 연령별로 구분된 동질성이 높은 세 집단(청년층, 중년층, 노년층)이 존재하기 때문에, 각 집단에서 일정한 수를 무작위

그림 3-3 층화추출 방법

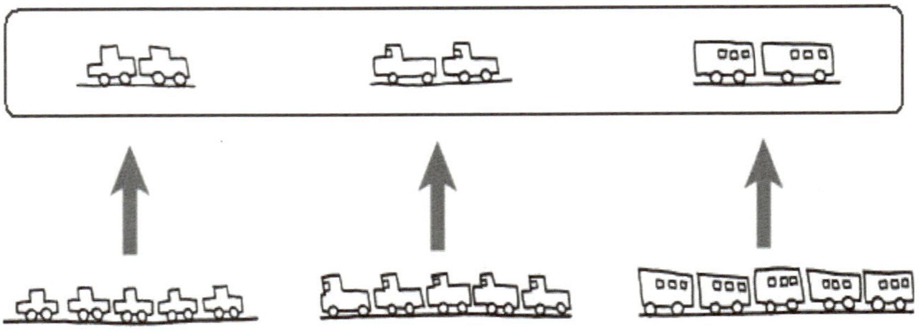

로 추출하면 된다. 그래서 추출틀은 각 층별로 마련된다. 추출된 전체 개체의 만족도는 주민 전체의 만족도가 되고 집단별 만족도는 층별 만족도를 나타낸다. 물론 동질성이 높은 집단 혹은 층의 수가 더 많을 수도 있다. 예를 들어 전체 주민들의 만족도와 함께 주민들을 성별(남성, 여성), 지역별(A동, B동, C동, E동), 연령별(청년층, 중년층, 노년층)로 느끼는 만족도를 함께 알아볼 수도 있다. 이 역시 전체 주민에 대한 정보뿐만 아니라 각 집단별 정보도 함께 요구되기 때문에 층화표집을 적용해야 한다. 고려할 수 있는 층은 총 24개(성별(2)×지역별(4)×연령별(3))개이다. 이 또한 추출틀(24개)을 만들고 단순무작위 방법으로 추출하는 과정을 거친다.

4) 집락추출 방법

집락추출(cluster sampling) 방법은 모집단을 집락(군집, cluster)으로 구성하여 우선 집락을 선택하고 선택된 집락 내에서 조사 단위인 개체를 선택하는 방법이다. 혹은 선택된 집락 전체를 대상으로 조사하는 방법이기도 하다. 여기서 집락이란 여러 조사 단위로 구성되어 있는 집합체를 말한다. 조사에 사용되는 집락의 예로는 시, 군, 구, 반, 통, 동, 가구, 지역 등이 있다.

집락추출 방법에서 중요한 전제는 집락 내 조사 단위들은 서로 이질적인 특성을 지니고 있어야 한다는 점이다. 그렇지 않으면 선택된 집락이 모집단을 잘 대리하는 것이라고 보기 힘들기 때문이다. 따라서 집락추출 방법이란 물리적인 유사성을 기준으로 이

질적으로 구성된 조사 단위(개체)들을 중복되지 않게 여러 군집으로 묶고, 여러 군집 중에서 몇 개의 군집을 무작위로 선택하는 방법 혹은 이 군집 속의 개체를 무작의로 추출하는 방법인 것이다. 층화추출 방법이 각 층 내 개체의 동질성과 층간 개체의 이질성을 전제로 한다면, 집락추출 방법은 각 집락 내 개체의 이질성과 집락 간 개체의 동질성을 전제로 한다. 층화추출 방법과 집락추출 방법의 중요한 차이점이다.

집락추출 방법은 대규모 모집단을 대상으로 조사할 때 편리하게 사용될 수 있는 확률추출 방법이다. 앞서 살펴본 단순무작위추출 방법이나 계통추출 방법, 그리고 층화추출 방법은 모집단에 대한 추출틀을 작성해서 직접 표본을 추출하는 것이었는데, 대규모 조사에서는 사실 쉽지 않다. 만일 추출틀이 잘 구성되어 있다고 해도 지리적 · 시간적 이유로 표본을 선택하기란 매우 어려운 것이 현실이다. 이런 경우, 조사 단위를 직접 선택하지 않고 집락을 뽑아서 조사하면 시간과 비용이 절감되고 편리하다.

예를 들어, 영주시의 연간 가구당 평균 여가생활 지출액을 추정하고자 할 때 표본 가구들에 대한 집락추출 방법을 보면 다음과 같다. 먼저, 이 조사를 위해서는 가구를 추

그림 3-4 집락추출 방법

출하는 것보다 행정구역 단위인 동이나 통을 추출(표집) 단위로 사용하는 것이 간편할 수 있다. 왜냐하면 영주시 전체 동 리스트를 얻는 것은 어렵지 않기 때문이다. 영주시의 전체 동 리스트를 추출틀로 간주해서 표본 동들을 단순무작위표집으로 추출하고, 추출된 표본 동 내의 일부 통을 추출하여 일부 또는 전체 가구를 대상으로 연간 여가생활 지출액을 조사한다. 즉, 표본 동 추출 → 표본·통 추출 → 가구 조사로 이루어진다. 여기서 1차 추출 단위는 표본추출의 1단계에서 표본으로 추출되는 동이고, 2차 추출 단위는 각 동에서 표본으로 추출되는 통이다. 집락추출 방법을 구체적으로 구분할 때 이러한 방법은 2단 집락추출 방법이다. 또 다른 사례로, 어느 선거구에 10개의 투표구가 있다고 하면, 집락추출은 10개의 투표구 중에서 몇 개의 투표구를 무작위 추출하여 추출된 투표구의 유권자 모두를 표본으로 선택하는 것이다.

5) 무작위전화걸기 방법

전화번호 목록(일명 전화번호부)은 표본조사에서 쉽게 사용할 수 있는 추출틀이다. 그래서 여론조사 등을 시행할 때 많은 참고가 된다. 그런데 최근 휴대전화의 보급이나 개인 정보 유출에 대한 염려 등으로 전화번호부에 전화번호가 등록되지 않은 경우가 많다. 따라서 전화번호부를 추출틀로 사용할 때 모든 개체가 포함되지 않은 추출틀을 사용하게 된다는 문제점이 발생되어 무작위로 전화를 걸어서 표본을 추출하는 무작위전화걸기(random digit dialing) 방법이 사용되고 있다.

이 방법은 조사하고자 하는 지역의 번호자릿수를 확인하여, 지역번호에 해당하는 수를 먼저 선택하고(무작위 등의 방법), 나머지 자릿수는 난수를 발생시켜 하나의 번호를 완성해서 개체를 획득한다. 휴대전화를 이용할 경우에는 휴대전화의 자릿수를 구분해서 같은 방법으로 진행하면 된다. 이렇게 하면 기존에 전화번호부를 사용할 때 생기는 누락의 문제 등을 해결할 수 있다. 일단 전화가 가능하다면 걸리기 때문이다. 그런데 이 방법도 전화기를 가지고 있지 않은 사람이나, 알지 못하는 전화번호로부터의 수신을 원천적으로 차단해 놓은 사람들은 표본으로 선정되지 못하는 한계를 지니고 있다. 또 개인정보 무단 사용의 의심이 발생할 수도 있다. 그래서 주의해서 사용해야 한다.

읽기자료 3-1 무작위전화걸기와 조작

선관위, 전화 착신 전환 여론조사 조작 집중단속

중앙선거관리위원회가 6 · 4 지방선거를 앞두고 선거 여론조사를 왜곡하는 '전화 착신 전환'을 중대 선거범죄로 규정하고, 여야의 당내 경선이 끝나는 이달 말까지 전국적으로 일제히 집중 단속을 벌이기로 했다.

선관위 관계자는 3일 연합뉴스와의 통화에서 "전국 시 · 도 선관위에서 54개 광역조사팀 소속 400여 명을 투입해 전화 착신 전환을 통한 여론조사 왜곡·조작 행위를 이달 말까지 집중 조사하도록 2일 지침을 내려보냈다"고 밝혔다.

전화 착신 전환은 많게는 수천 개의 전화번호에 착신 전환 서비스를 신청해 특정 후보 측의 전화로 연결되게 함으로써 여론 조작을 하는 방식으로, 선거 브로커가 전화국에서 다수의 전화 회선을 확보하는 데 개입되는 경우가 많은 것으로 선관위는 파악하고 있다.

선관위는 특히 이번 지방선거에서 여야가 후보 선출을 위한 당내 경선에서부터 여론조사를 반영하는 경우가 많아 조작 사례가 급증할 것으로 우려하고 있으며, 최근 일련의 여론조사 흐름과 동떨어진 결과가 나온 경우 등을 위주로 조사를 벌이고 있다.

이와 관련, 선관위는 KT 전화국이나 이동전화 회사 등을 대상으로 최근 무더기로 전화번호를 개통한 경우가 있는지 파악하는 한편, 여론조사 회사로부터도 자료를 제출받기로 했다.

출처: 국제신문, 2014.4.3.

2. 비확률추출 방법

흔히 통계조사가 확률추출 방법에 의해서만 이루어지거나 혹은 그 방법을 사용해야만 하는 것이라고 생각하는 경우가 있는데, 그렇지 않다. 비확률추출 방법이 사용되는 경우도 많다. 비확률추출 방법은 앞서 설명했지만, 모집단에 속해 있는 각각의 추출 단위들의 추출확률을 알 수 없는 경우로서, 대개 조사자의 주관적 판단에 의해 표본을 추출하는 방법이다. 필요에 따라서 비확률추출 방법으로 표본을 추출하는가 하면, 확률추출 방법으로 잘못 알고 비확률추출 방법을 사용하는 경우도 많은 것이 현실이다.

본조사를 행하기 전에 대략적인 경향을 알고 싶어서 사전조사를 시행하는 경우가 있는데, 이때 비확률추출 방법을 활용하는 것이 유용하다. 어떤 지역에서 특정한 이슈에 대해 대략적인 주민들의 의견을 알고 싶다면, 주위에 있는 접촉하기 쉬운 지인을 통해 의견을 물어보는 것이 유용하다. 이때는 수치적인 정확도보다는 대략적인 경향이나 분위기를 먼저 알아보고자 하기 때문에, 시간과 비용의 경제성 측면에서 비확률추출 방법이 사용될 수 있다. 뉴스 보도에서 기자가 시민 몇 명만을 인터뷰해서 해당 이슈에 대한 의견을 여론의 일부 예로 보도하는 것이 그에 해당된다. 사전조사나 경향조사 이외에도 비확률추출 방법은 연구를 위한 표본추출 방법으로서 유용하게 사용되고 있다. 아래의 방법들을 살펴봄으로써 이에 대해 알 수 있다.

1) 간편추출 방법

간편추출(convenience sampling) 방법은 편의추출 방법이라고도 한다. 조사가가 자신의 판단에 의해 간편하게 표본을 추출하는 방법이다. 조사자의 자의적인 판단이 모집단에서 표본이 추출되는 기준이 되는 것이다. 따라서 이 방법은 추출된 표본이 모집단을 얼마나 잘 대표하는지 알 수 없다. 그리고 통계치에 대한 정확성도 평가하기 어렵다. 그러나 현실에서 많이 접할 수 있는 표본추출 방법이기도 하다. 특히 조사자가 손쉽게 구하는 개체를 선택하는 방법이므로, 시간과 비용에 제약이 많은 조사에서 주로 사용된다.

예를 들어, 어느 주민자치센터에서 행정서비스를 받고 나오는 주민들을 대상으로 설문조사를 진행한다고 하자. 이 경우, 모집단은 주민자치센터에서 행정서비스를 받은 모든 주민이다. 그래서 확률표본을 얻기 위해서는 우선 주민자치센터에서 행정서비스를 받은 주민에 대한 추출틀을 작성해야 한다. 그렇지만 추출틀을 작성하는 것이 현실적으로 쉽지 않을 뿐 아니라 거의 불가능하기도 하다. 그래서 조사자는 행정서비스를 받고 나오는 사람들 중에서 주관적인 판단에 따라 일부를 조사 대상자로 선정해서 조사한다. 현실적으로 이러한 방법에 의해 표본추출이 많이 이루어진다. 이 방법이 간편추출 방법이다. 우리가 흔히 접할 수 있는 특정 사안에 대한 ARS(자동응답장치)를 통한 여론조사도 손이 가는 대로 전화번호를 눌러서 조사했다면, 이는 간편추출 방법에 의한 것이지 단순무작위에 의한 표본추출 방법이 아니다.

2) 판단추출 방법

판단추출(judgement sampling) 방법은 조사자가 전문적인 지식이나 경험에 기초하여 모집단을 가장 잘 대리한다고 판단되는 표본을 추출하는 방법이다. 간편추출 방법과 같이 주관적인 자의적 판단에 의해 표본추출이 이루어지지만, 표본선정에서 모집단을 잘 대리할 것이라고 판단하는 전문적이거나 지적인 근거가 존재한다는 점에서 차이가 있다. 주로 조사자가 모집단의 성격에 대해 상당한 지식을 알고 있는 경우에 사용된다. 그러나 이 역시 조사자의 주관적 선택의 범위에서는 벗어나지 못하는 추출 방법이다.

예를 들어, 어떤 교육청 직원이 해당 지역의 전체 학생들의 월 평균 용돈을 조사하고자 할 때, 직원 스스로가 판단한 바에 따라서 전체 학생의 용돈 수준을 잘 대표한다고 생각되는 두 학교를 표본으로 선택하는 경우이다. 하지만 직원 개인적인 판단은 주관적일 수 있기 때문에, 만약 다른 직원이 이러한 조사를 진행한다면 전혀 다른 기준에 의해 표본이 추출될 것이다.

3) 할당추출 방법

할당추출(quota sampling) 방법은 조사자가 모집단의 구성 비율을 고려해서 표본을 추출할 때 주관적인 판단을 개입시키는 방법이다. 모집단의 구성을 구분하는 비율을 알아내고 그에 준해 표본을 선정하는데, 이때 조사자는 해당 구성에서 어떤 개체를 표본으로 선택할 것인가는 스스로의 판단에 의한다. 모집단의 부분집단별 구성 비율과 표본의 부분집단별 구성 비율을 유사하게 표본으로 선택할 때, 각 구성 비율마다 조사자의 판단에 의해 개체가 선정되는 것이다.

예를 들어, 어느 회사에서 직원들의 직무만족도를 조사하고자 한다면 기존 자료에 기초해서 각 부서별, 계급별, 성별 구성 비율을 알아본 다음, 그 비율에 따르도록 표본을 할당하는 방법이다. 정해진 크기대로 표본을 선정할 때 동일한 속성 내에서 누구를 표본으로 선택할 것인가는 조사원 스스로 자의적으로 결정한다.

이 방법은 조사와 관련된 중요한 변수를 고려해서 표본을 추출하기 때문에 편의에 의한 심각한 오차는 줄일 수 있지만, 모집단의 구성변수를 할당할 때 조사자의 주관성이 개입되어 있고, 또 중요한 구성변수를 간과해서 오히려 더 큰 오차를 불러올 수도 있는 위험이 있다. 그리고 할당된 구성 집단 내에서의 주관적 추출은 여전히 오차가 크게 존재할 수 있다는 점을 말해주고 있다.

4) 눈덩이추출 방법

눈덩이추출(snowball sampling) 방법은 마치 눈을 굴리면 눈덩이가 점점 커져가듯이 원하는 수의 표본의 크기에 맞게 개체를 조금씩 늘려가며 선정하는 방법이다. 주로 모집단에 속해 있는 개체를 찾기 힘들 때 선택된 개체에게 알고 있는 또 다른 개체를 추천(소개)받아서 조사하고, 조사한 개체로부터 또 다른 개체를 추천받아서 조사하는 방법이다. 이런 과정을 거쳐 원하는 수의 표본을 획득한다. 눈덩이추출 방법은 모집단에 접근하기 어렵거나 추출틀을 작성하기 어려울 때, 그리고 특수한 집단을 대상으로 조사할 때 많이 사용된다. 이 방법 역시 현실에서 많이 사용되는 방법이다. 표본으로 선택될 개체가 탈북자이거나 성매매 남성이나 여성, 전과자, 내부고발자, 유명인, 특정 질환 환자인 경우에 유용하게 사용된다.

제4절 측정과 척도

1. 측 정

측정(measurement)이란 관심 있는 대상의 속성이나 성질을 가시적이고 인지적으로 표현해내는 과정을 말한다. 주로 숫자와 같은 기호가 사용되며, 숫자와 기호가 대상의 속성을 대리한다. 그래서 측정을 변수의 성질이나 특성들을 나타내기 위해 숫자를 부여하는 것이라고 말하기도 한다. 이는 추상적인 속성이나 성질을 현실화시키는 작업으로, 분석의 기초이자 자료 획득의 첫걸음이다. 그러나 사회 현상의 경우, 다의적인 속성이 많고 주관적인 판단에 의해 속성이 규정되는 경우가 많기 때문에 정확하고 타당한 측정값을 얻는 것이 쉽지 않다. 하지만 측정을 통해 통일된 의사소통이 가능하고 통계분석 기법이 적용 가능해진다는 점에서 중요한 과정이다.

측정이 이루어지는 예는 분석 및 조사의 수만큼이나 많다. 예를 들어, 지역주민들의 자치단체 서비스에 대한 만족도를 알고 싶은 경우 행하는 설문조사나 학생들의 지능수준을 알기 위해 IQ와 같은 테스트를 하는 경우, 그리고 지역의 기온 변화를 알기 위해 온도를 측정하는 경우 등이 모두 그 예가 된다.

측정을 할 때는 변수에 대해 조작적 정의(operational definition)가 필요하기도 하다. 조작적 정의란 분석하고자 하는 대상(또는 개념)을 현실 세계에서 관찰이 가능하도록 수량화하기 위해 다시 정의하는 것을 말한다. 즉, 개념의 수량적 재정의가 조작적 정의이다. 예를 들어, 학생들의 학업 수준이 어느 정도인가를 조사한다고 했을 때, 학업 수준이라는 개념의 의미는 '학생들의 학업 능력을 나타내는 정도'이다. 그런데 학업 수준에 관한 이러한 개념 정의는 현실 세계에서 사람에 따라 다르게 이해될 수 있다. 그래서 학업 수준에 대해 조작적 정의가 필요한데, 예를 들면 학업 수준이란 '학생들이 취득한 학점'으로 다시 정의하는 것이다. 학점은 수량적으로 표현될 수 있기 때문에 사람마다의 이해에 혼란을 줄일 수 있다. 연구를 할 때 이러한 조작적 정의는 명확히 제시되어야 하고, 그와 같은 조작적 정의를 한 이유에 대해서도 설득력 있게 설명되어야 한다. 즉, 왜 학업 수준이 학생들의 취득 점수로 조작적 정의가 될 수 있는지에 대해 설명되어야 한다. 이는 조작적 정의의 타당성과 관련된다.

읽기자료 3-2 조작적 정의의 어려움

중산층 회복의 키, 공정 경쟁

박근혜 정부의 대표적인 대표적 슬로건들 중 하나가 중산층 70%를 이루어 국민 행복 시대를 열겠다는 것이다. 이는 매우 중요하고도 매력적인 공약임에 틀림없지만 많은 국민은 이 어려운 시기에 과연 그것이 가능할 것인가 반신반의하고 있을 것이다.

중산층을 과연 어떻게 정의할 것인가는 쉽지 않은 문제이다. 정부가 아무리 넌 중산층이라 해도 본인이 전혀 그렇게 느끼지 못한다면 그 경우 그 사람을 중산층이라고 할 수 있을까? 그 경우 정부, 혹은 그 개인은 어떤 기준에서 각기 중산층, 혹은 중산층이 아니라고 생각하는 것일까?

한국의 중산층 조작적 정의에 도움을 줄 수 있는 것이 바로 서양 역사에서 나타나게 된 중산층 개념의 핵심 요소 세 가지(소득, 중산층의 가치관, 생활 스타일)이다.

제일 간단하게 중산층 정의로 필수적인 요소는 소득이다. 2009년 영국에서 출간된 『이코노미스트』 잡지에 따르면, 중산층은 기본적인 의식주에 대한 비용을 지불하고도 재량적 소비를 할 수 있도록 남는 소득이 자신의 전체 소득의 1/3 수준이 되어야 한다고 본다. 이 여분의 소득은 건강관리, 자녀 교육비, 소비재, 여가활동 등을 구입할 여유를 주게 된다. 이런 기준을 적용해 보면, 미국의 중산층은 인구의 약 45%에 불과하다.

미국의 한 연구기관은 미국 중산층을 4인 가족 기준 가구소득의 중위소득(가구의 소득 수준을 순서로 배열했을 때 정중간에 위치한 소득) 6만 8,274달러를 기준으로 60~160% 수준인 4만~10만 달러로 정의할 것을 추천하였다.

최근 국내 한 연구는 전체 가구 중 중위소득 기준 50~150%를 벌어들이는 계층을 중간소득층이라 정의하고, 그 수를 도출하였다. 그에 따르면, 전체 가구 중 중산층은 55.5%, 빈곤층 18.1%, 고소득층 26.4%이고, 2011년 한국의 전체 1,800만 가구 수에서 중산층의 연간가처분 평균 소득 수준은 1,590~4,771만 원 사이이다.

그러나 소득 기준만으로 중산층이 정의될 수 있는 것이 아니다. 우선, 지역에 따라 물가수준 및 평균소득이 다르므로 지역마다 중산층 소득 수준이 다를 것이다. 실례로, 미국에서 중산층의 기준이 되는 중위소득이 물가가 비싼 동부에서는 8만 5,000달러지만, 중서부는 그 2/3 수준인 6만 달러이다. 여기서 한 가지 흥미로운 것은 소득 3만 달러 그룹의 1/3이 자신들을 중산층으로 답하고 있다는 점이다. 이는 중산층이 상대적이고 주관적이라는 것을 의미한다.

여기서 중산층의 소득 구간에 속하지 않은 낮은 소득 또는 높은 소득 가구가 중산층이라는 상대적 · 주관적 응답에는 두 가지 이유를 들 수 있다. 첫째, 생활 스타일이다. 생활 스타일로 중간층을 정의하기 위한 조사에서는 다양한 기준을 사용한다. 이를테면, 소득 수준, 집, 휴가, 자녀 대학 준비 저축, 직업 안정성, 부채 등에서 14가지 또는 9가지를 선정하게 된다. 작은 타운에 사는 3만 달러 소득의 가구라도 가구 구성원이 어떤 생활에 만족하느냐에 따라 중산층이라는 응답이 나올 수 있다.

둘째, 중산층은 한 국가의 발전 원동력을 창출하는 직업과 가치관을 가진 사회적 계층이다. 중산층은 국가 경제 발전에 기여하는 직업을 가고 있으면서 자신들이 이루어 낸 모든 것은 자신들의 노력, 자질, 교육 등에 의해 이루어진다는 가치관을 가져야 한다.

박근혜 정부가 소득 기준만으로 미국도 인구의 45% 정도밖에 달성하지 못한 중산층을 한국에서 70% 달성하겠다고 하는 것은 쉽지 않은 과제이다. 한국에서 빈곤층에서 중산층으로 끌어올려야 할 가구 수는 중위소득의 50~150% 적용할 때 200만 가구이지만, 미국의 60~160%를 적용하게 되면 더 늘어난다. 저성장 및 가계부채가 심각한 경제 상황에서 절대적인 소득 기준만으로 중산층을 확대해 나가는 것은 쉽지 않다.

정부와 국민의 공동 노력이 필요하다. 정부는 국민들 스스로 중산층이라 느낄 수 있는 생활 스타일이 이루어질 수 있는 삶의 질을 개선하는 환경 투자를 해야 한다. 정부는 공정한 경쟁 환경을 구축하여, 국민들이 자신들의 노력, 교육, 자질 등을 이용해 스스로 중산층이 되려고 노력하는 유인을 활성화시켜야 한다.

따라서 박근혜 정부의 국민 행복 시대 중산층 70% 회복을 위해서는 국민 개개인이 책임지고 노력해야 할 것과 정부가 할 것이 무엇인가를 명확히 해야 한다. 이를 통해, 국민들의 개념 혼란도 줄이고 공약의 성공률도 높일 수 있을 것이다.

출처: 디지털타임즈, 2013.1.11.

2. 척 도

측정을 하기 위해서 사용하는 도구가 척도(scale)이고, 이 도구는 측정의 수준으로 표현된다. 측정하고자 하는 내용에 따라 측정의 수준이 달라지기 때문에 척도라는 도구도 달라진다. 일반적으로 어떤 수준으로 측정할 것인가(어떤 척도를 사용할 것인가)는 측정을 할 때 미리 결정되어야 하고, 이에 따라 후속 진행 과정은 많은 영향을 받는다.

척도는 크게 네 가지 종류가 일반적으로 사용된다. 즉, 수치로 표현된 자료는 측정수준(level of measurement)에 따라 가장 낮은 수준이라고 할 수 있는 명목척도(nominal scale)에서 시작하여 순서척도(ordinal scale), 구간척도(interval scale), 그리고 가장 높은 수준인 비율척도(ratio scale)로 나눌 수 있다. 수준에 따라 수치가 갖는 의미와 속성이 다르며 적용되는 통계기법도 다르다.

1) 명목척도

측정 대상의 속성을 몇 개의 범주로 구분하여 속성을 분류하거나 확인하기 위한 목적에서 일정한 수치를 부여하는 방법이다. 그래서 여기서 부여된 수치는 수치 그 자체의 의미는 없고, 단지 구분의 기호로서 역할을 한다. 대소 비교나 사칙연산이 적용되지 않는다. 예를 들어, 성별은 남성은 1로 여성은 2로 수치를 부여하거나, 사는 지역에 대해 북부는 1로 중부는 2로 남부는 3으로 하는 것 등이 모두 명목척도(nominal scale: 명명척도)로 측정된 것이다.

2) 순서척도(서열척도)

측정 대상의 속성을 범주로의 구분뿐 아니라 크기의 비교가 드러나도록 수치를 부여하여 측정하는 방법이다. 속성의 많고 적음 혹은 크고 작음 등에 따라 수치를 부여한다. 부여된 수치의 절대적인 크기를 의미하는 것은 아니며, 상대적인 서열이나 대소의 비교에 한정된다. 측정 변수에 보통 "~보다 더(좋다, 나쁘다, 크다, 작다, 많다, 적다)" 등의 말이 어울리면 순서척도이다. 예를 들어, 행정서비스에 대한 만족도를 아주 만족이면 5, 만족이면 4, 보통이면 3, 불만족이면 2, 매우 불만족이면 1로 부여하는 것이나,

신공항 건설에 대해 찬성이면 3, 중립이면 2, 반대면 1로 부여하는 것도 모두 순서척도(ordinal scale: 서열척도)로 측정된 것이다. 소득 수준을 상, 중, 하로 표시해서 측정하는 경우나, 학력을 대졸, 고졸, 중졸에 각각 수치를 부여해서 측정하는 것도 모두 그 예에 해당한다.

3) 구간척도(등간척도)

측정 대상의 속성을 같은 간격으로 구분하여 서열화하고 가감(加減)이 가능하도록 수치를 부여하여 측정하는 방법이다. 여기서 가감이 가능한 것은 0의 값이 존재한다는 의미이다. 즉, 구간척도(interval scale: 등간척도)는 0의 값이 존재하여 서열화는 물론이고 측정값의 차이를 알 수도 있다(측정값의 차이가 의미 있다). 하지만 이때의 0은 절대적인 0이 아니기 때문에 승제(乘除)와 같은 비(比)로는 나타낼 수 없다.

온도, IQ, 토익 성적 등이 여기에 해당하는데, 예를 들어 80℃가 40℃보다 2배만큼 뜨거운 것은 아니지만(2배만큼 뜨겁다고 느낀다는 것은 말이 되지 않는다), 40℃의 차이가 있다고는 할 수 있다. 마찬가지로 영어 토익 성적이 0점이라고 해서 영어를 전혀 모르는 것은 아니다. 절대적인 0이 아닌 것이다. 대신 상대적인 0이 존재하기 때문에, 이때 점수가 0인 것은 척도 구성상의 하나의 위치인 것이다. 한편, 순위척도와의 가장 기본적인 차이는 $y=a+bx$ 형의 선형으로의 전환 가능 여부이다. 구간척도의 경우 선형으로의 변환이 가능하다.

4) 비율척도

비율척도(ratio scale)는 절대적인 0의 값을 갖는 측정값을 구하는 방법으로, 구간척도처럼 측정값의 차이뿐만 아니라 비(比)도 가능한 척도이다. 가장 수준이 높은 척도이다. 절대적인 0의 값이 존재하므로 가감승제가 가능한 자료들이 수집된다. 따라서 통계기법 적용의 폭이 넓다. 키, 소득, 체중, 신장, 시간, 방문객 수 등이 그에 해당된다. 비율척도는 전체적으로 구간척도와 비슷하지만, 절대적인 0을 정의할 수 있다는 점이 차이이다. 절대적인 0은 측정하고자 하는 속성이 전혀 없음을 의미한다. 비율척도는 다른 척도들과 비교해 볼 때 가장 많은 정보를 담고 있는 척도이다.

5) 순서척도와 구간척도 간 제한된 혼용: 순서척도의 구간척도 인식화

척도와 관련해서 한 가지 알아 둘 사항이 있다. 그것은, 현실에서는 순서척도로 측정된 자료를 구간척도로 인식해서 분석하는 경우가 많다는 점이다. 여기서 말하는 인식은 일정한 가정을 통해 순서척도를 구간척도로 간주하여 사용한다는 의미다. 사실 순서척도 그 자체로는 모수통계기법을 적용한 분석을 하는 데 상당한 제약을 가지고 있다. 하지만 일정한 가정을 한다면 순서척도 역시 더 유용하게 널리 활용될 수 있는 고수통계기법을 적용할 수 있는데, 그것은 구간척도처럼 인식하는 것이다. 앞서 살펴본 대로 순서척도의 척도점 간 간격은 상대적인 서열을 나타내는 것으로 구간척도에서 말하는 척도점 간 가감이 가능한 일정한 간격과는 차이가 있다. 그러나 만일 응답자들이 척도점 간 간격에 동일한 의미를 부여하여 마치 일정한 간격으로 나누어진 척도점에 응답한 것으로 가정을 한다면 순서척도를 구간척도로 인식하는 것도 가능하다. 물론 모든 형태의 순서척도가 여기에 해당될 수는 없다. 척도점 간에 순차적인 정도 구분을 통해 일정한 간격으로 느낄 수 있는 경우라면 가능하다. 예를 들면, 매우 만족, 만족, 보통, 불만족, 매우 불만족 등의 형태나, 매우 그렇다, 그렇다, 그렇지 않다, 매우 그렇지 않다 등의 형태를 들 수 있다. 이 척도들은 엄밀히 말하면 순서척도이지만 구간척도로 인식하여 모수통계기법을 적용해서 분석할 수 있다.

3. 측정오차

척도를 잘 구성해서 정밀하게 측정했다고 해도 오차는 항상 존재하기 마련이다. 인간이 완벽한 합리성을 지니고 있지 않고 또 현실은 무수한 변수들로 구성되어 있기 때문에 측정에서 오차가 발생되지 않을 수 없다. 특히 사회과학에서는 실험실과 같은 조건이 만들어지기는 거의 불가능하기 때문에 측정오차는 항상 존재한다. 따라서 엄밀히 말하면 측정값은 '측정값 = 진실값 + 측정오차'로 나타낼 수 있다. 측정한 값은 측정오차를 포함하고 있는 것이다. 측정과 관련된 오차에는 다음과 같은 몇 가지가 존재한다.

1) 표본오차와 비표본오차

표본조사는 전체 모집단 중에서 일부만을 추출해서 조사하기 때문에 추출된 조사 단위의 참값을 정확히 측정하지 못하는 경우도 발생하고, 또 자료 수집 및 분석 과정에서 오류가 발생할 수도 있다. 따라서 계산된 추정값과 모수의 참값 사이의 차이가 발생될 수 있다. 즉, 계산된 통계치와 모수가 다를 수 있는데, 이를 오차(error)라고 한다.

이러한 오차는 크게 두 가지로 나눌 수 있다. 모집단 전체를 조사하지 않고 그 일부에 해당되는 표본을 조사해서 모수를 추정하기 때문에 발생하는 표본오차(sampling error)가 그 하나이고, 통계조사 계획 과정이나 자료 수집 및 집계 과정, 그리고 자료분석 과정 등에서 발생하는 비표본오차(non-sampling error)가 또 다른 하나이다.

표본오차는 표본의 통계치와 모집단의 모수 간의 불일치 혹은 차이의 크기를 말한다. 표본오차는 모집단에서 일부를 추출해서 조사한 자료에 기초하여 모수를 추정하는 과정에서 생기는 오차로서, 표본조사를 실시하면 필연적으로 생기는 오차이다. 다시 말해 표본오차는 모집단 전체를 조사하지 않고 표본만을 조사해서 모집단의 특성을 찾는 데서 오는 오차를 말한다. 모집단의 전체가 아닌 그 일부인 표본을 조사해서 그 결과를 일반화하기 때문에 발생되는 오차이다. 만일 모집단 전체를 대상으로 조사해서 통계량을 계산한다면 이론적으로는 표본오차는 발생되지 않는다. 그래서 표본오차를 줄이기 위해 표본의 크기를 증가하는 노력을 한다.

그래서 직관적으로 표본오차를 줄 일 수 있는 방법 중 하나는 모집단을 모두 조사하는 것이거나, 아니면 최대한 표본의 크기를 크게 하여 모집단의 크기에 가깝도록 하는 것이다. 그러나 문제는 표본의 크기를 무한정으로 늘릴 수 없다는 점이다. 조사비용과 시간 및 노력이 상당히 소요되기 때문이다.

따라서 표본의 크기가 무한정 커진다고 해서 오차가 항상 줄어드는 것은 아니다. 이는 표본의 크기가 늘 때 또 다른 오차도 함께 증가하기 때문이다. 즉, 표본의 크기가 크면 추정량의 표본오차는 줄지만, 한편으로는 자료를 수집하고 처리하고 분석하는 등의 과정에서 비용이 증가하고 또 다른 오차가 발생된다. 예를 들어, 표본의 크기가 늘어날수록 조사원의 집중력이 떨어져 자료 입력에서의 오류 등이 발생될 위험이 높다. 그래서 오히려 총오차가 증가할 수도 있다. 따라서 표본의 크기가 모집단에 가까울 정도로 크다고 해도 현실의 조사에서는 오차가 전혀 발생되지 않는다고 말하기 힘들다. 이것이 바로 비표본오차 때문이다.

비표본오차는 조사의 계획 단계에서 자료분석이나 보고서 작성과 같은 최종 과정까지 인간의 부주의나 실수 등으로, 혹은 원인을 알 수 없는 이유로 발생되는 오차이다. 이러한 비표본오차의 특징은 전수조사가 되었든 표본조사가 되었든 어느 조사에서나 발생할 수 있다는 점이다. 그래서 한편으로는 자료가 정확하게 잘 관리되고 있는 표본조사의 추정값이 미흡한 전수조사에서 얻은 결과보다 더 정확할 수가 있다. 미흡한 전수조사는 비표본오차를 많이 발생시킬 것이기 때문이다. 이러한 비표본오차는 연구 목적의 불명확성이나 잘못된 개념 정의, 미흡한 자료 수집 방법, 자료 수집과 입력에서 누락, 오기, 조사 범위의 불분명한 경우 등에서 주로 발생된다.

2) 표준오차: 표본평균들의 표준편차

표준오차(standard error)는 여러 표본의 평균값들의 표준편차이다. 쉽게 말해 표준오차는 표본평균들의 표준적 혹은 대표적 거리를 말한다. 표준편차에 대해서는 이어지는 제4장에서 자세히 다룰 예정이지만 표준오차의 의미 파악을 위해 간단히 여기서 표준오차의 의미와 관련지어 함께 살펴보자. 표준편차가 모집단 내의 개체들의 분산을 측정하는 것이라면, 표준오차는 표본평균들의 분산을 측정하는 것을 말한다. 그래서 표준오차는 표본평균들의 표준편차로 불린다. 표준오차가 크다는 것은 표본평균들이 모집단의 평균 주위에 넓게 퍼져 있음을 의미하고, 표준오차가 작다는 것은 비교적 조밀하게 몰려 있다는 것을 의미한다. 이때 표본평균들은 각 표본의 크기가 클수록 모집단의 평균 주위에 더 조밀하게 몰려 있게 된다. 10,000개로 이루어진 모집단에서 20개를 뽑았을 때보다 1,000개를 뽑았을 때 표본평균이 모집단의 평균 주위에 더 조밀하게 몰려 있을 것이다. 이는 크기가 큰 표본들은 극단적인 극단치에 의해 왜곡될 가능성이 더 낮기 때문이다.

표준오차를 실제로 구해보기 위해 연구자는 모집단에서 여러 번 표본을 추출해서 관심 있는 값을 구할 수 있다. 여러 번 추출하면 추출한 표본들은 제각기 조금씩 다른 통계치를 가지게 된다. 이는 단 한 번의 표본만을 추출해서 모집단의 특성을 구하는 것보다 더 정교할 수 있다. 단 한 번의 표본이 모집단의 전체를 대표하는 것보다는 표본을 여러 번 추출해서 각각의 통계치들을 참조해서 모집단을 추정하는 것이 여러 경우가 고려된 값이 되어 더 정교할 가능성이 높기 때문이다. 여러 번 표본을 추출하고, 개별 표본에서 나온 평균값들의 평균을 다시 구한다면, 단 한 번의 평균값을 모집단의 표본으로 단정짓는 것보다는 덜 위험하다.

그런데 문제는, 항상 이렇게 할 수가 없다. 단 한 번의 표본추출에 따른 분석도 적지 않은 시간과 비용이 소요되는데, 여러 번의 표본을 추출해서 각각의 평균을 다시 구하는 것은 현실적으로 제약이 많이 따른다. 그래서 학자들은 표본을 굳이 여러 번 추출하지 않고도 같은 효과를 낼 수 있는 방법을 만들었다. 그 값이 표준오차가 된다. 이 공식은 $\sigma_M = \frac{\sigma}{\sqrt{n}}$ 이다.

표본의 크기가 큰 경우의 표준오차: $\sigma_M = \frac{\sigma}{\sqrt{n}}$

표준오차는 표본이 추출된 모집단의 표준편차를 사례 수의 제곱근 값으로 나누어 구한다. 이때 모집단의 표준편차는 표본의 크기가 크다면 표본의 표준편차가 모집단의 표준편차에 가까워지기 때문에, 큰 표본의 표준편차를 모집단의 표준편차로 가정하면 된다. 만일 표본의 크기가 작다면 $\sigma_M = \frac{s}{\sqrt{n-1}}$ 의 공식을 사용한다. 이 공식은 크기가 작은 표본의 분산이 전체 모집단의 분산을 축소해서 나타낼 수 있다는 것을 가정한 것이다. 이때 만일 변수가 %로 측정되었다면, 표준오차는 100%에서 실제 표본에서 구한 %를 뺀 값에 다시 해당 %를 곱하고, 이를 사례 수로 나눈 값을 제곱근한다. 즉, $\sigma_M = \sqrt{p\frac{(100-p)}{n}}$ 이다. 따라서 계산에 의해 이 표준오차를 알고 표본의 평균값을 안다면, 여러 표본의 평균값들의 표준편차가 표준오차이므로 평균값에 이 표준오차만을 고려하면 된다.

표본의 크기가 작은 경우의 표준오차: $\sigma_M = \frac{s}{\sqrt{n-1}}$

표준오차를 적용한 예를 들어 보면, 대학생들의 1년 간 평균 독서량을 살펴보기 위해 우리나라 전체 대학생 중 일부에 해당되는 표본을 선택한다. 이 표본에 의해 나온 대학생들의 1년 간 평균 독서량은 7권이다. 공식에 의해 표준오차가 ±1권으로 계산되었다고 하자. 그렇다면 이 표본 결과를 가지고 모집단의 값을 유추할 수 있다. 우리나

그림 3-5 표준오차와 표본 크기

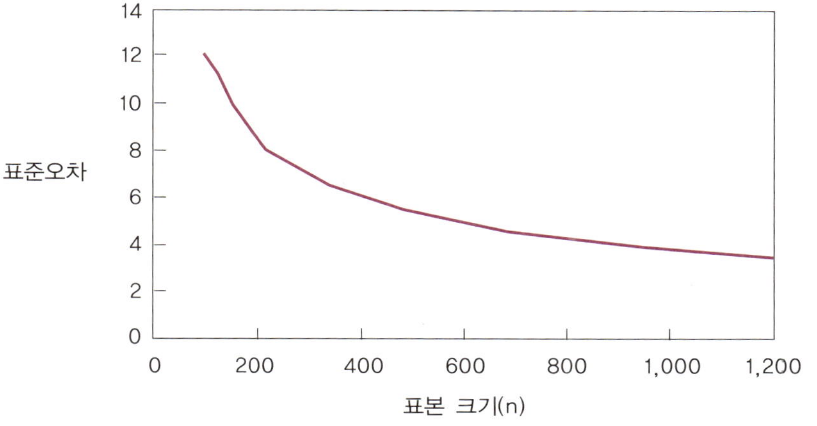

라 전체 대학생들의 독서량은 6권에서 8권 사이의 어느 값이 된다고 볼 수 있다.

한편, 표본의 크기와 표준오차와의 관계를 보면, 위의 공식에서도 알 수 있듯이 표준오차는 표본 크기가 증가함에 따라 줄어든다. 하지만 어느 정도 크기의 표본에 이르면 [그림 3-5]와 같이 표준오차의 감소는 상당히 둔하게 된다. 한계적(marginal) 변화량 때문이다. 예를 들어, 50개의 개체로 구성된 표본에 추가적인 50개의 개체 수를 더하면 총 개체 수는 100개가 되어 처음보다 두 배 만큼 증가된 표본 크기로 변하지만, 10,000개의 개체 수로 이루어진 표본에 50개의 개체 수를 더하면 그 영향은 두 배에 훨씬 미치지 못한다. 따라서 조사비용이나 총오차 감소 정도를 고려할 때 표본의 크기를 무한정 늘리는 것은 그리 효율적이지 않은 방법일 수도 있다. 지금까지 설명한 것 중에 분산이니 표준편차니 하는 용어들이 아직 생소해서 이해하기 어려운 면이 있을 텐데, 이 부분은 제4장에서 구체적으로 설명될 것이기 때문에 제4장을 이해하고 다시 읽어본다면 쉽게 이해되리라 생각된다.

4. 측정의 정확도와 정밀도

측정을 할 때 정확하게 해야 하고 정밀하게 해야 한다. 여기서 정확도(accuracy)란 측정하고자 하는 바에 얼마나 초점을 두어(집중해서) 측정되었느냐의 문제이다. 타깃(target)이 되는 핵심을 구현해내었는가에 대한 정도를 말한다. 그리고 정밀도(precision)는 한 대상을 반복적으로 측정했을 때 측정치들의 값의 차이가 적은 정도를 말한다. 따라서 이 두 가지를 고려할 때, 측정은 정확하게 측정하고자 하는 바를 측정해야 하고(정확도), 그 결과는 수회의 반복 측정에서도 유사한 결과를 가져오는 신뢰를 보여야 한다(정밀도).

[그림 3-6]은 정확도와 정밀도의 세 가지 사례를 나타낸 것이다. 화살 과녁으로 생각하면 된다. 화살은 맞추고자 하는 중앙부에 명중시키면서(정확도) 동시에 여러 번 활을 쏘았을 때, 모두 중앙부를 맞추게 된다면(정밀도) 아주 훌륭한 결과이다. (A)는 정확도와 정밀도가 모두 높은 상태를 보여준다. 맞추고자 하는 핵심인 중앙부를 맞추면서 여러 번의 결과가 동일한 상태이다. (B)는 측정하고자 하는 핵심인 중앙부를 맞추지는 못했지만, 다른 지점에 반복된 결과를 보이는 그림이다. 그래서 정확도는 낮으나 정밀도는 높은 상태이다. (C)는 맞추고자 하는 핵심인 중앙부를 맞추지도 못하고, 동시에 여러 번 쏜 결과가 모두 제 각각으로 흩어져 있는 그림이다. 그래서 정확도가 낮고 정밀도도 낮은 상태이다.

그림 3-6 정확도와 정밀도

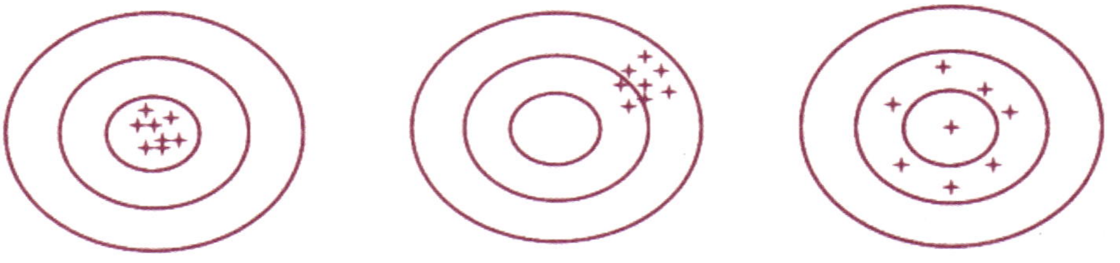

(A) 높은 정확도와 높은 정밀도 (B) 낮은 정확도와 높은 정밀도 (C) 낮은 정확도와 낮은 정밀도

제 4 장

통계자료의 정리

제1절 가시적 자료 정리

통계자료를 수집했다면 정리하는 것이 그 다음의 일이다. 자료를 정리하는 일은 눈에 보기 쉽도록 정리하는 가시적인 자료 정리가 있는가 하면, 간략한 수치로 표현하는 수치적인 자료 정리가 있다. 우선, 가시적 자료 정리에 대해 살펴보기로 한다. 수집된 자료를 눈으로 보기 쉽게 정리하는 가시적 자료 정리에는 도수분포표, 히스토그램, 줄기-잎 그림, 산점도가 대표적이다.

1. 도수분포표

도수분포란 조사자가 수집한 자료가 일정한 계급(그룹, 자료의 분포 특성을 알기 위해 몇 개의 구간으로 범위를 나눈 것)별로 분포해 있는 모습을 말한다. 각각의 계급에 속해 있는 관찰 대상의 수가 도수(frequency)이다. 따라서 도수분포는 각 계급별 도수를 나타낸 것이며, 이를 표로 정리한 것이 도수분포표(frequency distribution table)이다. 도수분포를 그래프로 나타낸 것이 이어서 설명할 히스토그램이다.

도수분포표를 그리기 위해서는 가장 먼저 계급을 정해야 한다. 계급은 서로 중복되지 않아야 하고 연속적이어야 하며, 분석 대상이 되는 자료들(개체들)이 모두 포함될 수 있도록 해야 한다. 계급은 자료의 특성에 따라 다양하게 구성할 수 있지만, 일반적으로 계급의 수는 5개에서 15개 사이로 구성하는 경우가 많다. 물론 계급의 수에 대한 제한은 없다. 그리고 계급의 폭은 모든 계급이 가급적이면 동일해야 한다. 극단 값이 존재할 경우에는 양 극에 위치하는 계급의 폭이 다른 하나가 있을 수는 있지만, 모든 계급의 폭이 동일해야 계급별 도수 현황을 한눈에 알 수 있다. 계급의 간격은 전체 자료의 범위를 계급의 수로 나누어서 구한다. 이때 자료에 극단 값이 포함된 경우에는 그대로 극단 값을 포함시켜서 범위를 고려할 수도 있고, 극단 값을 제외한 범위를 고려한 다음 극단 값은 맨 끝의 계급에 포함되도록 할 수도 있다.

$$\text{계급의 간격: } I=\frac{R}{N} \quad (I\text{: 계급의 간격, } R\text{: 범위, } N\text{: 계급의 수})$$

이러한 방식으로 만들 수 있는 도수분포표의 종류는 상대 도수분포표, 누적 도수분포표, 상대 누적 도수분포표가 있다. 상대 도수분포표는 각 계급의 도수를 총 도수로 나눈 상대적인 도수를 각 계급에 나타낸 도수분포표이다. 누적 도수분포표는 각 계급에 이전 계급의 도수들을 합한 누적된 도수를 대응시켜 나타낸 도수분포표이다. 상대 누적 도수분포표는 각 계급의 누적도수를 총 도수로 나눈 누적 상대도수를 각 계급에 대응시켜 나타낸 도수분포표이다.

도수분포표를 구하는 예를 보면 다음과 같다. [표 4-1]은 행정계량분석론을 수강하는 행정학과 학생 25명의 성적을 도수분포표로 나타낸 사례이다.

학생 성적: 50, 51, 57, 62, 63, 65, 69, 70, 71, 72, 73, 73, 75, 75, 75, 78, 81, 81, 81, 83, 84, 95, 95, 96, 98

표 4-1 도수분포표

계 급	도 수	누적 도수	상대 도수	상대 누적 도수
50 이상~60 미만	3	3	0.12	0.12
60 이상~70 미만	4	7	0.16	0.28
70 이상~80 미만	9	16	0.36	0.64
80 이상~90 미만	5	21	0.2	0.34
90 이상~100 미만	4	25	0.16	1
합계	25(총도수)		1	

2. 히스토그램

도수분포표는 그림으로 나타낼 수 있다. 도수분포표에 기초한 그림의 종류에는 기본형으로서 도수분포의 상황을 막대기형 그림으로 정리하여 제시하는 막대그래프인 히스토그램(histogram)이 있고, 히스토그램의 각 막대 정상의 중앙점을 차례로 연결해서 만든 도수다각형 그래프, 그리고 상대 누적 도수분포표에 의해 작성된 도수다각형인 오자이브(ogive)가 있다. 다음 [그림 4-1]에 각각 표시되어 있다. [그림 4-1]에서 막대그래프의 폭은 계급의 크기가 된다.

그림 4-1 히스토그램

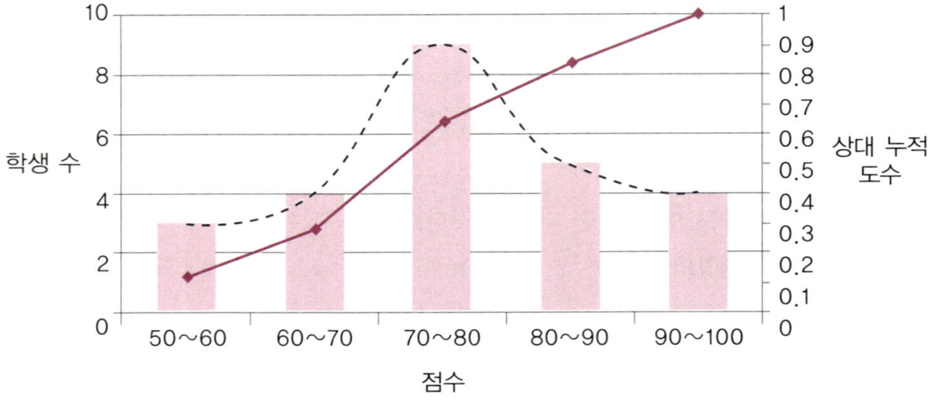

3. 줄기-잎 그림

도수분포표와 히스토그램의 경우, 자료가 집단화되어 표현되기 때문에 낱개의 자료에 대한 정보는 알 수 없다. 전체적인 경향은 쉽게 확인되어도 개체별 값이나 특성은 표현되지 않는다. 그래서 전체적인 자료의 경향을 보여주는 동시에 개체별 특성도 나타낼 수 있는 방법으로 제시된 것이 줄기-잎 그림(stem-and-leaf plot)이다. 줄기-잎 그림은 낱개의 자료가 표현되기 때문에 지나치게 큰 대규모의 자료에는 사용하기 힘들다. 통상적으로 100개 이하의 개체를 지닌 자료에 사용한다.

줄기-잎 그림을 그리기 위해서는 우선 줄기 선을 긋는다. 줄기 선은 개체 값들이 구분될 수 있는 일정한 단위를 정하는 것이다. 예를 들어, 아래의 사례를 행정학과 학생들의 행정학원론 성적이라고 할 때, 이를 줄기-잎 그림으로 나타내려면 우선 줄기 선을 그리기 위해 자료들이 구분될 수 있는 일정한 단위를 정한다. 아래 사례의 경우, 10의 단위로 구분해서 50, 60, 70, 80, 90로 나눌 수 있다. 그리고 난 후 각 줄기별 잎에 해당되는 1의 자릿수를 순서대로 적는다. 이를 통해 자료의 경향성은 물론이고 개별 값에 대한 정보도 동시에 알 수 있다.

그림 4-2 줄기-잎 그림

5		5	017
6		6	2359
7	⇒	7	012335558
8		8	11134
9		9	5568

[사 례] 행정학원론 성적: 50, 51, 57, 62, 63, 65, 69, 70, 71, 72, 73, 73, 75, 75, 75, 78, 81, 81, 81, 83, 84, 95, 95, 96, 98

4. 산점도

도수분포표나 히스토그램, 그리고 줄기-잎 그림 등은 하나의 변수에 대한 그림이다. 하지만 자료는 하나의 변수만을 포함하지 않고 다수의 변수를 포함하는 경우가 많다. 그 중 특히 두 변수 간의 관계를 알고자 하는 경우가 많다. 이럴 때 두 변수 간의 관계를 그래프로 나타낸 그림을 산점도(scatter diagram)라고 한다. 두 변수를 X, Y라고 하면 두 변수가 X축과 Y축에 따라 형성한 점들로 표현된 그림이 산점도이다.

[그림 4-3]은 산점도의 여러 유형을 나타내고 있다. (1)은 두 변수가 같은 방향으로 변하는 경향을 보인다. 두 변수가 함께 증가 방향을 보이고 또 함께 감소 방향을 보이는 형태이다. (2)는 두 변수가 같은 방향으로 변하는 경향이 있으나, (1)보다는 조밀함이 떨어진다. 조밀할수록 더 긴밀한 관계를 가진다고 할 수 있다. 그래서 (2)보다 (1)이 두 변수의 관계가 더 강하다(긴밀함)는 것을 보여준다. (3)은 두 변수가 서로 다른 방향으로 변하는 경향이 있음을 보여준다. 한 변수는 증가 방향이지만, 다른 변수는 감소 방향인 관계이다. (4)는 두 변수가 서로 다른 방향을 향하는 관계이지만, 그 조밀함은

그림 4-3 산점도

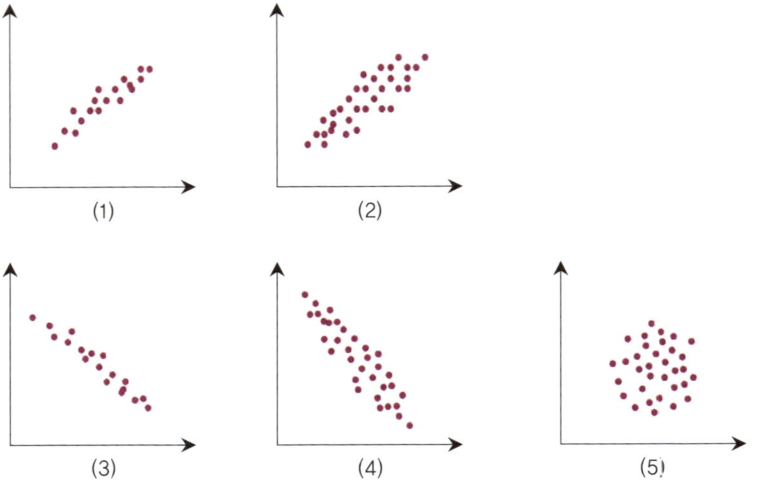

(3)보다는 떨어진다. (5)는 두 변수 사이의 특정한 방향성이 보이지 않는 모습이다. 이처럼 두 변수의 관계는 산점도를 이용해서 가시적으로 정리할 수 있다.

제2절 수치적 자료 정리

1. 중심위치(대푯값)

중심위치는 수치에 의한 자료 정리의 기본으로서 대푯값이라고도 한다. 이는 자료의 특성을 하나의 수치로 요약해서 표현하는 방법이다. 중심위치를 알게 됨으로써 자료가 어떤 값을 중심으로 분포를 이루고 있는지에 대해 쉽게 이해할 수 있게 된다. 여기에는 평균값, 중앙값, 최빈값이 있다.

1) 평균값

평균값(mean)은 자료를 모두 더해서 자료의 수만큼으로 나누어준 값이다. 표본의 경우는 표본의 개체 수만큼 나눈 값이다. 평균값은 데이터의 무게 중심이라고도 볼 수 있다. 평균값을 구하기 위해서는 변수가 구간척도(등간척도)나 비율척도로 측정되어야 한다. 표본의 평균값과 모집단의 평균값을 구하는 방법은 아래와 같다.

표본의 평균값(sample mean): $\overline{X}=\dfrac{X_1+X_2+\cdots+X_n}{n}=\dfrac{\sum_{i=1}^{n}X_i}{n}$

모집단의 평균값(population mean): $\mu=\dfrac{X_1+X_2+\cdots+X_N}{N}=\dfrac{\sum_{i=1}^{N}X_i}{N}$

평균값은 계산이 쉽고 개념도 명확하여 가장 많이 사용되는 대푯값이다. 평균값에는 모든 개체 값들이 고려된다는 점과 평균값은 오직 하나의 값만 존재할 수 있다는 특징을 지니고 있다. 하지만 평균값은 개체들 중에서 특이점의 영향을 크게 받기 때문에, 자료에서 특이점이 있다면 사용에 신중해야 한다. 예컨대, 행정학원론 수업을 수강하는 학생이 30명일 때, 중간시험에서 대부분의 학생이 80점에서 90점 사이의 점수를 받은 반면 어느 한 명의 학생이 5점을 받았다고 하자. 이 학생의 점수는 특이점이 된다. 평균값은 모든 학생들의 점수가 고려되므로, 이 학생의 점수가 영향을 미쳐서 대부분의 학생들이 받은 점수대보다 낮은 쪽으로 이동된 평균값이 구해지도록 한다. 이는 종종 언론매체를 통해 발표되는 직장인들의 평균 연봉액에 대한 정보에서도 나타난다. 특정 소수의 고액 연봉을 받는 사람들로 인해 대부분의 직장인들이 받는 연봉보다 더 높은 평균 연봉액이 제시되는 것이다. 그리고 평균값은 자료의 분포가 지나치게 양쪽으로 치우쳐 있는 경우에도 주의해서 사용해야 한다.

2) 중앙값

중앙값(median)은 자료를 크기순으로 나열했을 때 중앙(가장 한가운데)에 오는 값이다. 그래서 전체 자료에서 $\dfrac{n+1}{2}$번째 값이 중앙값이다. 여기서 n은 전체 자료의 수를 말한다. 만일 자료의 수가 홀수라면 한가운데 값이 되고, 자료의 수가 짝수라면 가운데 두 개 값의 평균값이 된다. 이 값을 기준으로 자료 전체가 이 값보다 큰 값과 작은 값으로 나뉜다. 중앙값을 구하기 위해서는 변수가 구간척도(등간척도)나 비율척도로 측정되어야 한다.

예를 들어, 10개의 개체 값을 갖는 아래의 자료가 있다. 중앙값을 구하기 위해 크기 순으로 정리된 자료 중에서 가장 중앙에 오는 값을 찾는다. 계산식을 이용하거나 손으로 세어보면, 5.5번째 값이 중앙이 된다. 그런데 5.5번째 값은 존재하지 않는다. 이때는 5번째 값(23)과 6번째 값(26)을 더하여 2로 나눈 두 값의 평균값이 중앙값이 된다. 따라서 24.5가 중앙값이다.

자료: 39, 61, 13, 8, 16, 14, 23, 33, 26, 28
순서대로 정리한 자료: 8, 13, 14, 16, 23, 26, 28, 33, 39, 61

중앙값은 복잡한 계산 없이 비교적 쉽게 구할 수 있다. 그리고 중앙값은 평균값처럼 하나의 값만 존재한다. 특이점의 영향을 받지 않는 것도 하나의 특징이다. 특이점은 순서상에서 하나의 순서를 부여받은 값일 뿐이지, 그 값이 중앙값의 수치 자체에 영향을 주지 않기 때문이다. 중앙값은 자료의 양이 아주 방대할 경우에는 사용하기에 다소 번거로운 면이 존재한다는 단점이 있다. 자료 속의 개체들을 크기 순서대로 나열해야 하기 때문이다.

3) 최빈값

전체 자료에서 빈도 수가 가장 많이 발생하는 관측치로서, 도수분포표로 보면 가장 긴 막대의 관찰치가 최빈값(mode)이 된다. 간단한 예를 들면, 만일 자료가 3, 5, 6, 6, 7, 7, 7, 7, 7, 7, 7, 7, 7, 7, 7, 7, 7, 7, 7, 8, 8, 9라면 이 자료를 대표하는 값 혹은 중심위치는 가장 빈도가 높은 7이 된다. 최빈값은 경우에 따라서는 두 개 이상이 나올 수도 있다. 위의 예에서는 7이 15개인데, 만일 8도 15개인 자료라면 이때 최빈값은 7과 8이 되어 두 개가 된다. 그래서 최빈값은 평균값이나 중앙값과는 달리 반드시 유일한 하나의 값만이 존재하는 것은 아니다.

수치적 자료 정리에서 최빈값만이 사용될 수 있는 경우가 있는데, 그것은 명목척도로 측정된 자료일 때이다. 이때는 평균값과 중앙값은 의미가 없으므로 최빈값을 사용하게 된다. 그런 점에서 최빈값은 명목척도로 측정된 자료에서부터 비율척도로 측정된 자료까지 모두 사용 가능하기 때문에 변수의 척도에 상관없이 구해질 수 있다. 하지만 자료 수가 지나치게 적은 경우 최빈값은 무의미하다. 적은 자료에서는 빈도의 높고 낮음은 큰 의미가 없다.

지금까지 살펴본 세 가지 대표적인 중심위치 측정 방법 중에서 어떤 방법을 선택할 것인가는 상황에 따라 다르다. 선택하는 방법에 따라 자료의 특징이 전혀 다르게 요약되므로 자료를 가장 잘 요약해줄 수 있는 적합한 중심위치 측정 방법을 택해야 한다. 물론 반드시 하나만을 선택할 필요는 없고, 경우에 따라서는 병행해서 측정함으로써 유용한 정보를 얻을 수도 있다.

2. 변동성

자료의 개별 값들은 모두 동일하지 않다. 다양한 값을 가지고 있으므로 자료의 중요한 성질 중 하나는 자료가 어떻게 분포되어 있는가에 대한 것이다. 이는 자료의 변동성(variability) 혹은 퍼짐(spread)이라고 하며, 이에 대한 정보는 범위, 사분위간 범위, 다섯 수치 요약 값, 상자그림, 분산, 표준편차, 변동계수 등으로 나타낼 수 있다.

1) 범 위

범위(range)는 자료 중에서 최댓값과 최솟값의 차이를 말한다. 구하는 방법이 상당히 쉽지만 특이점이 있는 경우 특이점의 영향을 크게 받는다.

$$\text{범위(R)} = \text{최댓값}(X_{max}) - \text{최솟값}(X_{min})$$

예를 들어, 자료가 10, 10, 12, 13, 16, 16, 17, 17, 18, 18, 19, 44와 같다면 범위는 44−10이 되어 34가 된다. 하지만 여기서 문제점 하나가 발견되는데, 44가 나머지 다른 값보다 상대적으로 크기 때문에 자료의 전체 범위를 왜곡하는 결과를 낳는다는 점이다. 대부분의 값들이 10에서 19 사이에 몰려 있는데도 불구하고, 44로 인해 자료 전체의 범위가 34로 나온 것이다. 앞서 말한 바와 같이 범위는 특이점의 영향을 크게 받는다는 것을 알 수 있다. 그래서 이러한 특이점의 영향을 최소화하고자 다음에 이어지는 사분위간 범위를 사용할 필요가 생긴다.

2) 사분위간 범위

자료에는 특이점이 포함되는 경우가 있기 때문에, 전체 퍼짐을 볼 때 생기는 왜곡 현상을 피하기 위해 자료의 전체 퍼짐 정도가 아닌 자료의 중간 50%의 퍼짐 정도를 알아보고자 하는 경우가 있다. 이때 사용되는 통계량이 사분위간 범위(interquartile range: IQR)이다. 사분위간 범위는 양쪽 극단 값에서 자료의 25%씩 안쪽으로 들어와 있는 값의 거리를 말한다. 양쪽으로 25%씩 들어와 있기 때문에 일렬로 나열하면 25%와 75% 지점 사이이다. 이 사이는 전체의 50%가 된다. 이 구간에는 특이 값이 포함되어 있지 않기 때문에 특이점의 영향은 거의 받지 않는 통계값(범위)이 구해진다.

사분위간 범위는 간단히 기호로 나타낼 수 있다. Q_1는 전체 자료의 25% 지점 값(혹은 자료의 25%가 이 값보다 작거나 같은 값)이라 하고 아래사분위수라고 부른다. Q_3는 위사분위수로 불리고 전체 자료의 75% 지점 값(혹은 자료의 75%가 이 값보다 작거나 같은 값)이다. 기호를 통해 사분위간 범위를 나타내면 아래와 같다. Q_1과 Q_3가 있으니 중앙값을 나타내는 Q_2도 있으나 사분위간 범위에서는 사용되지 않는다.

$$IQR = Q_1 - Q_3$$

예를 들어, 자료를 순서대로 나열한 것이 아래와 같을 때, 이 자료의 25%의 경계는 총 12개의 자료에서 세 번째와 네 번째 사이에 위치하는 12와 13 사이가 되어 12.5가 Q_1이 된다. 그리고 자료의 75%는 위사분위수가 되므로 위에서 세 번째와 네 번째 사이의 값이 되어 Q_3값은 18이 된다. 이 두 값의 차이인 5.5가 사분위간 범위가 된다. 이 값은 앞서 살펴본 범위 값 34와는 큰 차이를 보인다. 사분위간 범위에서는 특이점인 44의 영향이 배제되었기 때문이다.

10, 10, 12, 13, 16, 16, 17, 17, 18, 18, 19, 44

사분위간 범위: $Q_3 - Q_1 = 18 - 12.5 = 5.5$

3) 다섯 수치 요약 값

다섯 수치 요약 값은 사분위간 범위를 구할 때 도출되는 위사분위수와 아래사분위수에 최댓값과 최솟값, 그리고 중앙값을 산출하여 자료의 변동성을 보여주는 요약 값을 말한다. 따라서 자료가 어떻게 분포되어 퍼져 있는지는 이 다섯 수치로 알 수 있다. 다섯 수치는 최솟값, Q_1, 중앙값(Q_2), Q_3, 최댓값의 순서로 나타낸다. 위의 사분위간 범위에서 사용한 자료를 이용해서 다섯 수치 요약 값을 구하면, 최솟값: 10, Q_1 : 12.5, 중앙값: 16.5, Q_3 : 18, 최댓값: 44로 나타낼 수 있다.

4) 상자그림과 특이점 확인

상자그림은 다섯 수치 요약 값을 구한 다음 각 수치들을 기준으로 하서 상자 모양의 사각형 그림을 말한다. 상자그림을 통해서는 특이점을 쉽게 확인할 수 있다. 그리고 두 자료의 상자그림을 함께 나타내면 두 자료의 퍼짐 정도를 육안으로 쉽게 비교할 수 있다.

상자그림을 나타내는 방법은, 우선 전체 자료의 25%에 해당되는 Q_1과 전체 자료의 75%에 해당되는 Q_3 지점에서 선을 그어서 서로 연결한 사각형 모양의 상자를 그린다. 그리고 중앙값(median)을 상자그림의 중앙에 표시한다. 마지막으로, 양 끝의 상자 경계에서 자료의 최댓값과 최솟값까지 선을 긋는다. 이 선은 수염이라고도 한다. 여기까지가 상자그림이 완성된 상태이다.

하지만 상자그림이 주는 이점 중 하나가 자료에 속해 있는 특이점을 확인할 수 있다는 점이다. 상자그림을 통해 특이점을 확인할 수 있는 방법은 아래사분위수인 Q_1과 위사분위수인 Q_3 사이의 거리인 사분위간 범위(IQR)의 일정 배수를 이용하는 것이다. IQR의 1.5배만큼의 거리를 Q_1과 Q_3지점에서 각각 양쪽 바깥으로 더 이어서 만들어진 구역에 속하지 않는 개체 값이 있다면 그것을 특이점으로 판단한다. 다라서 어떤 자료의 특이점 존재 여부를 확인하고자 한다면, 사분위간 범위의 1.5배만큼의 거리를 계산하면 쉽게 확인할 수 있다.

예를 들어, 아래의 자료에서 특이점이 존재하는지에 대해 다음과 같이 살펴볼 수 있다. 아래 자료에서 Q_1는 40.5이고 Q_3는 46.5이다. 그래서 IQR은 6(46.5−40.5)이 된다. 그래서 특이점 확인을 위한 양쪽 경계는 Q_1에서 IQR의 1.5배인 9(1.5×6)만큼 더 끝으

그림 4-4 상자그림과 특이점

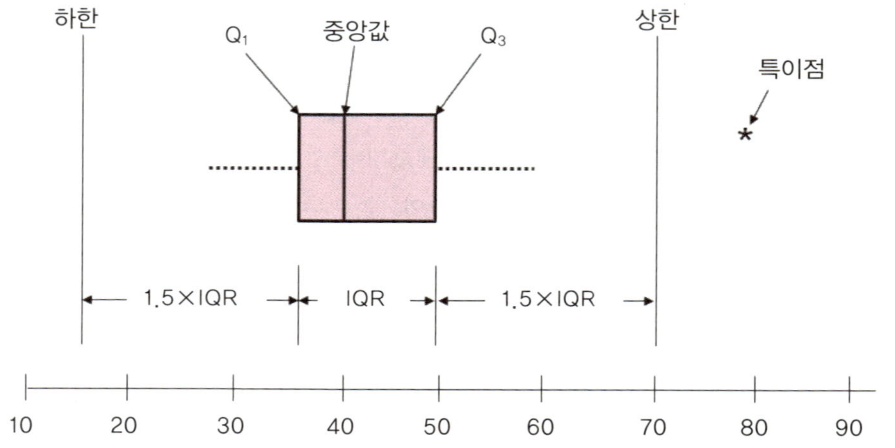

로 나아간 값과 Q_3 에서도 9(1.5×6)만큼 더 끝으로 나아간 값 사이가 된다. 이 구역의 값은 31.5[40.5−(1.5×6)]와 55.5[46.5+(1.5×6)]가 된다. 이를 통해 이 자료의 특이점은 31.5보다 작은 값이나 55.5보다 큰 값이 되므로 31과 59이라는 것을 알 수 있다.

31, 33, 40, 40, 40, 41, 42, 42, 43, 43, 44, 44, 45, 45, 46, 47, 48, 48, 49, 59

5) 분산과 표준편차

분산(variance)은 자료의 개체들이 평균값을 중심으로 얼마나 퍼져 있는가를 나타내는 값이다. 이를 위해 각각의 개체 값과 평균값과의 차이를 구한다. 평균값과 각 개별치의 차이는 곧 평균값에서 각 개별치가 얼마나 떨어져 있는가를 나타내는 것이기 때문이다. 하지만 평균값과 각 개별치의 차이 값을 모두 더하면 0이 된다. 따라서 평균값으로부터 각 개별치의 거리 값을 표현하기 위해서는 평균값과 개별치의 차이 값을 제곱해서 모두 더한 후 표본의 크기로 나눈다. 표본의 크기로 나누는 이유는 표본의 크기를 고려한다는 의미이다. 이렇게 하는 이유는 표본의 크기가 큰 경우 평균값과 각 개별치의 차이 제곱 값이 크지 않더라도 단순히 표본이 많음으로 인해 그 모두를 더하게 되면 전체 값이 커지므로, 표본을 고려해서 각 개별치와 평균값과의 떨어진 정도를 나타내는 것이 더 적절하기 때문이다. 따라서 간략히 말하면 분산은 자료 각각이 그 평균값으로부터 떨어져 있는 거리를 제곱한 것의 평균값이다. 관찰값과 평균값의 차이를 구해서 각각을 제곱한 후 합한 다음 자료의 개수로 나눈 것이기 때문이다.

이러한 분산은 자료 하나하나의 값이 전부 고려되어 구해진 변동성 척도이다. 그래서 그 값이 클수록 변동성도 크다고 할 수 있다. 또 분산은 제곱하는 과정을 거치기 때문에 음수가 될 수 없다. 크기가 n인 표본에서 얻은 개체가 $X_1, X_2, X_3, X_4, \cdots, X_n$이라고 할 때 표본분산은 다음의 식으로 나타낸다.

$$\text{표본분산:} \quad S^2 = \frac{\sum_{i=1}^{n}(X_i - \overline{X})^2}{n-1}$$

표본분산의 식에서 표본의 크기 n 대신에 $n-1$로 나누는 것은 수리통계분석 결과 표본을 이용할 경우, 중심극한정리라는 이론에 의해 $n-1$이 모집단의 분산을 표본으로 추정할 때 더 잘 추정하는 것으로 밝혀졌기 때문이다. 표본에서 분산을 계산할 때 $n-1$을 사용해야 모분산에 더 가까워진다는 이론을 적용한 것이다. 여기서 언급된 중심극한정리는 제6장에서 살펴볼 것이다.

좀 더 구체적으로 표본의 분산을 구하는 식에서 n 대신에 $(n-1)$로 나누는 이유에 대해 살펴볼 필요가 있다. 왜냐하면 앞으로 배울 통계학 용어 중에서 자유도라는 용어가 여기에 관련되기 때문이다. 표본분산의 계산 과정에서 n 대신 $n-1$을 사용하는 이유를 간단히 말하면, 모집단에서는 모집단의 평균인 μ를 모르지만 표본에서는 평균인 $\overline{X}$를 미리 알 수 있기 때문이다. 미리 알 수 있는 정보의 수만큼의 자료를 몰라도 분산을 구할 수 있다. 따라서 분산을 구하는 식에서 n 대신에 $n-1$로 나누는 것이다. 이를 자유도(degree of freedom)라고 한다.

자유도는 어떤 주어진 조건 하에서 독립적으로 자유롭게 취할 수 있는 측정치를 말한다. 이는 편차의 합이 0이라는 사실에서, 전체 사례 수(변수)에서 한 개의 사례를 제외하고 나머지 사례들은 그 어떠한 값이 되더라도 마지막 하나의 사례가 편차가 0이 되는 값을 가지면 되기 때문이다. 마지막 한 사례는 일정한 구속 조건이 된다고 볼 수 있으므로, 이 사례를 제외하고는 모집단의 정보를 자유롭게 취할 수 있다. 따라서 자유도는 통계적 추정을 할 때 표본자료 중에서 모집단에 대한 정보를 주는 독립적인 자료의 수인 것이다.

다른 한편으로는, 표본 하나를 계산했다는 것은 해당 표본은 알려진 정보이므로, 그 표본 값을 제외한 나머지 표본들의 가능한 정보를 가지는 표본들을 표시한 것이 자유도라고 생각해도 된다. 따라서 앞서 표본의 분산에서 해당 표본의 평균값은 이미 알고 있으므로 $n-1$을 나누는 것이다. 독자적인 정보를 가지고 있는 사례 수가 자유도이고 이는 모집단에서 현재 뽑히지 않은 그 외 많은 사례들의 정보가 다양하게 반영될 수 있다는 가능성을 나타낸 것이다.

지금까지 살펴본 분산 값은 중심에서 각 개별치들이 떨어진 정도를 보여주는 값이라고는 했지만 제곱된 값이기 때문에 직관적으로 이해하기 어려운 면이 있다. 제곱된 정도를 평균값과 개별치와의 거리로 이해하기는 쉽지 않다. 더욱이 제곱으로 인해 원자료의 측정 단위도 고려되지 않았기 때문에 직관적으로 이해하는 것은 더욱 어렵다. 편차의 합이 0이 되는 것을 방지하고 떨어진 거리의 효과를 극대화하기 위해 제곱했다면, 다시 그 값을 원자료의 측정 단위와 동일하게 바꾸어서 평균값과 각 개별치 간의 거리를 이해할 필요가 있다. 따라서 통계분석과 해석을 위해 원자료의 측정단위와 동일하게 하기 위해 다시 제곱을 없애는 제곱근을 취한다. 이 값이 바로 표준편차(standard deviation)이다. 제곱이 없어지기 때문에 이 값이 평균값과 개별치 간의 거리를 더 쉽게 이해하도록 한다. 그래서 표본의 표준편차는 아래와 같이 나타낸다.

$$\text{표본 표준편차: } S = \sqrt{S^2}$$

표준편차는 원자료의 측정 단위로 다시 돌아가서 자료가 평균값으로부터 어떻게 퍼져 있는가를 나타내는 것이므로, 표준편차가 크면 자료가 평균값을 중심으로 넓게 퍼져 있다는 의미이고, 작으면 평균값을 중심으로 가까이 퍼져 있다는 의미이다. 이러한 표준편차는 제곱의 효과를 없애기 위해 제곱근을 취한다는 점만 다를 뿐 분산과 동일한 계산 과정을 거친다. 그래서 분산에 제곱근을 적용한 값이 표준편차라고 이해하면 된다. 여러 통계 값들을 도출할 때 많이 사용되는 변동 측정값이 바로 표준편차이다. 물론 표준편차와 분산은 함께 구할 수 있는 값이므로 분산이라고도 할 수 있다. 따라서 어렵지는 않은 개념이지만 평균과 함께 통계학에서는 아주 중요한 개념 중 하나가 표준편차 혹은 분산이다.

만일 표본이 아니라 모집단의 전체 개체들이 조사되었다면 앞서 살펴본 표본분산 공식은 몇 가지 점에서 다르게 표현된다. 우선, 모집단에서 사용되는 모평균의 기호가 사용되고, $n-1$로 나누는 것이 아니라 N으로 나눈다. 표준편차도 마찬가지이다.

$$\text{모집단 분산:} \quad \sigma^2 = \frac{\sum_{i=1}^{N}(X_i - \mu)^2}{N}$$

$$\text{모집단 표준편차:} \quad \sigma = \sqrt{\sigma^2}$$

예를 통해 분산과 표준편차를 구하는 방법을 살펴보면 더 쉽게 이해된다. 개체 값이 68, 69, 70, 72, 73, 74라고 할 때 분산과 표준편차는 [표 4-2]에서와 같이 구할 수 있다. 개체 값들은 어떤 반의 6명 학생의 수학 성적이라고 해도 좋고, 6명의 한 달 간 학습 시간이라고 해도 좋다.

[표 4-2]에서 편차의 합은 0이라는 것을 알 수 있다. 그 어떤 개체들의 표본이라고 해도 평균값에서 각각의 개체들까지의 차이를 모두 더하면 0이 된다. 이 점 때문에 각 개체들의 변동을 살펴볼 때 단순히 편차들의 합으로 계산할 수 없다. 그래서 각 편차들의 제곱을 더해 개체 수로 나눈 값이 개체들이 평균값으로부터 떨어져 있는 변동의 정도를 나타내는 값으로 사용된다. [표 4-2]에서와 같은 과정을 거치면 표본분산은 $\frac{28}{6}$ $=4.67$이고, 표준편차는 $\sqrt{4.67}=2.16$이다.

그렇다면 여기서 의문이 들 수 있다. 편차들의 합이 0이라면 편차들을 굳이 제곱하지 않고 절댓값으로 하면 되지 않느냐 하는 점이다. 이는 [표 4-2]와 [표 4-3]을 함께 보면서 설명하기로 한다.

[표 4-3]은 또 다른 6명 학생들의 수학성적 혹은 한 달 간 학습 시간을 나타낸다고 하자. 여기서 알 수 있는 바와 같이 평균값은 71로 동일하다. 그렇다면 [표 4-2]와 [표 4-3]의 자료는 같은 성질을 가진 자료라고 할 수 있을까? 자료의 변동성을 함께 고려한다면 그렇지 않다는 것을 알 수 있다. 이 자료에서 분산은 $\frac{44}{6}=7.33$이고 표준편차는 $\sqrt{7.33}=2.71$이다.

표 4-2 분산과 표준편차(1)

개체 값(관찰값)	편차$(X_i - \overline{X})$	편차 절댓값	편차 제곱$(X_i - \overline{X})^2$
68	−3	3	9
69	−2	2	4
70	−1	1	1
72	1	1	1
73	2	2	4
74	3	3	9
평균값 = 71	합 = 0	합 = 12	합 = 28

표 4-3 분산과 표준편차(2)

개체 값(관찰값)	편차$(x_i - \overline{x})$	편차 절댓값	편차 제곱$(x_i - \overline{x})^2$
69	−2	2	4
70	−1	1	1
70	−1	1	1
70	−1	1	1
70	−1	1	1
77	6	6	36
평균값 = 71	합 = 0	합 = 12	합 = 44

자료의 중심위치로서 평균값은 같지만 각 개체들이 분포해 있는 모습은 분산이 각각 4.67과 7.33으로 동일하지 않다. 두 번째 자료가 평균값에서 각 개체들이 더 많이 떨어져서 위치하고 있다는 것을 알 수 있다. 이는 분산을 비교함으로써 알 수 있는 사실이다. 그렇다면 앞서 제기한 의문이었던 편차의 절댓값은 왜 이것을 나타내지 못하는가?

평균값이 같은 위의 두 자료는 자료의 변동을 살펴보려고 할 때 단순히 편차만을 보려고 하면 그 합이 모두 0이 되어 아무런 정보도 주지 못한다. 그래서 편차의 절댓값을 비교하려고 하니 이번에도 두 자료의 값이 각각 12로 동일하다. 자료의 각 개체들이 분명 서로 다르게 분포하고 있는데, 이 역시 변동에 관한 정보를 제공해주지 못한다. 그런데 편차를 제곱하면 상황은 달라진다. 편차의 절댓값의 합에서도 두 자료의 변동성 차이를 보여주지 못했던 것이 이제는 드디어 드러난다. 바로 이 점이다. 우리가 알고 싶은 것은 자료가 어떻게 산포 혹은 분포되어 있는지를 알고 싶은 것이고, 특히 다른 자료와 비교를 하고 싶은 것이다. 그러기 위해서는 자료의 분포에 큰 영향을 주는 특이한 개체 값이 두드러져 보일 필요가 있다. 다시 말해, 평균값에서 유독 떨어져서 존재하는 개체 값은 전체 자료 분포의 모습을 결정짓는 데 큰 영향을 미치기 때문에, 이 개체 값에 대한 정보가 잘 드러나야 한다. 평균값에서 떨어진 정도가 극대화되어 나타나야 자료 간의 변동성의 정도를 비교할 수가 있다. 개별 특이 값이 제곱되어야 그 영향이 비로소 잘 드러난다. 상황에 따라서는 다른 값들로 인해 특이 값의 영향이 상쇄되어 버리기 때문이다. 분산이나 표준편차에서 우리가 알고 싶은 것은 특이 값 등으로 인한 자료 분포의 모습이기 때문에, 특이 값들의 영향이 잘 나타나도록 해야 하므로 절댓값이 아닌 제곱한 값으로 분산을 구하는 것이다.

6) 변동계수

각각 자료의 변동을 구한 후 변동을 비교할 때가 있다. 이때 단순히 표준편차만으로 비교하는 것은 정보가 왜곡될 수 있다. 서로 다른 자료의 변동을 비교할 때 사용하는 값이 변동계수(coefficient of variation: CV)이고, 이는 각 자료의 표준편차를 평균으로 나눈 값으로 계산한다. 변동계수는 특히 평균값의 차이가 너무 크게 나거나 측정 단위가 서로 다른 경우에 주로 사용한다. 이렇게 함으로써 각 자료의 중심위치가 어디인가를 고려한 변동 비교가 가능해진다. 따라서 변동계수는 변동성을 평균에 대한 상대적인 값으로 나타낸 것이다. 평균을 고려한 변동성인 것이다.

예를 들어, 갓난아이와 어른의 수면 시간 변동량을 각각 살펴보면서 비교한다고 할 때, 갓난아이의 수면 시간 변동과 어른의 수면 시간 변동을 단순히 표준편차 값으로만 비교하는 것은 적절하지 못하다. 이는 갓난아이와 어른의 각각의 평균 수면 시간이 다른 상태에서 이루어지는 비교는 문제가 있기 때문이다. 그래서 변동계수를 통해 비교할 때는 각 자료의 평균값이 어디인가를 고려한 상대적인 비교가 되어야 한다.

또 어린이의 수면 시간 변동과 어린이의 월 평균 독서량의 변동을 비교할 때도 표준편차 값만으로 둘을 비교하는 것은 적절하지 못하다. 수면 시간과 독서량은 단위가 서로 다르기 때문에 단순히 표준편차로 비교하는 것은 문제가 있다. 그래서 이때도 변동계수를 활용해서 변수들의 변동성을 비교해야 한다.

변동계수를 구하는 식은 아래와 같다. 일반적으로 퍼센트 개념으로 사용되므로, 100

을 곱해 퍼센트 단위로 표시한다.

$$\text{표본의 변동계수: } CV = \frac{S}{\overline{X}} \times 100(\%)$$

$$\text{모집단의 변동계수: } CV = \frac{\sigma}{\mu} \times 100(\%)$$

변동계수를 구하는 예를 들면 다음과 같다. 자동차 영업부 팀장인 임창우는 팀원들의 월별 영업 실적과 분기별 영업 실적의 변화를 비교하려고 한다. 월별 자동차 판매 실적은 평균 120대이고 표준편차가 23대이다. 분기별 자동차 판매 실적은 평균 570대이고 표준편차가 50이다. 월별과 분기별 자동차 판매 실적의 변화(변동량)는 어느 쪽이 더 큰가?

단순히 표준편차만을 비교한다면 분기별 자동차 판매 실적의 변화가 더 크다고 할 수 있을 것이다. 하지만 두 자료를 보면 평균값의 차이가 적지 않다는 것을 알 수 있다. 이를 때는 변동계수를 이용해서 상대적인 표준편차, 즉 평균값을 고려한 변동의 크기를 살펴봐야 한다.

월별 자동차 판매 변화에 대한 변동계수는 $\frac{23}{120} \times 100 = 19.2\%$ 이고, 분기별 자동차 판매 변화에 대한 변동계수는 $\frac{50}{570} \times 100 = 8.8\%$ 이다. 변동계수에 비추어본다면 월별 자동차 판매 변화가 분기별 자동차 판매 실적 변화보다 더 크다는 것을 알 수 있다.

이러한 차이는 마치 4에서 2의 변화가 100에서 2의 변화보다 더 크다는 것과 같은 맥락이다. 같은 2의 변화지만 4에서 2의 변화는 전체의 50%만큼의 변화이지만 100에서는 2%의 변화에 불과한 것이다. 이처럼 평균값이 고려된 변화나 산포 혹은 변동의 비교가 변동계수 값의 비교인 것이다.

3. 상관계수

그림에 의한 자료 정리에서 두 변수 간의 관계를 그림으로 나타낸 것이 산점도라고 했다. 이와 마찬가지로 두 변수 간의 관계를 수치로 나타내기도 한다. 산점도에서 두 변수 간 방향성의 조밀한 정도에 대해 수치로 계산한 것이 상관계수(correlation coefficient)이다. 따라서 상관계수를 구한다는 것은 쌍으로 관찰된 두 변수 X, Y 간의 관련성을 분석하는 것을 의미한다. 예를 들면, 자동차 판매원의 자동차 판매 수에 따른 연봉 액수, 휴대폰의 광고비용과 판매량, 지역의 소득 수준과 자동차 보유 대수 등이 그 대상이 될 수 있다. 이와 같이 관련이 있을 것으로 예상되는 두 변수의 자료를 가지고 우선 산점도를 그려보고, 이어서 상관관계가 있으리라 판단되면 상관계수를 구한다.

표본에서 도출한 두 변수의 관계를 수치로 나타낸 척도인 상관계수는 주로 r로 표시하고, 모집단에 대한 상관계수는 ρ로 표시한다. 이 책에서는 표본상관계수를 중심으로 살펴볼 것이기 때문에 주로 r로 표기될 것이다. 그리고 상관계수로 흔히 사용되는 것이 피어슨 상관관계(Pearson correlation) 계수이다. 피어슨 상관관계분석은 두 변수 사이의 선형적인 관계의 정도를 나타내는 하나의 지표가 되어 널리 사용된다. 이 값은 그 크기와 부호에 따라 선형의 강도와 선형의 방향을 알려준다. 앞으로 이어지는 여러 통계기법에서 피어슨 상관계수가 활용되는 모습을 자주 접하게 될 것이다.

상관계수를 구하는 방법에 관해 구체적으로 알아보기 전에, 우선 상관관계의 의미를 쉽게 풀어서 설명하기로 한다. 그러면 상관계수 구하는 수식에 대한 이해가 훨씬 쉬워지기 때문이다. 상관관계는 쉽게 말해서 두 변수가 각각 독립적으로 변하는 정도에서 두 변수가 함께 변하는 정도의 비율을 의미한다고 보면 된다. 여기서 변하는 정도란 각 개체가 평균값으로부터 떨어져 있는 정도를 의미한다. 그래서 상관관계(r)는 다음과 같이 나타낼 수 있다.

$$\frac{\text{두 변수(X, Y)가 함께 변하는 정도}}{\text{두 변수(X, Y)가 독립적으로 변하는 정도}} = \frac{\text{두 변수의 공변산성(공분산성)}}{\text{두 변수의 독립적 변산성(독립분산성)}}$$

여기서 두 변수가 함께 변하는 정도란 X변수의 변화 정도와 그에 '대응'하는 Y변수의 변화 정도의 총량을 의미한다. 이 변화의 정도가 각각의 변수가 '독립'적으로 변화하는 정도의 총량에서 얼마나 차지하느냐를 살펴보는 것이다. 함께 변하는 정도는 공변산성 혹은 공분산성이라고 하고, 각각 독립적으로 변하는 정도를 독립적 변산성 혹은 독립분산성이라고 한다. 따라서 상관관계는 X와 Y의 공분산을 X와 Y 각각의 독립분산과 비교한 비율로 구성된다. 이를 식으로 나타내면 다음과 같다.

$$r = \frac{S_{(xy)}}{\sqrt{S^2_{(x)}\, S^2_{(y)}}}$$

$$[\ S^2_{(x)} = \sum (X_i - \overline{X})^2,\ S^2_{(y)} = \sum (Y_i - \overline{Y})^2,\ S_{(xy)} = \sum (X_i - \overline{X})(Y_i - \overline{Y})\ ]$$

이 식에서 분모에 제곱근을 한 이유는 각각의 변수가 보인 변화의 정도를 알기 위해 제곱했지만 측정 단위 회복을 위해 다시 제곱근을 했기 때문이다. 식에서 알 수 있는 바는, 만일 X값이 증가할 때마다 Y값에서도 증가되는 변화의 정도가 보이면 같은 방향이기 때문에 분자는 양수가 된다는 점과, 마찬가지로 두 변수가 각각 동일하게 감소하는 것으로 대응된다면 역시 분자는 양수가 된다. 따라서 분모는 제곱에 의한 값이 다시 제곱근을 취한 형태이므로 항상 양수가 되어, 두 변수가 대응되는 변화 값이 같은 방향이면 전체 상관관계는 양수가 된다. 따라서 대응되는 변화의 방향이 같다면 상관관계는 양수라는 점을 알 수 있다. 이때 변화하는 방향이 같으면서 그 정도도 함께 크다면 양의 상관관계의 정도가 크다고 할 수 있다. 반면, 두 변수가 서로 변화하는 방향이 반대라면 상관관계는 음수를 가지게 된다. 한 변수는 평균보다 높은 값이라서 +가 되고, 다른 변수는 평균보다 낮은 값이라서 −가 되기 때문이다. 이러한 대응 값이 많아지면 대응 값들을 모두 더한 두 변수의 대응되는 변화 값의 총합도 음수가 되어 상관계수도 음수가 되는 것이다. 이때 큰 폭으로 서로 반대 방향으로 변한다면, 반대 방향으로 상관관계가 높다는 의미가 된다.

그리고 만일 두 변수가 대응하여 함께 변화하는 것이 두 변수가 각각 변화하는 정도와 같다면, 두 변수는 정확히 선형관계에 있다는 점도 식을 통해 알 수 있다. 두 변수가 함께 변화하는 것이나 각각 독립적으로 변화하는 정도나 모두 동일한 정도로 정확히 예측된다는 것을 의미한다. 반면, 만일 각각의 변수가 변화하는 총량의 정도에서 두 변수가 대응해서 변화하는 정도가 거의 보이지 않는다면, 이 관계는 아무런 상관관계가 없다고 볼 수 있다. 다른 한편으로는, 각각의 변수가 전체 변화하는 정도에서 어느 정도 대응해서 변화하는 정도가 있다면 어느 정도 상관관계가 있다고 말할 수 있다.

그렇다면 상관계수를 직접 구해 보자. 두 변수 X와 Y가 있을 때, X변수에 해당되는 각 개체 값은 1, 11, 5, 9, 9이고, Y변수에 해당되는 각 개체 값은 2, 5, 2, 3, 3이다. 이 두 변수 간의 상관계수를 구하는 것이 [표 4-4]에 나와 있다. 두 변수는 여러 내용이 해당될 수 있다. 예를 들어, X변수는 학생들의 주당 자율학습 시간이고, Y변수는 학

표 4-4 상관계수

개체 값		편 차		편차 제곱		편차의 곱
X	Y	$x_i - \bar{x}$	$y_i - \bar{y}$	$(x_i - \bar{x})^2$	$(y_i - \bar{y})^2$	$(x_i - \bar{x})(y_i - \bar{y})$
1	2	−6	−1	36	1	6
11	5	4	2	16	4	8
5	2	−2	−1	4	1	2
9	3	2	0	4	0	0
9	3	2	0	4	0	0
평균값 = 7	평균값 = 3	합 = 0	합 = 0	합($S_{(xx)}$) = 64	합($S_{(yy)}$) = 6	합($S_{(xy)}$) = 16

생들의 주당 취미생활 시간으로 할 수도 있다. 그럼 첫 번째 학생은 주당 자율학습 시간이 1시간이고, 주당 취미생활 시간은 2시간이라는 의미이다. 관련되는 사례들을 대입시키면 다양한 상관계수를 구할 수 있다.

[표 4-4]에서와 같은 과정을 거치면 상관계수는 $r = \frac{16}{\sqrt{64 \times 6}} = 0.82$가 된다. 그렇다면 0.82라는 값은 상관계수가 어느 정도 수준인지를 알아야 한다. 다시 말해, 두 변수가 서로 상관관계가 높다는 것인지 아니면 낮다는 것인지, 혹은 관계가 없다는 것인지에 관해 알아야 한다. 그리고 두 변수가 같은 방향(두 변수 모두 증가인지, 아니면 모두 감소인지)인지, 아니면 서로 다른 방향인지에 관해서도 알아야 한다. 이는 상관계수의 기본적인 속성을 알면 쉽게 이해될 수 있다.

상관계수의 첫 번째 속성은 상관계수 값이 포함될 수 있는 범위에 관한 것이다. 상관계수는 $-1 \leq r \leq 1$ 사이에서 값을 갖는다. 이 사이에서는 소수점 이하를 포함해서 수많은 수치로 나타낼 수 있다. 두 번째 속성과 세 번째 속성은 상관계수의 방향성에 관한 것이다. 먼저, 두 번째 속성으로서 상관계수 값이 $r > 0$이면 양의 상관관계이다. 이때 값들의 분포에서 나타나는 기울기가 양수이므로, 오른쪽 위로 올라가는 경향을 갖는다. 두 변수가 증가하거나 감소하는 방향이 동일한 경우이다. 만약 상관계수 값이 1에 가까워진다면 두 변수는 서로 직선 경향을 보이며, 조밀하게 분포되어 있음을 의미한다. 세 번째 속성으로서 상관계수 값이 $r < 0$이면 음의 상관관계이다. 두 변수가 동일한 방향이 아닌 상이한 방향을 향하고 있다는 의미이다. 이때 점들은 왼쪽 위에서 오른쪽 아래로 내려오는 분포의 경향을 보인다. 네 번째 속성은 $r = 0$인 경우이다. 이 값의

의미는 두 변수 간의 상관관계가 없는 무(無)상관관계이다. 이때 점들은 어떤 경향이 없이 펑퍼짐하다. 따라서 이런 모습을 보이면 두 변수의 관련성이 희박한 것으로 판단한다.

이러한 상관관계 계수의 속성을 알게 되면 위의 표를 통해 구한 상관계수 값 0.82의 의미를 알 수 있다. 따라서 그 결과는, 두 변수 X와 Y가 비교적 서로 강한 상관관계를 지니고 있다는 것을 알려준다. 이는 각각의 독립된 변화의 총량에 대응해서 변화하는 정도가 많다는 것이다. 그리고 두 변수의 방향성이 동일하다는 것도 알려준다.

읽기자료 4-1 방대한 자료를 모으는 것이 끝이 아니다

빅데이터 모아만 놨다고요? 어서 의사결정 하세요

"미국 어느 마트 체인에서 고객들이 함께 구매하는 물건들을 분석했더니 금요일 오후에는 아기 기저귀와 맥주가 함께 팔린다는 사실을 발견했다. 왜 이런 결과가 나왔느냐에 의견이 분분했지만, 일단 예전에 파악하지 못했던 고객의 구매 패턴을 데이터를 통해 파악한 것만은 분명하다."

이는 데이터를 통해 고객의 새로운 소비 패턴을 발견한 고전적 사례로 10여 년 전부터 마케팅 교과서에 소개된 얘기다.

최근 유행처럼 번지는 빅데이터 열풍은 이런 데이터 분석의 가치를 더욱 강조하고 있다. 새로운 경영 이슈에 목말라 하던 기업들은 너도나도 빅데이터 성공 스토리를 만들기 위해 데이터를 파기(data mining) 시작했다. 그리고 빅데이터 전담팀도 만들어 새로운 아기 기저귀와 맥주 신화의 주인공이 되려 노력하는 곳도 많다.

그러나 지난 2년 간 아직 새로운 신화를 쓴 기업을 찾기 어렵다. 왜일까?

이 질문에 대답하기 전 먼저 생각해 보자. 정말 아기 기저귀와 맥주가 그리 중요한 걸까? 만일 아기 기저귀와 맥주가 잘 팔린다는 분석 결과를 세일즈 담당 임원이나 현장 직원들에게 설명하면 어떤 반응이 나올까?

아마 첫 반응은 "신기하다"일 것이다. 하지만 그 다음엔 아마 "그런데 이 결과로 뭘 어떻게 하란 말인가?"란 반문이 돌아올 것이다. '아기 기저귀 섹션과 맥주 섹션을 함께 두란 말인가? 아기 기저귀를 사면 맥주를 50% 할인해 주란 말인가?' 아기 기저귀와 맥주 사례는 데이터를 바탕으로 새로운 인사이트를 찾을 수 있다는 가능성을 전달해주는 예이다. 하지만 이러한 인사이트를 찾아 보고서로 작성해 현업에 전달하는 것으로는 실제 경영 성과를 이끌어내기에 한계가 있다.

즉, 빅데이터 분석은 인사이트 발견이 끝이 아니며, 이를 바탕으로 구체적인 의사결정과 실행 계획이 제공되어야만 경영 성과로 이어질 수 있다. '아기 기저귀의 20%와 전체 맥주의 25%는 함께 진열되어야 하고, 아기 기저귀 고객이 남자면 맥주를 10% 할인해 주는 프로모션

행사를 진행해야 한다'처럼 구체적인 실행 계획도 함께 분석되어 제안되어야 한다는 의미다.

빅데이터는 데이터를 수집·관리하는 IT 기술에서 시작한다. 실시간으로 들어오는 방대한 데이터를 효율적으로 모으고 관리하는 것이다. 다음으로는, '데이터 분석', 기존 통계와 같은 방식과 컴퓨터 공학에서 기계학습법과 같은 데이터 마이닝을 통해 새로운 인사이트를 찾는 게 목적이다. 이를 '지식 발견(knowledge discovery)' 단계로 부른다. 국내 기업 빅데이터 팀이나 빅데이터 기술 컨설팅은 'IT 단계'와 '지식 발견 단계'에 머물고 있다. 하지만 이 둘만으로는 부족하다.

그래서 필요한 게 '의사결정 단계'다. 방대한 데이터를 바탕으로 수학적 알고리즘을 통해 최적의 의사결정을 내리는 기술이다. '몇 퍼센트 아기 기저귀와 몇 퍼센트 맥주를 마트 어디에 함께 배치해야 매출을 극대화할 수 있다'라는 실행을 제시해주는 영역이다. 여기에는 기존 산업공학에서 다루던 수학적 최적화 알고리즘 기법에 최신 컴퓨터 공학적 기법이 가미된다. 아마존이나 넷플릭스 등에 통계나 데이터 마이너뿐 아니라 수학적 최적화 전문가들이 대거 포진하는 이유다.

출처: 조선일보, 2014.4.5.

제 5 장

확률과 확률분포

제 1 절　확률의 개념과 원리

제 2 절　확률변수와 확률분포

제 3 절　정규분포와 표준정규분포

제1절 확률의 개념과 원리

1. 확률의 개념

어떤 사건이 발생될 가능성을 확률(probability)이라 한다. 확률은 통계적 추정과 검정을 위한 기본 지식 혹은 선행 지식이다. 통계분석을 이용하여 미래의 합리적인 의사결정을 하기 위해서는 불확실한 상황에서 어떤 사건이나 현상의 발생가능성을 예상하고 예측할 수 있는 확률적 지식이 반드시 필요하다. 따라서 본격적으로 통계분석과 관련된 이론이나 기법을 학습하기 이전에 확률의 기본 개념과 원리에 대해 이해할 필요가 있다.

확률은 개인의 직관이나 감정에 의한 주관적 확률과 상대빈도에 따른 연역적 추론에 의한 객관적 확률로 구분된다. 통계분석은 객관적 확률에 따른다. 실생활에서는 주관적 확률이 흔히 사용되며 이는 관습이나 문화의 한 형태로 여겨지기도 한다. 하지만 통계분석에서는 설득력 있는 방법으로 인정받지 못한다. 객관적 확률은 상대빈도에 의해 이루어지는데, 상대빈도는 수많은 확률실험을 통해 어떤 사건이 일어나는 횟수를 보고 그 그 확률을 일반화하는 것이다. 즉, 확률실험을 N회 반복하여 사건 A가 일어난 횟수가 m회일 때 사건 A가 일어날 확률은 $\frac{m}{N}$으로 계산된다. 이때 총 반복 실험의 횟수 N이 크면 클수록 확률실험에 의해 도출된 확률의 신뢰성은 증가한다. 그리고 상대빈도의 연역적 추론을 위해서는 관심을 갖는 특별한 경우(사건 A)가 일어날 가능성이 다른 사건이 일어날 가능성과 동등해야 한다.

요컨대, 확률이란 N개의 상호배타적인(mutually exclusive) 원소로 구성된 표본공간에서 각각의 원소가 발생할 가능성이 모두 같을 때(equally likely), m개의 원소로 구성된 임의의 사건이 발생될 가능성을 말한다. 이때 임의의 사건을 A라고 했을 때 A의 확률은 아래와 같이 나타낸다. 간단히 말해 표본공간에 존재하는 전체 원소의 개수에서 관심 있는 사건 A에 속하는 원소의 개수가 차지하는 비라고 할 수 있다.

$$P(A) = \frac{m}{N} = \frac{\text{관심 있는 사건 A에 속하는 원소의 개수}}{\text{표본공간에 존재하는 전체 원소의 개수}}$$

예를 들어, 동아리 단합대회에서 설거지 담당을 정하고자 한다. 후보는 창우와 지혁인데, 정육면체의 주사위를 던져 홀수가 나오면 창우가 설거지를 담당하고 짝수가 나오면 지혁이가 설거지하기로 한다. 그렇다면 창우가 설거지할 확률은 얼마일까?

우선, 주사위를 던져서 나올 수 있는 전체 가능한 숫자는 {1, 2, 3, 4, 5, 6}이다. 이 중 홀수가 나오면 창우가 설거지를 한다. 홀수는 {1, 3, 5}이다. 따라서 전체 6개의 숫자 중에서 3개가 나오면 창우가 설거지를 하므로, 창우가 설거지를 할 확률은 $\frac{3}{6} = \frac{1}{2}$이다.

2. 확률의 주요 용어

• 확률실험(random experiment)

동등하게 발생 가능한 전체 개체에서 특정한 개체가 선택되는 가능성을 분석하는 실험을 말한다. 따라서 결과가 확실하게 예측될 수 없는 실험이기도 하다.

• 표본공간(sample space: S)

특정한 확률실험에서 발생 가능한 모든 기본 결과들의 집합을 말한다.

• 사건(event)

표본공간에서 조사자가 특별히 관심을 가지고 의미를 부여하는 하나 또는 둘 이상의 결과들로 구성된 집합이다. 이는 표본공간의 일부분 혹은 부분집합이 된다. 사상(事象)이라고 일컫기도 한다.

• 상호배타적 사건

둘 또는 그 이상의 사건들이 확률의 실험 결과들을 전혀 공유하고 있지 않은 상황을 말한다. 예컨대, A와 B가 표본공간에서의 두 사건이라고 하면, A와 B가 공통된 기본 결과들이 없다면 상호배타적이라 한다. A와 B가 상호배타적이면 $(A \cap B) = \varnothing$ (공집합)

이고 $P(A \cap B)=0$이 된다.

• 집합이론(set theory)

원소로 이루어진 모임에 관한 모든 이론을 말한다. 집합이론은 확률을 이해하는 데 기초가 된다.

• 집 합

원소들의 모임으로서 특정한 확률의 사건 등이 이에 해당된다.

• 원 소

집합이나 모임을 구성하는 개체를 말한다.

• 전체집합(universal set)

관심의 대상이 되는 모든 원소들의 집합이다. 확률에서 표본공간은 하나의 전체 집합이기도 하다. 주로 U로 표시된다.

• 여집합(complementary set)

전체집합의 원소들 중에서 어떤 특정한 부분집합에 속하지 않는 원소들의 집합 혹은 모임을 말한다.

• 합집합(union)

집합 A와 집합 B의 합집합은 집합 A에 포함되'거나'(또는) 집합 B에 속하는 원소들로 구성된 집합이다. 집합 A와 집합 B의 합집합은 $A \cup B$로 나타낸다.

• 교집합(intersection)

집합 A와 집합 B의 교집합은 집합 A에 포함되'고', 집합 B에도 포함되는 원소들로 구성된 집합이다. 동시에 속하는 경우를 말하는 것으로, 집합 A와 집합 B의 교집합은 $A \cap B$로 나타낸다.

• 공집합

원소가 전혀 없는 집합으로 $\varnothing$ 로 표시된다.

읽기자료 5-1 집합과 모호함

'퍼지'적인 것

한평생 누더기와 지팡이 하나로 산 철학자 디오게네스(Diogènes)를 알렉산더(Alexander)가 찾았다.

아무리 생각해도 헷갈리는 '신은 무엇인지'를 확실히 알고 싶어서다. 질문을 받은 디오게네스는 '하루만 말미를 달라'고 했다.

다음날도, 그 다음날도 며칠만 더 기다리라했다. 알렉산더는 '모르면 모른다고 할 일이지 왜 헛걸음을 시키느냐?'고 역정을 냈다. 디오게네스의 대답도 솔직했다. 처음 질문을 받았을 때 답을 알 것 같았다. 그런데 정리하려고 하면 할수록 신이 무엇인지 더욱 헷갈린다는 실토다.

디오게네스는 누구든지 신을 안다고 생각하는 사람은 신을 모르는 자라고 못을 박았다. 신의 자리는 불가사의로 남겼다. 결국 서양의 신은 니체(F. W. Nietzsche)에서 사형을 당하고 마르크스(K. Marx)에 의해 매장되었다고 비유한다.

비슷한 얘기는 노자(老子)에서도 찾을 수 있다. 도가도 비상도(道可道非常道)라. 도를 도라고 말하는 순간 도가 아니라는 것이다. 결국 도라는 것은 말로써 표현할 수 없는 초월적인 그 무엇이란 것이다.

버클리대학의 자데(Lofti Zadeh) 교수는 현대제어이론의 권위자다. 예를 들면, 컴퓨터의 엄밀성, 정확성을 기하기 위해 컴퓨터를 움직이는 프로그램이 훨씬 더 복잡해지고 길어진다. 쉽게 비유하면 배보다 배꼽이 커지는 꼴이다. 현대제어이론의 보편적인 모순이라 할 수 있다.

그가 정립한 퍼지(Fuzzy)이론은 이런 모순에 착안했다. 동료교수와의 파티석상에서 '누구아내가 제일 예쁜가?'하며 농담을 나누다 보면 의견이 분분했다. 어디는 예쁜데 어디는 아니라든지, 외모는 별로인데 마음이 예쁘다든지, 대화가 길어질수록 미의 기준은 더욱 모호해졌다.

그는 미인과 그렇지 않은 여자 두 집합 사이에 애매모호한 집합을 발견하고 이것을 처음으로 '퍼지집합'으로 명명했다. 그리고 '퍼지'를 분간하기 힘들 정도로 사이와 간격이 흐릿한 것으로 정의했다.

세계적인 석학 디오게네스가 신을 정의하지 못한 것처럼 애매모호한 퍼지 개념은 우리 주변에 얼마든지 존재한다.

종래의 집합이론은 아리송한 것은 모두 제외시켰다. 그가 애매모호한 영역을 제외시키지 않고 퍼지집합으로 정의한 것은 획기적이다.

다시 보면 사람 사는 자체도 분명한 것은 아무것도 없다. 이분법에 젖은 서양인들은 이런 퍼지적인 영역을 인정하지 않았을 뿐이다. 자데 교수도 이란 출신이기에 이런 원리를 찾았을 것이다.

동양인의 사고로는 진리를 보았다면 대부분 망상에 불과하다. 서구인들도 '퍼지'이론을 통해 정확하고 분명한 것의 한계를 실감하게 되었을 것이다. 그만큼 동양적인 패러다임에 가까워졌다고 할 수 있다.

좌뇌(左腦) 제거 수술을 받은 환자가 오른쪽 기능이 재생되자 '부분이 곧 전체'라는 사실에 양자물리학계가 흥분했다. 데니스 가보르(Dennis Gabor)는 레이저광선으로 이런 사실을 '홀로그래피'로 증명하여 노벨물리학상을 받았다.

부분과 전체가 같다는 '퍼지'이론은 한국적인 패러다임이다. 열 손가락 깨물어 안 아픈 손가락 있느냐고 묻는 어머니의 발상이 '퍼지'다. 삼라만상을 내 몸처럼 생각하며 순리대로 살아온 것도 같은 맥락이다.

우리말도 그렇다. Yellow는 노랗다는 말이지만 누렇다, 샛노랗다, 노르스름하다 등 노란색의 간격을 촘촘히 하는 '퍼지'적인 발상을 한다.

한국의 창호지도 퍼지적이다. 반투명으로 빛도 차단하면서 통과시킬 뿐 아니라 유와 무의 세계를 중화시킨다. 겨울밤 문풍지 떠는 소리도 방안과 밖의 습도를 조절하는 것이다. 밀폐되고 통풍도 되지 않아 가습기를 놓는 서양의 창문과는 격이 다르다.

한지가 세계적인 각광을 받고 있다. 세상에서 가장 훌륭한 에어컨이라는 사실에 미국이 놀라고 있다. 미국 병원들이 창호지로 바꾼다고 야단들이다. 미국 도서관에서도 한지로 바꾸는 종이혁명이 일어나고 있다. 이제 한국적인 것들에 스포트라이트를 비추고 있다.

일본 퍼스트레디 하토야마 미유끼 씨도 한국 '마니아'다. 김치와 한식을 좋아하고 보쌈이 재래식 된장과 궁합인 것도 알며, 한국 드라마가 젊음의 비결로 생각할 정도다. '퍼지'적인 것이 21세기 문화 아이콘이다.

출처: 경북일보, 2009.12.21.

3. 확률의 기본 원리

1) 기본 전제

확률과 집합은 상호 보완하여 현상을 이해하게 해준다. 집합에 속하는 원소의 개수를 파악하여 확률을 계산할 수 있기 때문이다. 확률에서 기본 전제는 어떤 사건 A가 일어날 확률은 항상 0보다 크거나 같고 1보다 작거나 같다는 원칙이다. 이 원칙은 $0 \le P(A) \le 1$로 표현한다. 그래서 어떤 사건 A가 일어날 확률은 음수가 될 수 없고 1보다 클 수 없다. 그리고 표본공간의 확률은 항상 1인 $P(S)=1$이다.

$$0 \le P(A) \le 1$$
$$P(S) = 1$$

2) 확률의 덧셈 원리

하나의 표본공간에서 정의되는 두 사건을 합한 사건이 발생될 확률을 구하는 원리는 $P(A \cup B) = P(A) + P(B) - P(A \cap B)$이다. 이것이 확률의 덧셈 원리이다. 두 사건의 발생 가능성을 더하고 공통된 발생을 다시 빼주면 된다. 만일 공통적으로 발생되는 사건이 없다면, 즉 $A \cap B = \varnothing$ 이면 $P(A \cup B) = P(A) + P(B)$이 되어 두 사건 A와 B는 상호배타적 사건(mutually exclusive events)이 된다.

$$P(A \cup B) = P(A) + P(B) - P(A \cap B)$$

확률의 덧셈 원리의 예를 보면, 행정학과 4학년 학생들이 졸업 여행지를 고른다고 하자. 졸업 여행지 후보는 두 곳이다. 한 곳은 핀란드이고 다른 한 곳은 오스트리아다. 학생들은 어느 한 곳을 선호해도 되고 두 곳 모두 선호해도 되고 두 곳 모두 선호하지 않는다고 해도 된다. 전체 행정학과 4학년 학생 50명 중에서 핀란드를 선호하는 학생이 30명이고, 오스트리아를 선호하는 학생들이 40명이며, 두 곳 모두 동일하게 선호하는 학생이 25명이다. 그렇다면, 학교에서 행정학과 4학년 학생 중 아무나 만났을 때, 이 학생이 핀란드나 또는 오스트리아를 선호했을 확률은 얼마일까?

이 문제는 굳이 공식이 없어도 알 수 있다. 전체 50명의 학생 중에서 두 나라를 공통적으로 좋아한다고 말한 학생이 25명이므로, 핀란드를 좋아하는 30명의 학생 중에서 5명이 핀란드만을 선호하는 것이라는 것을 알 수 있고, 동시에 오스트리아를 선호하는 학생이 40명이므로, 두 나라 모두 선호하는 25명의 학생을 고려하면 오스트리아만을 선호하는 학생은 15명이라는 것을 알 수 있다. 따라서 핀란드'나(or=합집합)' 오스트리아를 선호하는 학생은, 핀란드만 좋아하는 5명과 오스트리아만을 좋아하는 15명과 두 곳 모두 좋아하는 25명을 합해 총 45명이 된다. 그래서 확률은 $\frac{45}{50}$이다. 0.9인 것이다. 그래서 학교에서 행정학과 4학년 학생 중 한 명을 만났을 때, 이 학생이 오스트리아나 핀란드를 선택했을 확률은 0.9이다.

이를 확률의 덧셈 원리로 구할 수도 있다. A사건을 핀란드를 선택한 학생들로, B

사건을 오스트리아로 선택한 학생들로 표시하면, $P(A)=\frac{30}{50}$, $P(B)=\frac{40}{50}$, $P(A\cap B)=\frac{25}{50}$이다. 따라서 $\frac{30}{50}+\frac{40}{50}-\frac{25}{50}=\frac{45}{50}$이 된다.

3) 조건확률(conditional probability)의 원리

어떤 사건 B가 일어났다는 조건 하에서 다른 사건 A가 일어날 확률은 $P(A/B)=\frac{P(A\cap B)}{P(B)}$이고, 이때 조건은 $P(B)>0$이다. 이는 B라는 조건에서 A의 발생을 알고 싶다는 것이기 때문에 전체 B 발생에서 A와 B의 공통 발생의 비를 알아본다는 말이다.

$$P(A/B)=\frac{P(A\cap B)}{P(B)}$$

예를 들어, 행정학과 1학년 학생 중에서 남학생이 50명이고 여학생이 40명일 때, 재수한 남학생은 8명이고 재수한 여학생은 7명이다. 이때 행정학과 1학년 학생 중에서 한 명을 뽑았더니 남학생이었다. 이 남학생이 재수했을 확률은 얼마일까? 그리고 행정학과 1학년 학생 중 한 명을 뽑았더니 재수한 학생이었다. 이 학생이 여자일 확률은 얼마일까?

우선, 첫 번째 물음을 보면, 조건부 확률에 따라 행정학과 학생 중 한 명을 뽑았을 때, 그 학생이 남학생이었고 그때 재수했을 확률을 물어본 것이므로, $P(A/B)=\frac{P(A\cap B)}{P(B)}=\frac{\text{남학생이면서 재수했을 경우}}{\text{남학생일 경우}}=\frac{8}{50}$이 된다. 그래서 확률은 0.16이 된다.

두 번째 물음은 재수한 학생이 뽑혔고 이 학생이 여자일 확률이므로, $P(A/B)=\frac{P(A\cap B)}{P(B)}=\frac{\text{재수했으면서 여학생일 경우}}{\text{재수했을 경우}}=\frac{7}{15}$이 된다. 그래서 확률은 0.47이다.

4) 확률의 곱셈 원리

하나의 표본공간에서 정의되는 두 사건이 동시에 일어나는 사건이 발생될 확률을 구하는 원리는 $P(A\cap B)=P(A)P(B/A)=P(B)P(A/B)$이다. 이는 $P(A\cap B)=P(A)\frac{P(A\cap B)}{P(A)}$를 통해서도 알 수 있다. 여기서 $P(B/A)=P(B)$이면 A와 B는 서로 독립된 사건(independent event)이라고 한다. 즉, $\frac{P(A \cap B)}{P(A)} = P(B)$는 A가 발생되는 조건에서, A와 B가 공통적으로 발생되는 확률이 B가 발생될 확률과 같다는 것은, 두 사건이 독립적으로 발생된다는 의미이다. 두 사건이 공통적으로 발생되는 것이 다른 사건의 전체와 같기 때문에, 둘은 서로 독립사건이 되는 것이다. 독립사건일 때 $P(A \cap B) = P(A)P(B)$ 으로 쓸 수 있다.

$$P(A \cap B) = P(A)P(B/A) = P(B)P(A/B)$$

예를 들어, 50명의 학생 중에서 남학생이 30명이고 여학생이 20명일 때, 남학생 중 3명이 왼손잡이고 여학생 중 5명이 왼손잡이라고 하자. 이때 한 학생을 뽑았을 때, 여학생이면서 오른손잡이일 확률은 얼마일까?

여기서 여학생이 뽑히는 것과 오른손잡이가 뽑히는 것은 서로 독립적이고 동시에 발생된다. 전체 학생 중에서 여학생이고, 여학생 중에서 오른손잡이가 각각 발생되는 것이다. 그래서 $\frac{20}{50} \times \frac{15}{20} = \frac{15}{50}$이며, 0.3이 된다. 이를 좀 더 직관적으로 보면 전체 학생 중에서 여학생이면서 오른손잡이는 15명이므로 $\frac{15}{50}$이 된다.

5) 확률의 여사건 원리

확률의 여사건 원리란 사건 A가 일어나지 않을 확률(여사건의 확률)은 1에서 사건 A가 일어날 확률을 뺀 값과 같다는 원리이다. 여사건이란 사건 이외의 나머지를 의미한다. 여사건은 A를 사건이라고 할 때 A^c가 A의 여사건이 된다. 이는 $P(A^c) = 1 - P(A)$로 표현된다.

$$P(A^c) = 1 - P(A)$$

예를 들어, 철수가 쿠폰 선택을 통해 경품 추첨을 한다고 했을 때 전체 10개의 쿠폰에서 4개가 꽝이라고 하자. 총 3번을 선택할 수 있는 기회가 있다고 할 때 적어도 1개의 꽝 쿠폰이 선택될 확률은 얼마일까? 이때 한 번 선택한 쿠폰은 다시 선택 가능한 쿠폰으로 삼지 않는다. 즉, 비복원 추출을 한다.

이 문제는 '적어도' 1개의 꽝 쿠폰이 선택될 확률을 알고 싶은 것이므토, 전체 확률에서 하나도 꽝 쿠폰을 선택하지 않을 확률을 빼면 된다. 즉, 전체에서 3번의 선택 동안 모두 당첨될 확률을 빼면 된다. 따라서 $1-(\frac{6}{10}\times\frac{5}{9}\times\frac{4}{8})=\frac{5}{6}$이다.

제2절 확률변수와 확률분포

1. 확률변수의 의미와 유형

변수 X가 가지는 값을 확실히 예측할 수 없을 때 변수 X는 확률변수(random variable)이다. 확률변수는 확률실험에서 특정한 조건을 설정하고, 그에 해당되는 경우가 발생될 값을 대리하는 변수이다. 확률변수의 유형은 크게 이산확률변수(discrete random variable)와 연속확률변수(continuous random variable)가 있다. 확률변수 X가 어떤 구간에 있는 유한개의 서로 다른 값을 가지면 이산확률변수이고, 확률변수 X가 어떤 구간에 있는 모든 값을 가지면 연속확률변수이다. 각각에 대해 좀 더 구체적으로 살펴보면 다음과 같다.

먼저, 확률변수 X가 취할 수 있는 가능한 값들이 이산(離散)적인 값 $x_1, x_2, x_3 \cdots$ 중 하나일 때, X를 이산확률변수라고 한다. 예를 들어, 동전을 두 번 던져서 나오는 앞면의 수나 주사위를 한 번 던져서 나오는 눈의 값 등은 이산확률변수이다.

다음으로, 확률변수 X가 적절한 구간 내의 연속(連續)적인 모든 값을 가질 수 있을 때, 이런 확률변수를 연속확률변수라고 한다. 확률변수의 가능한 값들이 무한개이며 셀 수 없을 때, 이를 연속확률변수라고 하는 것이다. 이처럼 가능한 값이 무한개이므로 각각의 점에서의 확률 계산은 의미가 없다. 연속적인 구간이 되어야 한다. 그 예로, 키, 몸무게, 서비스 대기 시간 등은 연속적인 모든 값을 가질 수 있는 것들이다.

2. 확률변수의 기댓값과 분산

1) 기댓값

기댓값(expected value)이란 어떤 확률변수가 취할 것으로 기대되는 값을 말한다. 확률변수 X의 기댓값은 $E(X)$로 표시한다. 기댓값은 곧 자료의 중심적 경향을 나타내주는 수치적 척도로서 확률변수가 취할 수 있는 모든 값의 평균을 의미한다고 볼 수 있다.

이산확률변수의 기댓값은 $E(X) = \sum x_i f(x_i)$이고, 연속확률변수의 기댓값은 $E(X) = \int_{-\infty}^{\infty} xf(x)dx$으로 구할 수 있다. 여기서 $F(x)$는 확률변수 X의 확률밀도함수(probability density function)로서 해당 확률변수가 발생될 수 있는 상대빈도를 나타낸 함수이다. 따라서 기댓값 혹은 평균은 각각의 측정값이 발생될 확률을 고려하여 모두 더한 값이 된다. 이산확률변수일 경우 모두 더하면 되고, 연속확률변수일 경우에는 해당 구간을 적분하면 된다.

$$\text{이산확률변수의 기댓값: } E(X) = \sum x_i f(x_i)$$

$$\text{연속확률변수의 기댓값: } E(X) = \int_{-\infty}^{\infty} xf(x)dx$$

예를 들어, 보석가게가 10일 간 보석 판매 개수에 대한 확률분포를 얻었다. 하나도 판매하지 못할 확률은 0.1, 1개를 판매할 확률도 0.1, 2개를 판매할 확률은 0.2, 3개를 판매할 확률은 0.3, 4개를 판매할 확률은 0.1, 5개를 판매할 확률도 0.1, 6개를 판매할 확률도 0.1이다. 확률변수 X를 판매 개수라고 할 때, 기대판매 개수 $E(X)$는 얼마일까? 그리고 4개 이상을 팔 확률은 얼마일까?

우선, 위의 내용을 표로 간단히 나타내면 아래와 같다. 각각의 확률변수 값마다의 발생 확률이 적혀 있다. 이것들의 기댓값을 구하는 것이므로, 평균적인 보석 판매 개수는 $E(X) = \sum x_i f(x_i) = 0 \times 0.1 + 1 \times 0.1 + 2 \times 0.2 + 3 \times 0.3 + 4 \times 0.1 + 5 \times 0.1 + 6 \times 0.1 = 2.9$이다. 이 말은 보석가게가 10일 간 보석을 판매할 때, 그 기댓값은 2.9개라는 말이다. 평균적으로 2.9개를 팔 것으로 기대하는 것이다.

x_i	0	1	2	3	4	5	6	계
$f(x_i)$	0.1	0.1	0.2	0.3	0.1	0.1	0.1	1.0

그리고 4개 이상을 팔 확률은 4개를 팔 경우와 5개를 팔 경우, 그리고 6개를 팔 경우로 나뉘므로 이 셋의 확률을 더하면 된다. 서로 동시에 발생되는 것이 아니라 4개와 5개와 6개가 팔릴 경우이므로 0.1+0.1+0.1=0.3이 된다.

2) 분 산

기댓값을 활용하여 확률변수 X의 분산인 $Var(X)$는 평균에서 각 개체까지 떨어진 거리의 제곱에 대한 기대로 나타낸다. 식으로 표현하면, $Var(X)=E[(X-\mu)^2]=E(X^2)-\mu^2$이다. 이를 이산확률변수와 연속확률변수로 나타내면, 이산확률변수일 때는 $Var(X)=E[(X-\mu)^2]=\Sigma(x_i-\mu)^2f(x_i)$이고, 연속확률변수일 때는 $Var(X)=E[(X-\mu)^2]=\int_{-\infty}^{\infty}(x-\mu)^2f(x)dx$이다.

$$Var(X)=E[(X-\mu)^2]=E(X^2)-\mu^2$$

이산확률변수의 분산: $Var(X)=E[(X-\mu)^2]=\Sigma(x_i-\mu)^2f(x_i)$

연속확률변수의 분산: $Var(X)=E[(X-\mu)^2]=\int_{-\infty}^{\infty}(x-\mu)^2f(x)dx$

예를 들면, 확률변수 X를 주사위 2개를 던졌을 때 3이 나오는 횟수라고 했을 때 이것의 기댓값과 분산을 구해 보자. 3이 나오는 횟수는 0개, 1개, 2개이다. 즉, 하나도 나오지 않을 경우, 둘 중 하나만 나올 경우, 둘 다 나올 경우로 구분할 필요가 있다.

둘 다 3이 나오지 않는 확률은 $\frac{5}{6}\times\frac{5}{6}=\frac{25}{36}$이고, 둘 중 하나만 3이 나올 확률은 $(\frac{5}{6}\times\frac{1}{6})+(\frac{1}{6}\times\frac{5}{6})=\frac{10}{36}$이고, 둘 다 3이 나올 확률은 $\frac{1}{6}\times\frac{1}{6}=\frac{1}{36}$이다. 따라서 기댓값은 $E(X)=\Sigma x_if(x_i)=0\times\frac{25}{36}+1\times\frac{10}{36}+2\times\frac{1}{36}=\frac{12}{36}=\frac{1}{3}$이다. 주사위 2개를 던져서 3이 나오는 횟수의 기댓값은 0.33회인 것이다. 그리고 분산은 $Var(X)=E[(X-\mu)^2]=E(X^2)-\mu^2=0^2\times\frac{25}{36}+1^2\times\frac{10}{36}+2^2\times\frac{1}{36}-0.33^2=0.28$이 된다. 이

값을 제곱근하면 표준편차가 된다.

한편, 확률변수 X의 기댓값과 분산을 알고 있을 때 변수 X의 배(倍)나 상수를 더한 값을 구할 때가 있다. 다시 말해, 기존의 확률변수 X의 기댓값인 $E(X)$에서 $E(_aX)$나 $E(X+b)$ 혹은 $E(_aX+b)$의 값을 구할 때가 있고, 마찬가지로 분산인 $Var(X)$도, $Var(_aX)$나 $Var(X+b)$ 혹은 $Var(_aX+b)$의 값을 구할 때가 있다. 여기서 a와 b는 상수이다. 이를 위한 공식은 다음과 같다.

$$E(aX+b) = aE(X)+b$$

$$Var(aX+b) = a^2\,Var(X)$$

예를 들어, 행정학과 2학년 학생들의 행정계량분석 성적 평균이 50점이고 분산이 100점이었다고 하자. 여기에 각 학생의 점수에 10점을 더할 경우 평균과 분산은 얼마일까? 그리고 각 학생의 점수에 1.3을 곱했을 경우 학생들의 평균과 분산은 얼마일까? 그리고 각 학생의 점수에 1.1를 곱한 후 20점을 더할 경우 평균과 분산은 얼마일까?

우선, 첫 번째 경우 $E(X+10)=E(X)+10$과 같으므로 $50+10=60$점이다. 그리고 분산은 $Var(X+10)=Var(X)=100$이다. 평균만 10점이 상승하고 분산은 변함이 없다.

두 번째는 $E(1.3X)=1.3E(X)$이므로 $1.3\times50=65$점이 된다. 그리고 분산은 $Var(1.3X)$이므로 $1.3^2\,Var(X)=1.69\times100=169$가 된다. 평균이 1.3배만큼 오르고 분산은 1.3의 제곱배만큼 올랐다.

세 번째는 $E(1.1X+20)=1.1E(X)+20=1.1\times50+20=75$가 된다. 그리고 분산은 $Var(1.1X+20)=1.1^2\,Var(X)=1.21\times100=121$이 된다.

3. 확률분포

확률분포(probability distribution)는 확률변수가 취할 수 있는 모든 값과 그 각각의 값이 나타날 확률을 대응시켜서 나타낸 함수를 말한다. 확률분포는 확률변수가 이산확률변수인지 혹은 연속확률변수인지에 따라 이산확률분포와 연속확률분포로 구분된다.

이산확률분포는 이산확률변수가 가질 수 있는 각각의 값에 대한 확률을 대응시킨 함수이다. 이를 확률질량함수(probability mass function)라고 한다. 이산확률분포의 대표적인 것이 이항분포(binomial probability distribution)이다. 이항분포는 사건을 오직 두 가지 사건만으로 분류할 수 있을 때의 확률분포를 말하는 것으로, 두 가지 사건이 발생할 수 있는 실험을 베르누이 시행(Bernoulli trial)이라고 한다.

연속확률분포는 연속확률변수가 해당 구간 내에서 연속적인 모든 값에 대한 확률을 대응시켜서 만드는 함수이다. 확률밀도함수(probability density function)라고도 한다. 그래서 연속확률변수에 대한 확률은 확률밀도함수에 의해 결정된다고 말할 수도 있다. 확률밀도함수는 해당 구간 내 연속적인 값들로 표현되기 때문에 곡선으로 나타낸다. 연속확률분포에는 정규분포, T분포, 카이제곱 분포, F분포 등이 있다. 이 중에서 이어서 자세히 설명할 정규분포에 대한 학습이 통계분석의 기초적인 확률이론이 된다.

제3절 정규분포와 표준정규분포

1. 정규분포의 의미와 특성

1) 정규분포의 의미

정규분포(normal distribution)는 대표적인 연속확률분포로서 독일의 천문학자 가우스(Karl Frederick Gauss)에 의해 최초로 개발되었다. 그래서 이를 가우스분포(Gaussian distribution)라고도 한다. 사회와 자연 현상에서 많은 경우 정규분포의 모습을 띤다. 그래서 실제로 정규분포의 '정규(normal)'라는 말이 쓰이는 이유도 대부분의 사회 및 자연 현상에서 수집된 많은 자료가 이 분포를 보이기 때문이다. 많은 현상에서 유사한 분포가 보이니 그것은 정규적인 것이 되는 것이다. 따라서 통계적 추정과 가설검정에서도 정규분포를 많이 사용하고 있다.

정규분포의 모양은 [그림 5-1]과 같다. 많은 시행을 하면 막대그림이 선으로 이어진다. 이를 정규분포 곡선이라고 한다. 정규분포 곡선은 봉우리가 하나인 좌우대칭형의 종 모양으로 생긴 곡선이다. 정규분포 곡선의 X축은 변수의 값이 위치하고 Y축은 빈도값이 위치한다. 이 두 축에 의해 그려지는 정규분포 곡선 그림은 자료(개체)들이 평균

그림 5-1 정규분포

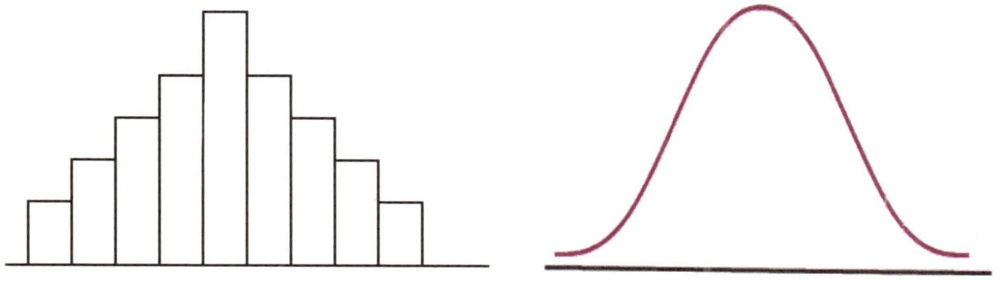

근처에 많이 모여 있는 모습이고, 평균에서 멀리 떨어져 있을수록 자료들의 수가 적은 모습이다.

정규분포에서 벗어난 모양들은 [그림 5-2]와 같다. (A)와 같이 봉우리가 두 개인 경우도 있고, (B)와 같이 봉우리가 어느 한쪽으로 치우친 경우도 있다. 그리고 (C)와 같이 특정한 한 개체가 유난히 벗어나 있는 경우도 있다.

그렇다면 정규분포를 어떻게 확인할까? 정규분포를 확인할 때는 개체들의 분포를 나타내주는 어떠한 지표가 있다면 편리할 것이다. 왜도(skewness)와 첨도(kurtosis)가 바로 그것이다. 이 두 지표를 통해 분포의 정규성 여부를 확인할 수 있다.

왜도는 변수의 분포가 정규분포 곡선으로부터 좌우로 치우친 정도를 나타내주는 값으로서, 정규분포의 비대칭성을 알 수 있게 해준다. 왜도 값은 음수와 양수가 있는데,

그림 5-2 정규분포에서 벗어난 분포

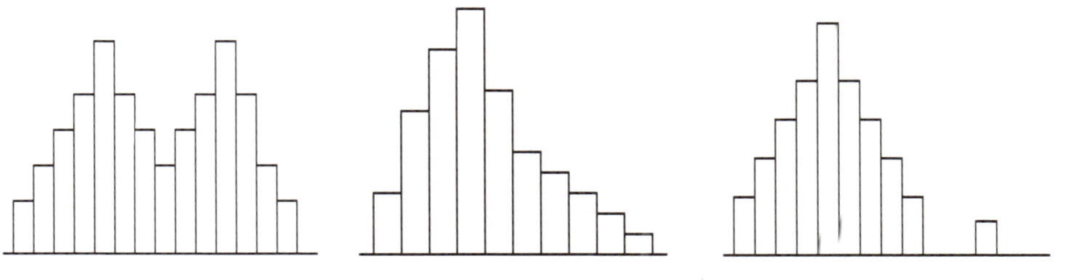

(A) 봉우리가 두 개인 경우 (B) 한쪽으로 치우친 경우 (C) 특이점이 존재하는 경우

왜도가 +값인 양수일 때는 [그림 5-3]의 분포 A와 같이 분포의 꼬리가 오른쪽으로 길게 늘어진 모습을 보인다. 정규분포 곡선보다 봉우리가 왼쪽으로 치우친 모습이다. 반대로 -값인 음수일 때는 분포 B와 같이 정규분포 곡선보다 분포의 꼬리가 왼쪽으로 길게 늘어진 모습을 보인다. 이는 분포의 봉우리가 오른쪽으로 치우친 모습이다.

첨도는 정규분포로부터 상하로 치우친 정도를 나타낸다. 즉, 변수의 분포가 정규분포 곡선을 기준으로 볼 때 위쪽 또는 아래쪽으로 치우친 정도이다. 첨도 값이 양수인 +일 때는 변수의 분포가 정규분포 곡선보다 위쪽으로 치우친 경우이다. [그림 5-4]에

그림 5-3 왜 도

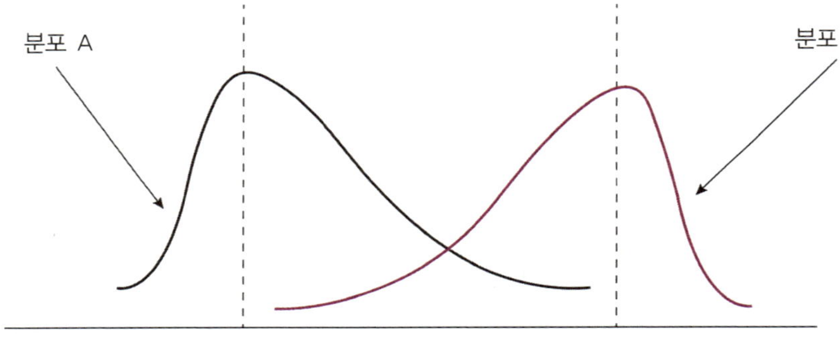

그림 5-4 첨 도

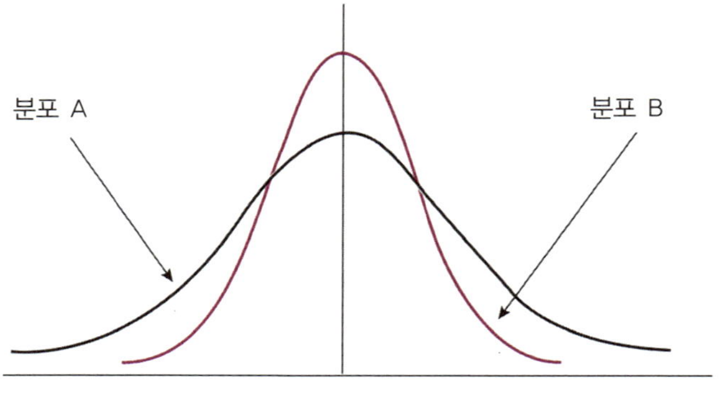

서 분포 B가 이를 보여준다. 반대로 첨도 값이 -일 때는 변수의 분포가 정규분포 곡선보다 아래쪽으로 치우친 경우를 나타낸다. [그림 5-4]에서 분포 A가 이를 보여준다.

이러한 왜도와 첨도 값은 정규분포와의 일치 정도를 보여주면서, 동시에 통계 사용 방법을 결정하는 데 중요한 기준으로 작용한다. 모수통계 방법은 변수의 정규분포를 가정한 통계 방법이고, 비모수통계 방법은 변수가 정규분포가 아닐 경우에 사용하는 통계 방법이다. 따라서 만일 왜도와 첨도 값에 의해 정규분포가 아니라고 판단되면, 모수통계법을 사용하는 데 제약이 따른다. 그런 점에서 왜도와 첨도 값에 의해 변수의 정규분포 상태를 판단하는 것은 통계분석 방법을 결정하는 데 중요한 한 가지 기준이 된다.

2) 정규분포의 특성

정규분포는 개체 값들의 일반적인 분포와 달리 몇 가지 특성을 지니고 있다. 첫째, 정규분포는 연속확률분포로서 평균을 중심으로 좌우로 대칭적인 모양을 이루고 있다. 이를 종 모양이라고도 한다.

둘째, 정규분포의 곡선 모양은 두 개의 통계치인 평균과 표준편차에 의해 결정적인 영향을 받는다. [그림 5-5]는 이를 보여준다.

그림 5-5 평균과 표준편차에 의한 정규분포 변화

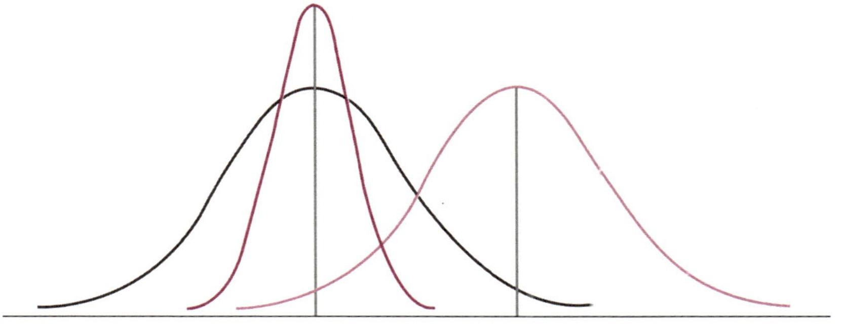

그림 5-6 평균값, 중앙값, 최빈값과 비대칭형 분포

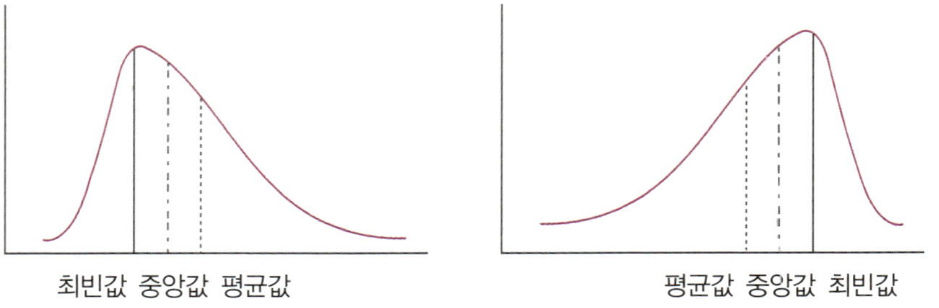

셋째, 정규분포 곡선과 X축이 형성해 놓은 면적은 1이다. 확률변수 X가 취할 수 있는 확률의 값은 정규분포 곡선과 X축 사이의 면적으로 나타낼 수 있다. 그 전체의 합이 1 혹은 100%가 된다.

넷째, 정규분포 곡선에서 평균값과 중앙값, 그리고 최빈값은 동일하다. 세 값이 모두 중앙에 위치한다. 이는 곧 세 값이 서로 다른 위치라면 정규분포 모양에서 벗어난 비대칭형 분포라는 것을 의미한다. 세 값이 각각 다른 위치에 있음으로 인해, 분포의 꼬리 모양이 다르다는 것을 [그림 5-6]을 통해 알 수 있다. [그림 5-6]에서 볼 수 있듯이 평균값, 중앙값, 최빈값이 모두 중앙에 위치하는 정규분포가 아닌 경우, 오른쪽으로 꼬리가 치우친 분포에서는 왼쪽부터 최빈값, 중앙값, 평균값이 위치한다. 반면, 왼쪽으로 꼬리가 치우친 분포에서는 왼쪽부터 평균값, 중앙값, 최빈값이 위치한다. 이 분포는 각각 왜도 값이 양수일 때와 음수일 때의 모습이기도 한다.

다섯째, 정규분포 곡선에서 평균값을 중심으로 표준편차 ±1 사이에는 전체 사례 수의 68%가 포함되고, 표준편차 ±2 사이에는 전체 사례 수의 95%가 포함되며, ±3 사이에는 전체 사례 수의 99%가 속하게 된다. 이 내용은 이어서 설명할 정규분포의 확률 계산에서 자세히 언급된다.

2. 정규분포의 확률 계산

정규분포의 특성에서 살펴본 바와 같이 정규분포의 면적은 항상 1이기 때문에, 정규분포의 면적 값이 어떤 사건의 발생 확률 값으로 볼 수 있다. 그래서 확률변수 X가 취할 수 있는 확률의 값은 정규분포 곡선과 X축 사이의 전체 면적 중에서 확률변수가 취하는 특정한 두 값 a와 b 사이에 포함될 면적으로 나타낼 수 있다. 이때 확률밀도함수를 이용해서 정규분포 곡선을 a부터 b까지 정적분함으로써 계산하면 된다.

이처럼 정규분포에서 확률, 즉 면적 비율은 정의된 함수를 이용해서 구할 수 있다. 그러나 사실 정규분포의 확률 계산은 일반적인 공식이 존재하지 않아서, 정규분포와 표준정규분포 사이의 관계를 정의하고 컴퓨터로 계산된 (이어서 설명할) 표준정규분포의 누적 확률분포 함수 값을 사용해서 계산한다. 정규분포함수(또는 가우스분포함수[Gaussian distribution function])는 아래와 같다. 확률변수 X가 평균 μ, 표준편차 σ인 정규분포를 따를 때를 나타낸 것이다. 기호로는 X~N(μ, σ^2)으로 표시한다.

$$f(x) = \frac{1}{\sqrt{2\pi\sigma}} \exp\left[-\frac{(x-\mu)^2}{2\sigma^2}\right], \ -\infty < x < \infty$$

이 함수의 면적은 곧 확률변수 X의 확률 값이 된다. 따라서 확률을 구하는 식은 아래와 같다. 이 공식에 의해 정규분포 곡선의 중요한 한 가지 특징이 도출된다. 그것은 평균에서 떨어진 표준편차만큼의 간격에 의해 사례 수가 포함되는 영역을 계산한 비율 값이 다르다는 점이다.

그림 5-7 정규분포곡선과 표준편차 구간별 사례 비중

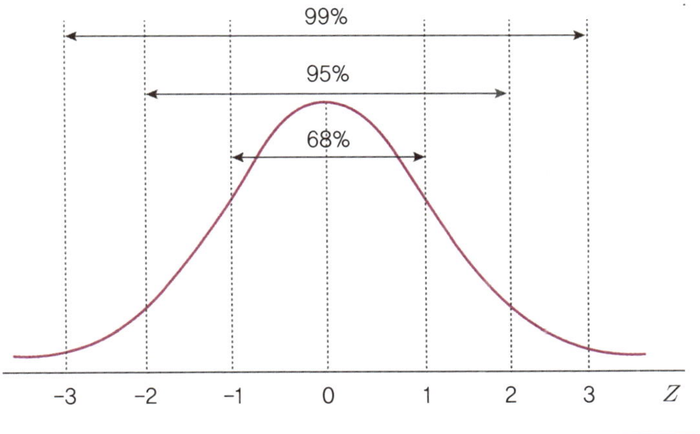

$$P(a \leq X \leq b) = \int_a^b \frac{1}{\sqrt{2\pi\sigma}} \exp[-\frac{(x-\mu)^2}{2\sigma^2}]dx$$

이는 앞서 정규분포의 특성에 관한 내용 중에서 다섯 번째에 해당되는 내용이다. 즉, 정규분포곡선에서 평균값을 중심으로 표준편차 ±1 사이에 전체 사례 수의 68%가 포함되어 있고, 표준편차 ±2 사이에는 전체 사례 수의 95%가 포함되어 있으며, ±3 사이에는 전체 사례 수의 99%가 속해 있다는 사실이다. [그림 5-7]은 이를 가시적으로 보여주고 있다.

정규분포는 면적을 구해 그 확률을 계산할 수 있게 해주기 때문에 상당히 유용하다. 그리고 평균에서 표준편차만큼의 영역에 포함된 사례 수를 알 수 있게 한다는 점에서 손쉽게 이용할 수 있기도 하다. 하지만 사례별 비교를 할 경우, 사례의 단위가 다를 경우에는 사례별 정규분포를 그대로 이용해서 비교하는 것은 적절하지 못하다. 그래서 이를 표준화시켜서 비교할 수 있도록 할 필요가 있다. 어떠한 사례가 되었든 정규분포를 표준화시킨다면 비교할 수 있게 되며, 또 미리 표준화된 정규분포의 면적을 구해놓는다면 원점수를 표준화만 시키면 곧바로 확률을 알 수도 있기 때문에 유용하다. 그래서 이어서 설명할 표준정규분포가 만들어졌다.

3. 표준정규분포

표준정규분포(standard normal distribution)는 모든 정규분포를 표준화시킨 것을 말한다. 표준화란 모든 정규분포를 평균이 0이고 표준편차가 1이 되도록 변환시킨 것이다. 그래서 표준정규분포는 쉽게 말해 평균이 0, 분산(혹은 표준편차)이 1인 정규분포를 말한다. 표준정규분포는 정규분포의 특성을 그대로 가지는데, 다만 정규분포 곡선이 원점수를 이용한 분포곡선이라면 표준정규분포 곡선은 원점수를 표준점수로 변환해서 만든 분포곡선이라는 점이 다르다.

표준화시킬 때 사용하는 수치가 Z값이다. Z값은 관측된 어떤 확률변수 X값이 그 분포의 평균으로부터 어느 정도의 표준편차만큼 떨어져 있는지를 표준화한 수치로서 Z값도 일종의 확률변수이다. 따라서 어떤 확률변수 X의 확률을 알기 위해서는 확률변수 X를 표준화시킨 Z로 변환시키는 일이 우선되어야 한다.

확률변수 X를 Z값으로 변환시키는 방법이자 공식은 아래와 같다. X가 평균이고 분산이 σ^2인 정규분포 $N(\mu, \sigma^2)$일 때, 변환된($Z = \frac{X-\mu}{\sigma}$) Z값은 평균이 0이고 표준편차가 1인 표준정규분포 $N(0, 1)$을 따른다. 표준점수는 원점수에서 평균값을 뺀 점수를 표준편차로 나누어서 구한다.

$$Z = \frac{X-\mu}{\sigma}$$

어떠한 변수가 되었든 표준화시키면 표준정규분포표에 의해 쉽게 확률을 계산할 수 있다. 왜냐하면 각 Z값에 대한 확률(0에서 Z까지의 확률)은 '표준정규분포표'에 미리 계산되어 있어서 편리하게 이용할 수 있기 때문이다. 표준정규분포 함수는 실수값 z에 대해 왼쪽의 끝에서 해당 실수값 z까지의 면적이 된다. 따라서 이는 $P(Z < z)$라고 표현한다. 확률변수 X의 면적을 $P(a \le X \le b) = \int_a^b \frac{1}{\sqrt{2\pi\sigma}} \exp[-\frac{(x-\mu)^2}{2\sigma^2}]dx$ 으로 구하면 복잡한 계산 과정을 거쳐야 하는데, X가 $N(\mu, \sigma^2)$인 정규확률변수라면 $Z = \frac{X-\mu}{\sigma}$으로 변환하여 Z값을 통해 비교적 쉽게 구할 수 있다.

그림 5-8 표준정규분포 면적과 확률

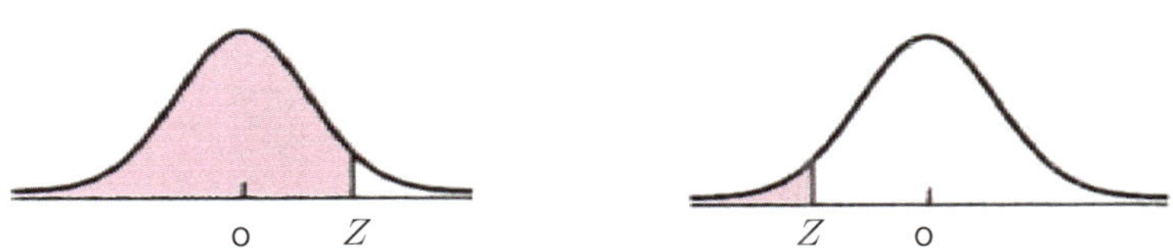

이처럼 모집단이 정규분포를 따른다면 각 점수에 대한 확률 값을 Z값을 통해 쉽게 결정할 수 있다. 예컨대, Z가 표준정규확률변수일 때 $P(Z < 1.12)$를 구한다면(즉, 변환된 Z가 1.12보다 작을 확률), 먼저 표준정규분포표에서 Z값 1.12를 찾는다. 그 값은 0.8686이 된다. 따라서 표준정규분포표에서 Z값 1.12보다 작을 확률은 약 0.8686(86.86%)이 된다.

표 5-1 표준정규분포표 사용

Z	…	.02	…
:	:	:	:
1.1	…	0.8686	…
:	:	:	:

다른 예로, $P(Z>1.12)$는 Z가 1.12보다 클 확률이다. 이는 표준정규분포표의 값이 왼쪽 끝에서부터 확률을 구한 것이라는 점에서 전체 1에서 1.12보다 작은 확률을 빼주면 된다. 다시 말해, $P(Z>1.12) = 1-P(Z<1.12)$가 되어 $1-0.8686=0.1314$가 된다.

그리고 표준정규분포가 0를 중심으로 음수와 양수를 모두 가지므로 $P(-1.12<Z<1.12)$도 구할 수 있다. 이 역시 표준정규분포표의 확률이 왼쪽 끝부분에서 해당 실수 값까지의 면적을 의미하기 때문에, $P(Z<1.12)-P(Z<-1.12)=0.8686-0.1314=0.7372$가 된다.

이 방법에 따라 Z값이 아니어도 가능하다. 즉, 확률변수 X도 가능한데, 단 표준화된 Z값으로 반드시 변환하는 작업이 선행되어야 한다. 표준화하는 방법은 앞서 말한 $Z=\dfrac{X-\mu}{\sigma}$이다. 따라서 만일 정규확률변수 X가 a와 b 사이에 속할 확률을 구한다면, 우선 a와 b값을 표준화된 Z값으로 변환시켜야 한다. 그리고 나서 표준정규분포표에서 해당되는 확률 값을 찾는다. 이를 정리하면, X가 평균이 μ이고 분산이 σ^2인 정규확률변수라면 구간 $(a,\ b)$의 확률은 $P(a<X<b)=P(\dfrac{a-\mu}{\sigma}<Z<\dfrac{b-\mu}{\sigma})$로 표현된다.

예를 들어 보면, 확률변수 X가 평균이 50이고 표준편차가 10인 정규분포를 따를 때 $P(X<66.9)$의 확률을 구해보자. 이를 위해 평균 50과 표준편차 10인 정규분포를 그려서 66.9 이하의 면적을 앞의 적분 공식을 이용해서 구하면 되겠지만, 복잡한 계산식을 거쳐야 한다. 따라서 정규분포를 따른다고 했으므로 확률변수 X를 표준정규분포상의 Z값으로 변환시킨다. 즉, $Z=\dfrac{X-\mu}{\sigma}$를 통해 먼저 확률변수 X의 값인 66.9를 Z값으로 변환하면, $Z=\dfrac{66.9-50}{10}=1.69$가 된다. 따라서 이제는 $P(X<66.9)$의 값이 아니라 $P(Z<1.69)$의 값을 구하면 된다. 표준정규분포표에서 해당되는 값을 찾으면 0.9545이다. 그래서 확률변수 X가 66.9보다 작은 확률은 95.45%라고 할 수 있다.

읽기자료 5-2 평균으로 회귀

평균회귀이론(平均回歸理論)

인류의 역사는 상당히 오래되었고, 대체로 한 사회에서 명문가는 다른 명문가와 혼일을 통하여 인맥을 형성하는 것이 상례였는데, 천재 혹은 뛰어난 유전자만을 가진 사람들로 구성된 집안이 존재하지 않는 이유가 무엇일까? 우리 속담에도 "정승 삼대 가지 않는다"라는 말이 있다. 유전적 소인을 고려하면 다른 집안보다 모든 면에서 탁월한 소위 우월한 가문이 존재하는 것이 논리적으로 타당해 보이지만, 현실은 그렇지 않은 것 같다.

유럽 지성사에서 케틀레(Adolphe Quetelet, 1796~1874)는 1835년에 『인간과 능력개발에 관한 연구』를 발표하면서 '보통사람'의 개념을 인간 특질 측정이 정규분포 확률곡선에 따라, 그 값 주위로 나타나는 중간값으로 나타나는 것으로 정의한 바 있다. 그는 관측되는 개인의 수가 많으면 많을수록 육체와 정신서 특별한 요소보다 일반적인 사실이 우세하게 나타난다고 확인하였다. 동시에 그러한 일반적인 사실들, 즉 보통 인간들이 사회를 유지시킨다고 주장하였다. 이는 가우스(C. F. Gauss)의 정규분포가 자연 전반에서 전형성을 띠는 것을 넘어서서 인간의 사회 구조와 신체, 정신적 요소에까지 적용된다는 것을 의미하는 주장이었다. 물론 케틀레의 정규분포에 대한 지나친 확신을 경계하는 목소리도 함께 존재했었다.

이후 진화론을 주창한 다윈의 사촌인 갤턴(Francis Galton, 1822~1911)은 재능과 탁월함이 유전적인 성향임을 증명하기 위하여 케틀레의 연구를 활용하였다. 그는 자신의 연구를 통하여 영국인들은 4,000~5,000명 중에서 한 명의 확률로 탁월한 사람이 나타난다고 말하기도 했다. 자신의 주장을 증명하기 위하여 그는 사촌의 충고로 완드콩을 크기별로 분류하여 재배하여 자손대의 완두콩 크기의 평균과 비교하는 실험을 해보았다. 그 과정에서 그는 어버이 세대가 지닌 형질에서 벗어나 이상적 평균으로 돌아가려는 다음 세대의 경향을 발견하게 된다. 그는 이를 '평균으로의 회귀'라고 불렀다. 이를 통하여 아무리 좋은 종자만을 골라서 반복하여 농작물을 재배하여도 계속 크고 좋은 작물만이 태어나지 않는 이유를 짐작할 수 있다.

현대 사회에서 평균회귀이론은 다양한 의사결정 시스템에서 활용되고 있으며, 그 중에서도 주식시장을 포함한 다양한 투자 과정에서 활용이 되고 있다. 주식시장의 경우, 일정하게 상승하다가 다시 하강하기를 반복하는 것을 알 수 있다. 어떤 주식시장도 무한히 상승하거나 무한히 하락하지는 않는다. 덕분에 주식시장에서는 평균으로의 회귀가 금과옥조처럼 신봉되고 있다. "싸게 사서 비싸게 팔아라"라던가, "황소는 무언가를 벌고, 곰도 무언가를 얻지만, 돼지는 아무것도 손에 넣지 못한다"라는 〈월스트리트〉의 격언들은 모두 평균으로의 회귀를 염두에 둔 말들이다. 조지 소로스(George Soros, 1930~)나 워렌 버핏(Warren Edward Buffett, 1930~) 같은 투자의 귀재들도 이 이론을 활용하여 부를 축적하였다.

그러나 주식시장에서의 평균회귀이론에는 치명적인 약점이 있다. 그것은 자연 현상에 작용하는 힘과 인간의 정신에 작용하는 힘이 같지 않다는 점이다. 모든 의사결정에서도 마찬가지이지만, 사회 현상에 대한 예측에는 자연의 힘이 아니라 인간이 갖는 기대와 두려움 등의 정신적 요소들이 작용하기 마련이다. 또한 평균으로의 회귀가 실제로 일어난다 할지라도 그 과정이 너무 느리다는 단점이 있어서 그 과정에서 다른 요소에 의하여 무너질 수 있다. 또한 평균지점 자체가 때로는 요동하기 때문에 정확한 표준 상태를 규정하기가 어렵다는 문제가 있다. 때문에 어떤 주식 전문가도 정확한 주가의 변동 사이클을 예측하는 것은 불가능하다.

자연 현상에서 우리가 가장 우려하는 지구온난화 문제의 경우, 우리가 축적하고 있는 자연 현상에 대한 관측과 기록 구간이 지구 전체의 역사에서 너무 미미하기 때문에, 지구 기후의 표준 지점이 어느 지점인지 확인하는 것은 불가능하다. 또한 그런 지점을 과학적으로 말할 수 있을 만큼 정보가 축적되려면 이미 인류는 극단적인 기후의 양극단 지점을 모두 경험한 후가 될 것이다. 기후 변화가 정규분포를 갖는 자연 현상의 일부라고 가정을 할지라도 자연의 다른 현상처럼 전체적인 측면에서 추세적 변화를 갖는다는 점을 고려해야 한다. 지극히 당연한 이야기이지만, 평균 기온이 1℃ 상승한다는 것은 매일의 기온이 일률적으로 1℃ 상승한다는 의미는 아니라는 것이다.

출처: 안동신문, 2012.4.25.

제 6 장

표본분포와 추정

제 1 절　표본분포의 의미와 종류

제 2 절　추 정

제1절 표본분포의 의미와 종류

1. 의 미

표본분포(sampling distribution)란 모집단으로부터 일정한 크기의 가능한 모든 표본을 추출하여 얻은 표본통계치의 분포를 의미한다. 표본통계량은 모집단으로부터 추출한 표본의 특성치인 표본평균, 표본분산, 표본비율 등이 해당되며, 이것들은 확률변수가 된다. 따라서 모집단에서 일정한 크기로 뽑을 수 있는 표본을 무수히 뽑았을 때, 그 모든 표본의 특성치가 만드는 확률분포가 표본분포인 것이다. 쉽게 말해, 표본분포는 사전에 미리 정한 표본 크기로 얻을 수 있는 모든 가능한 표본들의 결과로서 모든 가능한 표본 통계량과 그 확률의 목록표이다.

이러한 표본의 특성 값들을 이용해서 모수를 추정하므로, 표본분포는 모수 추정을 위해 필수적으로 검토되어야 할 사항이다. 표본분포에는 평균의 표본분포, 분산의 표본분포, 평균 차이의 표본분포, 분산비의 표본분포 등이 있다. 여기서는 표본평균의 분포와 표본분산의 분포의 의미에 대해 살펴본다.

2. 종 류

1) 표본평균의 분포

모집단의 모평균과 표본에서 얻어지는 표본평균 사이의 관계를 알 수 있다면 미지의 모평균을 추정하는 데 도움이 된다. 따라서 표본평균의 분포(distribution of sample means)를 살펴볼 필요가 있다. 표본평균의 분포란 한 모집단에서 추출될 수 있는 일정한 크기의 모든 가능한 무작위 표본이 갖는 평균의 집합을 의미한다. 표본평균의 분포는 표본분포의 하나이지만 가장 대표적인 표본분포이기도 하다. 그래서 가장 많이 활용되는 것이 표본평균들로 구성된 확률분포로서 흔히 '표본분포'라고 하면 보통 평균의 표본분포를 의미한다. 물론 현실적으로는 하나의 모집단을 조사하기 위해 무수히 많은 표본을 뽑지 않을 것이므로 상상에서만 존재하는 이론적 분포이다.

표본평균의 분포 특성으로는, 표본평균은 모집단의 평균 주위에 많이 위치하면서 정규분포의 형태에 가깝다는 점이다. 그래서 표본평균의 분포는 중심극한정리(central limit theorem)에 따른 특성을 보인다. 중심극한정리에 따르면, 모집단이 정규분포가 아닌 경우에도 서로 다른 표본의 크기에 대한 표본평균의 분포들이 표본의 크기가 커짐에 따라 정규분포에 가까워진다. 만일 모집단이 무한모집단이고 표본의 크기가 충분히 크면 모집단이 어떠한 분포라도 표본평균의 분포는 근사적으로 정규분포를 보이는 특성을 지닌다. 이를 중심극한정리라고 한다.

중심극한정리를 통계적 용어를 사용해서 정의하면 다음과 같다. 중심극한정리란 평균이 μ이고 분산이 σ^2인 임의의 무한모집단에서 표본의 크기 n이 충분히 크다면, 표본평균 $\overline{X}$의 분포는 근사적으로 평균이 μ이고, 분산이 $\frac{\sigma^2}{n}$인 정규분포 $N(\mu, \frac{\sigma^2}{n})$를 따른다는 이론이다. n이 충분히 큰 경우가 그 조건이다. 그래서 실제 응용에서는 $n>30$인 충분히 큰 대표본이라면, 최초의 모집단 분포와 관계없이 X의 표본분포는 정규분포에 근사 한다는 가정 하에서 분석하는 경우가 많다.

2) 표본분산의 분포

모집단의 모분산과 표본에서 얻어지는 표본분산 사이의 관계를 알 수 있다면 역시 미지의 모분산을 추정하는 데 도움이 된다. 표본분산의 분포(sampling distribution of sampling variances)는 모집단이 모분산이 σ^2인 정규분포를 따를 때 크기가 n인 표본을 단순확률로 복원 추출하면, $\frac{(n-1)S^2}{\sigma^2}$은 자유도가 $(n-1)$인 χ^2분포를 따른다.
이를 나타내면 다음과 같다. 이 분포는 자유도 $n-1$이 고려된 χ^2분포이다. 아래 식에서 S^2은 표본평균과 표본의 개체들과의 차이 값을 제곱한 합을 $n-1$로 나눈 값이다.

$$\frac{(n-1)S^2}{\sigma^2}$$

제2절 추 정

1. 점추정과 구간추정

표본을 통해 모집단의 값을 추정할 때 단 한 번의 표본으로 모집단을 제대로 추정한다는 것은 상식적으로 쉽게 납득되지 않을 수 있는 말이다. 그러나 모집단의 분포가 어떠한지에 상관없이 표본의 크기가 충분히 크다면 여러 번 표본을 추출했을 때 얻은 표본평균들은 모평균 주위에 정규분포 모양을 하게 된다는 중심극한정리에 기초하면 쉽게 이해할 수 있다. 즉, 우리가 연구를 위해 한 번 추출한 표본의 평균은 많은 경우 모집단의 평균과 가까운 값을 가진다. 따라서 이 원리를 이용하여 추정할 수 있다.

표본조사를 통해 모집단의 특성값을 추정(estimation)하는 방법은 점추정 방법과 구간추정 방법이 있다. 점추정(point estimation) 방법은 '하나의 값'으로 추정하는 것이고, 구간추정(interval estimation) 방법은 '특정한 구간'으로 모수를 추정하는 방법이다. 통계분석에서는 구간추정을 기본으로 사용한다. 각각에 대해 핵심 내용을 중심으로 살펴보면 다음과 같다.

우선, 점추정 방법은 모집단의 평균이 표본의 평균과 같을 것이라고 추정하는 방법이다. 즉, $\mu = \overline{X}$으로 추정하는 것이다. 점추정 방법은 특정한 값을 도출하는 것이므로 결과 값이 명료하다는 장점을 지니고 있다. 하지만 모든 추정에는 그 정도가 얼마가 되었든 표본오차가 존재할 수밖에 없는데, 이러한 표본오차가 얼마나 포함되어 있는가에 대해서는 설명하기가 어렵다는 단점이 있다. 표본오차를 고려한 추정 값이 아니기 때문에 값의 신뢰성에도 의문이 들 수 있다. 따라서 정확한 추정을 하기가 어려운 점이 존재한다.

다음으로, 구간추정 방법은 모집단의 평균이 표본의 평균에서 표본오차를 가감한 어떤 범위 내에 있을 것으로 추정하는 방법이다. 즉, "$\mu = \overline{X} \pm$표본오차"로 나타낸다. 일반적으로 통계적 추정이라고 하면 이 구간추정을 의미한다. 이는 표본분포의 원리와 중심극한정리를 활용한 방법이다.

그림 6-1 점추정과 구간추정

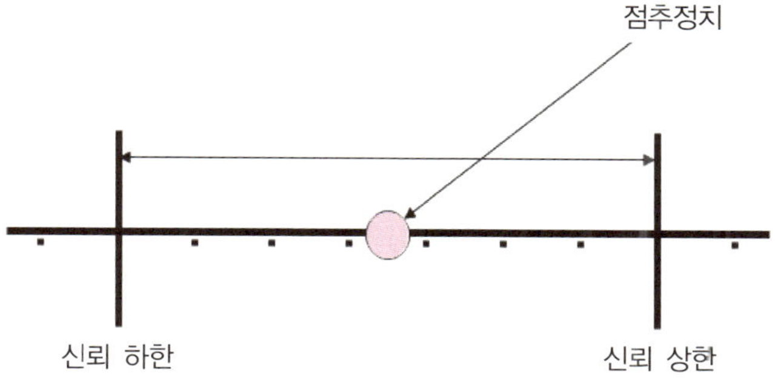

2. 신뢰구간과 신뢰 수준

구간추정을 하기 위해서는 먼저 표준오차를 알아야 한다. 표준오차를 알아야 하는 이유는 앞서 살펴본 정규분포에서 추출한 표본평균($\overline{X}$) 분포의 속성에서 비롯된다. 정규분포에서 추출한 표본평균의 분포는 몇 가지 속성을 지닌다. '표본평균의 평균은 모집단의 평균과 같다', '표본평균의 표준편차인 표준오차는 모집단의 표준편차를 표본 크기의 제곱근으로 나눈 것($\frac{\sigma}{\sqrt{n}}$)과 같다', '표본평균의 분포는 정규분포를 따른다'는 속성이 바로 그것이다.

여기서 추정을 위해 표준오차의 값이 구해져야 한다는 것을 알 수 있다. 표준오차는 표본평균 분포의 표준편차로서 모든 표본평균의 산포도 측정치이다. 일반적으로 모집단의 표준편차보다 작으며, 계산은 $\frac{\sigma}{\sqrt{n}}$ 식으로 구해진다. 따라서 표준오차가 우선 계산되어야 한다.

다음으로, 신뢰구간을 통해 추정을 한다. 신뢰구간(confidence interval)이란 표본으로부터 계산된 통계치를 중심으로 모수가 포함되리라고 판단되어 설정한 일정한 범위를 말한다. 모수의 대표적인 것이 표본평균을 중심으로 모집단의 평균이 포함되리라고 판단되어 설정한 평균의 신뢰구간이다. 대표적인 만큼 가장 많이 사용되기 때문에 보통 신뢰구간이라고 하면 평균의 신뢰구간을 의미하는 경우가 많다.

우리 일상생활에서 신뢰구간은 자주 사용된다. 그 예 중 하나가 여론조사의 결과 발표이다. 여론 조사 결과는 '95% 신뢰 수준에서 오차한계는 몇 %이다'처럼 표현되어 사용된다. 이러한 표현을 신뢰문이라고 하고, 신뢰문은 신뢰 수준과 오차 한계(표본오차)로 구성된다. 예컨대, 대통령 후보 K에 대한 지지도 조사 결과를 발표하면서 "전국의 유권자 10,000명을 조사한 결과에 의하면, K후보 지지율은 30%이며, 95% 신뢰 수준에서 오차 한계는 2.8%이다"라고 하면, 지지도에 대한 95% 신뢰구간은 표본 지지율±오차 한계로서 30%±2.8% 혹은 구간으로 표시하여 [27.2%, 32.8%]로 나타낼 수 있다. 앞서 설명했듯이 신뢰구간은 점추정처럼 하나의 수치로 지지율을 추정하는 것이 아니라, 지지율에 대한 참값이 있음직한 일종의 구간이나 범위를 정해서 나타내는 방법인 것이다. 따라서 구간을 발생시키는 오차를 고려할 때, 통계적으로 정확도가 높은 추정이라는 것은 오차 한계(표본오차)가 작다는 의미이다. 이것을 다르게 해석하면 신뢰구간의 폭이 좁다는 의미이다.

많은 사람이 신뢰구간의 추정치에 대해 많이 오해하고 있는데, 올바르게 이해하는 방법은 다음과 같다. 예를 들어, "모평균이 50과 88 사이에 있을 것을 95% 신뢰한다"라는 말은 "평균이 50과 88 사이에 포함될 가능성이 95%이다"라는 말이 아니라, "크기가 같은 많은 확률표본을 취해 각 표본의 신뢰구간을 계산했을 때 모집단의 평균을 포함하는 신뢰구간이 95%가 된다"라는 의미이다. 즉, 신뢰구간의 의미는 무수히 많은 표본평균(즉, 많은 연구자가 연구한다고 했을 때 선정되는 표본평균들이라고 생각하면 됨) 중에서 99%, 95%, 90%는 다른 사람과 서로 유사하고 나머지는 유사하지 않다는 의미이다. 다른 말로 하면, 우리 중 누군가가 표본을 추출해서 표본평균과 신뢰구간을 설정했다면, 그것들이 옳을 확률(즉, 확신의 정도 혹은 모집단의 값이 포함될 구간을 얼마나 포함하는가의 정도)이 99%, 95%, 90%라는 의미이다. 같은 맥락에서 보면 우리의 연구 결과가 틀릴 확률(우리가 구한 신뢰구간들 중에서 모집단의 값을 포함하고 있지 않을 구간들이 얼마나 되는가의 정도)이 1%, 5%, 10%라는 의미이기도 하다.

[그림 6-2]를 보면 좀 더 이해하기가 쉽다. 여러 번의 확률표본을 뽑고 있는데 A는 알고자 하는 평균값을 포함하고 있지 못하는 표본이 뽑힌 경우이다. 반면, 나머지 표본 사례들은 모집단의 평균을 포함하고 있다. 여기서 신뢰구간에서 사용되는 신뢰 수준의 의미를 알 수 있다. 100개의 표본을 뽑았을 때 알고자 하는 모집단의 값(여기서는 평균값)을 포함하는 표본을 몇 번 뽑는가를 나타내는 것이 신뢰구간 추정치에서 말하는 신뢰 수준의 의미이다.

그림 6-2 신뢰 수준

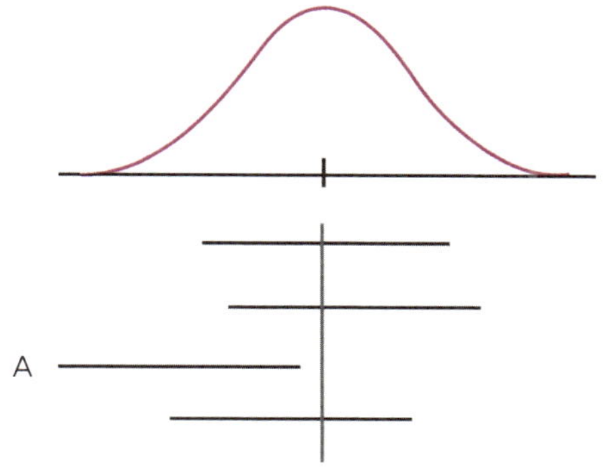

앞서 여론 조사의 예에서 언급된 99%, 95%, 90% 등이 바로 신뢰 수준(confidence level)이다. 따라서 신뢰 수준이란 신뢰구간 속에 모집단의 평균(μ)이 포함될 가능성, 즉 확률을 말한다. 그 구간이 모집단의 모수를 포함할 확률을 말한다. 대개 $100(1-\alpha)$%로 표기하는데, 여기서 α는 그 구간 내에 모수가 포함되지 않을 확률인 오차율이다. [그림 6-2]에서 A와 같은 경우가 여기에 해당된다. 통계분석에서 많이 활용되는 신뢰 수준은 90%, 95%, 99%인데, 오차율로 표현하면 α를 0.1, 0.05, 0.01로 사용하는 것과 같다.

이제 구간 추정을 위해 신뢰구간을 이용하는 방법을 정리할 수 있다. 구간 추정을 위해 신뢰구간을 이용한다면, 표본 값에 해당되는 신뢰 수준에 상응하는 표본오차를 가감하면 된다. 자주 사용되는 신뢰 수준 값별로 신뢰구간을 추정하는 세 가지 방법은 다음과 같다.

99% 신뢰구간 = $\bar{X}$ ± 99% 신뢰 수준에 상응하는 표본오차(오차 한계)
95% 신뢰구간 = $\bar{X}$ ± 95% 신뢰 수준에 상응하는 표본오차(오차 한계)
90% 신뢰구간 = $\bar{X}$ ± 90% 신뢰 수준에 상응하는 표본오차(오차 한계)

여기서 신뢰 수준에 상응하는 표본오차의 계산 방법은 표본분포가 정규분포라고 가정한 상태에서 신뢰 수준에 상응하는 Z값과 표준오차의 곱으로 구할 수 있다. 이를 간단히 나타내면, '신뢰 수준에 상응하는 표본오차 = 신뢰 수준에 상응하는 Z값 × 표준오차'이다. 자주 쓰이는 신뢰 수준에 상응하는 Z값은 $Z_{0.05}=1.645$, $Z_{0.025}=1.96$, $Z_{0.005}=2.575$이다. Z_α는 주어진 α에 대해 $P(Z>z)=\alpha$를 만족하는 Z값을 의미한다.

$$99\%\ 신뢰\ 수준에\ 상응하는\ 표본오차 = 2.575 \times \frac{\sigma}{\sqrt{n}}$$

$$95\%\ 신뢰\ 수준에\ 상응하는\ 표본오차 = 1.96 \times \frac{\sigma}{\sqrt{n}}$$

$$90\%\ 신뢰\ 수준에\ 상응하는\ 표본오차 = 1.645 \times \frac{\sigma}{\sqrt{n}}$$

따라서 신뢰구간의 설정은 일정한 신뢰 수준에 기초하여 모집단의 평균이 포함될 것으로 추정하는 범위를 정하는 것으로서 아래의 방식에 의해 계산된다. 아래 식이 구간추정에서 신뢰구간을 구하는 최종적인 식이다.

$$99\%\ 신뢰구간:\ \overline{X} \pm 2.575 \times \frac{\sigma}{\sqrt{n}}$$

$$95\%\ 신뢰구간:\ \overline{X} \pm 1.96 \times \frac{\sigma}{\sqrt{n}}$$

$$90\%\ 신뢰구간:\ \overline{X} \pm 1.645 \times \frac{\sigma}{\sqrt{n}}$$

이를 구체적인 구간으로 나타내는 식은 아래와 같다. 모집단 평균 μ의 $100(1-\alpha)\%$ 구간 추정은 모집단이 정규분포이고 모집단 분산 σ^2을 아는 경우의 계산식이다.

$$\left[\overline{X} - z_{\alpha/2}\frac{\sigma}{\sqrt{n}},\ \overline{X} + z_{\alpha/2}\frac{\sigma}{\sqrt{n}}\right]$$

여기서 추정은 두 부분으로 나뉘기 때문에 $z_{\alpha/2}$로 표시된다. 그래서 만일 95%의 신뢰수준이라고 하면 유의 수준은 0.05이므로, $z_{0.05/2}=z_{0.025}$가 되어 신뢰구간은 $\left[\overline{X}-1.96\frac{\sigma}{\sqrt{n}},\ \overline{X}+1.96\frac{\sigma}{\sqrt{n}}\right]$이 된다.

예를 들어 보면, 행정학과 전체 학생 중에서 100명을 단순확률로 추출해서 중간시험 평균 성적을 조사하니 평균이 80점이었다. 전체 학생들의 성적이 정규분포를 따르고 표준편차가 5라고 할 때, 전체 행정학과 학생들의 평균을 95%의 신뢰도로 구간 추정해 보자. 이는 $[80-1.96\frac{5}{\sqrt{100}},\ 80+1.96\frac{5}{\sqrt{100}}]$이 되어 95% 신뢰구간은 [79.02, 80.98]이 된다.

만일 99%라고 하면 $z_{0.01/2}=z_{0.005}$가 되어 신뢰구간은 $[\overline{X}-2.575\frac{\sigma}{\sqrt{n}},\ \overline{X}+2.575\frac{\sigma}{\sqrt{n}}]$가 된다. 따라서 계산하면 [78.71, 81.29]가 된다. 이 결과를 통해 보면 신뢰도가 증가하면 신뢰구간은 더 넓어진다. 즉, 신뢰 수준을 크게 하면 Z값이 커지기 때문에 신뢰구간이 넓어진다. 오차율로 표현하면 오차율이 작을수록 신뢰 수준은 크고, 신뢰구간의 폭은 증가한다.

가능한 한 모집단의 평균이 신뢰구간 속에 속할 가능성을 높여야 하는 것이 분석의 신뢰를 높이는 것이므로, 신뢰구간을 넓게 설정하는 것이 유리하다. 하지만 모집단의 모수가 신뢰구간에 포함될 기대보다, 좀 더 정확한 모수 예측에 더 기대를 둔다면 신뢰구간을 좁게 설정해야 한다. 따라서 모집단 평균이 신뢰구간에 포함될 가능성(신뢰 수준)을 미리 설정해 놓고, 그 수준에서 가능한 신뢰구간을 최대한 좁힐 수 있도록 노력해야 한다.

따라서 구간 추정과 관련하여 다음의 말들이 성립한다. "높은 신뢰 수준이 반드시 높은 정확성을 지니고 있는 것은 아니다", "신뢰 수준이 높으면 신뢰구간이 넓어진다", "아주 좁은 신뢰구간은 신뢰 수준이 낮기 때문이기도 하다", "낮은 신뢰구간에서 모집단의 모수가 포함되었다고 하면, 그 정확성은 넓은 신뢰구간에서 모집단의 모수가 포함되었을 때보다 더 정확할 가능성이 높다."

그렇다면 만일 표본의 크기가 커지면 어떨까? 앞의 예에서 표본을 900명으로 하고 신뢰도를 95%라고 하면, $[80-1.96\frac{5}{\sqrt{900}},\ 80+1.96\frac{5}{\sqrt{900}}]$이 되어 신뢰구간은 [79.67, 80.33]이 된다. 이는 신뢰구간이 더 좁아진 결과이다. 표본의 크기는 분모에 위치하므로 표본의 크기가 증가하면 신뢰구간은 좁아진다는 것을 알 수 있다.

지금까지 살펴본 세 가지 경우의 신뢰구간은 그 결과 값이 모두 다르다는 것을 알 수 있다. 신뢰 수준의 변화와 표본의 크기 변화로 인해 각각 구간 추정의 값을 다르게 제시하고 있는 것이다. 아래의 결과를 보면 알겠지만, "신뢰 수준을 높이면 신뢰구간은 넓어지고, 표본 수를 더 늘리면 신뢰구간의 폭은 좁아진다."

100명 추출, 95% 신뢰구간: [79.02, 80.98]

100명 추출, 99% 신뢰구간: [78.71, 81.29]

900명 추출, 95% 신뢰구간: [79.67, 80.33]

3. 신뢰구간과 Z분포 및 T분포

위의 공식으로 모집단의 평균을 추정하는 것은 모집단의 분산이나 표준편차를 알고 있거나 모집단이 정규분포일 때이다. 하지만 모집단의 분산이나 표준편차 σ를 모르거나 모집단이 정규분포가 아닐 경우가 있다. 이 경우에는 만일 표본의 크기가 크다면 표본의 표준편차 S를 모집단의 표준편차(분산)의 추정치로 사용하여 근사적으로 모집단 평균 μ의 신뢰구간을 구하면 된다. 하지만 이때 중요한 것은 σ를 S로 대치했을 때의 정확한 신뢰구간을 구하기 위해서는 앞서 살펴본 Z분포와는 달리 소수의 사례 수에 적용되는 T분포라는 것을 사용해야 한다는 점이다.

그렇다면 신뢰구간을 구할 때 T분포와 Z분포의 선택은 어떻게 이루어지는가? 이를 위해서는 모집단의 분산이 알려져 있는가가 중요한 기준이 된다. 분산이 알려져 있다면 표본이 작든 크든 상관없이 모집단이 정규분포인 상황에서는 Z분포가 사용된다. 그리고 설사 모집단이 정규분포가 아니더라도 표본의 크기 n이 크다면 Z분포를 사용한다. 반면, 분산이 알려져 있지 않을 때 n이 크다면 모집단이 정규분포이든 아니든 모두 Z분포를 사용한다. 하지만 만약 n이 작을 때는 모집단의 정규분포 상황에서 T분포를 사용한다. 여기서 주의할 점은 T분포를 사용하려면 모집단이 정규분포라고 가정해야 한다는 점이다. 그 이유는 만약 표본의 크기가 작으면서 모집단이 정규분포가 아닐 때에는 표본분포가 비정규분포가 되며, 따라서 어떤 특성을 가질 것인지 애초부터 추정이 불가능하기 때문이다.

T분포는 표준정규분포의 확률변수 Z에서 σ를 표본 표준편차인 S로 대체하여 $T=\frac{\overline{X}-\mu}{\frac{S}{\sqrt{n}}}$의 식을 갖는다. 확률변수 T는 자유도가 $n-1$인 T분포를 보인다. 정규분포가 평균과 분산에 의해 결정되는 분포인 것처럼 T분포 역시 자유도에 의해 결정된다. 따라서 T분포에는 반드시 자유도가 명시되어야 한다. T분포는 표준정규분포처럼 0을 중심으로 좌우 대칭이다. 하지만 표준정규분포보다 더 평평하고 더 긴 꼬리를 가지고 있는 모양을 하고 있다. 그리고 T분포는 자유도가 증가할수록 표준정규분포에 가까워지는

표 6-1 Z분포와 T분포 선택

상황 및 여건	사용되는 표본분포	분도의 식
분산이 알려짐	Z분포	$Z=\frac{\overline{X}-\mu}{\frac{\sigma}{\sqrt{n}}}$
분산이 알려져 있지 않지만 $n \geq 30$일 때	Z분포	$Z=\frac{\overline{X}-\mu}{\frac{\sigma}{\sqrt{n}}}$
분산이 알려져 있지 않고 $n \leq 30$ 작은 표본일 때	T분포	$T=\frac{\overline{X}-\mu}{\frac{S}{\sqrt{n}}}$

특징을 보이는데, 통상적으로 자유도가 30이 넘으면 그러한 특징을 보인다. 그렇기 때문에 대표본일 때 정규분포를 사용해서 신뢰구간을 추정해도 그 값이 유사하게 된다.

이처럼 상황과 여건에 맞게 T분포를 이용하여 신뢰구간을 추정하는 방법은 아래와 같다. 모집단의 평균 μ의 $100(1-\alpha)\%$ 구간 추정은 모집단이 정규분포이고 모집단 분산 σ^2을 모르면서 사례 수가 적다면 Z분포가 아니라 T분포를 사용한다.

$$[\overline{X}-t_{n-1,\,\alpha/2}\frac{S}{\sqrt{n}},\ \ \overline{X}+t_{n-1,\,\alpha/2}\frac{S}{\sqrt{n}}]$$

중심극한정리에 의해 표본의 크기가 충분히 크다면 표본의 평균과 분산은 모집단의 평균과 분산에 가까워진다. 그러나 모집단 분산을 모른다는 것은 다른 한편으로 말하면 표본의 크기가 충분하지 않다는 말이기도 하다. 따라서 T분프는 표본의 크기가 크지 않을 때 사용하는 것으로 생각해도 된다.

그렇다면 다음의 예를 살펴보자. A대학 학생들의 기말시험 성적을 알아보기 위해 25

표 6-2 T분포표 사용

d.f		α	
	…	.025	…
:	:	:	:
24	…	2.064	…
:	:	:	:

명을 추출했다. 모집단의 표준편차는 모르지만 모집단이 정규분포를 따르고 있다는 것을 알고 있다. 추출한 학생들의 표본평균은 80점이고 표본 표준편차는 5점이라고 할 때, 전체 학생들의 기말시험 성적을 95% 신뢰도로 구간 추정을 해보자.

이 예에서 중요한 정보는 모집단의 표준편차(혹은 분산)를 알 수 없다는 사실이다. 그도 그럴 것이 표본의 숫자가 25개에 불과하기 때문에, 더더욱 모집단의 표준편차를 추론하는 것은 어렵다. 하지만 다행히 모집단이 정규분포를 따른다는 것은 알고 있으므로, 표본의 수가 적을 때 사용되는 T분포를 활용하면 된다.

따라서 $[80 - t_{24,\,0.025}\frac{5}{\sqrt{25}},\ 80 + t_{24,\,0.025}\frac{5}{\sqrt{25}}]$가 신뢰구간이 된다. 여기서 표본이 클 때 사용되는 Z분포와는 달리 T분포의 값을 찾아야 한다. T분포는 부록에도 있지만, 일부를 여기에 가져와 참조하면 [표 6-2]와 같다.

T분포표를 활용할 때 주의 할 점은 자유도를 함께 고려해야 한다는 점이다. 이를 통해 $[80 - 2.064\frac{5}{\sqrt{25}},\ 80 + 2.064\frac{5}{\sqrt{25}}]$가 되어 [77.936, 82.064]이 된다. 이 값은 앞서 Z분포를 이용한 신뢰구간 추정과 비교했을 때 표본의 크기가 작아졌을 경우를 보여주는 것인데, 표본의 크기가 작아지면 신뢰구간의 넓이가 커진다는 것을 알 수 있다. 물론 앞서도 표본의 크기가 커질 경우 신뢰구간의 폭이 좁아진다는 것은 확인했다.

제 7 장

가설검정

제1절 가설검정의 의미와 절차

1. 가설검정의 의미와 가설의 종류

1) 가설검정의 의미

가설이란 증명되지 않은 상태에 있는 잠정적인 주장(statement)을 말한다. 만일 증명이 되면 이론으로 발전할 가능성이 높은 주장이 된다. 그런 점에서 가설은 검정이 기대되거나 검정 가능한 형태로 진술되어 있는 명제라고도 할 수 있다. 그래서 가설은 '검정(test)'되기 마련이다.

가설검정(hypothesis testing)은 주장되고 있는 가설이 타당한지 혹은 타당하지 않은지에 대해 조사하는 행위이다. 그 결과로 가설을 채택(accept)하거나 기각(reject)하는 결정을 한다. 가설의 채택과 기각은 곧 가설 적합의 상대적인 가능성을 살펴보는 것과 같다. 반증주의(falsificationism)가 여전한 과학에서 진리는 없으므로 가설 적합성의 상대적 가능성을 확인하는 것이 가설검정인 것이다. 많은 경우 통계분석을 통한 가설검정은 수치적 차이나 어떠한 영향이 의미가 있는지에 대한 여부를 통계적 기준 값에 비추어서 판단하는 행위로 가설검정이 이루어진다.

실생활에서 예를 들어 보면, 새로운 영어 학습법이 개발되었다고 할 때 과연 이 학습법이 영어 실력을 높이는 데 효과가 있는지에 대해 살펴보려는 상황이 있다고 하자. 이를 위해 행정학과 1학년 전체 학생들에게 새롭게 개발된 영어 학습법을 일정기간 동안 시행했다. 이때 영어 실력에 영향을 주는 많은 변수들은 통제된 상황이라고 가정하고, 오로지 영어 학습법만이 학생들의 영어 실력에 영향을 주는 변수라고 가정한다. 이 학습법의 효과를 살펴보는 방법 중 하나는 학습법을 시행하기 전과 후의 학생들의 영어 성적을 비교하는 것이다. 새롭게 개발된 영어 학습법 시행 전 학생들의 평균 영어 실력을 측정한 결과 100점 만점에서 80점이었다. 그리고 개발된 학습법을 시행하고 난 후 학생들의 영어 성적은 82점이었다. 그렇다면, 과연 이 2점의 차이는 영어 학습법의 효과라고 말할 수 있을까?

어떤 사람은 2점 차이면 의미가 있는 차이이므로 새롭게 개발된 영어 학습법이 효과적이라고 주장할 것이다. 하지만 어떤 사람은 2점은 의미 있는 차이가 아니라고 주장할 수도 있다. 사람마다 제각각의 의견이 분분할 것이다. 바로 이런 상황에 유용하게 사용되는 것이 가설 검정이다. 어떤 수치적 차이나 영향이 의미가 있는지에 대해 통계적 계산 과정을 통해 판단하는 방법을 알려주는 것이다.

수치적 차이나 영향에 대한 연구자의 주장이나 의견이 가설이 되는데, 여기서는 "영어 학습법이 학생들의 영어 실력을 높인다"라는 등의 가설이 설정될 수 있고 이를 통계적 계산으로 판단하는 것이다. 가설을 세우고 그에 대한 가설의 타당성을 입증하는 과정의 핵심이 가설검정이 된다. 복잡한 사회에서 어떤 판단을 개별적 주관성에 기초하는 것은 사회를 더 복잡하고 혼란스럽게 할 뿐이기 때문에, 합의한 기준에 기초하여 수치적 증거를 보이며 판단하는 것이 무엇보다도 중요하다.

2) 가설의 종류

가설검정을 하기 전, 우선 가설검정에 사용되는 가설의 종류를 알아야 한다. 앞서 가설을 채택하거나 기각한다고 하는 말을 사용했는데, 이때 채택이나 기각은 귀무가설(null hypothesis)과 대립가설(alternative hypothesis)에 관한 것이다. 이 두 가설은 가설검정에서 기준이 되는 두 가설이다. 가설검정은 이 두 가설을 설정하는 데서 시작하기 때문이다.

귀무가설이란 유효한 반박 증거가 있기 전까지는 변화 없이 기존에 알려져 있는 사실이나 혹은 그 사실에 대한 주장을 의미한다. 주로 $H_0 : \mu = 100$처럼 간략히 표시하기도 한다. 여기서 100라는 값은 기존에 알려져 있는 어떤 값을 나타낸 것으로 연구에 따라 사용되는 수는 다양할 것이다. 귀무가설은 실제로 검정되는 가설이며 '귀무(歸無)'라는 말은 "없음(0)으로 돌아간다"는 뜻이다. 그래서 변화가 없다는 것을 말하며, 언어로 표현될 때 "…가 없다", 또는 "…가 0이다", "…의 변화는 없다", "…은 서로 차이가 없다" 등으로 쓰인다. 귀무가설은 영가설이라고도 불린다.

대립가설이란 귀무가설에 대응되는 가설로서 새로운 사실 또는 현재의 사실이나 믿음에 생긴 변화를 나타내는 주장이다. 일반적으로 H_1와 부등호(< 또는 >) 또는 ≠으로 표기한다. 예를 들어, $H_1 : \mu \neq 100$으로 나타낸다. 대립가설은 귀무가설과 대립되는(즉, 귀무가설이 틀렸다고 주장하는) 가설로서 연구자가 연구를 통해 증명하고자 하는 가설이므로, 연구가설(research hypothesis)이라고도 한다. 언어로 표현될 때 "…의 변화가 있다", "…가 아니다", "…가 다르다", "…은 서로 차이가 있다" 등으로 표현된다.

기본적으로 가설검정은 이 두 가설 중 하나를 선택하는 행위이다. 이 행위에서 중요한 원리는 "새로운 사실을 뒷받침할 만한 확실한 근거가 없다면 대립가설을 선택하지 않고 귀무가설을 계속 받아들인다"라는 점이다. 귀무가설을 받아들인다는 것은 귀무가설을 채택하거나 대립가설을 기각하는 행위를 말하고, 그 반대는 귀무가설을 기각하고 대립가설을 채택하는 행위가 된다. 앞으로 배울 내용은 이 두 가설 중 어느 것을 채택하고 기각할 것이냐에 관한 내용들이다.

여기서 논의하는 가설검정에서 전제할 사항은 모집단에서 제대로 추출된 큰 표본을 사용한다는 점이다. 이는 중심극한정리가 적용되고 표본집단의 평균과 표준편차가 모집단의 평균과 표준편차와 거의 같다는 점을 말한다. 이 전제가 아래에서 이루어지는 가설검정의 모든 경우에 적용되는 것은 아니지만(예: 비모수 통계에 대한 언급이나 표본통계치와 모수와의 구분된 설명 등) 대부분의 경우 적용된다.

읽기자료 7-1 검증하며 발전하는 과학

과학은 검증의 긴 여정

아인슈타인(A. Einstein)이 상대성이론의 창시자로서 세계적인 추앙을 받게 된 것은 영국의 천문학자 아서 스탠리 에딩턴(Arthur Stanley Eddington, 1882~1944년)이 그 이론을 증명했기 때문이다. 아인슈타인은 10여 년의 노력 끝에 1916년 3월 「일반상대성이론의 기초」라는 논문을 『물리학 연보』에 발표했다. 하지만, 발표 당시 상대성이론은 너무나 파격적이고 복잡해 모호한 상태로 남아 있었다. 상대성이론을 쉽게 증명하는 방법은 빛이 중력에 의해 휘어지는지를 알아보는 것이다. 밤에 찍은 별의 위치와 태양의 중력이 별빛에 영향(굴절)을 미쳤을 때의 위치를 서로 비교해 그 위치가 다르면 상대성이론이 증명되는 것이다. 이러한 관찰은 오직 태양광선이 이웃하는 별들의 빛을 가릴 수 없는 개기일식 때에만 가능하다.

제1차 세계대전이 끝난 이듬해 1919년 5월, 영국의 천문학자 에딩턴은 인도양의 프린시페 섬에서 개기일식이 일어나는 순간 태양 주변에 있는 별들을 사진 촬영하는 데 성공했다. 그리고 밤에 찍은 별의 위치와 개기일식 때 찍은 별의 위치가 다름을 확인했다. 에딩턴은 이 관찰 결과를 영국의 천문학회에서 발표했고, 아인슈타인의 상대성이론은 세상의 많은 이들에게 널리 알려지게 되었다.

오늘날 에딩턴은 일반인들에게 잘 알려지지 않은 과학자이지만 그의 결정적인 관찰이 없었더라면 아인슈타인의 이론은 공허한 가설에 불과했을지도 모른다. 아인슈타인의 가설과 에딩턴의 검증과 같이, 과학은 가설의 정립에서 시작해 관찰과 실험 등을 통해 이를 검증해 나가는 연속적인 과정이다. 그 검증 결과는 반복적으로 재현될 수 있어야 한다. 가설에 대한 충분한 증거가 제시되고 논리적인 다른 반론이 없을 때 과학 가설은 인류 보편적인 과학적 지식(이론이나 법칙)으로 탄생하는 것이다. 이러한 검증을 거부하거나 회피한다면 과학은 만인을 현혹하는 사이비 지식에 지나지 않을 것이다.

이처럼 과학에서 가설이나 이론을 제시하는 것뿐만 아니라 이를 검증하는 과정도 매우 중요하다. 일반적으로 학회에서 논문을 발표하는 것은 해당 분야의 전문가들로부터 검증을 받는 과정이다. 이론적이고 혁신적일수록 그 검증 과정은 엄격하고 논쟁은 치열하다. 경우에 따라 엄청난 시간과 비용이 소요되기도 한다.

작년 7월, 유럽입자물리연구소(CERN 세른)는 현대물리학의 40년간 난제였던 힉스 입자(Higgs boson)를 찾을 수 있는 단서를 확인했다고 발표했다. 현대물리학은 우주의 형성과 존재를 6개의 중입자, 6개의 경입자, 그리고 힉스를 포함한 5개 힘의 상호작용으로 구성된다는 표준모형을 주창하고 있는데, 그동안 힉스만이 유일하게 발견되지 않았었다. 세계 물리학자들은 표준모형을 완성하기 위해 천문학적인 거액을 들여 27km의 거대강입자가속기를 건설하여 힉스 입자의 존재를 찾아왔지만 아직도 논쟁은 끝나지 않았다.

아직까지 증명되지 못한 과학 가설과 이론이 수두룩하다. 미국의 억만장자인 랜던 클레이(Landon T. Clay)가 세운 클레이수학연구소(CMI)는 2000년에 중요하지만 해결하지 못한 수학문제 이른바 '7대 수학 난제'를 선정한 바 있다. 이 연구소는 7대 수학난제 해결에 각각 100만 달러씩의 상금을 걸어놓고 세계 각국의 과학자들로 하여금 도전을 유도하고 있다. 지금까지 수개의 답이 제시되었지만 오직 하나의 답만이 정답으로 인정받았다고 한다. 이같이 과학기술적 진보는 엄격한 검증의 기반 위에서 이루어지고 있다.

2013년 새해가 밝았다. 작심삼일(作心三日)이라고 트집을 잡을 수도 있지만, 새해가 되면 많은 사람이 한 해의 소망과 꿈을 이야기한다. 개인의 소망을 이루는 것은 과학의 가설설정 및 검증과 비슷한 것 같다. 과학이 끊임없는 검증을 통해 가설을 과학 지식으로 만들듯이, 새해 첫 달에 작심한 소망을 이루기 위해 부단히 실천한다면 달성의 환희를 만끽하는 한 해가 될 수 있을 것이다.

출처: 경남도민일보, 2013.1.4.

2. 가설검정의 기본 절차

가설검정은 '가설 설정', '유의 수준 결정', '기각 및 채택 기준 설정', '통계치 계산', '기각 및 채택 여부 결정'으로 이루어진다. 여기서 각 단계별 설명을 하되, 주로 유의 수준 결정에 관해 자세히 설명하기로 한다. 가설검정에서는 유의 수준의 의미에 대해 정확히 이해하는 것이 매우 중요하기 때문이다.

1) 가설 설정

가설을 설정한다는 것은 가설을 명백히 밝히고 귀무가설(H_0)과 대립가설(H_1)을 설정하는 것을 의미한다. 관심 있는 주제에 대한 주장이나 의견에 대해 간결하고 명확하게 표현해서 가설로 명시한다. 귀무가설과 대립가설을 서로 명확히 구분지어 줄 필요가 있지만, 실제 연구에서는 귀무가설을 굳이 언급하지는 않고 주로 대립가설을 부각시켜서 표현한다. 대립가설만으로도 귀무가설을 추론할 수 있기 때문이고, 또 중요한 것은 대립가설에 대한 관심이 연구의 핵심 주제이기 때문이다.

2) 유의 수준 결정

유의 수준의 결정은 가설검정의 기준 값을 정하는 것이다. 유의 수준에 관해 이해하기 위해서는 우선 가설검정에서 발생될 수 있는 오류에 관한 사전 지식이 필요하다. 앞서 살펴보았지만 가설검정은 곧 귀무가설과 대립가설 중에 어느 하나를 채택하는 결정의 과정이다. 반대로 말하면, 어느 하나를 기각하는 결정 과정이기도 하다. 중요한 것은 가설검정에서 오류를 범할 정도를 확인해서 가설을 수용하거나 기각하는 것이다.

가설을 검정할 때 오류는 두 가지 경우로 나누어 볼 수 있다. 검정하고자 하는 가설이 옳지 않고 기존의 사실적인 내용이 맞는데도 불구하고 검정하고자 하는 가설이 옳다고 판단하는 경우가 그 하나이다. 또 다른 오류는 검정하고자 하는 가설이 옳은데도 불구하고 기존의 사실적인 내용이 옳다고 하는 경우가 있다. 이 두 오류가 가설검정에서 범할 수 있는 오류이다. 이 두 가지 오류는 서로 반대의 성격을 지니고 있기 때문에 어느 한쪽의 오류를 줄인다면 다른 오류가 커지는 속성을 지닌다.

두 오류를 통계적 용어로 나타내면, 첫 번째 오류는 귀무가설(H_0)이 참임에도 불구하고 대립가설(H_1)을 채택하는 오류로서 제1종 오류(type Ⅰ error)라고 한다. 올바른 귀무가설을 틀린 것으로 판단하여 귀무가설을 기각하는 경우의 오류이다. 귀무가설이 옳은데도 불구하고 대립가설이 옳다고 판단해서 귀무가설을 기각하는 것이다. 이를 알파(α) 오류라고도 한다.

두 번째 오류는 대립가설(H_1)이 참일 때 귀무가설(H_0)를 채택하는 오류로서 제2종 오류(type Ⅱ error)라고 한다. 옳지 못한 귀무가설을 옳은 것으로 잘못 판단하여 이를 채택할 때 범하는 오류이다. 귀무가설이 틀린데도 불구하고 대립가설이 틀리다고 판단하여 귀무가설을 채택하는 오류인 것이다. 이를 베타(β) 오류라고도 한다.

가설검정 과정 속에서는 제1종 오류에 초점을 둔다. 왜냐하면 연구하고자 하는 가설을 검정해서 가설이 맞다는 것을 보이기 위한 것이 연구의 목적이므로 제1종 오류를 성급하게 범하지 않아야 하기 때문이다. 우리가 주의할 점이 많은 오류인 것이다. 연구에 부합하도록 결정하고 판단내리기 위해 옳은 귀무가설을 기각해버리고 옳지 않은 대립가설을 채택하는 오류는 연구해서 밝히고자 하는 주장을 올바르게 확인해주는 결정적인 역할을 한다.

앞서도 한 번 언급했지만, 이러한 오류의 의미를 통해 가설검정의 가장 기본적인 원리를 다시 한 번 더 확인할 수 있다. 즉, 가설을 검정한다는 것은, "현재나 지금까지의 현실 속에서 사실로 여겨지는 사항은 확실한 근거가 없는 한 계속 받아들인다"이다. 이 말은 귀무가설에 반하는 확실한 근거가 없다면 귀무가설을 그대로 받아들인다는 말과 같다. 따라서 가설검정의 최종 결과는 귀무가설이 참인데도 대립가설을 선택하는 제1종 오류를 되도록이면 줄이려고 노력하는 과정 속에서 결정된다. 이를 위해 제1종 오류가 발생할 확률의 허용 한계를 결정해서(이것이 바로 유의 수준을 결정한다는 의미), 새롭게 알아보고자 하는 대립가설에서 구한 통계치가 이 한계를 넘지 않는다면 받아들이는 것이다. 여기서 제1종 오류가 발생할 확률의 허용 한계를 바로 유의 수준이라고 한다. 보통 α로 나타낸다. 이는 일종의 오류인 것이다. 그래서 확률 $1-\alpha$는 신뢰 수준(confidence level)이 된다. 한편, 제2종 오류가 발생할 확률은 β로 표시되며, 확률 $1-\beta$는 검정력(power of the test)이 된다.

유의 수준에 대한 이해는 중요하므로 좀 더 자세한 설명을 덧붙인다. 유의 수준은 아주 간단히 말하면, 통계적 가설검정에서 사용되는 일종의 기준 값으로서 검정을 잘못할 확률의 허용 수준이다. 가설검정에서 귀무가설이 실제로 참일 때 귀무가설에 대한 판단

표 7-1 가설검정의 오류와 판단의 관계

가설의 진위 \ 검정 결과	귀무가설 채택	귀무가설 기각
실제로는 옳은 귀무가설(H_0)	옳은 판단	제1종 오류(α)
실제로는 틀린 귀무가설(H_0)	제2종 오류(β)	옳은 판단

의 오류 수준(잘못 기각할 확률)을 의미한다. 다시 말해, 표본평균이 모집단의 평균과 같은데도 불구하고, 표본평균이 모집단의 평균과 다르다라고 선택하는 오류를 범할 허용 한계를 말한다. 그래서 유의 수준은 곧 '1－채택역의 신뢰 수준'이다. 95%의 신뢰도를 기준으로 한다면 1－0.95인 0.05값이 유의 수준 값이 된다. 예컨대, 가설검정에서 5%의 유의 수준을 선택한다면, 귀무가설을 실제 채택해야 하는데도 불구하고 우리가 그것을 기각할 경우를 100번 중 5번 정도는 허용해 주겠다는 말이다. 이는 우리가 올바른 의사결정을 할 것을 약 95%는 확신한 상태에서 결정을 하겠다는 말이다(선택된 이 결정이 약 95%는 올바르다는 말이 절대 아니다).

쉽게 말해 유의 수준은 연구자가 알고자 하는 가설이 잘못된 것임에도 맞는 것이라고 하는 일종의 실수를 범하는 허용한계치이다. 예를 들어, 연구자가 자신의 연구가설이 틀렸는데도 맞다고 실수를 할(오류를 범할) 확률을 5%까지는 허용해준다는 것이다. 연구자가 가설검정을 위해 수집한 자료에서 나온 결과에 대한 판정을 실수할 확률이 5% 이내로 나타났다면(이때 나온 확률이 '유의확률'인데, 이는 뒤에서 자세히 설명함), 그 정도는 허용해주어도 크게 문제되지 않는다는 말이다. 이 연구자가 도출한 연구 결과는 100번 중에 95번 이상은 옳은 것이라는 의미이기 때문이다. 현실적으로 봤을 때 연구 결과가 잘못된 것이라고 보기에는 확률적으로 매우 낮은 것이다. 따라서 연구자가 자신의 연구가설이 옳다고 하는 것이 잘못된 판단이 될 가능성은 크지 않으므로, 자신의 연구가설을 옳은 것으로 받아들이게 된다. 유의 수준이 연구를 시작하기 전에 연구자가 자신의 연구 결과를 잘못 판단할 수 있는 기준을 의미한다면, 유의확률은 실제로 연구자가 수집한 자료를 분석한 결과 자신의 연구 결과가 잘못 판단을 할 확률인 것이다. 따라서 그렇지 않아도 유의 수준을 통해 엄격하게 실수를 허용할 범위를 정했는데, 그보다도 더 적은 실수를 범할 확률이 나온다면 연구자의 연구가설이 옳을 가능성이 높다는 말이 되는 것이다. 이때는 귀무가설을 기각하게 된다.

이러한 유의 수준에 따라서 통계분석의 결과는 다음과 같은 언어로 표현한다. "통계적으로 의미 있다", "통계적으로 유의미하다", "통계적으로 유의하다" 등의 말이 그것이다. 이러한 말은 통계분석 결과가 확률적으로 볼 때 단순한 우연이라고 생각되지 않을 정도로 의미가 있다는 것을 말한다. 귀무가설이 맞는데도 틀리다고 말할 오류를 범할 확률이 매우 낮다는 의미이다. 간략히 기호로 나타낼 때는 유의 수준에 따라 '$p<0.05$(100개의 연구 중에서 5개는 제1종 오류를 범할 수 있다)'이나 '$p<0.01$(100개의

연구 중에서 1개는 제1종 오류를 범할 수 있다)'으로 표현한다. 반면, "통계적으로 의미 없다", "통계적으로 무의미하다", "통계적으로 유의하지 않다" 등의 표현은 분석 결과가 단순히 우연에 의한 결과일 수도 있다는 것을 의미한다.

한편, 유의 수준의 의미와 관련해서 앞서 학습한 신뢰 수준과의 관계를 살펴볼 필요가 있다. 유의 수준과 신뢰 수준의 합은 1이다. 유의 수준이 제1종 오류를 범할 확률이고, 신뢰 수준이 제1종 오류를 범하지 않고 제대로 가설검정을 수행할 확률이므로, 이 둘의 합은 전체 확률 1이 된다. 따라서 '유의 수준+신뢰 수준=1'이 된다. 이를 변형해 보면 '1-신뢰 수준=유의 수준(α)'이 된다.

3) 기각 및 채택 기준 설정

기각 및 채택 기준을 설정하는 것은 귀무가설을 채택할 영역(채택역)과 기각할 영역(기각역)을 설정하는 것을 말한다. 귀무가설의 채택은 정규분포의 중심 쪽의 영역이 되고, 기각은 정규분포의 꼬리 쪽의 영역이 된다. 기각 영역은 결정적 영역(critical area)이라고도 한다. 일반적으로 임계치(Z값 또는 T값)를 정함으로써 채택 및 기각 영역을 설정한다. 이 임계치는 유의 수준에 따라서 결정된다. 그렇기 때문에 유의 수준을 어떻게 설정하느냐에 따라 기각 및 채택의 기준도 설정된다고 할 수 있다.

4) 통계치 계산

통계치는 무작위 표본으로부터 실제로 계산한 평균과 표준편차를 이용해서 표준오차를 구하고 이를 공식에 대입하여 계산된 값이다. 이 값을 통해 채택 및 기각 영역의 기준이 되는 임계치와 비교할 수 있게 된다. 비교해서 결정하는 단계가 바로 다음 단계이다.

5) 기각 및 채택 여부 결정

표준화된 통계치(통상적으로 Z값)가 채택역 안쪽에 속하면 귀무가설을 채택하고, 그 밖의 기각역에 속하면 귀무가설을 기각한다. 주의할 점은 귀무가설 H_0을 기각하지 못하고 채택한다는 것은 귀무가설이 참이라는 것을 의미하는 것이 아니다. 이는 단순히 귀무가설을 기각할 만한 충분한 통계적 증거를 확보하지 못했다는 의미이다. 수집된 데이터에 기초할 때 단지 귀무가설을 기각할 수 없을 뿐이지 귀무가설이 진리이거나 옳다는 것을 입증했다는 뜻은 전혀 아니다.

제2절 가설검정의 방법

1. 양측검정과 단측검정

가설검정은 두 방법에 의해 이루어진다. 하나는 양측검정(two-tail test)이고, 다른 하나는 단측검정(one-tail test)이다. 양측검정은 기각역을 양쪽에 설정하고 가설을 검정하는 것이다. 대개 대립가설이 "… 아니다"로 끝나면 양측검정을 한다. 정규분포 곡선의 양쪽 값(꼬리 부분)을 동시에 확인하는 것이기 때문에 귀무가설의 기각 영역은 전체 유의 수준이 반으로 각각 나뉜 영역으로 구성된다. 예컨대, 유의 수준이 0.05라면 정규분포의 양쪽으로 각각 0.025씩 기각 영역이 나뉘어 귀무가설의 기각 여부를 결정한다. 그래서 '양측'이라고 한다.

단측검정은 기각역을 한쪽에만 설정하고 가설을 검정하는 것이다. 그래서 단측검정의 경우에는 한쪽에만 임계치가 존재한다. 대개 대립가설이 "…보다 크다" 또는 "…보

그림 7-1 양측검정

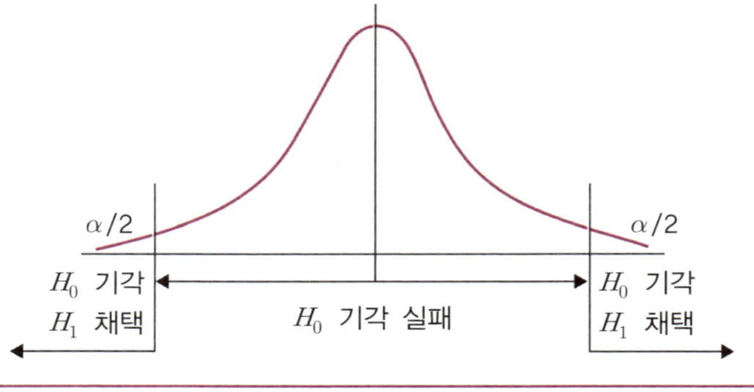

그림 7-2 단측검정

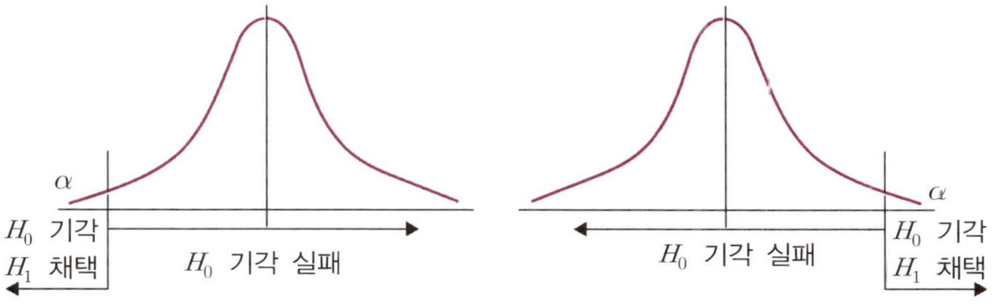

다 작다"로 끝나면 단측검정의 방법으로 판단한다. 단측검정은 양측검정과 달리 일정한 방향성이 전제된 검정이 이루어지므로 정규분포의 한쪽 영역에 유의 수준이 그대로 적용된다. 즉, 유의 수준이 0.05라면 정규분포의 한쪽 꼬리 부분에 0.05만큼의 기각 영역이 위치하게 된다. 이렇게 본다면 귀무가설의 기각 영역 범위는 양측검정이나 단측검정이나 전체적으로는 유의 수준이 동일하다면 서로 같지만, 정규분포의 한쪽 부분만을 본다면 단측검정이 양측검정보다 더 큰 영역을 차지하게 된다. 두 배만큼의 영역이 된다.

일반적으로 양측검정은 특정한 방향으로 강한 방향성의 기대가 없거나 또는 두 개의 상충되는 가설이나 기대가 있는 연구에서 사용되는 것이 바람직하다. 예컨대, 양측검정은 어떤 하나의 이론은 증가를 예상하지만 다른 이론은 반대로 감소를 예측하는 연구 등에 적합하게 사용될 수 있다. 반면, 단측검정은 연구가 수행되기 전에 방향성에 대한 예측을 하는 상황에서만 사용되어야 한다. 유의할 점은 양측검정에서 유의한 결과를 얻지 못했을 경우, 유의한 결과로 만들기 위해서 귀무가설의 기각 영역이 더 넓은 단측검정을 다시 시도해서는 안 된다. 물론 검정 방법별 유의성의 정도를 확인하는 차원에서는 큰 문제가 없겠지만 양측검정에서 유의하지 못한 결과를 연구 목적에 부합하게 만들기 위해 단측검정으로 유의성을 보여주는 것은 연구 윤리에 어긋난다. 따라서 만일 양측검정과 단측검정의 유의성 결과가 다르다면, 연구 결과를 제시할 때 그 사실을 명확하게 밝혀서 연구의 의의를 찾는 것이 중요하다.

2. 가설검정의 결과를 판단하는 방법

1) 가설검정을 위한 기본 틀

가설검정의 결과를 판단하는 것은 가설검정의 핵심 과정이다. 사실 이것을 하기 위해 지금까지 여러 용어와 개념과 이론 등을 학습해왔다. 판단을 위해서는 머릿속에 그려놓고 있어야 할 그림이 하나 있다. [그림 7-3]이 바로 그것이다. [그림 7-3]은 가설검정을 이해하는 데 도움이 되고 가설검정의 기본적인 원리를 함께 상기시키는 데도 도움이 된다.

[그림 7-3]에는 앞서 배운 통계 관련 개념들이 표시되어 있다. 중점적으로 볼 것은 귀무가설의 영역에 해당하는 함수의 넓이가 신뢰도라는 점과 대립가설의 영역에 해당하는 함수의 넓이가 유의수준이라는 점이다. 그래서 검정통계량이 정규분포의 꼬리 부분에 접해 있는 임계치 밖에 있으면 대립가설을 채택한다. 또는 유의확률인 P값(p-value)이 유의 수준보다 작으면 대립가설을 채택한다. 이 두 방법(검정통계량 이용, 유의확률 이용) 중 어느 것을 사용해도 무방하다.

그림 7-3 가설검정

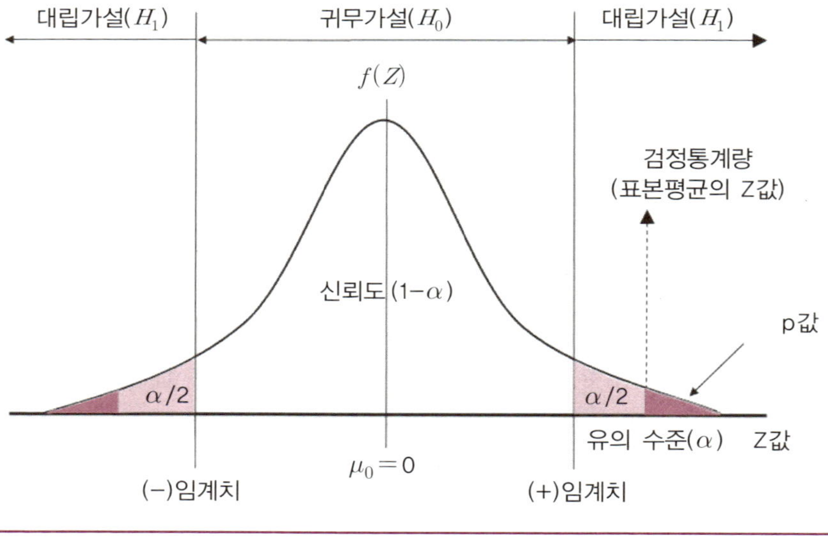

2) 검정통계량을 통한 판단법

검정통계량(test statistic)을 통해 가설검정의 결과를 판단하는 방법은 크게 세 가지 과정을 거친다. ① 먼저, 표본에서 구한 통계량을 표준화된 Z값(Z-score)으로 변환한다. ② 그리고 그 값을 임계치와 비교해서, ③ 이 통계량이 임계치 밖에 위치하면 귀무가설을 기각하고 대립가설을 채택한다. 이 과정에서 표본통계량을 Z값으로 표준화하는 공식은 아래와 같다.

$$Z = \frac{\overline{X} - \mu}{\frac{\sigma}{\sqrt{n}}}$$

이 공식을 보면 모집단의 표준편차(혹은 분산)가 고려되고 있음을 알 수 있다. 검정통계량으로 가설검정의 결과를 판단할 때는 모집단의 표준편차를 알고 있는지, 아니면 모르는 상태인지에 따라 다른 값으로 판정하기 때문에 유의해야 한다. 두 방법 모두 알아야 한다.

(1) 모집단의 표준편차(혹은 분산)를 아는 경우

먼저, 모집단의 표준편차 σ를 아는 경우이다. 크게 세 가지의 경우가 있다. 세 가지 경우란 양측검정일 때와 단측검정일 때 정규분포의 양 방향을 각각 고려했을 때이다.

첫째, 귀무가설과 대립가설이 $H_0 : \mu = \mu_0$, $H_1 : \mu \neq \mu_0$일 때(양측검정일 때), 유의성 판단은 $\left| \frac{\overline{X} - \mu_0}{\frac{\sigma}{\sqrt{n}}} \right| > z_{a/2}$ 이면 H_0(귀무가설)를 기각한다.

둘째, 귀무가설과 대립가설이 $H_0 : \mu = \mu_0$, $H_1 : \mu > \mu_0$일 때(단측검정일 때), 유의성 판단은 $\frac{\overline{X} - \mu_0}{\frac{\sigma}{\sqrt{n}}} > z_a$ 이면 H_0(귀무가설)를 기각한다.

셋째, 귀무가설과 대립가설이 $H_0 : \mu = \mu_0$, $H_1 : \mu < \mu_0$일 때(단측검정일 때), 유의성 판단은 $\frac{\overline{X} - \mu_0}{\frac{\sigma}{\sqrt{n}}} < -z_a$ 이면 H_0(귀무가설)를 기각한다.

예를 들어 보면, 작년 1학년 학생들의 행정학원론 성적의 모집단 평균이 81점이었다. 올해 1학년 학생 100명을 조사했더니 평균이 84점이고 표준편차가 10점이다. 그렇다면

① 올해 학생들의 행정학원론 성적은 작년과 같은지에 대해 유의 수준 1%에서 검정해 보자. 아울러 ② 작년에 비해 올해 학생들의 성적이 상승했는지에 대해 유의 수준 1%에서 검정해 보자.

우선, 표본의 크기가 100이므로 T분포 대신 표준정규분포를 사용해도 무방하다. 첫 번째의 경우 가설은 $H_0 : \mu = \mu_0$, $H_1 : \mu \neq \mu_0$가 된다. 가설검정의 판단 기준에 따라 판단하면, $\left| \dfrac{84-81}{\dfrac{10}{\sqrt{100}}} \right| > z_{0.005}$가 된다. 여기서 $\left| \dfrac{84-81}{\dfrac{10}{\sqrt{100}}} \right| = 3$이고 $z_{0.005} = 2.575$이므로 이 둘을 비교하면 3이 2.575보다 크기 때문에, 정규분포상에서 3이 2.575보다 더 오른쪽에 위치하여 제1종 오류를 범할 허용 한계보다 적다. 같은 맥락에서 양측검정이기 때문에 음의 방향도 고려하면 −3이 −2.575보다 더 왼쪽에 위치하므로 제1종 오류를 범할 허용 한계보다 적다. 따라서 귀무가설을 기각하여 올해 학생들의 성적은 작년 학생들의 성적과 다르다는 대립가설을 채택한다.

두 번째는 학생들의 성적이 작년보다 올랐는가에 대한 물음이다. 이에 대한 가설은 $H_0 : \mu = \mu_0$, $H_1 : \mu > \mu_0$이 되고, 판단 기준은 $\dfrac{84-81}{\dfrac{10}{\sqrt{100}}} > z_{0.01}$이 된다. 여기서 $\dfrac{84-81}{\dfrac{10}{\sqrt{100}}} = 3$이고, $z_{0.01} = 2.326$이므로 이 둘을 비교하면 3이 2.326보다 크기 때문에 정규분포상에서 3이 2.326보다 더 오른쪽에 위치하여 제1종 오류를 범할 허용 한계보다 적다. 따라서 귀무가설을 기각하여 올해 성적이 작년보다 더 높다는 대립가설을 채택한다.

(2) 모집단의 표준편차(혹은 분산)를 모르는 경우

다음으로, 모집단의 표준편차 σ를 모르는 경우이다. 모집단의 표준편차를 모르는 경우는 모집단이 정규분포를 따른다면 검정계량 $\dfrac{\overline{X}-\mu_0}{\dfrac{s}{\sqrt{n}}}$은 자유도가 $n-1$인 T분포를 따른다. 따라서 이때는 표준정규분포 대신 T분포를 사용한다. n이 30보다 적을 때 사용한다고 생각하면 되고, 반대로 n이 30보다 크다면 T분포가 정규분포에 가까워지기 때문에 앞서 살펴본 모집단의 표준편차를 아는 경우의 공식을 사용하면 된다. n이 30개보다 적어서 모집단의 표준편차를 모르는 경우는 아래와 같은 방법으로 가설검정을 진행한다. 모집단의 표준편차를 모르는 경우에도 세 가지로 나눌 수 있다.

첫째, 귀무가설과 대립가설이 $H_0 : \mu = \mu_0$, $H_1 : \mu \neq \mu_0$일 때(양측검정일 때), 유의성 판단은 $\left| \frac{\overline{X} - \mu_0}{\frac{s}{\sqrt{n}}} \right| > t_{n-1,\, \alpha/2}$이면 H_0(귀무가설)를 기각한다.

둘째, 귀무가설과 대립가설이 $H_0 : \mu = \mu_0$, $H_1 : \mu > \mu_0$일 때(단측검정일 대), 유의성 판단은 $\frac{\overline{X} - \mu_0}{\frac{s}{\sqrt{n}}} > t_{n-1,\, \alpha}$이면 H_0(귀무가설)를 기각한다.

셋째, 귀무가설과 대립가설이 $H_0 : \mu = \mu_0$, $H_1 : \mu < \mu_0$일 때(단측검정일 때), 유의성 판단은 $\frac{\overline{X} - \mu_0}{\frac{s}{\sqrt{n}}} < -t_{n-1,\, \alpha}$이면 H_0(귀무가설)를 기각한다.

위에서 살펴본 모집단의 표준편차를 아는 경우의 예를 여기서도 사용해 보자. 즉, 작년 1학년 학생들의 행정학원론 성적의 모집단 평균이 81점이었다. 올해 1학년 학생 25명을 조사했더니 평균이 84점이고 표준편차가 10점이다. 그렇다면 ① 올해 학생들의 행정학원론 성적은 작년과 같은지에 대해 유의 수준 1%에서 검정해 보자. 아울러 ② 올해 학생들의 성적이 올랐는지에 대해 유의 수준 1%에서 검정해 보자.

이 예시는 앞서 행한 방법에서 T분포를 적용하는 것만 다르다. 따라서 같은 방법으로 가설검정을 진행하면 된다.

우선, 표본의 크기가 25이므로 T분포를 사용한다. 첫 번째의 경우 가설은 $H_0 : \mu = \mu_0$, $H_1 : \mu \neq \mu_0$가 된다. 가설검정 판단 기준에 따라 판단하면, $\left| \frac{84 - 81}{\frac{10}{\sqrt{25}}} \right| > t_{24,\, 0.005}$가 된다. 여기서 $\left| \frac{84 - 81}{\frac{10}{\sqrt{25}}} \right| = 1.5$이고, $t_{24,\, 0.005} = 2.792$이므로 이 둘을 비교하면 1.5가 2.792보다 작기 때문에, 정규분포상에서 1.5가 더 왼쪽에 위치하여 제1종 오류를 범할 허용 한계보다 더 크다. 같은 맥락에서 양측검정이므로 음의 방향도 고려하면 −1.5가 −2.792보다 더 오른쪽에 위치하므로, 제1종 오류를 범할 허용 한계보다 크다. 따라서 귀무가설을 기각할 수 없게 되어 올해 학생들의 성적은 작년 학생들의 성적과 다르지

않다는 귀무가설을 채택한다.

두 번째는, 학생들의 성적이 작년보다 올랐는가에 대한 물음이다. 이에 대한 가설은 $H_0 : \mu = \mu_0$, $H_1 : \mu > \mu_0$이 되고, 판단 기준은 $\frac{84-81}{\frac{10}{\sqrt{25}}} > t_{24,\,0.01}$이 된다. 여기서 $\frac{84-81}{\frac{10}{\sqrt{25}}} = 1.5$이고, $t_{24,\,0.01} = 2.492$이므로 이 둘을 비교하면 1.5가 2.492보다 작기 때문에 정규분포상에서 1.5가 더 왼쪽에 위치하여 제1종 오류를 범할 허용 한계보다 크다. 따라서 귀무가설을 기각할 수 없으며, 올해 성적이 작년보다 더 높다고 할 수 없다는 판단을 내려야 한다.

3) p값을 이용한 판단법

검정통계량를 사용해서 가설검정의 결과를 판단하는 방법은 표본평균과 같이 표본에서 구한 값을 Z값이나 T값으로 변환시켜서 임계치와 비교하여 판단한다. 두 번째 가설검정의 결과를 판단하는 방법인 p값(p-value)을 이용하는 방법은 표본평균이 Z값이나 T값으로 변환된 값의 확률을 구해서 유의 수준과 비교하는 방법이다. 여기서 말하는 p값이 바로 유의확률(significance probability, p-value)이다.

유의확률이란 통계적 가설검정에서 귀무가설이 옳다고 가정할 때, 관찰된 결과와 같거나 더 극단적인 결과가 나올 확률을 의미한다. 표본을 통해 대립가설을 주장했을 때 그 주장이, 사실은 귀무가설이 맞는데도 불구하고 옳다고 주장하고 있을 확률을 의미한다. 이 값(p)이 유의 수준(α)보다 작다면 대립가설은 통계적으로 유의미하다. 주장하는 바가 잘못되었을 확률이 매우 낮기 때문이다. 흔히 간단히 p값이라 불리는 이 값은 0~1 사이의 값을 가진다. 쉽게 말해 유의확률은 관찰된 값들을 기준으로 구한 제1종 오류를 범할 확률이라고 할 수 있다.

그래서 유의확률을 이용한다는 것은 수집된 자료의 분석 결과가 제1종 오류를 범할 확률을 이용해서 가설검정 결과를 판단한다는 의미이다. 내가 수집한 자료를 분석한 결과가 내가 정한 대립가설이 아닌 귀무가설이 맞는데도 불구하고, 대립가설이 옳다고 판단할 오류를 범할 정도를 의미하는 것이다. 따라서 유의확률로 검정을 한다는 것은 검정 전에 설정한 제1종 오류를 범하는 허용 한계와, 실제로 자료를 분석한 결과가 제1종 오류를 범할 정도를 서로 비교한다는 것이다. 실제로 분석한 결과가 제1종 오류를 범하는 허용 한계보다 적다면 연구해서 알고자 하는 대립가설을 채택하면 된다.

유의확률을 통한 가설검정은 사실 앞서 살펴본 검정통계량을 이용해서 판단한 방법에서 검정통계량의 확률값을 추가적으로 구하는 것이다. 따라서 유의확률을 구하기 위해서는 검정통계량을 우선 구해야 한다. 구한 검정통계량을 표준정규분포표나 T분포표 등을 이용해서 확률값을 구하면 된다. 그래서 순서는 ① 표본자료를 수집하여 검정통계량을 계산하고, ② 검정통계량의 값으로 p값을 계산한다. ③ 그리고 귀무가설 기각 여부를 판단하는데, α값보다 p값이 작다면 귀무가설을 기각하고 대립가설을 채택한다.

앞서 검정통계량을 통해 가설을 검정한 예를 그대로 사용해서 가설검정을 해보자. 즉, 작년 1학년 학생들의 행정학원론 성적의 모집단 평균이 81점이었다. 올해 1학년 학생 100명을 조사했더니 평균이 84점이고 표준편차가 10점이다. 그렇다면 ① 올해 학생들의 행정학원론 성적은 작년과 같은지에 대해 유의 수준 1%에서 유의확률(p값 혹은 p-value)을 이용해서 검정해 보자. 아울러 ② 올해 학생들의 성적이 올랐는지에 대해 유의 수준 1%에서 유의확률을 이용해서 검정해 보자.

우선, 검정통계량은 이미 구했다. 검정통계량은 3이다. 3이 표준정규분포에서 차지하는 확률은 0.0013이다. 이 값이 유의확률이다. 그래서 0.0013과 제1종 오류를 범하는 것을 허용하는 정도인 유의 수준과 비교하면 된다. 그런데 여기서는 양측검정이기 때문에 유의 수준 0.01은 양의 쪽 0.005와 음의 쪽 0.005를 검정통계량의 값과 비교해야 한다. 0.0013과 0.005를 비교하는 것이다. 따라서 유의확률이 0.0013으로 유의 수준 0.005보다 작기 때문에 귀무가설을 기각한다. 같은 방법으로, 유의확률을 2배해서 유의 수준 0.01과 비교해도 된다. 이는 유의확률 0.0026과 유의 수준 0.01를 비교하는 것이 되어, 0.0026이 0.01보다 작기 때문에 역시 귀무가설을 기각하고 대립가설을 채택한다. 이 예에서 양측검정에서의 유의확률은 0.0026이 된다.

단측검정을 하는 두 번째도 같은 원리이다. 다만, 유의 수준과 유의확률을 한쪽 면에서만 비교해서 판단하기 때문에 둘로 나누거나 두 배를 하는 경우가 없다는 것이 차이점이다. 단측검정의 검정통계량도 3이므로 유의확률은 0.0013이다. 이는 유의 수준 0.01과 비교하면 된다. 단측검정이므로 양측검정과 달리 0.01을 둘로 나누지 않고 비교한다. 따라서 이 결과 역시 귀무가설을 기각하고 대립가설을 채택한다.

T분포를 이용한 유의확률도 마찬가지이다. 표본 수가 30개보다 적을 때 T분포에 따

라 유의확률을 구한다. 앞의 예를 다시 보자. 작년 1학년 학생들의 행정학원론 성적의 모집단 평균이 81점이었다. 올해 1학년 학생 25명을 조사했더니 평균이 84점이고 표준편차가 10점이다. 이때 ① 올해 학생들의 행정학원론 성적은 작년과 같은지에 대해 유의 수준 1%에서 유의확률을 이용해서 검정해 보자. 아울러 ② 올해 학생들의 성적이 올랐는지에 대해 유의 수준 1%에서 유의확률을 이용해서 검정해 보자.

첫 번째 문제의 경우 검정통계량은 앞서 구한 바와 같이 1.5이다. T분포표에서 자유도가 24($n-1$이므로 $25-1$)일 때 1.5에 해당되는 확률을 찾으면 α가 0.1과 0.05 사이 어디쯤이다. 정확한 값은 계산을 하면 되지만 T분포표에서는 정확히 찾을 수가 없다. 하지만 우리가 알고자 하는 것은 유의 수준 0.01보다 큰 값인지 혹은 작은 값인지만 알면 된다. 그런데 양측검정이므로 유의 수준은 0.005가 된다. 이 값은 유의확률 0.1과 0.05 사이의 어느 값보다는 작다. 다시 말해, 유의확률이 더 크다는 것을 알 수 있다. 같은 맥락에서 양측검정인 이 문제의 유의확률은 0.1과 0.05 사이의 어느 값을 두 배로 한 0.2와 0.1 사이의 어느 값이 되어, 유의 수준 0.01보다 유의확률이 더 크다. 따라서 성적에 차이가 없다는 귀무가설을 채택한다.

두 번째 문제의 검정통계량도 1.5이므로 유의확률은 0.1과 0.05 사이의 어느 값이다. 단측검정이므로 유의 수준을 나누거나 유의확률을 두 배 하여 유의 수준과 비교할 필요가 없다. 즉, 유의 수준 0.01과 유의확률 0.1과 0.05 사이의 어느 값과 비교하면 된다. 유의확률이 더 크기 때문에 이 역시 귀무가설을 채택한다.

제3부

통계분석 기법의 원리와 실습

제3부는 여러 통계분석의 기법들에 대해 학습한다. 각 기법의 원리를 학습하고 실제 통계 프로그램(SPSS)에 적용할 수 있는 실습 방법을 자세히 소개한다. '제8장 교차비교분석(χ^2)', '제9장 집단비교분석(T검정)', '제10장 분산분석(ANOVA)', '제11장 상관관계분석', '제12장 회귀분석(단순회귀분석, 다중회귀분석, 더미변수 회귀분석)', '제13장 요인분석'으로 구성되어 있다.

행정계량분석론

제 8 장

교차비교분석(χ^2)

제1절 의 미

교차비교분석은 '문항 간 교차비교분석', 'χ^2(카이 제곱)분석' 등으로도 불리는 방법으로서, 명목척도로 측정된 두 변수의 관계를 분석하는 방법이다. 그래서 교차비교분석을 적용하기 위해서는 명목척도로 측정된 두 변수가 존재해야 분석이 가능해진다. 여기서 두 변수의 관계는 인과관계일 수도 있고 상관관계일 수도 있다. 분석하고자 하는 목적에 맞게 분석하면 된다. 인과관계를 분석한다면 한 변수에 따라서 다른 변수가 어떠하다는 것으로 표현이 되고, 상관관계를 분석한다면 두 변수는 서로 관련성이 있다 혹은 없다 등으로 표현된다.

예를 들어, '성별(예: 남성, 여성)'에 따라서 '종교(예: 불교, 기독교, 천주교)'가 어떤가(영향을 미치는가 등)에 대해 분석하거나, 거주하는 '지역(예: 수도권, 비수도권)'에 따라 선호하는 '정당'이 어떠한가(다르다는 등)에 대해 분석한다면 두 변수 사이의 인과관계를 분석하는 것이 된다. 독립변수인 성별이 종속변수인 종교에 영향을 미치는 것을 살펴보는 것이고, 마찬가지로 독립변수인 지역이 종속변수인 정당에 미치는 영향을 살펴보는 것이다. 명목척도로 측정된 두 변수 간의 상관관계분석의 예는 '학년(예: 1학년, 2학년, 3학년)'과 '독서 분야(예: 소설, 사회과학류, 자연과학류)'는 상호 관련성이 있는가, '연령대(예: 60대, 70대, 80대)'와 거주하는 '주거 형태(예: 단독주택, 아파트)'는 서로 관련이 있는가 등이 해당된다.

교차비교분석에서는 이와 같이 명목척도로 측정된 변수가 두 개 사용된다. 그렇기 때문에 교차비교분석 방법은 비모수통계법에 해당된다. 명목척도로 측정된 자료는 정규분포를 이루지 못하기 때문이다.

제2절 원 리

교차비교분석은 그룹화된 항목에 해당되는 빈도를 토대로 계산된다. 그룹화된 항목이 곧 명목척도로 측정된 것임을 의미한다. [표 8-1]을 보면서 그 원리를 이해하면 쉽

표 8-1 교차비교분석표

주거 형태 \ 성 별	남 성	여 성	합 계
아파트	18(셀1)	12(셀3)	30
단독주택	2(셀2)	8(셀4)	10
합계	20	20	40

게 알 수 있다. 만일 성별에 따라 선호하는 주거 형태가 다른지에 대해 살펴본다고 하자. 40명을 대상으로 조사했고, 여기에 사용된 변수는 성별과 주거 형태가 된다. 성별은 남성과 여성으로 측정되고, 주거 형태는 아파트와 단독주택으로 측정되었다고 하자. 두 변수 모두 명목척도로 측정된 것이다. 이러한 사항을 네 개의 셀로 표시한 것이 [표 8-1]이다. [표 8-1]을 작성할 때 통상적으로 두 변수의 인과관계를 보고자 한다면, 독립변수는 가로축(column, 열)에 쓰고, 종속변수는 세로축(row, 행)에 쓴다.

네 개의 각 셀은 셀1, 셀2, 셀3, 셀4로 구분된다. 조사 대상자 40명은 이 네 개의 셀 중 어느 하나에 포함된다. 물론 결측치가 존재할 수도 있다. 하지만 중복된 응답이 존재해서는 안 된다. 이는 교차비교분석의 표본은 독립표본(independent sample)이어야 한다는 전제조건에 해당되는 사항이다. 즉, 한 셀에 속한 사람이 다른 셀에 속하지 않아야 한다는 점이다.

각각의 셀은 기댓값을 가지게 된다. 각 셀에 해당되리라고 기대될 수 있는 값이다. 바로 이 기대되는 값(E, expected frequency)과 실제 관측된 값(O, Observed frequency)과의 차이를 이용해서 교차비교분석을 하게 된다. 이때 그 차이는 각각 제곱되어 각 기댓값을 고려한(나누기) 것으로 나타내며, 이러한 모든 셀의 값을 더하게 된다. 이 수치가 바로 χ^2값이다. 이를 수식으로 표현해서 보면 아래와 같다. 여기서 $E=\frac{C\times R}{N}$, O는 관측값, E는 기댓값, C는 가로축에 속한 전체 수, R은 세로축에 속한 전체 수, N은 전체 사례 수이다.

$$\chi^2=\Sigma\frac{(O-E)^2}{E}$$

이 식을 이용하여 위의 교차비교분석표를 계산해 보자. 우선, 남성이면서 아파트 거주를 선호하는 사람은 18명이다. 이 수치가 관측치이다. 실제로 관측된 값이다. 하지만 이 셀에 원래 기대되는 값은 해당되는 셀이 속한 열의 전체 사람의 수와 해당되는 셀이 속한 행의 전체 사람의 수를 곱한 후 전체 사례 수로 나눈 값이다. 그 값은 아래의 계산으로 15가 됨을 알 수 있다.

$$E=\frac{C\times R}{N}=\frac{30\times 20}{40}=15$$

이는 셀1의 기댓값이 15명이라는 말이다. 셀2와 셀3, 그리고 셀4도 각각 기댓값이 구해진다. 셀2는 5, 셀3은 15, 셀4는 5이다. 이 기댓값을 이용해서 χ^2값을 구할 수 있다. 그 값은 아래와 같다.

$$\chi^2=\Sigma\frac{(O-E)^2}{E}=\frac{(18-15)^2}{15}+\frac{(2-5)^2}{5}+\frac{(12-15)^2}{15}+\frac{(8-5)^2}{5}=4.8$$

식에서도 알 수 있듯이 관측빈도와 기대빈도가 차이가 클수록 χ^2값은 커지게 된다. 기대빈도는 평균적인 값이므로 항목별로 차이가 없다는 것을 의미하기 때문에 χ^2이 크다는 것은 항목별로 차이가 커다는 것을 의미하는 것이 된다. χ^2값이 크면 두 변수가 상호 관련이 있다거나 어느 한 변수가 다른 변수에 영향을 준다는 대립가설을 수용할 수 있는 가능성이 높아진다.

그렇다면 4.8이라는 값이 두 변수와의 관련성에 유의미성을 나타내는 것인지 아닌지를 판단해야 한다. 이때는 자유도와 함께 χ^2분포표를 통해 판단하면 된다. χ^2의 자유도는 열의 수에서 1을 뺀 값과 행의 수에서 1을 뺀 값을 곱하면 된다.

$$\chi^2\text{에서 자유도}=(\text{열의 수}-1)\times(\text{행의 수}-1)$$

열에 해당되는 성별은 항목이 남성과 여성으로두 개이므로 1, 행에 해당되는 주거형태도 아파트와 단독주택으로 두 개이므로 1이다. 따라서 여기서 자유도는 1이 된다. 유의 수준을 0.05로 가정했다고 하면 χ^2분포표에서 자유도 1과 유의 수준 0.05에 해당되는 기준 값을 찾으면 된다. 그 값은 3.841이다. 3.841보다 크다면 유의 수준에서 귀무가설을 기각하고 대립가설을 받아들인다. 따라서 4.8은 3.841보다 크기 때문에 성별에 따라 선호하는 주거 형태가 다르다는 것으로 결론짓게 된다.

표 8-2 χ^2분포표

df	p=0.1	p=0.05	p=0.01
1	2.706	3.841	6.635
2	4.605	5.991	9.210
3	6.251	7.815	11.345
⋮	⋮	⋮	⋮

χ^2에서는 두 변수가 분석된다고 했는데, 이때 둘의 상관관계의 정도가 수치로 제시된다. 명목척도로 측정된 분석이기 때문에 흔히 많이 사용되는 상관관계계수 값과는 달리 λ(Lambda, 람다)값으로 표현된다. λ값은 0과 1사이의 값을 가지고 0에 가까울수록 두 변수 간에 상관관계가 거의 없는 것이 되고, 1에 가까울수록 상관관계가 높은 것으로 해석된다.

통계 프로그램(예: SPSS)을 통해 분석되어 도출된 λ값을 해석할 때 주의할 점은 교차분석의 경우 두 변수의 상관관계를 살펴보는 것일 수도 있고 인과관계를 살펴보는 것일 수도 있기 때문에 해당되는 λ값을 찾아서 해석해야 한다. 앞의 예를 이어서 들어보면, λ값은 '대칭적', '성별 종속', '주거 형태 종속'으로 각각 제시되는데, 만일 성별과 선호하는 주거 형태가 서로 관련된다는 연구가설에서 진행된 연구 결과라면 '대칭적'으로 표시된 λ값을 두 변수의 상관관계 계수로 선택해서 해석하면 된다. 만일 성별에 따라 주거 형태가 다르다 라는 것처럼 주거 형태가 종속변수로 사용된 연구가설에 의해 진행된 연구라면 '주거 형태 종속'에 제시된 λ값을 두 변수의 상관관계 정도를 나타내는 값으로 해석하면 된다.

제3절 분석 절차(실습)

1. 교차비교분석(χ^2)의 사례

학생들을 대상으로 성별에 따라 주거 형태에 차이가 있는지에 대해 검정하고자 한다. 주거 형태는 아파트와 단독주택이다. 실습을 위한 데이터는 출판사 홈페이지를 통해 다운로드할 수 있다. 파일명은 '제8장 교차비교분석 실습자료'이다. 이 데이터를 이용하여 다음의 실습 절차대로 SPSS 프로그램을 실행하면 된다.

2. 교차비교분석(χ^2)의 실습 절차

1) 메뉴의 '분석(A)'에서 '기술통계량(E)'을 선택하고, 그 중 '교차분석(C)'을 선택한다.

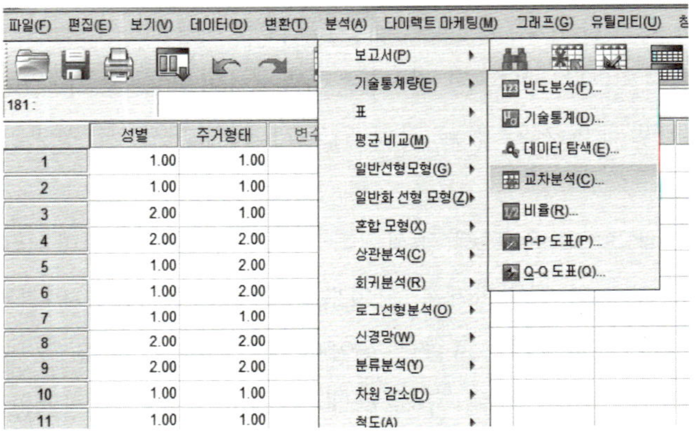

2) '교차분석' 창이 생긴다. 그리고 분석에 사용되는 두 변수인 '성별'과 '주거 형태'가 있음을 확인한다.

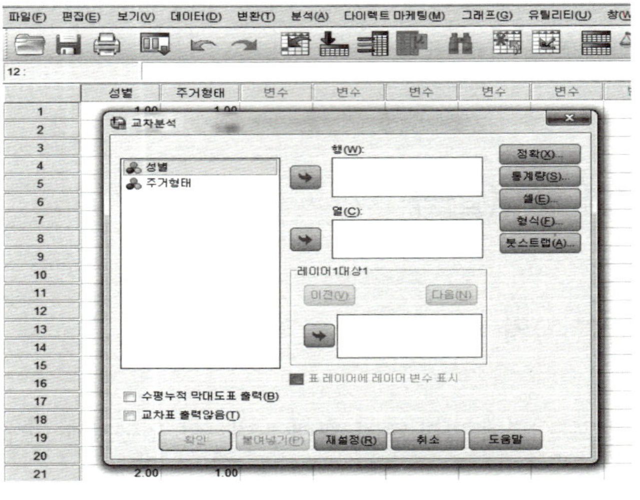

3) ‘성별’ 변수는 독립변수이므로 ‘열(C)’로 옮기고, ‘주거 형태’ 변수는 종속변수이므로 ‘행(W)’으로 이동시킨다. 그리고 맨 오른쪽에 있는 메뉴들 중에서 ‘통계량(S)’을 클릭한다.

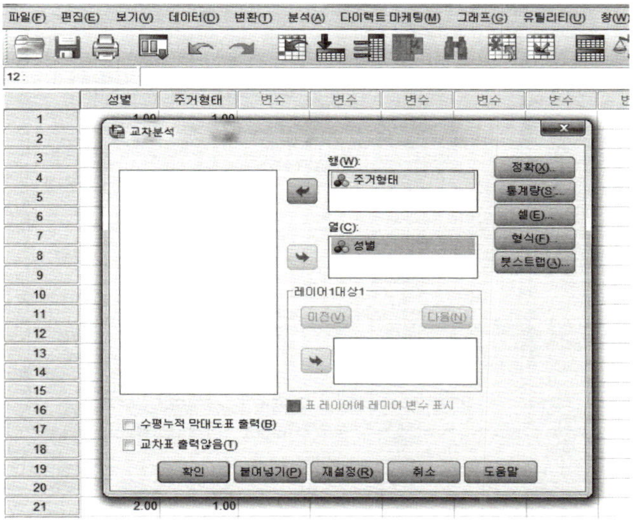

4) ‘교차분석: 통계량’ 창이 생긴다. 여기서 ‘카이 제곱(H)’과 ‘람다(L)’를 모두 체크한다. 그리고 아래에 있는 ‘계속’ 메뉴를 누른다.

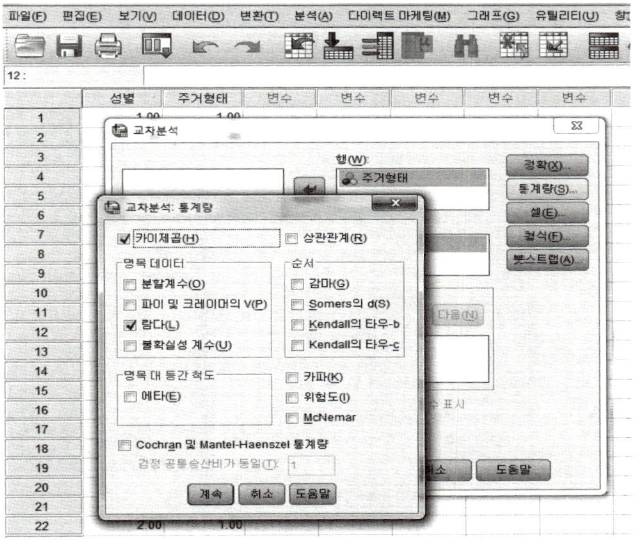

5) 다시 원래의 '교차분석' 창이 남는다. 오른쪽에 있는 '셀(E)' 메뉴를 클릭한다.

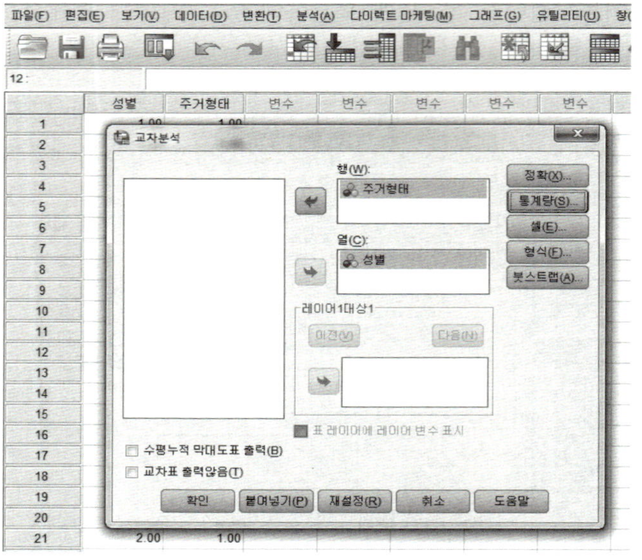

6) '교차분석: 셀 출력' 창이 생긴다. 여기서 '빈도' 영역에 있는 '관측빈도(O)'와 '퍼센트' 영역에 있는 '열(C)'을 모두 체크한다. 그리고 아래에 있는 '계속' 메뉴를 클릭한다.

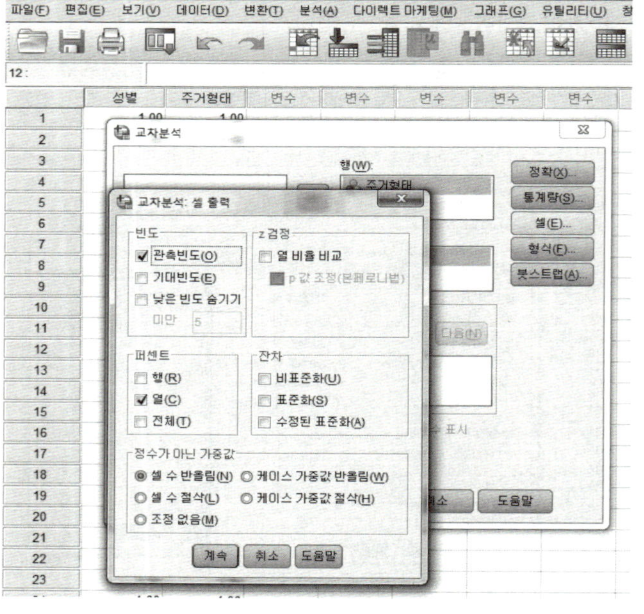

7) 다시 '교차분석' 창만 남는다. 이제 맨 아래에 있는 '확인' 메뉴를 클릭한다.

8) 결과를 확인한다. 이 결과는 이어지는 '제4절 결과 작성 방법'에 활용된다.

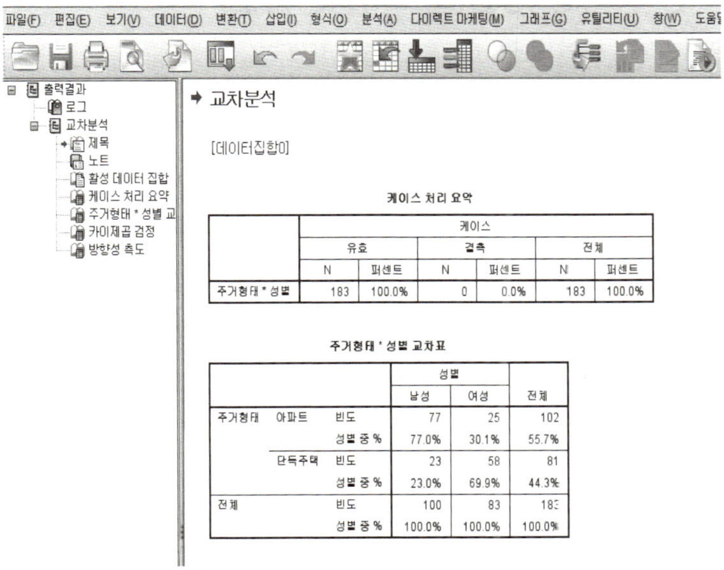

케이스 처리 요약

	케이스					
	유효		결측		전체	
	N	퍼센트	N	퍼센트	N	퍼센트
주거형태 * 성별	183	100.0%	0	0.0%	183	100.0%

주거형태 * 성별 교차표

			성별		전체
			남성	여성	
주거형태	아파트	빈도	77	25	102
		성별 중 %	77.0%	30.1%	55.7%
	단독주택	빈도	23	58	81
		성별 중 %	23.0%	69.9%	44.3%
전체		빈도	100	83	183
		성별 중 %	100.0%	100.0%	100.0%

카이제곱 검정

	값	자유도	점근 유의확률 (양측검정)	정확한 유의확률 (양측검정)	정확한 유의확률 (단측검정)
Pearson 카이제곱	40.403[a]	1	.000		
연속수정[b]	38.525	1	.000		
우도비	41.849	1	.000		
Fisher의 정확한 검정				.000	.000
선형 대 선형결합	40.182	1	.000		
유효 케이스 수	183				

a. 0 셀 (0.0%)은(는) 5보다 작은 기대 빈도를 가지는 셀입니다. 최소 기대빈도는 36.74입니다.

b. 2x2 표에 대해서만 계산됨

방향성 측도

			값	점근 표준오차[a]	근사 T 값[b]	근사 유의확률
명목척도 대 명목척도	람다	대칭적	.415	.081	4.261	.000
		주거형태 종속	.407	.087	3.759	.000
		성별 종속	.422	.082	4.060	.000
	Goodman과 Kruskal 타우	주거형태 종속	.221	.062		.000[c]
		성별 종속	.221	.062		.000[c]

a. 영가설을 가정하지 않음.

b. 영가설을 가정하는 점근 표준오차 사용

c. 카이제곱 근사법을 기준으로

제4절 결과 작성 방법(보고서 및 논문)

통계분석한 결과를 관련된 보고서나 논문으로 작성하는 방법을 소개한다. 통계분석을 한 결과 모두를 보고서나 논문에 포함시키는 것은 아니다. 핵심적으로 포함시켜야 할 사항들은 포함시키되 굳이 보고서나 논문의 본문에서 다룰 필요가 없는 것은 포함시키지 않는다. 포함되지 않은 정보들은 필요시 주석으로 설명한다. 무엇보다도 분석 결과는 간결하게 정리되어 하나의 메시지나 정보가 되어야 한다. 그래서 기본적으로 아래와 같이 작성한다. 앞의 실습 결과를 보면서 아래의 작성 방법을 보면 더 쉽게 이해가 될 것이다.

χ^2분석의 결과 작성 방법

1. 연구가설

○ 귀무가설(생략 가능)

성별과 선호하는 주거 형태는 상호 관련성이 없다.

○ 연구가설(대립가설)

성별에 따라 선호하는 주거 형태가 서로 다르다.

성별과 선호하는 주거 형태는 상호 관련성이 있다.

$H_0: \chi^2 = 0, \quad H_1: \chi^2 \neq 0$

○ 독립변수: 성별(여성, 남성), 종속변수: 주거 형태(아파트, 단독주택)

2. 유의 수준 제시

$\alpha = 0.05$

3. χ^2분석표 제시

	남 성	여 성
아파트	77명 (77%)	25명 (30.1%)
단독주택	23명 (23%)	58명 (69.9%)
계	100명 (100%)	83명 (100%)

$\chi^2 = 40.403,\ df = 1,\ p < 0.05,\ \lambda = 0.407$

4. 해 석

성별과 선호하는 주거 형태 간에는 통계적으로 유의미한 차이가 있는 것으로 나타났다($\chi^2 = 40.403,\ df = 1,\ p < 0.05$). 즉, 남성의 다수(77%)는 아파트를 선호하는 반면, 여성의 다수(69.9%)는 단독주택을 선호하는 것으로 나타났다. 그리고 성별과 선호하는 주거 형태 간의 인과관계에서 두 변수는 어느 정도 상관성이 있는 것으로 나타났다($\lambda = 0.407$).

5. 함 의

연구 결과에서 보이고 있는 차이를 이론적이고 경험적인 근거에 기초해서 설명한다. 그리고 연구 결과에 기초한 현실적 교훈과 적용에 대해 기술한다.

제 9 장

집단비교분석 (T검정)

제1절 의 미

집단비교분석은 집단을 비교하여 그 차이 여부를 확인하는 통계 방법이다. T검정(T-test)이라고도 한다. 집단비교분석은 집단 간의 어떤 값을 비교한다는 말이기 때문에 '집단'이라는 말에서도 알 수 있듯이, 명목척도로 측정된 한 개의 독립변수와 등간척도 이상으로 측정된 한 개의 종속변수가 존재한다. 물론 두 집단의 비교를 독립변수와 종속변수로 구분짓지 않고 두 집단(독립된 두 집단, 한 집단의 전과 후) 간 어떤 값에 차이가 있거나 혹은 없다고 말하기도 한다.

집단비교분석은 크게 세 가지로 구분된다. ① 두 집단의 평균을 비교하는 방법, ② 한 집단의 전과 후의 어떤 값을 비교하는 방법, 그리고 ③ 한 집단의 어떤 값을 이미 알려져 있는 다른 집단의 어떤 값과 비교하는 방법이다. 순서대로 독립표본 T검정, 대응표본 T검정, 일표본 T검정이라고 부른다. 두 집단의 평균을 비교하는 것이므로 독립된 표본의 평균값과 비교가 되어 첫 번째를 독립표본 T검정이라 하고, 한 집단의 전과 후를 대응해서 그 변화된 평균값을 비교하는 것이므로 두 번째를 대응표본 T검정이라고 한다. 그리고 한 집단의 표본 평균값을 실제 세부적인 데이터가 현재 존재하지 않는 다른 집단의 평균값과 비교한다는 점에서 결국 하나의 표본만 사용된다고 하여 일표본 T검정이라고 한다.

예를 들면, 독립표본 T검정의 경우 성별(남성, 여성)에 따라 월수입에 차이가 있는지에 관한 검정이나, 국가 간(한국, 일본) 독서량에 차이가 있는지에 관한 검정 등을 들 수 있다. 성별이나 국가 등과 같이 집단이라는 명목척도로 측정된 독립변수와 월수입이나 독서량과 같이 비율척도(등간척도 이상)로 측정된 종속변수가 집단비교분석을 위한 조건에 부합하고 있는 것이다. 이때 명목척도로 측정된 독립변수는 두 개의 구성 요소로 이루어져야 한다.

대응표본 T검정의 경우, 창의력 향상 프로그램 실시 전과 후의 금정고등학교 1학년 학생들의 창의력 지수의 변화 여부, 아침 운동 실시 이후 대항마을 사람들의 식사량의 차이 검정 등이 그 예에 해당한다. 대응표본 T검정에서는 독립변수와 종속변수로의 구분보다도 어떤 처리에 의해 전과 후에 차이가 발생되었는가에 더 초점을 두고 살펴보는 경우가 많다. 물론 앞서 살펴본 독립표본 T검정도 마찬가지다. 대응표본과 독립표본의 구분을 더 쉽게 이해하기 위해 같은 예를 두 방법으로 나누어서 살펴보면 다음과 같다. 창의성 향상 프로그램을 실시한 집단과 실시하지 않은 집단을 각각 별개로 선정해서 두 집단의 차이를 분석했다면 그것은 독립표본 T검정이고, 한 집단을 선택해서 창의력 향상 프로그램을 실시하기 전과 후의 창의력 값을 비교한다던 그것은 대응표본 T검정이 된다.

일표본 T검정은 A반과 B반의 몸무게 차이를 분석한다고 했을 때 A반의 학생들의 몸무게는 개별 값들이 모두 존재하지만, B반의 학생들의 몸무게는 개별적 데이터로는 알 수 없는 대신 전체 평균만을 알고 있는 경우에 두 집단의 차이를 구하는 것이 그 예가 된다. 개별 값들이 존재하는 한 집단과 비교분석하고자 하는 평균값만 존재하는 다른 집단과의 비교에서 사용되는 것이다.

제2절 원 리

집단비교분석은 세 가지로 나뉜다고 했다. 앞서 살펴본 바와 같이 독립표본 T검정, 대응표본 T검정, 일표본 T검정이 그것이다. 각각의 검정 원리에는 차이가 있기 때문에 하나씩 살펴보기로 한다. 여기서 일표본 T검정의 경우는 '제7장 가설검정'에서 가설검정의 방법을 설명할 때 어느 한 집단의 평균에 대한 가설검정을 설명하면서 이미 학습했다. 그러나 복습 차원에서, 그리고 집단비교 방법의 전체적인 흐름의 맥락에서 한 번 더 설명할 것이다.

1. 독립표본 T검정

독립표본 T검정은 두 개의 독립된 표본의 평균을 비교하는 것이다. 독립된 두 개의 표본은 독립된 두 개의 집단을 의미한다. 이때 각 집단의 표본 수는 상이해도 상관없다. 예를 들어, A집단과 B집단의 평균을 비교할 때 A집단의 구성원들의 수가 B집단의 구성원들의 수와 반드시 같을 필요는 없다.

독립표본 T검정은 두 집단이 정규분포를 따르고 분산이 알려져 있는 경우와 표본의 크기가 30개 미만이면서 분산을 모르고 있는 경우에 따라 검정하는 계산식에 차이가 있다. 우선, 정규분포를 따르면서 두 모집단의 분산을 알고 있는 경우, '표본평균 차이의 표본분포'는 두 집단의 차이를 고려한 평균$(\mu_1 - \mu_2)$과 분산$(\frac{\sigma_1^2}{n_1} + \frac{\sigma_2^2}{n_2})$이 정규분포를 따르게 된다. 이 경우는 두 모집단 모두 정규분포를 이루는 모집단에서 독립적으로 추출되었기 때문이다. 그래서 표본평균의 차이의 표본분포도 정규분포를 따르는 것이다. 따라서 검정통계량은 아래와 같다.

$$z = \frac{(\overline{X_1} - \overline{X_2}) - (\mu_1 - \mu_2)}{\sqrt{\frac{\sigma_1^2}{n_1} + \frac{\sigma_2^2}{n_2}}}$$

예를 들어, A반과 B반의 평균 성적을 비교한다고 하자. A반은 210명으로 평균이 88점이고 표준편차가 4점이다. B반은 160명으로 평균 90점이고 표준편차가 6점이다. 두 집단의 평균 성적이 차이가 있다고 할 수 있는지에 대해 유의 수준 5%에서 양측검정을 해보자.

검정통계량에 대입해 보면, $z = \frac{(88-90)-0}{\sqrt{\frac{4^2}{210} + \frac{6^2}{160}}} = -3.644$이 된다. 유의 수준이 5%이고 양측검정이므로 임계치는 $z_{\alpha/2} = z_{0.25} = 1.96$이 되어 검정통계량이 $z < -1.96$이거나 $z > 1.96$이면 귀무가설(두 집단의 평균을 차이가 없다)을 기각한다. 검정통계량이 -3.644이므로 A반과 B반의 평균 성적 점수는 서로 차이가 있다고 결론짓는다. 이때 모집단 평균의 차이를 0으로 한 것은 귀무가설에 대한 검정이기 때문이고, 양측검정을 한 것은 두 집단의 차이가 있느냐에 관한 검정이므로 차이의 방향이 양쪽(+, -) 모두 가능하기 때문이다.

한편, 만일 비록 분산이 알려져 있지 않다고 하더라도 표본의 수가 충분히 크다면 근사적으로 평균이 $\mu_1 - \mu_2$이고 분산이 $\frac{\sigma_1^2}{n_1} + \frac{\sigma_2^2}{n_2}$인 정규분포를 따르게 되므로, 이때도 검정통계량은 동일하다. 모집단 분산의 추정치는 표본분산으로 사용한다. 이론적으로 30 이상이라면 모집단 분산을 모른다고 해도 30개 이상의 표본에서 구한 표본분산을 위의 검정통계량 식에 대입해서 구할 수 있다.

독립표본 T검정의 두 번째 경우는 분산이 알려져 있지 않고 30개 미만의 표본일 때다. 여기서 달라지는 것은 Z분포를 사용할 수 없기 때문에 자유도 $n_1 + n_2 - 2$의 T분포를 사용한다는 점이다. 따라서 앞서 검정통계량 식에서 분모에 변화가 생긴다. 분산이 알려져 있지 않은 두 집단으로부터 소표본을 독립적으로 추출할 때 확률변수 T는 아래와 같다. 이것이 검정통계량을 구하는 식이 된다.

여기서 $S^2 = \dfrac{(n_1 - 1)S_1^2 + (n_2 - 1)S_2^2}{n_1 + n_2 - 2}$이다.

$$T = \frac{(\overline{X_1} - \overline{X_2}) - (\mu_1 - \mu_2)}{\sqrt{\dfrac{S^2}{n_1} + \dfrac{S^2}{n_2}}}$$

그리고 독립표본 T검정에서는 등분산 검정이 이루어진다. 등분산 검정은 분석의 대상이 되는 각 집단이 동일한 모집단에서 추출되었는지를 확인하는 것이다. 이는 개별 집단별로 구한 오차분산을 활용한 Levene 검정의 F값으로 판단할 수 있는데, 이때 F값은 유의미하지 않아야 등분산의 가정을 충족하게 된다. 왜냐하면 등분산 검정과 관련한 귀무가설은 "동일한 모집단에서 각 집단이 추출되었다"이고 대립가설은 "동일한 모집단에서 각 집단이 추출되지 않았다"이기 때문에, 유의 수준보다 더 높은 값의 유의확률값이 나와야 동일한 모집단에서 각 집단이 추출되었다고 판단할 수 있는 것이다. 이와 관련해서는 제10장의 분산분석(ANOVA)에서도 다시 언급된다.

2. 대응표본 T검정

대응표본 T검정은 두 집단이 짝을 이루고 있을 때 두 집단의 평균 차이를 검정하는 방법이다. 어떤 집단의 전(前)과 후(後)의 평균값을 비교하는 데 자주 사용되는 방법이다. 어떤 조치가 있기 전의 값들로 이루어진 것이 하나의 집단이 되고, 후의 값들로 이루어진 것이 또 다른 하나의 집단이 되는 것이다. 그래서 이 경우 두 집단의 개체 수는 동일하다.

대응표본 T검정을 하기 위해서는 두 집단에서 대응되는 각 개체 값들의 차이 값을 이용해야 한다. 다시 말해, 대응하고 있는 두 표본의 개체 값의 차이인 $x_1 - x_2$의 값을 이용해서 추정하고 검정한다. 한 집단에 속한 x_1과 또 다른 집단에 속한 x_2 두 개의 확률변수를 그대로 이용하는 것이 아니라, 대응되는 두 개체 값의 차이 값인 $x_1 - x_2 = d_i$이 확률변수로 사용되어 추정되고 검정된다. 따라서 이는 마치 하나의 표본평균을 검정하는 것과 같다고 볼 수 있기 때문에 아래와 같은 검정통계량을 사용한다.

$$T = \frac{\bar{d} - \mu_d}{\frac{S_d}{\sqrt{n}}}$$

대응되는 두 개체 값의 차이가 하나의 확률변수로 사용되기 때문에 두 값의 차이 평균은 $\bar{d} = \frac{\sum_{i=1}^{n}(x_{i1} - x_{i2})}{n} = \frac{\sum_{i=1}^{n} d_i}{n}$이고($i$는 몇 번째인지를 가리키고, 숫자 1과 2는 두 집단을 구분하는 것을 가리킨다), 분산은 $S_d^2 = \frac{\sum_{i=1}^{n}(d_i - \bar{d})^2}{n-1}$이 된다. 검정통계량에서 대응되는 두 개체 값의 모집단 표준편차를 모르기 때문에 표준정규분포 대신 T값을 사용한다.

검정의 예를 들어 보자. [표 9-1]과 같이 수업 전후 학생들의 성적이 있다고 하자.

표 9-1 대응표본 T검정

학 생	수업 전 성적	수업 후 성적	전과 후의 차이
1번 학생	71	70	1
2번 학생	88	90	−2
3번 학생	74	80	−6
4번 학생	79	78	1
5번 학생	84	88	−4
6번 학생	84	89	−5
7번 학생	80	87	−7
8번 학생	55	66	−10

이때 수업 전후에 학생들의 성적에 차이가 있는지에 대해 검정을 통해 알 수 있다. 유의 수준 5%에서 검정하면 아래와 같은 결과가 나온다.

수업 전과 후 차이 값 d_i을 이용하여 검정통계량을 계산할 수 있다. 그 값은 $T=\frac{-4}{\frac{3.85}{\sqrt{8}}}=-2.94$가 된다. 유의 수준 5%에서 차이가 있는가에 대한 여부를 검정하는 것이기 때문에 양쪽 검정이 된다. 그래서 $-t_{n-1,2/\alpha}=-t_{7,0.025}=-2.365$와 검정통계량 값을 비교하면, 수업 전과 후의 성적에는 차이가 있다고 결론지을 수 있다.

3. 일표본 T검정

일표본 T검정은 '제7장 가설검정'에 관한 설명에서 이미 다루었던 내용이다. 가설검정의 기본이 모집단의 평균을 표본의 평균으로 추정해서 검정하는 것이기 때문에, 한 집단의 평균을 검정하는 일표본 T검정도 같은 방식이다. 따라서 일표본 T검정의 검정통계량은 아래와 같다. 이는 모집단의 표준편차 σ를 아는 경우이다. 따라서 여기서 구한 검정통계량과 검정 전에 미리 설정한 유의 수준과 비교하여 가설검정을 실시한다.

$$z=\frac{\overline{X}-\mu}{\frac{\sigma}{\sqrt{n}}}$$

다음으로, 모집단의 표준편차 σ를 모르는 경우이다. 모집단의 표준편차를 모르는 경우는 모집단이 정규분포를 따른다면 검정계량 $\frac{\overline{X}-\mu}{\frac{s}{\sqrt{n}}}$은 자유도가 $n-1$인 T분포를 따른다. 따라서 이때는 표준정규분포 대신 T분포를 사용한다. 구체적인 예시는 제7장에 자세히 나와 있기 때문에 여기서는 생략한다.

제3절 분석 절차(실습)

1. 독립표본 T검정의 사례

일반 성인들을 대상으로 거주 지역에 따라 취미활동 시간에 차이가 있는지에 대해 살펴보고자 한다. 거주 지역은 도시와 농촌으로 구분했고, 취미활동 시간은 주당 시간으로 조사했다.

실습을 위한 데이터는 출판사 홈페이지를 통해 다운로드할 수 있다. 파일명은 '제9장 (1) 독립표본 T검정 실습자료'이다. 이 데이터를 이용하여 다음의 실습 절차대로 SPSS 프로그램을 실행하면 된다.

2. 독립표본 T검정의 실습 절차

1) 메뉴의 '분석(A)'에서 '평균 비교(M)'를 선택하고, 이어서 '독립표본 T검정(T)'을 선택한다.

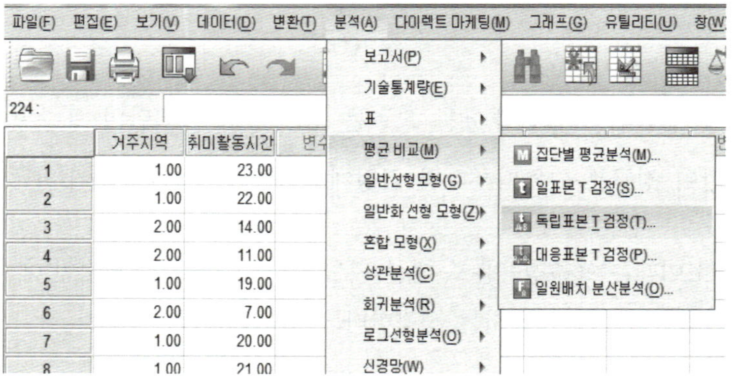

2) '독립표본 T검정'이라는 새로운 창이 생긴다. 두 변수(거주 지역, 취미활동 시간)의 이름이 나타나 있는 것을 확인할 수 있다.

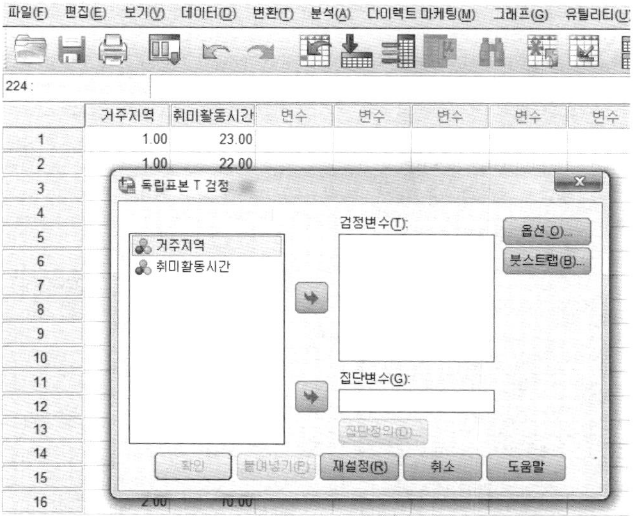

3) '독립표본 T검정' 창에서 종속변수에 해당하는 '취미활동 시간' 변수는 '검정변수(T)'로 옮기고, 독립변수에 해당하는 '거주 지역' 변수는 '집단변수(G)'로 옮긴다. 그리고 '집단정의(D)' 메뉴를 클릭한다.

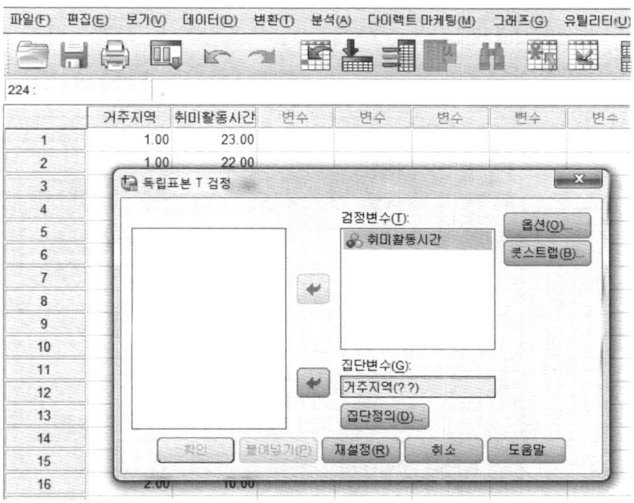

4) '집단정의'라는 새로운 창이 생긴다. 여기에 집단을 정의해준다. 조사에서 도시를 1로 하고 농촌을 2로 했으므로, 그대로 '집단 1'에 1을, '집단 2'에 2를 부여한다. 그리고 '계속' 메뉴를 클릭한다.

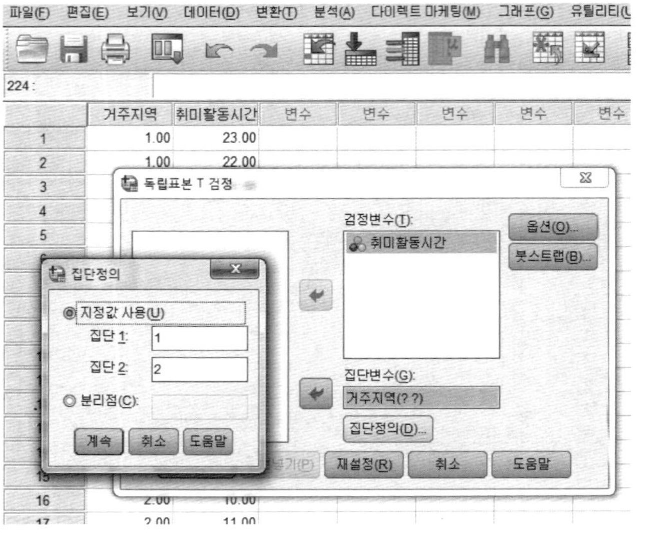

5) '독립표본 T검정' 창만 남게 된다. '집단변수(G)' 칸에 '거주 지역(1, 2)'이 설정되어 있음을 알 수 있다. 그리고 '확인' 메뉴를 클릭한다.

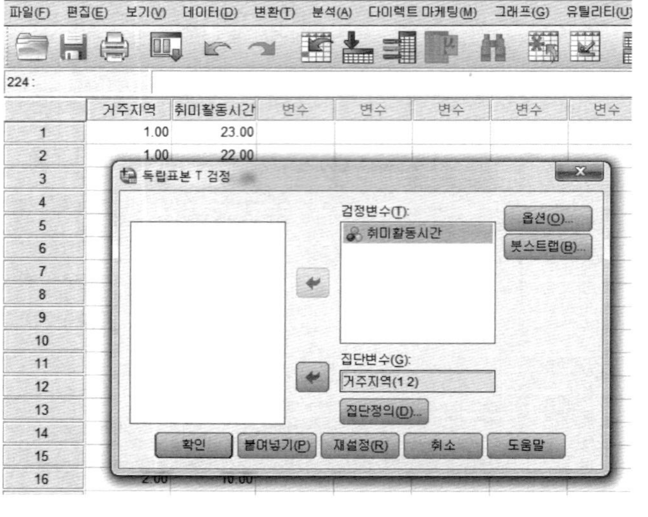

6) 결과를 확인한다. 이 결과는 이어지는 '제4절 결과 작성 방법'에 활용된다.

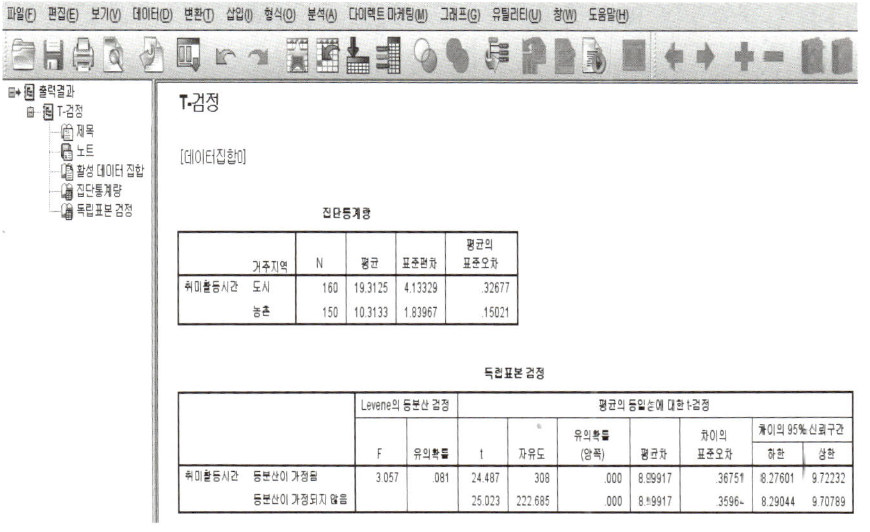

집단통계량

	거주지역	N	평균	표준편차	평균의 표준오차
취미활동시간	도시	160	19.3125	4.13329	.32677
	농촌	150	10.3133	1.83967	.15021

독립표본 검정

		Levene의 등분산 검정		평균의 동일성에 대한 t-검정						
									차이의 95% 신뢰구간	
		F	유의확률	t	자유도	유의확률 (양쪽)	평균차	차이의 표준오차	하한	상한
취미활동시간	등분산이 가정됨	3.057	.081	24.487	308	.000	8.99917	.36751	8.27601	9.72232
	등분산이 가정되지 않음			25.023	222.685	.000	8.99917	.3596-	8.29044	9.70789

3. 대응표본 T검정의 사례

학생들의 성적이 보충수업 전과 후에 차이가 있는가에 대해 검정한다. 실습을 위한 데이터는 출판사 홈페이지를 통해 다운로드할 수 있다. 파일명은 '제9장(2) 대응표본 T검정 실습자료'이다. 이 데이터를 이용하여 다음의 실습 절차대로 SPSS 프로그램을 실행하면 된다.

4. 대응표본 T검정의 실습 절차

1) 메뉴의 '분석(A)'에서 '평균비교(M)'를 선택하고, 이어서 '대응표본 T검정(P)'을 선택한다.

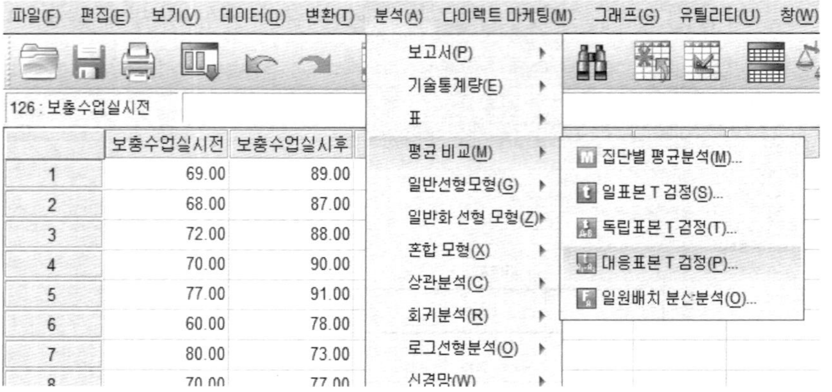

2) '대응표본 T검정' 창이 생긴다. 왼쪽에 있는 '보충수업 실시 전'과 '보충수업 실시 후'의 변수를 확인한다.

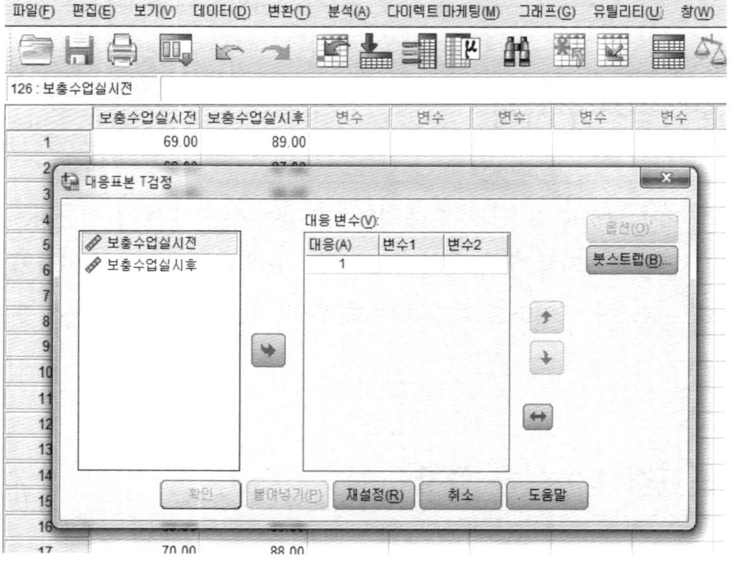

3) '보충수업 실시 전' 변수를 오른쪽에 있는 '대응변수(V)' 칸으로 옮긴다. 그리고 두 번째 변수인 '보충수업 실시 후' 변수도 옮긴다. 그리고 '확인' 메뉴를 클릭한다.

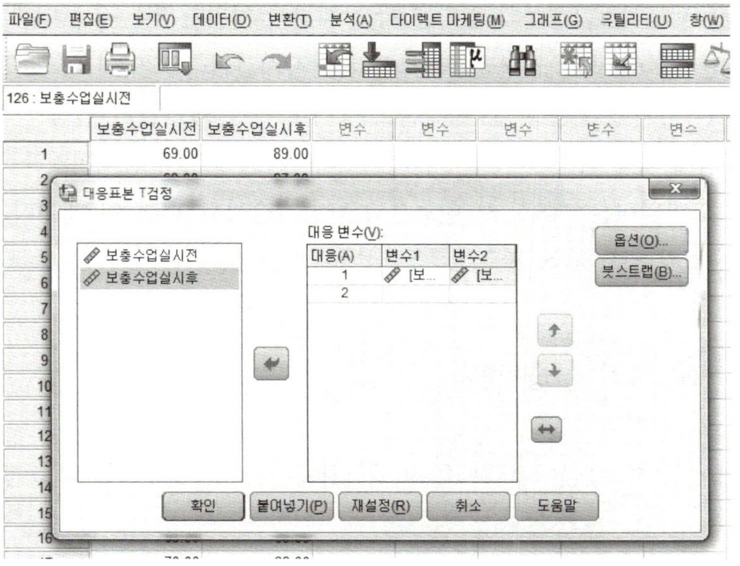

4) 결과를 확인한다. 이 결과는 이어지는 '제4절 결과 작성 방법'에 활용된다.

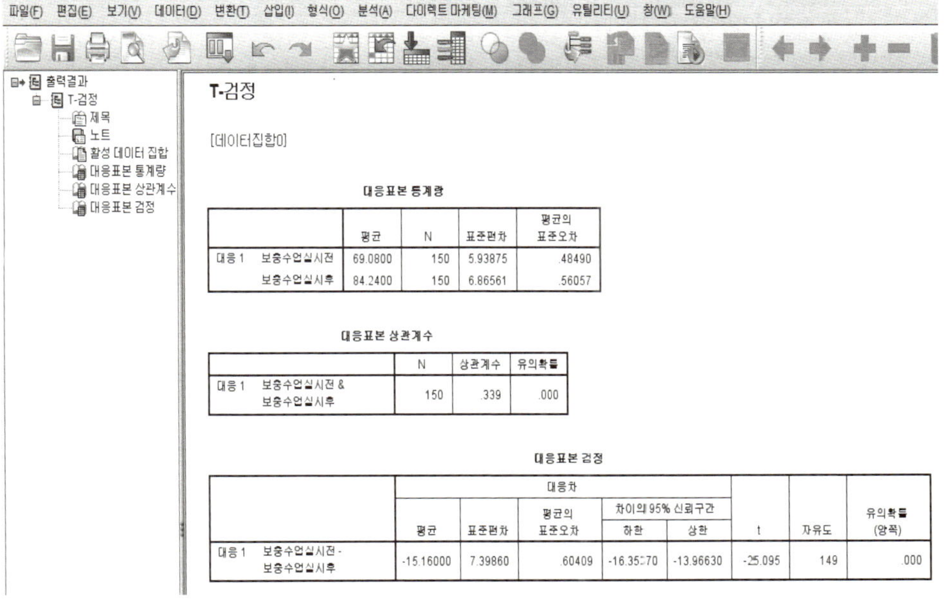

T-검정

[데이터집합0]

대응표본 통계량

		평균	N	표준편차	평균의 표준오차
대응 1	보충수업실시전	69.0800	150	5.93875	.48490
	보충수업실시후	84.2400	150	6.86561	.56057

대응표본 상관계수

		N	상관계수	유의확률
대응 1	보충수업실시전 & 보충수업실시후	150	.339	.000

대응표본 검정

		대응차					t	자유도	유의확률 (양쪽)
		평균	표준편차	평균의 표준오차	차이의 95% 신뢰구간 하한	차이의 95% 신뢰구간 상한			
대응 1	보충수업실시전 - 보충수업실시후	-15.16000	7.39860	.60409	-16.35[illegible]70	-13.96630	-25.095	149	.000

5. 일표본 T검정의 사례

한국 학생들과 일본 학생들의 월평균 학습 시간에 차이가 있는지에 대해 검정하고자 한다. 이때 일본 학생들의 월평균 학습 시간은 99시간이라고 이미 알고 있다. 그래서 한국 학생들 각각의 월평균 학습 시간을 이용하여 일본 학생들의 월평균 학습 시간과 차이가 있는지에 대해 검정한다. 실습을 위한 데이터는 출판사 홈페이지를 통해 다운로드할 수 있다. 파일명은 '제9장(3) 일표본 T검정 실습자료'이다. 이 데이터를 이용하여 다음의 실습 절차대로 SPSS 프로그램을 실행하면 된다.

6. 일표본 T검정의 실습 절차

1) 메뉴에서 '분석(A)'을 선택하고, 그 중 '평균비교(M)'에서 '일표본 T검정(S)'을 선택한다.

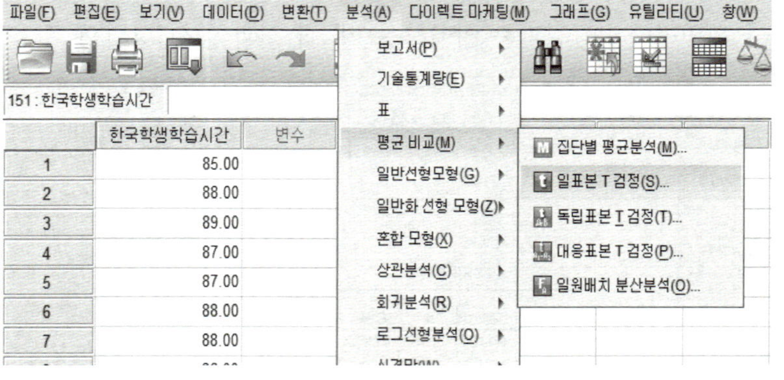

2) '일표본 T검정' 창이 생긴다. 창에서 검정하고자 하는 데이터인 '한국 학생 학습 시간' 변수가 나타나 있는지 확인한다.

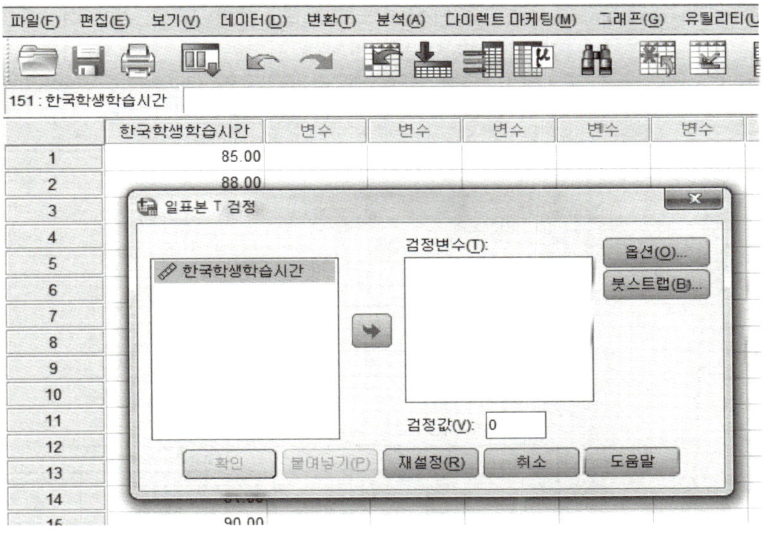

3) '한국 학생 학습 시간' 변수를 '검정변수(T)' 칸으로 이동하고, '검정값(V)' 칸에는 검정하고자 하는 일본 학생들의 월평균 학습 시간인 '99'를 쓴다. 그리고 난 후 '확인' 버튼을 누른다.

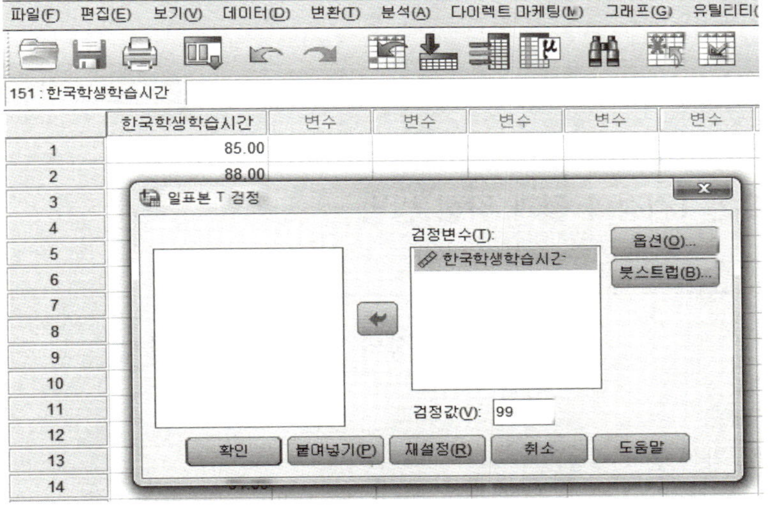

4) 결과를 확인한다. 이 결과는 이어지는 '제4절 결과 작성 방법'에 활용된다.

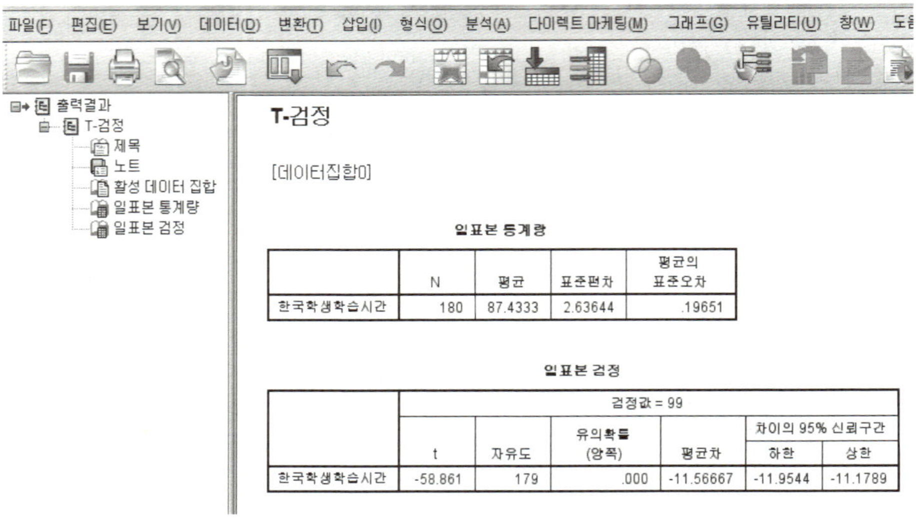

일표본 통계량

	N	평균	표준편차	평균의 표준오차
한국학생학습시간	180	87.4333	2.63644	.19651

일표본 검정

	검정값 = 99					
	t	자유도	유의확률 (양쪽)	평균차	차이의 95% 신뢰구간 하한	차이의 95% 신뢰구간 상한
한국학생학습시간	-58.861	179	.000	-11.56667	-11.9544	-11.1789

제4절 결과 작성 방법(보고서 및 논문)

제3절에서 실습을 통해 분석한 결과를 아래와 같이 보고서나 논문으로 작성할 수 있다.

1. 독립표본 T검정의 결과 작성 방법

독립표본 T검정의 결과 작성 방법

1. 연구가설
   - ○ 귀무가설(생략 가능)
     거주 지역(도시와 농촌)에 따라 취미활동 시간에 차이가 없다.
   - ○ 연구가설(대립가설)
     거주 지역(도시와 농촌)에 따라 취미활동 시간에 차이가 있다(양측검정).
     도시에 거주하는 사람이 농촌에 거주하는 사람보다 취미활동 시간이 더 많다

(단측검정).

$H_0: \mu_1 = \mu_2$ (or $\mu_1 - \mu_2 = 0$), $H_1: \mu_1 \neq \mu_2$ (or $\mu_1 - \mu_2 \neq 0$)

○ 독립변수: 거주 지역(도시, 농촌), 종속변수: 취미활동 시간

2. 유의 수준 제시

$\alpha = 0.05$

3. T검정 결과표 제시

집 단	사례 수	평 균	표준편차	t값	df	유의확률
도시	160	19.31	4.13	24.49	308	0.000
농촌	150	10.31	1.84			

4. 해 석

도시와 농촌으로 구분된 거주 지역에 따라 일반 성인들의 취미활동 시간은 통계적으로 유의미하게 차이가 있는 것으로 나타났다($t = 24.49$, $df = 308$, $p < 0.05$). 도시에 사는 일반 성인들은 일주일에 약 19시간 동안 취미활동으로 시간을 보내고, 농촌지역에 사는 일반 성인들은 약 10시간을 취미활동에 할애했다. 도시에 사는 사람들이 농촌에 사는 사람들보다 통계적으로 유의미하게 취미활동 시간을 더 많이 가지는 것으로 볼 수 있다.

* 등분산에 관한 검정 결과 값(Levene 검정 결과)은 제시하지 않지만, 필요시 등분산인지 아닌지에 관해 언급하기도 한다.

5. 함 의

이러한 차이가 왜 발생하는지에 대해 이론적이고 경험적인 근거에 기초해서 설명한다. 그리고 연구 결과에 기초한 현실적 교훈과 적용에 대해 기술한다.

2. 대응표본 T검정의 결과 작성 방법

대응표본 T검정의 결과 작성 방법

1. 연구가설
   ○ 귀무가설(생략 가능)
   보충수업 실시 전 학생들의 성적과 실시 후의 성적은 차이가 없다.
   ○ 연구가설(대립가설)
   보충수업 실시 전과 후의 성적은 차이가 있다(양측검정).
   보충수업 실시 후에 학생들의 성적은 실시전보다 더 향상되었다(단측검정).
   $H_{0:}\ \mu_1 = \mu_2$ (or $\mu_1 - \mu_2 = 0$), $H_{1:}\ \mu_1 \neq \mu_2$ (or $\mu_1 - \mu_2 \neq 0$)
   ○ 독립변수: 보충수업 실시, 종속변수: 학생들의 성적
   (독립변수와 종속변수의 구분 없이 평균 차이 분석으로 표현하기도 한다.)

2. 유의 수준 제시
   $\alpha = 0.05$

3. T검정 결과표 제시

집 단	사례 수	평 균	표준편차	t값	df	유의확률
보충수업 실시 전	150	69.08	5.94	-25.095	149	0.000
보충수업 실시 후	150	84.24	6.87			

4. 해 석

보충수업 실시 전후의 학생들의 성적은 통계적으로 유의미한 차이가 있는 것으로 나타났다($t = -25.095$, $df = 149$, $p < 0.05$). 보충수업 전 학생들의 평균 성적은 약 69점이었으나 보충수업 실시 후 약 84점으로 향상되었다. 이를 통해 보충수업이 학생들의 성적 향상에 도움이 되는 것으로 판단할 수 있다.

5. 함 의

왜 이 두 차이가 발생하는지에 대해 이론적이고 경험적인 근거에 기초해서 설명한다. 그리고 연구 결과에 기초한 현실적 교훈과 적용에 대해 기술한다.

3. 일표본 T검정의 결과 작성 방법

일표본 T검정의 결과 작성 방법

1. 연구가설
   - ○ 귀무가설(생략 가능)
     한국과 일본 학생들의 월평균 학습 시간은 서로 차이가 없다.
     한국 학생들의 월평균 학습 시간은 일본 학생들의 월평균 학습 시간인 99시간과 동일하다.
   - ○ 연구가설(대립가설)
     한국과 일본 학생들의 월평균 학습 시간은 서로 다르다(양측검정).
     한국 학생들의 월평균 학습 시간은 일본 학생들의 월평균 학습 시간인 99시간과는 차이가 있다(양측검정).
     한국 학생들이 일본 학생들보다 월평균 학습 시간이 더 적다(단측검정).
     한국 학생들의 월평균 학습 시간은 일본 학생들의 월평균 학습 시간인 99시간보다 더 적다(단측검정).
     $H_{0:}\mu_1 = \mu_2$ (or $\mu_1 - \mu_2 = 0$, or $\mu_1 = 99$), $H_{1:}\mu_1 \neq \mu_2$ (or $\mu_1 - \mu_2 \neq 0$, or $\mu_1 \neq 99$)
   - ○ 독립변수: 국가(한국, 일본), 종속변수: 월 평균 학습 시간

2. 유의 수준 제시
   $\alpha = 0.05$

3. T검정 결과표 제시

집 단	사례 수	평 균	표준편차	t값	df	유의확률
한국	180	87.43	2.64	-58.86	179	0.000
일본	180	99	-			

* 일본은 실제 데이터 분석에 개체들의 값이 사용되지 않고 평균값만이 검정되었지만, 분석 과정에서 한국의 데이터와 같은 개체 수 180개가 사용된 것으로 가정되어 분석된다. 그래서 결과표를 제시할 때 일본의 사례 수도 한국과 같이 180으로 표시된다.

4. 해 석

한국과 일본 학생들의 월평균 학습 시간은 통계적으로 유의미하게 차이가 있는 것으로 나타났다($t = -58.86$, $df = 179$, $p < 0.05$). 즉, 한국 학생들의 월평균 학습 시간인 약 87시

간은 일본 학생들의 월평균 학습 시간인 99시간보다 통계적으로 유의미하게 적다고 볼 수 있다.

5. 함 의

연구 결과에서 보이는 차이가 왜 발생하는지에 대해 이론적이고 경험적인 근거에 기초해서 설명한다. 그리고 연구 결과에 기초한 현실적 교훈과 적용에 대해 기술한다.

제 10 장

분산분석(ANOVA)

제1절 의 미

분산분석(analysis of variance)은 명목척도로 측정된 독립변수와 등간척도 혹은 비율척도로 측정된 종속변수 간의 인과관계를 분석하는 방법이다. 명목척도로 측정된 독립변수의 수가 한 개라면 일원분산분석(one-way ANOVA)이고, 두 개 이상이면 다원분산분석(n-way ANOVA)이다. 분산분석은 변량분석이라고 하기도 하고, 약어를 그대로 지칭하여 아노바 분석이라고 부르기도 한다.

분산분석은 집단비교분석의 연장으로 보기도 하는데, 이는 독립표본 T검정의 경우 명목척도로 측정된 독립변수가 두 개의 구성 요소로 이루어져야 한다는 조건에서 더 나아가, 분산분석에서는 독립변수의 구성 요소가 두 개 이상일 경우에도 분석할 수 있기 때문이다. 예를 들어, 성별에 따라 독서량에 차이가 있다는 가설을 검정한다고 할 때, 성별의 구성 요소는 남성과 여성이다. 따라서 비율척도로 측정된 독서량의 차이를 검정하기 위해서 독립표본 T검정 방법을 사용하면 된다. 하지만 만일 지역에 따라 독서량에 차이가 있다는 가설을 검정한다면, 지역이 북부, 중부, 남부로 구성된 경우 독립표본 T검정으로는 검정하기가 불가능하다. 독립표본 T검정은 두 집단을 비교하는 것이고, 여기서 두 집단이란 독립변수의 구성 요소가 남성 집단과 여성 집단과 같이 두 개로 이루어진 경우를 말한다. 하지만 지역은 북부, 중부, 남부로 총 세 개의 집단으로 구성되어 있기 때문에 독립표본 T검정 방법으로는 검정할 수 없는 것이다. 바로 이러한 한계를 극복하여 독립변수의 구성요소가 세 개 이상일 때 혹은 세 집단의 차이를 분석하는 방법이 분산분석이다. 따라서 분산분석은 세 집단의 평균을 비교하는 방법으로도 널리 알려져 있다.

분산분석을 사용할 수 있는 예를 들면, 우선 명목척도로 측정된 독립변수가 한 개인 일원분산분석의 경우, 앞서 언급한 지역(북부, 중부, 남부)에 따라 독서량에 차이가 있는가에 대한 검정, 학년(1학년, 2학년, 3학년)에 따른 창의력 지수의 차이에 관한 검정, 종교(불교, 기독교, 천주교, 원불교)에 따른 소득 수준의 차이에 대한 검정 등을 들 수 있다. 명목척도로 측정된 독립변수의 수가 두 개 이상인 다원분산분석의 경우는 성별(남성, 여성)과 지역(북부, 중부, 남부)에 따라 운동 시간에 차이가 있는가에 대한 검정,

학년(1학년, 2학년)과 종교(불교, 기독교, 천주교, 원불교)에 따라 독서 시간에 차이가 있는가에 대한 검정 등을 들 수 있다.

한편, 분산분석에서는 요인(factor)이라는 용어를 흔히 쓰는데, 이는 독립변수를 말한다. 예를 들어, 지역 '요인'이 독서량에 차이를 낳았는가에 대해 검정을 한다라고 말할 수 있다. 독립변수로 불러도 상관없지만 분산분석에서는 관례상 요인이라고 부른다. 분산분석에서 요인과 관련해서 한 가지 알아 둘 것은 고정 요인(fixed factor)과 랜덤 요인(random factor)이라는 용어이다. 이것은 분석에 사용된 독립변수의 구성 요소가 해당 변수가 구성할 수 있는 모든 것을 다 포괄했는가에 따라 달리 불리는 용어들이다. 다시 말해, 지역(북부, 중부, 남부)에 따라 운동 시간에 차이가 있는가에 대한 검정을 할 때 지역이라는 독립변수는 북부, 중부, 남부 이외는 없다고 전제한다면 이 독립변수는 고정 요인이 된다. 반대로 비록 이번 분석에서는 지역이라는 독립변수가 북부, 중부, 남부 세 개로만 구성되어 사용되지만 그 이외의 지역(예컨대, 서부, 동부 등)도 있다는 것을 전제하고 분석한다면 이때 독립변수인 지역은 랜덤 요인이 된다. SPSS 프로그램에서는 고정 요인을 모수 요인으로, 랜덤 요인은 변량 요인으로 표시하고 있다.

제2절 원 리

1. 일원분산분석

분산분석의 원리를 쉽게 표현하면, "한 무리의 사람들을 어떤 기준에 따라 두 집단 혹은 세 집단 등으로 나누었을 때 각 집단별로 구분된 차이 값이 의미가 있는지에 대해 알아보는 것"이라고 말할 수 있다. 여기서 사람들에게 부여된 '어떤 특정 값'에 대해 두 집단 혹은 세 집단으로 구분한 '기준'이 바로 독립변수(혹은 설명변수)가 된다. 어떤 특정한 값은 종속변수가 된다. 예를 들면, 한 무리의 학생들이 있다고 하자. 이들에게 부여된 어떤 특정한 개별 값은 운동 시간이다. 즉, 주당 운동 시간이 얼마인지에 대해 조사한 한 무리의 학생들이 있다. 아름이는 5시간, 은지는 4시간, 창우는 5시간, 지혁이는 6시간, 유라는 3시간 등등 한 무리의 학생들은 각각 주당 운동 시간이 얼마인지에 대해 조사되어 있다. 그런데 이 학생들을 학년에 따라 세 집단으로 구분지을 수 있다. 그러면 한 무리의 학생이 30명이었다고 한다면 1학년 10명, 2학년 10명, 3학년 10명으로 나뉠 것이다. 이때 각 학년별로 운동 시간에 차이가 있는지에 대해 검정하여 그것이 유의미하게 나온다면, 운동 시간은 학년에 따라 다르다는 설명이 가능하게 된다. 바로 이것이 분산분석의 가장 기본적인 원리이다. 독립표본 T검정과 유사한 면도 있고 차이점도 있다는 것을 알 수 있을 텐데, 앞서도 언급했듯이 독립표본 T검정은 두 집단으로 구분될 경우에만 가능하고, 여기서 예를 든 세 집단(1학년, 2학년, 3학년)으로 구분된 것은 가능하지 않다. 그래서 분산분석이 필요하다. 분산분석은 두 집단 이상의 차이도 검정할 수 있기 때문이다. 분산분석에서는 독립변수의 구성 요소가 두 개 이상일 때도 가능하다는 앞서 설명한 바가 바로 이러한 의미이기도 하다.

이처럼 분산분석은 한 무리의 개체들에 대해 기준을 설정해서 구분지어 설명하는 것이다. 한 무리에 어떤 기준이 적용되어 몇 개의 집단으로 구분됨으로써 그 구분에 대한 설명이 어느 정도 되는지를 찾는 것이 핵심이다. 이에 대해 통계학적인 용어로 그 원리를 다시 설명하면, 어떤 기준으로 인해 설명이 되는 부분을 의미하는 '집단 간 분산(between-groups variance)'과 그럼에도 여전히 설명이 되지 않는 '집단 내 분산(within-groups variance)'을 통해 한 무리의 개체들을 설명하는 것이 분산분석이다. 이 둘을 합한 것은 '총 분산(total variance)'으로서, 이는 한 무리의 개체들이 어떤 기준에 의해 설명이 되는 것과 설명이 되지 않는 상태를 모두 나타낸 것이다. 따라서 한 무리를 어떤 기준에 의해 설명한다면, 기준이 간여된 현재 한 무리의 상태(총 분산)는 설명이 되는 부분(집단 간 분산)과 설명이 안 되는 부분(집단 내 분산)으로 나뉜다.

총 분산 = 집단 간 분산 + 집단 내 분산

집단 간 분산은 기준에 의해 설명이 되는 것이라고 했는데, 이를 다른 말로 하면 독립변수로 설명이 되는 정도를 말한다. 그래서 집단 간 분산은 설명된 분산(explained variance)이라고도 한다. 그리고 집단 내 분산은 독립변수에 의해 여전히 설명이 되지 않는 것이라고 했는데, 이는 설명되지 않는 분산(unexplained variance) 혹은 오차분산(error variance) 혹은 잔차분산(residual variance)이라고도 한다.

분산분석은 이 두 분산을 구해서 검정을 한다. 구체적인 예를 들어 설명하면 다음과 같다. 주당 운동 시간이 얼마인지에 대해 조사가 이루어진 12명의 학생들이 있다. [표

10-1]에서 볼 수 있듯이 주당 운동 시간이 학생별로 다양하다. 같은 학생들인데 이렇게 다양한 이유가 무엇인가에 대해 궁금할 수 있어서, 그 이유를 찾기 위해 일정한 기준에 의해 그룹으로 나누어서 주당 운동 시간을 다시 살펴볼 수 있다. 이를 위해서는 12명의 학생들이 지닌 속성을 살펴보고, 그 중 하나를 선택해서 구분지어서 운동 시간 값을 비교해 보면 된다. 그래서 마침 12명의 학생들이 중학생 아니면 고등학생들이라는 것을 알았다. 그래서 이제 두 집단으로 다시 구분된다.

두 집단으로 구분하기 전에 12명 학생들의 운동 시간의 다양한 현상에 대한 설명은 가능하지 않았다. 그래서 [표 10-1]에서 볼 수 있듯이 평균에서 떨어진 거리의 제곱합만큼의 설명되지 않은 상태로 존재했다. 이것이 제곱합의 값 43이고, 이를 개체 수로

표 10-1 집단 내 분산

(A) 전체 무리		(B) 두 집단 구분			
학 생	운동 시간	중학생 집단	운동시간	고등학생 집단	운동 시간
1번 학생	2	1번 학생	2	2번 학생	5
2번 학생	5	3번 학생	1	5번 학생	6
3번 학생	1	4번 학생	4	6번 학생	7
4번 학생	4	8번 학생	3	7번 학생	7
5번 학생	6	9번 학생	3	11번 학생	6
6번 학생	7	10번 학생	4	12번 학생	6
7번 학생	7	개체 수	6	개체 수	6
8번 학생	3	평균	2.83	평균	6.17
9번 학생	3	제곱합	6.83	제곱합	2.83
10번 학생	4	집단 내 분산 (평균 제곱)	1.14	집단 내 분산 (평균 제곱)	0.47
11번 학생	6	전체 집단 내 분산	0.81		
12번 학생	6				
전체 개체 수	12				
평균	4.5				
제곱합	43				
집단 내 분산(평균 제곱)	3.58				

나눈 평균 제곱 값인 3.58은 집단으로 구분되기 전 12명 학생들의 운동 시간이 다양한 상태임을 보여주는 값이다. 현재 12명의 학생들은 다양한 값을 지닌 만큼 설명되지 않는 정도가 3.58이라는 의미이다. 이는 집단 내 분산이다.

만일 12명의 학생들이 중학생인가 아니면 고등학생인가에 따라 나뉘어 차이를 보인다면, 학생들의 운동 시간은 중고생 여부에 따라 설명될 수 있다. 그래서 두 집단으로 나누었다. 각각 6명씩 구분되었고, 중학생 집단 내의 다양한 값이 존재하는 정도는 평균 제곱의 값인 1.14이고 고등학생 집단 내의 다양한 값이 존재하는 정도는 0.47이다. 다시 말해, 각 집단으로 나누었을 때 각각 집단에서 여전히 설명되지 않는 정도는 1.14와 0.47이다. 이 둘을 더해 평균하면, 12명 학생들이 두 집단으로 구분된 경우에도 여전히 설명되지 않는 정도인 전체 집단 내 분산 값이 된다. 그 값은 0.81이다. 이 값은 두 집단으로 구분되기 전에 12명 학생들의 다양한 운동 시간이 설명되지 않았던 3.58 값보다는 많이 줄어든 값이다. 두 집단으로 나누게 되면서 애초에 설명되지 않았던 3.58이라는 값은 0.81로 줄어들었고, 그 차이인 2.77은 두 집단으로 구분됨으로써 설명이 된 값이다. 즉, 중고생 여부가 운동 시간의 차이를 설명해주는 정도가 2.77이 되었다는 의미이다. 이 값은 앞서 설명한 총 분산(3.58) = 집단 간 분산(2.77) + 집단 내 분산(0.81)의 관계에서 구한 값이다.

물론 두 집단으로 구분됨으로써 설명이 된 집단 간 분산을 별도로 구할 수도 있다. 이는 중학생과 고등학생으로 구분된 두 집단의 평균값을 통해 구할 수 있다. [표 10-2]에서 알 수 있듯이 두 집단의 평균은 각각 2.83과 6.17이다. 이 값을 이용해서 제곱합과 평균 제곱을 구할 수 있다. 그 결과 중학생과 고등학생이라는 두 집단으로 구분됨으로써, 12명 전체 학생들의 운동 시간의 다양함은 3.58 중에 2.77만큼은 설명이 가능해

표 10-2 집단 간 분산

	중학생 집단	고등학생 집단
집단별 평균	2.83	6.17
평균	4.5	
개체 수	2	
제곱합	5.56	
집단 간 분산(평균 제곱)	2.77	

표 10-3 개체 간 효과 검정

소 스	제곱합	자유도	평균 제곱	F	유의확률	부분에타제곱
수정모형						
절편						
중고생 여부	(가)	(다)	(마)	(사)		
오차	(나)	(라)	(바)			
합계						

지게 되었다. 여전히 설명되지 않는 0.81에 대해서는 또 다른 집단 분류 기준을 추가해서 그 값을 줄여나가게 된다. 이는 곧 중고생 여부 이외에 또 다른 독립변수를 추가하는 것이 된다.

이러한 집단 간 분산과 집단 내 분산은 통계 프로그램(SPSS)을 작동한 결과에서도 나타난다. [표 10-3]과 같이 '개체 간 효과 검정'이라는 표로 나타난다. [표 10-3]에서 '중고생 여부'에 해당되는 평균 제곱 값이 집단 간 분산이고, '오차'의 평균 제곱 값이 전체를 중고생 여부로 나누어도 여전히 설명되지 않고 남아 있는 집단 내 분산이다. [표 10-3]에서 각각 (마)와 (바)가 그에 해당한다. (마)는 (가)를 (다)로 나눈 값이고, (바)는 (나)를 (라)로 나눈 값이다.

분산분석에서 집단 간 분산과 집단 내 분산은 연구가설의 유의미를 확인하는데도 활용된다. 분산분석에서는 F값을 이용해서 유의미성을 확인하는데, 그 공식은 집단 간 분산을 집단 내 분산으로 나눈 값이다. 이 값을 F분포를 이용해서 유의미성 여부를 판단한다. 앞서 학생들의 주당 운동 시간의 예를 이용해서 F값을 산출하면 $F = \frac{\text{집단 간 분산}}{\text{집단 내 분산}} = \frac{2.77}{0.81} = 3.42$이다. [표 10-3]에서 F값은 (사)이며, 이 값은 (마)를 (바)로 나눈 값이다.

그리고 분산분석에서는 에타(eta) 값이 제시되는데 이는 독립변수와 종속변수 간의 상관관계 값을 의미한다. 에타 제곱은 요인의 설명력이 되며, 요인의 제곱합을 총제곱합으로 나눈 값이다. [표 10-3]에서는 (가)를 (가)+(나)로 나눈 것으로, 해당 요인으로 얼마나 설명할 수 있는지는 보여주는 값이다.

또 분산분석에서는 동질성 검정과 사후 검정을 확인해야 한다. 동질성 검정은 한 무리에서 집단으로 나누어서 검정하기 이전에 그 집단들이 동일한 모집단에서 추출되었는지를 확인하는 것이다. 이를 위해 개별 집단에서 구한 집단 내 분산인 오차분산을 이용한다. 개별 집단별로 구한 오차분산이 동일하다면 동일한 모집단에서 추출된 개체들로 이루어진 집단들이라는 것을 의미한다. 그래서 이를 오차분산의 동질성(homogeneity of error variance)이라고도 한다. 통계 프로그램에서는 이 오차분산을 비교한 값이 Levene 검정을 통한 F값으로 나타난다. 이때 F값은 유의미하지 않아야 동질하다고 판단한다. 왜냐하면 귀무가설이 "동일한 모집단에서 각 집단이 추출되었다"이고 대립가설이 "동일한 모집단에서 각 집단이 추출되지 않았다"이기 때문에, 유의 수준보다 더 높은 값의 유의확률 값이 나와야 동일한 모집단에서 각 집단이 추출되었다고 판단할 수 있는 것이다. 기본적으로 분산분석은 동일한 모집단에서 추출된 집단이어야 분석이 가능하다. 하지만 설사 Levene 검정 결과 동일한 모집단에서 추출된 집단들이 아니라고 하더라도 개별 집단의 개체 수가 동일하다면 분석이 가능하다. 따라서 일원분산분석을 하고자 한다면 각 집단별 개체 수를 동일하게 하면 동질성 여부에 상관없이 분석을 진행할 수 있다. 만일 동질성 검정에서 동질하지 않게 나오고, 동시에 각 집단별 개체 수도 동일하지 않다면 무리하게 분석을 진행해서는 안 된다. 이때는 비모수통계법을 사용해야 한다.

이와 함께 집단 간에 차이가 유의미하게 나올 경우 어느 집단 간에 차이가 있는지에 대해 살펴볼 필요가 있다. 앞서 든 예에서는 두 집단(중학생 집단, 고등학생 집단)만 존재했기 때문에 차이가 유의미하다고 하면 당연히 중학생 집단과 고등학생 집단 간의 차이만을 의미하겠지만, 만일 학년별로 집단이 구분되어 1학년, 2학년, 3학년, 4학년으로 구분되어 있다면 어느 집단 간에 차이가 있는지에 대해 별도로 확인해야 한다. 이를 위해 각 집단별 차이를 검정하는 것이 쉐페(Scheffe)의 집단 간 사후 검정이다. 집단 간 짝을 지어서 유의확률을 확인하여 차이의 유의미성을 확인하면 된다. 이 결과를 통해 집단 간의 차이가 어느 집단과 어느 집단 간의 차이인지에 대해 좀 더 구체적으로 알 수 있게 된다. 통계 프로그램에서는 이에 대한 결과를 표로 제시해준다.

한편, 한 가지 일러둘 것은 지금까지의 예는 분산분석의 원리를 쉽게 설명하기 위해 표본의 수를 12명으로 했는데, 실제 분석에서는 모수 통계를 사용하려면 최소 30명 이상은 되어야 한다. 물론 현실의 데이터를 분석할 때는 그보다 훨씬 많은 표본 수를 사용하게 될 것이다. 그리고 표본을 사용하기 때문에 자유도를 이용해서 집단 간 분산(평균 제곱)이나 집단 내 분산(평균 제곱)을 구해야 하지만, 여기서는 자유도가 아닌 개체

수를 그대로 사용했다. 실제 분석에서는 집단 간 분산은 집단 구성 요소에 기초한 자유도(집단의 수-1, 예: 2-1=1)를 사용하고, 집단 내 분산은 전체 개체 수와 집단의 수에 기초한 자유도(전체 개체 수-집단의 수, 예: 12-2=10)를 사용한다. 이는 다음에 이어지는 분석 절차(실습)에서 확인할 수 있다.

2. 다원분산분석

분산분석은 독립변수의 수에 따라 일원분산분석과 다원분산분석으로 구분된다고 이미 언급했다. 두 방법의 기본적인 원리는 지금까지 설명한 바와 같다. 기본적으로 일원분산분석의 방법이 다원분산분석에서도 그대로 적용된다. 다만, 다원분산분석에서 한 가지 고려해야 할 중요한 사항이 있다. 그것은 독립변수가 두 개 이상이기 때문에 독립변수들 간의 상호작용이 생길 수 있는 점이다. 독립변수들이 단독으로 다른 변수와 전혀 상관없이 종속변수에 영향을 미칠 수도 있지만, 독립변수들끼리 상호작용을 해서 종속변수에 영향을 미치는 경우도 있다. 어쩌면 현실의 자료들에서는 독립변수들 간의 상호작용이 더 자주 목격되기도 할 것이다. 따라서 명목척도로 측정된 독립변수가 두 개 이상일 경우에 사용되는 통계기법 중 하나인 다원분산분석에서도 상호작용 효과를 반드시 고려해서 분석 결과를 해석해야 한다.

다원분산분석에서는 이처럼 독립변수들 간의 상호작용을 고려하기 때문에 크게 두 가지 효과가 존재한다. 하나는 앞서 언급했듯이 두 변수 간에 상호작용이 생기는 효과인 상호작용 효과(interaction effect)이다. 다른 하나는 상호작용 효과는 존재하지 않고, 대신 개별적으로 독립변수의 효과가 발생되는 주효과(main effect)가 있다. 분석을 할 때는 우선 독립변수들이 상호작용해서 효과를 발생시키는지에 대해 먼저 확인하고, 만일 상호작용 효과가 있는 것으로 결과가 도출되면 상호작용 효과를 통해 종속변수를 설명한다. 하지만 만일 상호작용 효과가 존재하지 않는다고 하면 각 독립변수가 개별적으로 종속변수에 미치는 주효과를 분석한다. 종속변수에 미치는 독립변수의 영향을 크게 두 가지 측면에서 고려하되 우선적인 고려 사항은 상호작용 효과의 존재 유무가 된다. 그에 따라 상호작용 효과로 종속변수를 설명할 것인가, 아니면 주효과로 종속변수를 설명할 것인가가 결정되는 것이다.

표 10-4 상호작용 효과 구조

성 별	학 년	개체 수	평균 운동 시간
남자	1학년	20명	1
	2학년	10명	4
	3학년	30명	6
여자	1학년	15명	2
	2학년	20명	3
	3학년	25명	5

상호작용 효과는 [표 10-4]와 같은 구조라고 생각하면 된다. 만일 성별과 학년에 따라 운동 시간에 차이가 있는지에 대해 다원분산분석을 한다면, 그 조합이 남자이면서 1학년, 남자이면서 2학년, 남자이면서 3학년, 여자이면서 1학년, 여자이면서 2학년, 여자이면서 3학년의 조합들이 생긴다. 두 독립변수의 구성 요인들이 상호 결합되어 종속변수인 운동 시간에 영향을 미치는지에 대해 살펴보는 구조가 된다. 물론 기준을 학년으로 삼고 1학년이면서 남자, 1학년이면서 여자, 2학년이면서 남자, 2학년이면서 여자, 3학년이면서 남자, 3학년이면서 여자로 구성할 수도 있다.

이처럼 두 독립변수의 구성 요인별 조합으로 결합된 집단이 형성되고, 이들의 차이가 분석된다. 집단 간 차이를 분석하여 유의미성을 판단한다. 분석 결과에 대한 해석에

그림 10-1 상호작용 효과와 주효과

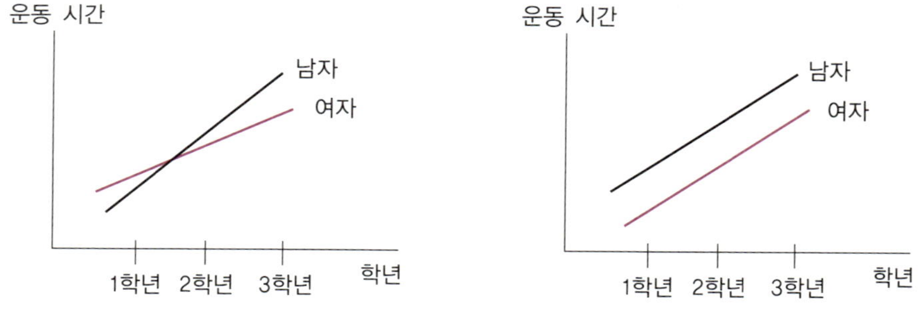

서 만일 상호작용이 있는 것으로 나타난다면, 남성과 여성은 학년에 따라 운동 시간에 차이가 보인다고 우선 설명한다. 그리고 구체적으로 남성은 1학년일 때는 여성보다 운동 시간이 적지만 2학년과 3학년일 때는 여성보다 운동 시간이 많다 등으로 해석한다. 이에 대한 구체적인 해석 방법은 아래에 이어지는 결과 작성 방법에서 자세한 예를 들어 보일 것이다. 하지만 만일 상호작용 효과가 없다고 한다면, 남성은 학년에 상관없이 항상 여성보다 운동 시간이 더 많다 등으로 해석한다. 이 역시 아래에 이어지는 결과 작성 방법에서 자세한 예를 들어 보일 것이다.

이 두 경우는 [그림 10-1]처럼 그래프를 통해서도 설명이 된다. 두 변수가 상호작용을 하면 그래프에서는 두 직선이 교차되고 상호작용을 하지 않으면 서로 평행하다. 상호작용이 있을 경우는 교차하기 때문에 어떤 한 지점을 기점으로 달리 해석되는(1학년일 때는 여성이 남성보다 운동시간이 더 많고 2학년 3학년일 때는 남성이 여성보다 운동시간이 더 많다) 반면, 서로 평행하면 교차 지점이 없으므로 종속변수에 미치는 영향이 개별적이면서 일정하다(학년에 상관없이 항상 남성이 여성보다 운동 시간이 더 많다).

제3절 분석 절차(실습)

1. 일원분산분석의 사례

학년별(1학년, 2학년, 3학년, 4학년)로 학생들의 교양 독서 시간에 차이가 있는가에 대해 검정하고자 한다. 실습을 위한 데이터는 출판사 홈페이지를 통해 다운로드할 수 있다. 파일명은 '제10장(1) 일원분산분석 실습자료'이다. 이 데이터를 이용하여 다음의 실습 절차대로 SPSS 프로그램을 실행하면 된다.

2. 일원분산분석의 실습 절차

1) 메뉴에서 '분석(A)'을 선택하고, 그 중 '일반선형모형(G)'에서 '일변량(U)'을 선택

한다.

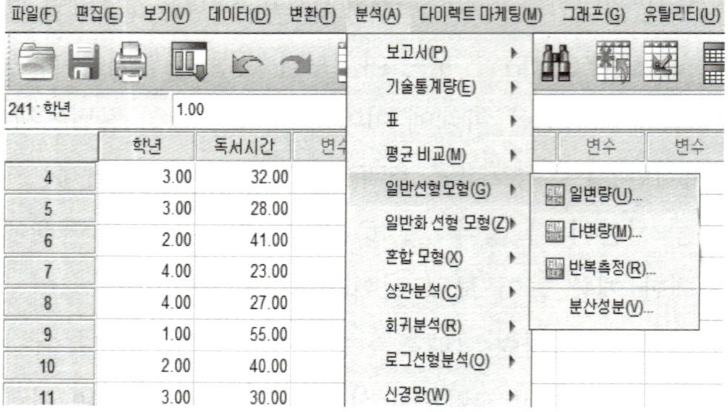

2) '일변량 분석' 창이 생긴다. 여기서 '학년'과 '독서 시간' 변수가 있는지 확인한다.

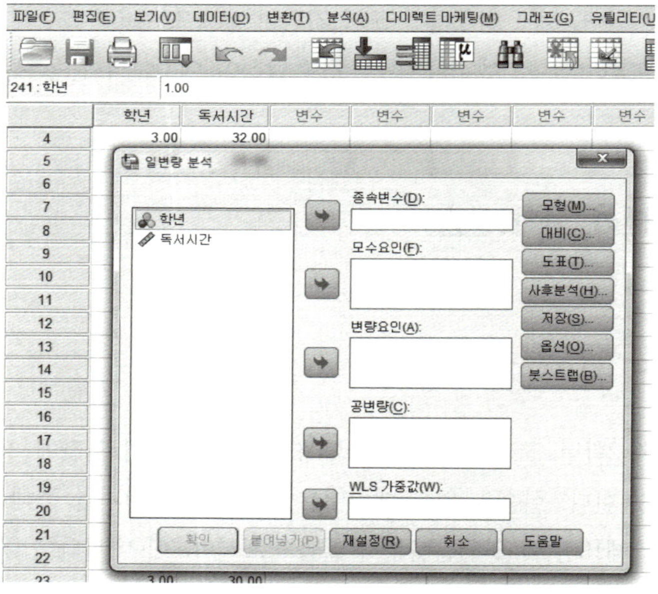

3) '독서 시간' 변수를 '종속변수(D)' 칸으로 옮기고, '학년' 변수를 '모수 요인(F)' 칸으로 옮긴다. 그리고 '사후분석(H)' 메뉴를 클릭한다.

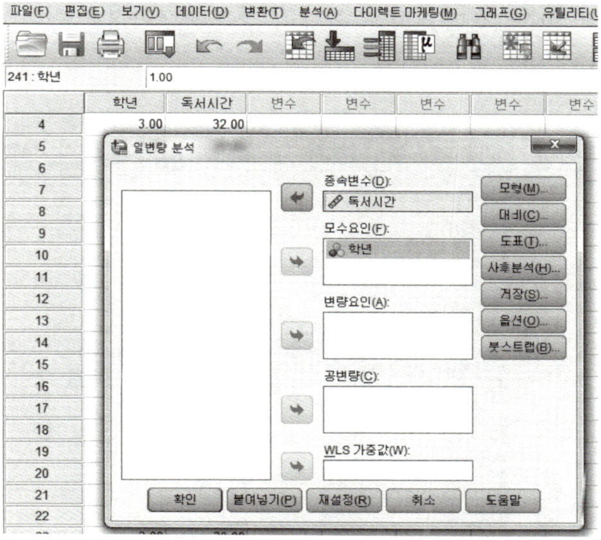

4) '일변량: 관측평균의 사후분석 다중비교' 창이 열린다. '요인(F)' 칸에 '학년' 변수가 있는지 확인한다.

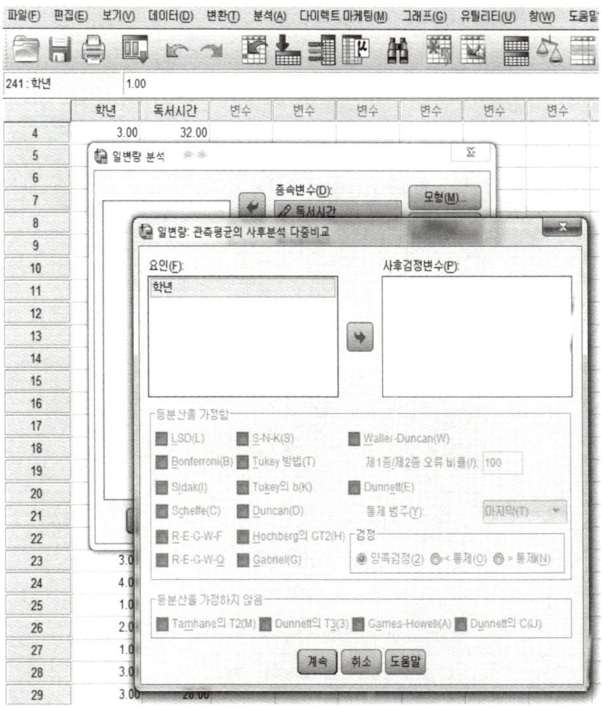

5) '학년' 변수를 '사후검정변수(P)'로 옮기고, '등분산을 가정함' 칸의 'Scheffe(C)'를 선택한다. 그리고 '계속' 버튼을 누른다.

6) '일변량 분석' 창만 남는다. 여기서 '옵션(O)' 메뉴를 클릭한다.

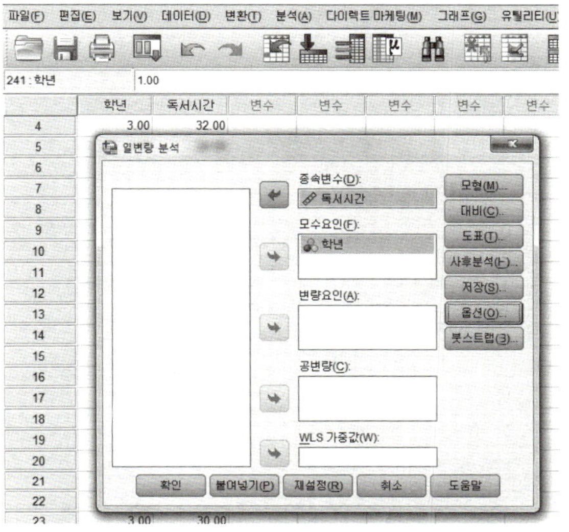

7) '일변량: 옵션' 창이 열린다. 창에서 '요인 및 요인 상호작용(F)' 칸에 '학년' 변수가 있는지 확인한다.

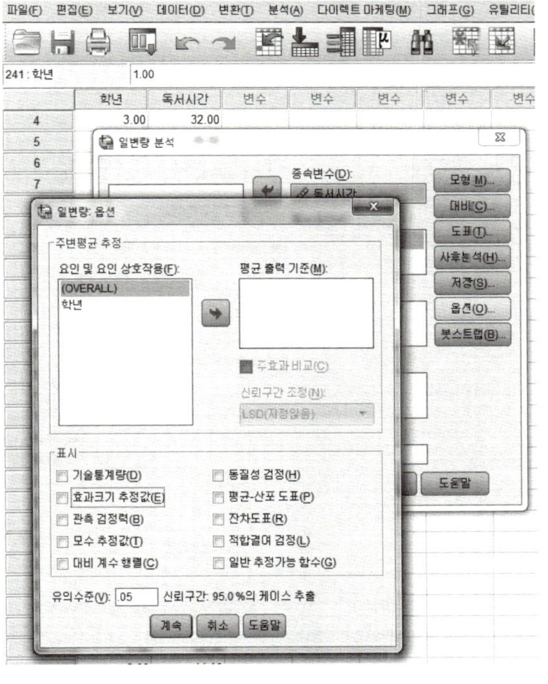

8) '표시' 칸에서 '기술통계량(D)', '동질성 검정(H)', '효과 크기 추정값(E)'을 선택하여 체크한다. 그리고 '계속' 버튼을 누른다.

9) '일변량 분석' 창만 남는다. 여기서 '확인' 메뉴를 누른다.

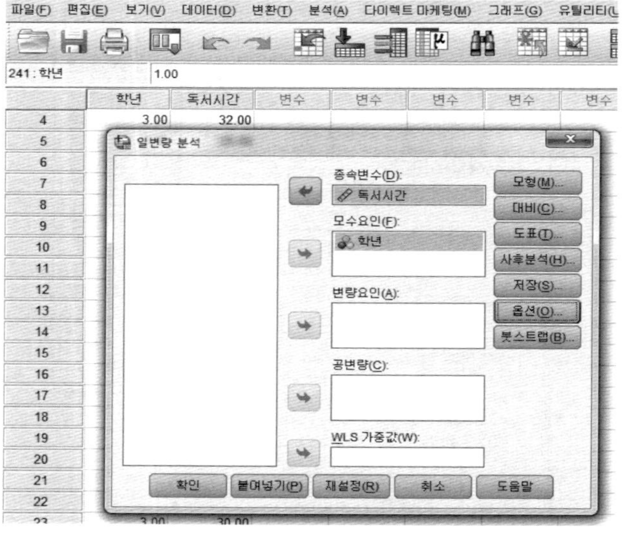

10) 결과를 확인한다. 이 결과는 이어지는 '제4절 결과 작성 방법'에 활용된다.

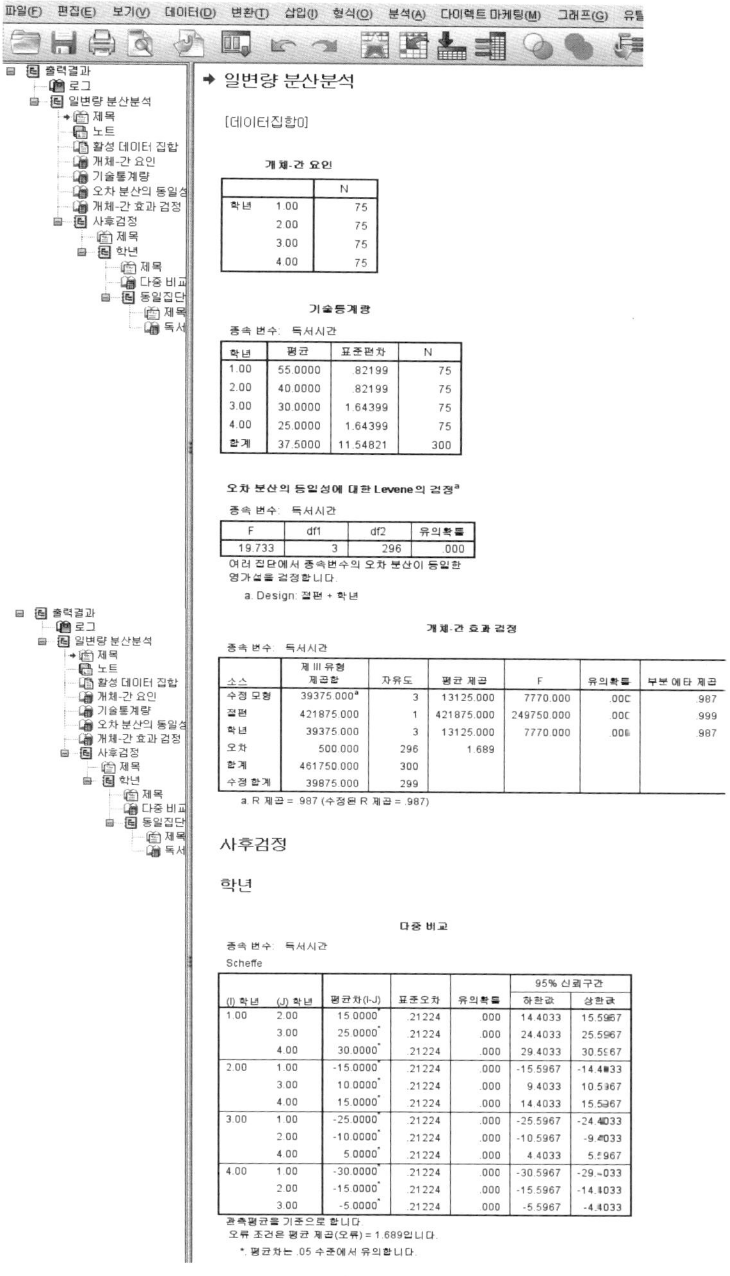

일변량 분산분석

[데이터집합0]

개체-간 요인

		N
학년	1.00	75
	2.00	75
	3.00	75
	4.00	75

기술통계량

종속 변수: 독서시간

학년	평균	표준편차	N
1.00	55.0000	.82199	75
2.00	40.0000	.82199	75
3.00	30.0000	1.64399	75
4.00	25.0000	1.64399	75
합계	37.5000	11.54821	300

오차 분산의 동일성에 대한 Levene의 검정[a]

종속 변수: 독서시간

F	df1	df2	유의확률
19.733	3	296	.000

여러 집단에서 종속변수의 오차 분산이 동일한 영가설을 검정합니다.

a. Design: 절편 + 학년

개체-간 효과 검정

종속 변수: 독서시간

소스	제 III 유형 제곱합	자유도	평균 제곱	F	유의확률	부분 에타 제곱
수정 모형	39375.000[a]	3	13125.000	7770.000	.000	.987
절편	421875.000	1	421875.000	249750.000	.000	.999
학년	39375.000	3	13125.000	7770.000	.000	.987
오차	500.000	296	1.689			
합계	461750.000	300				
수정 합계	39875.000	299				

a. R 제곱 = .987 (수정된 R 제곱 = .987)

사후검정

학년

다중 비교

종속 변수: 독서시간

Scheffe

(I) 학년	(J) 학년	평균차(I-J)	표준오차	유의확률	95% 신뢰구간	
					하한값	상한값
1.00	2.00	15.0000*	.21224	.000	14.4033	15.5967
	3.00	25.0000*	.21224	.000	24.4033	25.5967
	4.00	30.0000*	.21224	.000	29.4033	30.5967
2.00	1.00	-15.0000*	.21224	.000	-15.5967	-14.4033
	3.00	10.0000*	.21224	.000	9.4033	10.5967
	4.00	15.0000*	.21224	.000	14.4033	15.5967
3.00	1.00	-25.0000*	.21224	.000	-25.5967	-24.4033
	2.00	-10.0000*	.21224	.000	-10.5967	-9.4033
	4.00	5.0000*	.21224	.000	4.4033	5.5967
4.00	1.00	-30.0000*	.21224	.000	-30.5967	-29.4033
	2.00	-15.0000*	.21224	.000	-15.5967	-14.4033
	3.00	-5.0000*	.21224	.000	-5.5967	-4.4033

관측평균을 기준으로 합니다.

오류 조건은 평균 제곱(오류) = 1.689입니다.

*. 평균차는 .05 수준에서 유의합니다.

동일집단군

독서시간

Scheffe[a,b]

학년	N	집단군			
		1	2	3	4
4.00	75	25.0000			
3.00	75		30.0000		
2.00	75			40.0000	
1.00	75				55.0000
유의확률		1.000	1.000	1.000	1.000

동일 집단군에 있는 집단에 대한 평균이 표시됩니다.
관측평균을 기준으로 합니다.
오류 조건은 평균 제곱(오류) = 1.689입니다.

a. 조화평균 표본 크기 75.000을(를) 사용합니다.

b. 유의수준 = .05.

3. 다원분산분석의 사례

학생들의 성별과 학년에 따라 휴대폰 통화 시간에 차이가 있는가에 대해 검정하고자 한다. 독립변수는 성별(남, 녀)과 학년(1학년, 2학년, 3학년)이고 종속변수는 휴대폰 통화 시간이다. 실습을 위한 데이터는 출판사 홈페이지를 통해 다운로드할 수 있다. 파일명은 '제10장(2) 다원분산분석 실습자료'이다. 이 데이터를 이용하여 다음의 실습 절차대로 SPSS 프로그램을 실행하면 된다.

4. 다원분산분석의 실습 절차

1) 메뉴에서 '분석(A)'을 선택하고, 그 중 '일반선형모형(G)'에서 '일변량(U)'을 선택한다.

2) '일변량 분석' 창에서 '종속변수(D)'에는 '통화 시간' 변수를 옮기고, '모수 요인(F)'에는 '성별'과 '학년' 변수를 옮긴다.

3) '사후분석(H)' 메뉴를 클릭한다. '일변량: 관측 평균의 사후분석 다중비교' 창이 열리면, '사후검정변수(P)'로 학년 변수를 옮긴다. 사후검정은 하나의 변수에 세 개 이상의 구성 요인(학년의 경우 1학년, 2학년, 3학년, 성별의 경우 남성, 여성)이 있으면 구성 요인 간 확인을 위한 것이므로, 세 개의 구성 요인을 가지고 있는 '학년' 변수만 해당된다. 그리고 일원분산분석과 같이 'Scheffe(C)'를 체크한다. 그 후 '계속' 메뉴를 클릭한다.

4) 이어서 '일변량 분석' 창에서 '옵션(O)' 메뉴를 클릭해서 '일변량: 옵션' 창을 연다. 창에서 '요인 및 요인 상호작용(F)' 칸에 있는 세 변수를 '평균 출력 기준(M)'으로 옮긴다. 그리고 '기술통계량(D)', '동질성 검정(H)', '효과 크기 추정값(E)'을 모두 선택한다. 이어서 '계속' 버튼을 누른다.

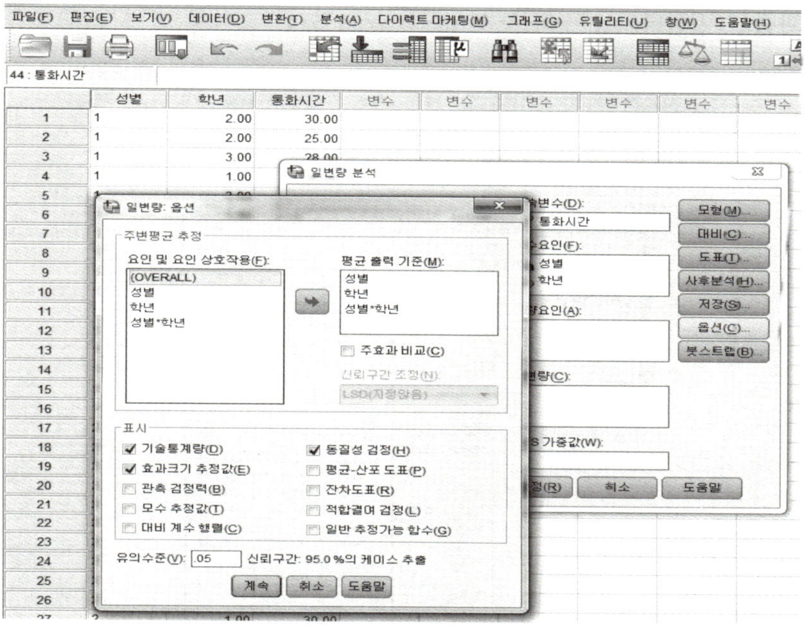

5) 다시 최초의 '일변량 분석' 창이 나타나고, '확인' 메뉴를 선택한다.

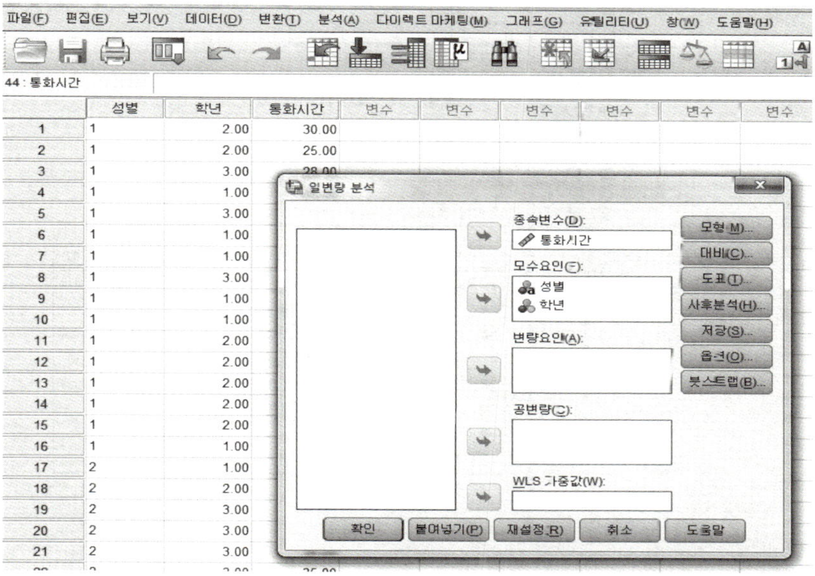

6) 결과를 확인한다. 이 결과는 이어지는 '제4절 결과 작성 방법'에 활용된다.

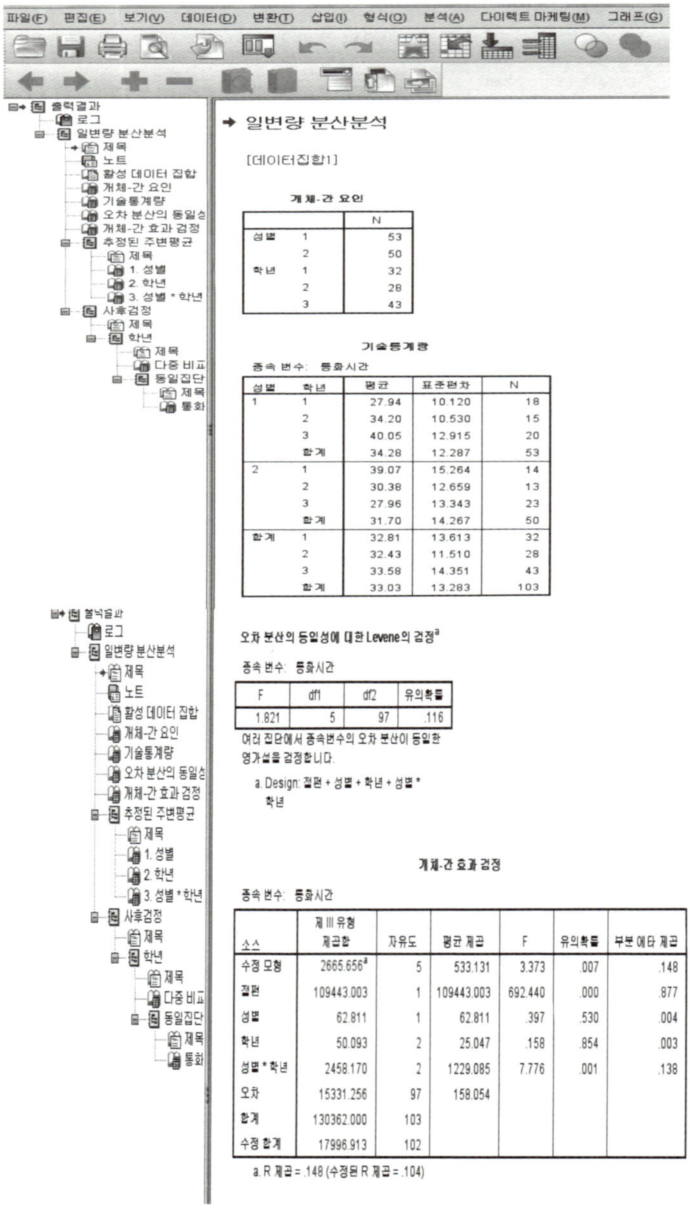

→ 일변량 분산분석

[데이터집합1]

개체-간 요인

		N
성별	1	53
	2	50
학년	1	32
	2	28
	3	43

기술통계량

종속 변수: 통화시간

성별	학년	평균	표준편차	N
1	1	27.94	10.120	18
	2	34.20	10.530	15
	3	40.05	12.915	20
	합계	34.28	12.287	53
2	1	39.07	15.264	14
	2	30.38	12.659	13
	3	27.96	13.343	23
	합계	31.70	14.267	50
합계	1	32.81	13.613	32
	2	32.43	11.510	28
	3	33.58	14.351	43
	합계	33.03	13.283	103

오차 분산의 동일성에 대한 Levene의 검정[a]

종속 변수: 통화시간

F	df1	df2	유의확률
1.821	5	97	.116

여러 집단에서 종속변수의 오차 분산이 동일한 영가설을 검정합니다.

a. Design: 절편 + 성별 + 학년 + 성별 * 학년

개체-간 효과 검정

종속 변수: 통화시간

소스	제 III 유형 제곱합	자유도	평균 제곱	F	유의확률	부분 에타 제곱
수정 모형	2665.656[a]	5	533.131	3.373	.007	.148
절편	109443.003	1	109443.003	692.440	.000	.877
성별	62.811	1	62.811	.397	.530	.004
학년	50.093	2	25.047	.158	.854	.003
성별 * 학년	2458.170	2	1229.085	7.776	.001	.138
오차	15331.256	97	158.054			
합계	130362.000	103				
수정 합계	17996.913	102				

a. R 제곱 = .148 (수정된 R 제곱 = .104)

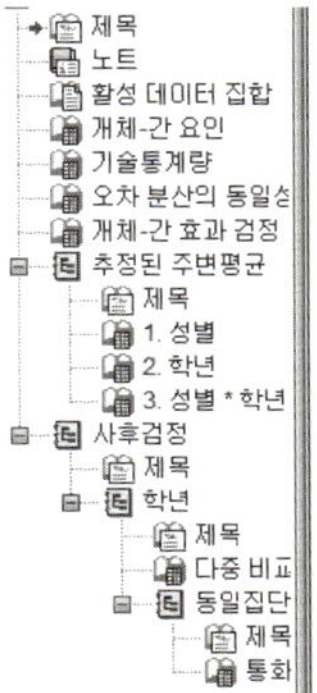

추정된 주변평균

1. 성별

종속 변수: 통화시간

성별	평균	표준오차	95% 신뢰구간	
			하한값	상한값
1	34.065	1.739	30.613	37.516
2	32.471	1.835	28.828	36.114

2. 학년

종속 변수: 통화시간

학년	평균	표준오차	95% 신뢰구간	
			하한값	상한값
1	33.508	2.240	29.062	37.954
2	32.292	2.382	27.565	37.020
3	34.003	1.922	30.189	37.818

3. 성별 * 학년

종속 변수: 통화시간

성별	학년	평균	표준오차	95% 신뢰구간	
				하한값	상한값
1	1	27.944	2.963	22.063	33.826
	2	34.200	3.246	27.757	40.643
	3	40.050	2.811	34.471	45.629
2	1	39.071	3.360	32.403	45.740
	2	30.385	3.487	23.464	37.305
	3	27.957	2.621	22.754	33.159

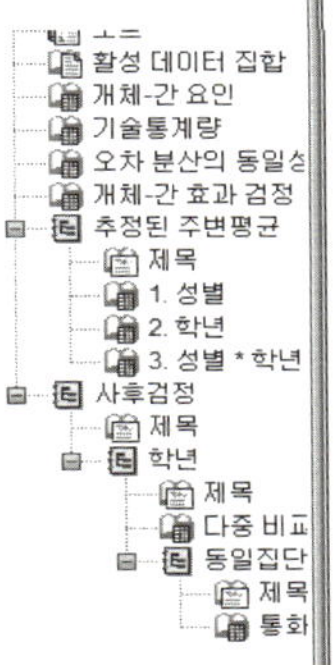

사후검정

학년

다중 비교

종속 변수: 통화시간

Scheffe

(I) 학년	(J) 학년	평균차(I-J)	표준오차	유의확률	95% 신뢰구간	
					하한값	상한값
1	2	.38	3.253	.993	-7.70	8.47
	3	-.77	2.935	.966	-8.07	6.53
2	1	-.38	3.253	.993	-8.47	7.70
	3	-1.15	3.053	.931	-8.74	6.44
3	1	.77	2.935	.966	-6.53	8.07
	2	1.15	3.053	.931	-6.44	8.74

관측평균을 기준으로 합니다.
오류 조건은 평균 제곱(오류) = 158.054입니다.

동일집단군

통화시간

Scheffe[a,b,c]

학년	N	집단군
		1
2	28	32.43
1	32	32.81
3	43	33.58
유의확률		.933

동일 집단군에 있는 집단에 대한 평균이 표시됩니다.
관측평균을 기준으로 합니다.
오류 조건은 평균 제곱(오류) = 158.054입니다.

제4절 결과 작성 방법(보고서 및 논문)

제3절에서 실습을 통해 분석한 결과를 아래와 같이 보고서나 논문으로 작성할 수 있다.

1. 일원분산분석의 결과 작성 방법

일원분산분석의 결과 작성 방법

1. 연구가설
   - ○ 귀무가설(생략 가능)
     학년에 따라 하루 평균 교양 독서 시간은 서로 차이가 없다.
   - ○ 연구가설(대립가설)
     학년(1학년, 2학년, 3학년, 4학년)에 따라 학생들의 하루 평균 교양 독서 시간은 서로 차이가 있다(양측검정).
     1학년은 고학년들보다 하루 평균 교양 독서 시간이 더 많을 것이다(단측검정).
     $H_{0:} \mu_1 = \mu_2 = \mu_3 = \mu_4$, $H_{1:} \mu_1 \neq \mu_2 \neq \mu_3 \neq \mu_4$ (혹은 이 중 몇 개만 다르다고 표시)
   - ○ 독립변수: 학년(1학년, 2학년, 3학년, 4학년),
     종속변수: 하루 평균 교양 독서 시간

2. 유의 수준 제시
   $\alpha = 0.05$

3. 분산분석 결과표 제시

집 단	사례 수	평 균	표준편차	F	df	유의확률	에타 제곱	차이집단
1학년	75	55	0.82	7.770	3, 296	0.000	0.987	1학년-2학년 1학년-3학년 1학년-4학년 2학년-3학년 2학년-4학년 3학년-4학년
2학년	75	40	0.82					
3학년	75	30	1.64					
4학년	75	25	1.64					

4. 해 석

학년에 따라 학생들의 교양 독서 시간은 통계적으로 유의미하게 차이가 있는 것으로 나타났다($F=7,770$, $df=3, 296$, $p<0.05$). 각 집단 간에 하루 평균 교양 독서 시간을 사후 검정한 결과에 따르면, 모든 학년은 서로 차이가 있는 집단들인 것으로 나타났다. 1학년은 평균 55분이고, 2학년은 평균 40분이고, 3학년은 평균 30분이고, 4학년은 평균 25분이다. 이들은 각각 서로 모두 통계적으로 유의미한 차이를 보였다.

그리고 학년과 학생들의 교양 독서 시간은 상관관계가 높은 것으로 나타났고, 동시에 설명력도 높았다(에타: 0.993, 에타 제곱: 0.987). 이를 통해 학생들의 학년이 교양 독서 시간에 영향을 미치는 중요한 요인 중 하나라는 사실을 알 수 있다.

5. 함 의

이러한 차이가 왜 발생하는지에 대해 이론적이고 경험적인 근거에 기초해서 설명한다. 그리고 연구 결과에 기초한 현실적 교훈과 적용에 대해 기술한다.

2. 다원분산분석의 결과 작성 방법

다원분산분석의 결과 작성 방법

1. 연구가설

○ 귀무가설(생략 가능)

성별과 학년은 휴대폰 통화 시간에 영향을 주지 않는다.

성별에 따라 학년 간 통화 시간의 차이는 없다.

○ 연구가설(대립가설)

성별과 학년은 휴대폰 통화 시간에 영향을 준다(양측검정).

성별에 따라 학년 간 휴대폰 통화 시간에 차이가 있다(양측검정).

1학년 여학생의 휴대폰 사용 시간이 1학년 남학생의 휴대폰 통화 시간보다 더 많다(단측검정).

$H_0: \mu_{a1} \times \mu_{b1} = \mu_{a1} \times \mu_{b2} = \mu_{a1} \times \mu_{b3} = \mu_{a2} \times \mu_{b1} = \mu_{a2} \times \mu_{b2} = \mu_{a2} \times \mu_{b3}$

$H_1: \mu_{a1} \times \mu_{b1} \neq \mu_{a1} \times \mu_{b2} \neq \mu_{a1} \times \mu_{b3} \neq \mu_{a2} \times \mu_{b1} \neq \mu_{a2} \times \mu_{b2} \neq \mu_{a2} \times \mu_{b3}$(혹은 이 중에서 몇 개만 다르다고 표시)

○ 독립변수: 성별(남, 여)과 학년(1학년, 2학년, 3학년),
종속변수: 월평균 휴대폰 통화 시간

2. 유의 수준 제시

$\alpha = 0.05$

3. 분산분석 결과표 제시

성별과 학년에 따른 휴대폰 통화 시간

집 단	학 년	사례 수	평 균	표준편차
남성	1학년	18	27.94	10.120
	2학년	15	34.20	10.530
	3학년	20	40.05	12.915
여성	1학년	14	39.07	15.264
	2학년	13	30.38	12.659
	3학년	23	27.96	13.343

분산분석

	자유도	F	유의확률	부분에타 제곱
성별	1	0.397	0.530	0.004
학년	2	0.158	0.854	0.003
성별×학년	2	7.776	0.001	0.138
오차	97	–	–	–

* 독립변수에 해당되는 성별과 학년 간의 상호작용 효과가 있는지를 먼저 확인한다. 만일 상호작용 효과가 있다면(즉, 통계적으로 유의하다고 하면), 이에 대해 분석한다.
* 하지만 독립변수 간에 상호작용 효과가 없다면(즉, 상호작용 효과가 통계적으로 유의미하지 않다고 하면), 독립변수별 주효과를 분석한다.

4. 해 석

* 상호작용 효과가 있을 때

분석에 따르면 성별과 학년 간에는 상호작용 효과가 있는 것으로 나타났고(F=7.776, df=2, 97, p<0.05), 이는 성별에 따라 학년 간 휴대폰 통화 시간에 차이가 있는 것을 의미한다. 즉, 성별에 따른 학년 간 차이는 통화 시간에 영향을 준다고 할 수 있다. 구체적으로 보면 남성의 경우, 1학년(27.94분)이 2학년(34.20분)과 3학년(40.05분)보다 통화 시간이 적었고, 2학년은 3학년보다 더 적은 통화 시간을 보였다. 여성의 경우, 1학년(39.07분)이 2

학년(30.38분)과 3학년(27.96분)보다 통화 시간이 많았고, 2학년은 3학년보다 더 많은 통화 시간을 보였다. 그리고 1학년의 경우 남성보다 여성의 통화 시간이 더 많지만, 2학년과 3학년의 경우는 남성의 통화 시간이 더 많은 것도 알 수 있다.

그리고 성별과 학년의 상호작용 효과는 통화 시간에 대한 설명력이 크지 않지만 어느 정도 있는 것으로 나타났다(에타 제곱: 0.138). 이는 두 관계에 상관관계가 있음을 의미한다(에타: 0.371). 따라서 성별과 학년은 통화 시간에 영향을 주는 요인이라고 할 수 있다.

＊상호작용 효과가 없다고 했을 때

(앞서 제시한 결과에서 상호작용 효과가 통계적으로 유의미하지 않다고 가정하고 기술한다.) 분석 결과에 따르면 성별과 학년 간에는 상호작용 효과가 없는 것으르 나타났고(가상의 예, $F=1.2$, $df=2, 97$, $p>0.05$), 따라서 각각의 변수들의 주효과를 분석한다. 분석에 따르면 성별은 통화 시간에 영향을 주는 것으로 나타났다($F=17.2$, $df=1, 97$, $p<0.05$). 남성이 여성보다 통화 시간이 더 많은 것을 알 수 있다. 학년도 통화 시간에 영향을 주는 것으로 나타났다($F=5.1$, $df=2, 894$, $p<0.05$). 학년 간 차이를 알아보기 위해 집단 간 사후검정을 한 결과 1학년은 2학년과 3학년과 각각 통화 시간에 차이가 있는 것으로 나타났고, 2학년과 3학년는 차이가 없는 것으로 나타났다.

그리고 성별과 통화 시간 간의 설명의 정도와 상관관계는 비교적 높은 정도를 보였다(에타 제곱: 0.439, 에타: 0.663). 학년과 통화 시간 간의 설명의 정도와 상관관계도 어느 정도 있는 것으로 나타났다(에타 제곱: 0.301, 에타: 0.549).

5. 함 의

왜 이러한 차이가 발생하는지에 대해 이론적이고 경험적인 근거에 기초해서 설명한다. 그리고 연구 결과에 기초한 현실적 교훈과 적용에 대해 기술한다.

제 11 장

상관관계분석

제1절 의 미

상관관계분석은 두 변수 간의 상관성을 분석하는 것이다. 이에 대해서는 이미 제4장에서 설명했다. 통계자료를 수치로 정리할 때 두 변수 간의 상관관계 정도를 상관계수로 표현할 수 있다고 했다. 단순히 한 변수의 요약 값만을 표현하는 것이 아니라 두 변수 간의 관계를 간단한 수치로 표현하기 위해서이다. 어쩌면 현실의 많은 연구나 관찰은 한 변수에 대한 수치적 정보뿐 아니라 변수들 간의 관계에 관한 정보가 더 필요하다. 그래서 상관관계분석은 자료를 정리하는 데 기본적인 분석 방법이 된다.

이러한 상관관계에 관한 내용을 여기서 한 번 더 설명하는 이유는 세 가지이다. 첫째는 실제 통계 프로그램을 통해 상관관계분석을 어떻게 할 수 있는지를 보이기 위해서이고, 둘째는 상관관계분석 결과를 어떻게 해석해서 보고서 등으로 나타낼지를 살펴보기 위해서이다. 그리고 셋째는 회귀분석과의 연계된 설명을 위해서이다. 즉, 상관관계는 다음 장에서 논의될 회귀분석과 불가분의 관계에 놓여 있는 통계기법이기 때문에 회귀분석을 구체적으로 다루기 이전에 상관관계의 의미와 분석 방법을 한 번 더 숙지할 필요가 있다. 이 말은 회귀분석이 변수들 간의 인과관계를 분석하는 방법이라는 점을 안다면 그 의미를 알 수 있다. 인과관계를 분석하기 이전에 두 변수가 상관관계에 있는가를 먼저 확인해야 하므로, 회귀분석 이전에 상관관계분석을 먼저 학습해야 하는 것이다. 따라서 상관관계분석은 두 변수 간의 상관 정도를 분석하는 방법으로써 인과관계 분석을 위한 선행 분석이 된다.

제2절 원 리

상관관계분석의 원리 역시 앞서 제4장에서 설명했다. 그래서 여기서는 간략히 다시 한 번 더 살펴보고, 추가적으로 편상관관계(partial correlation)분석의 해석 원리에 대해 설명하기로 한다.

상관관계분석은 상관계수를 구하는 것이라고 볼 수 있다. 상관계수 값을 통해 두 변수 간의 상관성 정도를 이해하기 때문이다. 상관계수는 $-1 \le r \le 1$ 사이에서 값을 가지며, 그 값이 1에 가까울수록 두 변수가 같은 방향으로 거의 일직선에 근접한 상관성을 보이는 것을 말하고, 반대로 −1에 가까울수록 두 변수는 서로 반대 방향으로 거의 일직선에 근접한 상관성을 보이는 것으로 판단한다. 0에 가까울수록 두 변수 간의 상관성은 거의 없는 것을 의미한다.

상관관계분석의 기본 원리는 변하는 정도, 즉 분산성을 통해 살펴볼 수 있다. 두 변수의 독립적 분산성 혹은 변산성과 두 변수의 공분산성 혹은 공변산성의 비율로 나타낼 수 있다. 제4장에서도 이미 설명된 사항이다.

$$\frac{\text{두 변수(X, Y)가 함께 변하는 정도}}{\text{두 변수(X, Y)가 독립적으로 변하는 정도}} = \frac{\text{두 변수의 공변산성(공분산성)}}{\text{두 변수의 독립적 변산성(독립분산성)}}$$

이를 식으로 나타내면 다음과 같다.

$$r = \frac{S_{(xy)}}{\sqrt{S^2_{(x)}\, S^2_{(y)}}}$$

$$[\ S^2_{(x)} = \sum (X_i - \overline{X})^2,\ S^2_{(y)} = \sum (Y_i - \overline{Y})^2,\ S_{(xy)} = \sum (X_i - \overline{X})(Y_i - \overline{Y})\ ]$$

[표 11-1]은 실제 데이터를 이용해서 상관관계 계수를 구하는 방법을 보여주는 예시이다. 분석결과 $r = \frac{16}{\sqrt{64 \times 6}} = 0.82$가 된다. 이는 두 변수 X와 Y가 서로 강한 상관관계를 지니고 있다는 의미이다. 즉, 각각의 독립된 변화의 총량에서 대응해서 변화하는 정도가 많다는 것이다.

한편, 상관관계분석은 기본적으로 두 변수 간의 상관성을 살펴보는 것인데, 현실의 관찰과 연구에서는 두 변수 이상이 될 경우가 많다. 이럴 때 다른 변수의 영향을 통제(control)한 상태에서 관심 있는 두 변수의 관계를 찾는 것이 필요하다. 예를 들어, 정당에 대한 신뢰도, 날씨(기온), 투표율 이 세 변수 간의 상관관계를 분석하면서 정당에 대한 신뢰도와 투표율 간의 상관관계에 대해 날씨의 영향을 배제하고 살펴보고자 한다.

정당에 대한 신뢰도와 투표율의 관계가 날씨라는 변수에 의해 영향을 받아서 두 변수의 상관관계의 정도에도 그 영향이 포함되어 나타날 수 있기 때문에 이를 통제하고 분석하는 것이다. 바로 이것이 편상관관계분석의 기본 원리이다. 세 변수 이상일 때 관심 있는 두 변수만의 상관성을 보고자 한다면 다른 변수를 통제한 상관계수 값을 구

표 11-1 상관계수 계산

개체 값		편 차		편차 제곱		편차의 곱
X	Y	$x_i - \bar{x}$	$y_i - \bar{y}$	$(x_i - \bar{x})^2$	$(y_i - \bar{y})^2$	$(x_i - \bar{x})(y_i - \bar{y})$
1	2	−6	−1	36	1	6
11	5	4	2	16	4	8
5	2	−2	−1	4	1	2
9	3	2	0	4	0	0
9	3	2	0	4	0	0
평균값=7	평균값=3	합=0	합=0	합$(S_{(xx)}) = 64$	합$(S_{(yy)}) = 6$	합$(S_{(xy)})=16$

하는 것이다.

제3절 분석 절차(실습)

1. 상관관계분석의 사례

어느 기업이 판매하는 제품과 관련하여 '광고 횟수', '불만 건수', '매출액', '시장점유율' 간에 상관관계를 알아보고자 한다. 실습을 위한 데이터는 출판사 홈페이지를 통해 다운로드할 수 있다. 파일명은 '제11장 상관관계분석 실습자료'이다. 이 데이터를 이용하여 다음의 실습 절차대로 SPSS 프로그램을 실행하면 된다.

2. 상관관계분석의 실습 절차

1) 메뉴의 '분석(A)'에서 '상관분석(C)'를 선택하고, 그 중 '이변량상관계수(B)'를 선택한다.

2) '이변량 상관계수' 창이 생기고, 데이터에 있던 변수들이 표시된다.

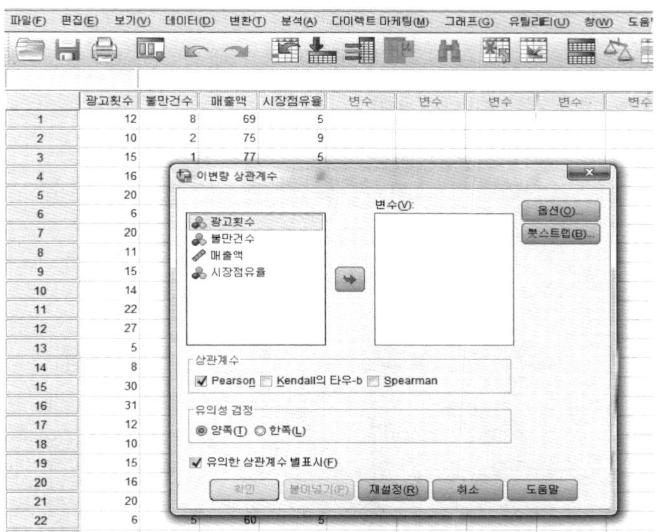

3) 상관분석을 할 변수(여기서는 네 변수)를 '변수(V)'로 옮긴다. 그리고 '옵션' 메뉴를 선택해서 클릭한다.

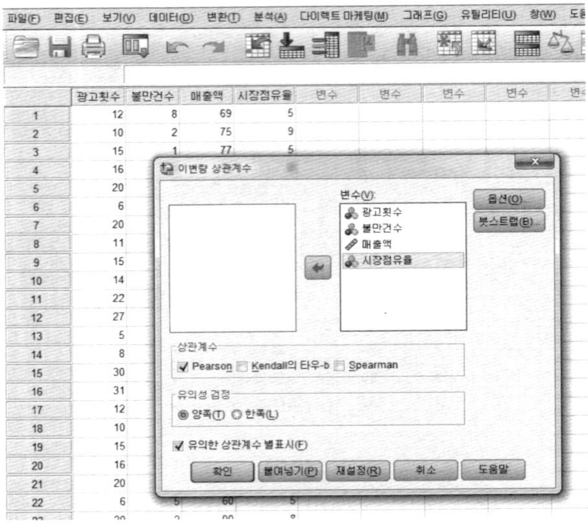

4) '이변량 상관계수: 옵션' 창이 생기면, '통계량'에서 '평균과 표준편차(M)'와 '교차곱 편차와 공분산(C)'을 클릭한다. 그리고 '계속' 버튼을 클릭한다.

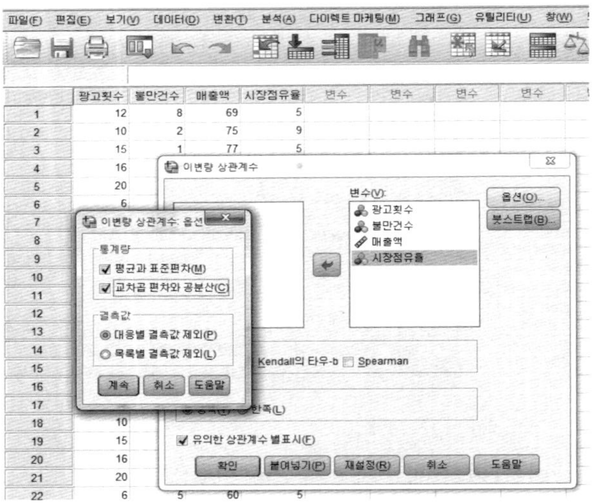

5) 다시 '이변량 상관계수' 창으로 돌아온다. 여기서 '확인' 메뉴를 클릭한다.

6) 결과를 확인한다. 이 결과는 이어지는 '제4절 결과 작성 방법'에 활용된다.

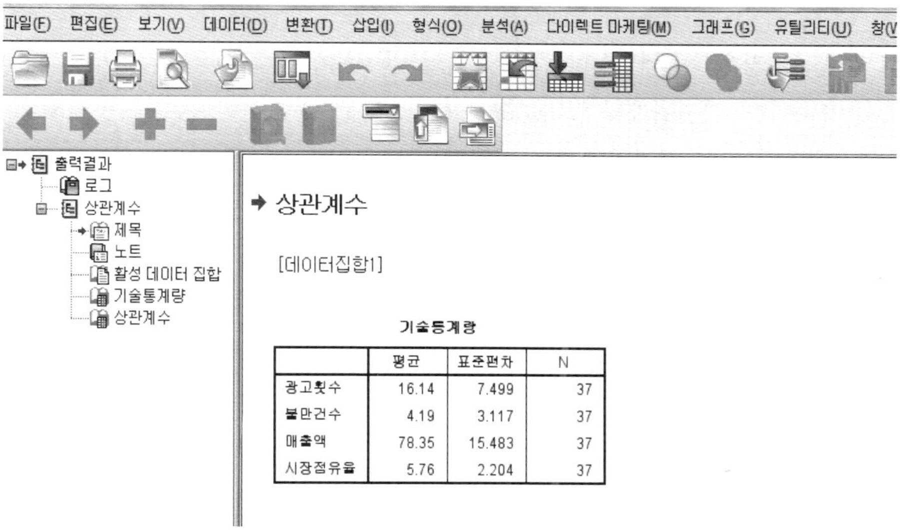

상관계수

		광고횟수	불만건수	매출액	시장점유율
광고횟수	Pearson 상관계수	1	-.639**	.901**	-.213
	유의확률 (양쪽)		.000	.000	.205
	제곱합 및 교차곱	2024.324	-537.946	3767.243	-126.784
	공분산	56.231	-14.943	104.646	-3.522
	N	37	37	37	37
불만건수	Pearson 상관계수	-.639**	1	-.715**	.185
	유의확률 (양쪽)	.000		.000	.273
	제곱합 및 교차곱	-537.946	349.676	-1241.459	45.703
	공분산	-14.943	9.713	-34.485	1.270
	N	37	37	37	37
매출액	Pearson 상관계수	.901**	-.715**	1	-.159
	유의확률 (양쪽)	.000	.000		.348
	제곱합 및 교차곱	3767.243	-1241.459	8630.432	-194.838
	공분산	104.646	-34.485	239.734	-5.412
	N	37	37	37	37
시장점유율	Pearson 상관계수	-.213	.185	-.159	1
	유의확률 (양쪽)	.205	.273	.348	
	제곱합 및 교차곱	-126.784	45.703	-194.838	174.811
	공분산	-3.522	1.270	-5.412	4.856
	N	37	37	37	37

**. 상관계수는 0.01 수준(양쪽)에서 유의합니다.

3. 편상관관계분석의 사례

앞서 상관관계가 있는 세 변수(광고 횟수, 불만 건수, 매출액) 중에서 광고 횟수와 매출액 간의 순수한 상관관계를 알아보고자 한다. 이를 위해 불만 건수를 통제하고, 광고 횟수와 매출액 간의 상관관계를 분석한다.

4. 편상관관계분석의 실습 절차

1) 이를 위해 우선 메뉴의 '분석(A)'에서 '상관분석(C)'을 선택하고, '편상관계수(R)'를 클릭한다.

2) '편상관계수' 창이 생기면 상관관계분석을 하고자 하는 두 변수인 '광고 횟수'와 '매출액'은 '변수'로 옮기고, 통제를 하기로 한 변수인 '불만 건수'는 '제어변수(C)' 칸으로 옮긴다. 그리고 '옵션(O)' 메뉴를 클릭한다.

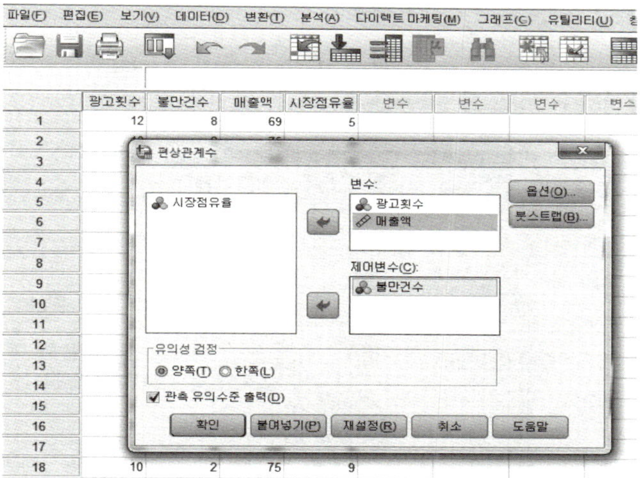

3) '편상관계수: 옵션' 창이 생기면 '통계량'에서 '평균과 표준편차(M)'와 '0차 상관(Z)'을 체크한다. 그리고 '계속' 버튼을 클릭한다.

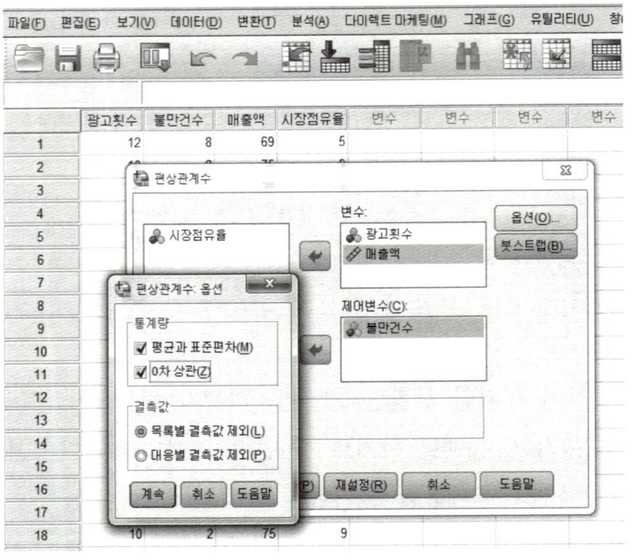

4) 다시 '편상관계수' 창으로 돌아간다. 이제 '확인'을 클릭한다.

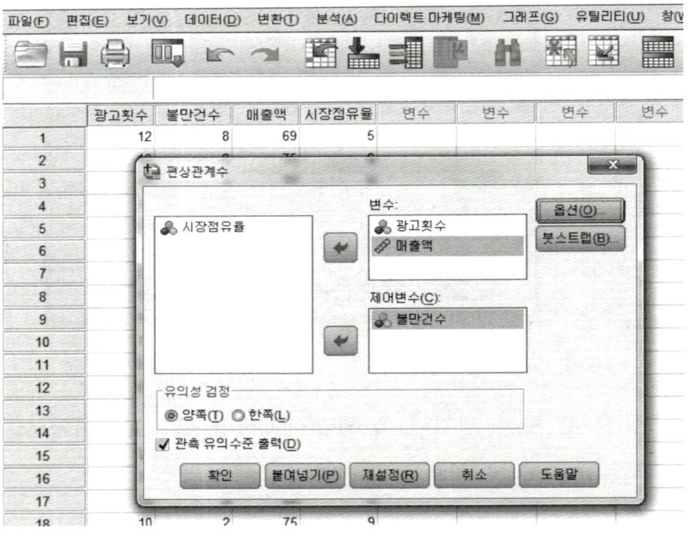

5) 결과를 확인한다. 이 결과는 이어지는 '제4절 결과 작성 방법'에 활용된다.

➡ 편상관계수

[데이터집합1]

기술통계량

	평균	표준 편차	N
광고횟수	16.14	7.499	37
매출액	78.35	15.483	37
불만건수	4.19	3.117	37

상관

통제변수			광고횟수	매출액	불만건수
-지정않음-[a]	광고횟수	상관	1.000	.901	-.639
		유의수준(양측)	.	.000	.000
		df	0	35	35
	매출액	상관	.901	1.000	-.715
		유의수준(양측)	.000	.	.000
		df	35	0	35
	불만건수	상관	-.639	-.715	1.000
		유의수준(양측)	.000	.000	.
		df	35	35	0
불만건수	광고횟수	상관	1.000	.826	
		유의수준(양측)	.	.000	
		df	0	34	
	매출액	상관	.826	1.000	
		유의수준(양측)	.000	.	
		df	34	0	

a. 셀에 0차 (Pearson) 상관이 있습니다.

제4절 결과 작성 방법(보고서 및 논문)

제3절에서 실습을 통해 분석한 결과를 아래와 같이 보고서나 논문으로 작성할 수 있다.

상관관계분석의 결과 작성 방법(편상관관계분석 포함)

1. 연구가설

○ 귀무가설(생략 가능)

광고 횟수, 불만 건수, 매출액, 시장점유율 사이에 상관관계가 없다.

○ 연구가설(대립가설)

광고 횟수, 불만 건수, 매출액, 시장점유율 사이에 상관관계가 있다(양측검정).

$H_{0}: r=0$, $H_{1}: r \neq 0 (\text{or } r>0, r<0)$

○ 상관관계는 별도의 독립변수와 종속변수가 존재하지 않는다.

2. 유의 수준 제시

$\alpha = 0.05$

3. 상관관계 결과표 제시

광고 횟수, 불만 건수, 매출액, 시장점유율 간의 상관관계 행렬표

	광고 횟수	불만 건수	매출액	시장점유율
광고 횟수	1			
불만 건수	−0.639**	1		
매출액	0.901**	−0.715**	1	
시장점유율	−0.213	0.185	−0.159	1

**상관계수는 0.01 수준(양쪽)에서 유의(0.01에서 유의하므로 0.05에서도 유의함)

불만 건수 통제 하에 광고 횟수와 매출액 간의 편상관관계분석 결과표

통제변수	광고 횟수-매출액 상관관계		매출액
불만 건수	광고 횟수	상관	0.826
		유의확률(양측)	0.000
		df	34

4. 해 석

광고 횟수, 불만 건수, 매출액, 시장점유율 간의 상관관계를 분석한 결과 광고 횟수는 불만건수와 음의 상관관계를 가지고 있는 것으로 나타났고(−0.639), 매출액과는 강한 양의 상관관계를 보였다(0.901). 하지만 시장점유율과는 통계적으로 유의미한 상관관계를 보이지 않았다. 불만 건수는 매출액과 비교적 강한 음의 상관관계를 가지고 있는 것으로 나타났지만(−0.715), 시장점유율과는 통계적으로 유의미한 상관관계를 보이지 않았다. 매출액과 시장점유율과의 상관관계는 통계적으로 유의미하지 않았다. 따라서 광고 횟수, 불만 건수, 매출액 사이에는 양 또는 음의 상관관계를 보이는 반면, 시장점유율은 나머지 세 변수 모두와 통계적으로 의미있는 상관관계를 보이지 않았다.

광고 횟수, 불만 건수, 매출액 간에 각각 음 또는 양의 상관관계가 존재하는 것을 살펴보았다. 그러나 이 변수들 간의 상관관계에는 다른 변수의 영향이 존재할 수 있다. 그래서 광고 횟수와 매출액과의 순수한 상관관계를 분석하기 위해 불만 건수를 통제(영향력을 배제)할 필요가 있다. 이를 위해 편상관관계를 분석한 결과 광고 횟수와 매출액의 상관관계는 0.826으로 나타났다. 이 값은 불만 건수를 통제하지 않았을 때의 상관관계 값인 0.901보다 낮은데, 그것은 불만 건수가 광고 횟수와 매출액 간의 상관관계에 미친 영향의 정도를 제외했기 때문이다.

5. 함 의

변수들 간의 상관관계와 편상관관계에서의 상관관계 값의 차이에 대해 그 이유를 이론적이고 경험적인 근거에 기초해서 설명한다. 그리고 연구 결과에 기초한 현실적 교훈과 적용에 대해 기술한다.

제 12 장

회귀분석 (단순회귀분석, 다중회귀분석, 더미변수 회귀분석)

제 1 절 의 미

제 2 절 원 리

제 3 절 분석 절차(실습)

제 4 절 결과 작성 방법(보고서 및 논문)

제1절 의 미

1. 이론에 기초한 회귀분석

회귀분석은 독립변수와 종속변수와의 관계를 선형 함수로 표현해서 종속변수에 대한 독립변수의 영향 정도를 분석하고 예측하는 통계 방법이다. 변수 간의 인과관계를 확인하거나 찾는 방법이 회귀분석인 것이다. 그래서 인과관계를 중시하는 사회과학 등 여타 연구에서 데이터를 사용해서 인과관계를 찾고자 할 때 가장 기본적으로 사용하는 방법이 회귀분석이다.

인과관계는 상관관계와 다르다. 회귀분석의 의미를 정확히 이해하고 회귀분석에서 이론의 중요성을 알기 위해서는 먼저 이에 대한 논의가 필요하다. 우리는 통계분석을 이용해서 두 변수 사이의 강한 상관성(연관성)을 도출할 수 있지만, 그렇다고 해서 그 상관성이 존재하는 이유를 항상 설명할 수 있는 것은 아니다. 두 변수의 선후 관계가 어떻게 되는지, 인과관계인지 등에 대해 알 수 없는 경우가 많다. 전혀 말도 안 되는 두 변수를 두고 단지 상관관계가 있다고 해서 인과관계로 설명해서는 안 된다. 예를 들어, 부산 가덕도에서 봄철 동안 숭어가 잡히는 양과 서울의 대학생들이 봄철 동안 컵라면을 먹는 양이 비록 상관관계분석에 의해 상관계수가 높게 나왔다고 해서, 둘의 영향을 설명하는 것은 잘못된 것이다. 일반적인 수준에서 두 변수의 영향을 판단하는 것이 허용되는 범위를 넘어선 것이다. 따라서 중요한 것은 상관관계가 곧바로 인과관계, 즉 변수들 간의 영향이나 선후관계로 설명해서는 안 된다는 점이다.

이 점은 회귀분석을 하기 위한 가장 중요한 전제가 된다. 반드시 회귀분석은 이론에 근거해서 분석되어야 한다는 점이다. 변수들 간의 관계를 이론에 기초하지 않고 수집한 변수 자료들을 단순히 통계분석 프로그램에 입력하여 어떤 값을 도출했다고 해서 그것이 회귀분석이 되는 것은 아니다. 이점은 매우 중요하다. 통계분석 프로그램이 아무리 정교하게 잘 발달된다고 해도 그것은 기계일 뿐이기 때문에 이론적 의미를 가지는 변수를 선별해서 분석하지는 못한다. 기계는 입력된 값이 있으면 기계적으로 결과를 보여줄 뿐이다. 편하기는 하지만 의미의 연결고리를 갖는 데이터가 분석되어야 한다는 판단을 해주지는 못한다. 이 점을 악용해서 일부 연구자들은 일단 아무 변수나 통계분석 프로그램에 입력해서 분석해보고 그것이 말이 될 것 같으면 끼워 맞춰서 해석을 하는데, 이는 연구 윤리적으로 잘못된 것일 뿐 아니라 방법론적으로도 옳지 못하다. 반드시 이론에 기초해서 변수를 고려해야 하고, 그에 따라 분석모형을 선정한 다음에 통계분석 프로그램을 실행시켜 그 값을 얻어서 해석해야한다. 물론 해석할 때도 반드시 이론에 기초해야 한다.

2. 인과관계의 의미와 원인 조건의 종류

그렇다면 이론에 기초한 회귀분석을 통해 얻을 수 있는 핵심적인 정보인 인과관계란 무엇인가? 인과관계의 의미를 구체적으로 이해하는 것은 회귀분석의 결과를 해석하고 적용할 때 기초적인 지식이 된다. 실제로 연구를 위한 분석은 많은 경우 인과관계를 밝히는 데 초점을 두고 있다. 그래서 과학적인 분석의 핵심은 인과관계를 살펴보는 일이라고도 할 수 있다. 통계분석에서 가설검정을 하는 것도 인과관계에 기초하는 경우가 많다.

인과관계는 간단히 말해 원인과 결과 간의 관계를 의미한다. 두 변수 간의 관계를 진술한 것으로 독립변수(원인변수, 설명변수)와 종속변수(결과변수, 피설명변수)로 구성되어 있다. 이 두 변수의 관계가 탄탄할수록 인과관계의 정도는 높다고 할 수 있다.

하지만 사실 사회과학에서는 인과관계가 확률적으로 어느 정도인가를 검정하여 원인변수와 결과변수와의 관계를 설명할 뿐이다. 인과관계를 찾았다고 해서 관련된 현상을 모두 설명하는 변수들 간의 관계를 찾았다는 말이 절대 아니다. 원인이 때로는 부분적이거나 또는 한정적으로 결과를 발생시킬 수도 있다. 그래서 이것을 정확하게 구분하고 설명할 수 있어야 성공적으로 인과관계를 설명할 수 있다. 인과관계에서 원인 조건의 종류가 세 가지로 구분되어 논의되는 이유도 바로 그 때문이다.

첫 번째 인과관계의 원인 조건은 필요 조건(필요 원인)이다. 필요 조건은 결과가 뒤따르기 위해서는 존재해야만 하는 조건을 나타낸다. 인과관계의 원인변수가 결과변수의 내용을 발생시키는 변수이기는 하지만, 원인변수는 결과를 발생시키는 수많은 여러 변수 중에서 하나의 부분적인 영향만을 행사할 수 있는 변수이다. 따라서 결과를 발생시키기 위한 필요 조건은 원인변수가 결과 발생을 위해서는 필수적이지만 그것만으로 충분하지 못한 경우이다. 예를 들어, 행정학원론 강의에서 학점을 받기 위해서는 반드시 두 번의 시험(중간고사와 기말고사)에 모두 응시하고 한 번의 과제를 제출해야 한다면, 두 번의 시험에 응시하는 것은 필수적인 조건이지 충분한 조건이라고는 하지 않는다. 두 번의 시험뿐 아니라 과제도 제출해야 학점을 받을 수 있으므로, 시험에 응시하는 것 자체로는 결과를 발생시키기에는 충분하지 않기 때문이다.

두 번째 인과관계의 원인 조건은 충분 조건(충분 원인)이다. 충분 조건은 만일 그것이 존재한다면 그 결과가 보장되는 조건을 말한다. 원인변수가 결과변수에 하나의 대안적 변수로서 그 자체로도 충분하게 결과를 발생시킬 수 있는 경우이다. 예를 들어, 행정학원론 강의에서 중간고사나 기말고사에 응시하지 않는다면 성적이 F라고 하자. 그렇다면 중간고사에 응시하지 않는 것은 학점이 F로 될 수 있는 충분한 원인이 된다. 중간고사를 응시하지 않은 그 하나의 원인 자체로 결과를 발생시키는 것이다. 하지만 이 원인이 결과를 낳는 필수적인 요인은 아니고, 또 결과를 낳는 유일한 원인도 아니다. 중간고사에 응시하지 않는 것뿐만 아니라 기말고사에 응시하지 않아도 F성적이 충분히 발생될 수 있기 때문이다.

세 번째 인과관계의 원인 조건은 필요 충분 조건이다. 필요하고도 충분한 원인의 발견은 연구에서 가장 만족스러운 결과이다. 연구대상이 되는 어떤 현상에 대해 반드시 필요하면서도 충분한 원인을 찾았다면 그 현상을 가장 잘 설명하는 것이 되기 때문이다. 예를 들어, 결과에 해당되는 어떤 범죄 발생의 필요 충분 조건을 찾았다고 한다면 그 범죄를 가장 잘 이해하게 된다. 그리고 그 범죄를 방지하기 위한 실효성 있는 대책도 모색할 수 있다.

물론 사회과학 연구에서 필요 충분 조건을 정확히 찾아낸다는 것은 상당히 어렵다. 그리고 사실 어떠한 인과관계에서 원인변수가 결과변수에 필요 조건인지, 아니면 충분 조건이 될 수 있는지를 구별하는 것도 결코 수월한 일이 아니다. 그럼에도 불구하고 필요 원인 혹은 충분 원인을 검정해 보이는 것은, 비록 현실의 복잡성으로 인해 불완전한 발견이라고 할지라도 변수들의 인과관계에 대한 기초적인 지식으로는 충분한 정보를 줄 수 있기 때문이다. 따라서 필요 조건이 되었든 충분 조건이 되었든, 혹은 필요 충분 조건이 되었든 인과관계를 찾고 분석하는 일은 사회과학 연구에서 중요한 과제 중 하나이다. 회귀분석의 도움으로 인과관계를 모색하는 과정을 끊임없이 하는 이유도 바로 그 때문이다.

이러한 인과관계를 찾는 것은 곧 인과관계가 성립되는 조건에 부합하는지를 지속적으로 검토하는 과정이다. 그래서 회귀분석의 결과로 인과관계를 확증할 대도 인과관계의 성립 조건이 핵심적인 기준으로 작용한다. 이미 인과관계를 구성하는 이론적 배경도 인과관계의 성립 조건이 부합됨을 의미하기도 한다.

인과관계가 성립되기 위한 조건은 크게 세 가지이다. 첫 번째는 시간적 선행성의 원칙이다. 이 원칙은 원인은 결과보다 시간적으로 앞서야 한다는 조건이다. 원인이 되는 사건이나 현상은 결과보다 시간적으로 먼저 발생해야 한다는 것이다. 두 번째는 공동변화의 원칙(상시연관성의 원칙)이다. 원인과 결과는 공동으로 변화해야 한다는 원칙이다. 원인이 되는 현상이 변화하면 결과가 되는 현상도 항상 같이 변화해야 한다는 것이다. 둘의 동시 변화 조건을 말한다. 세 번째는 경쟁가설 기각의 원칙(비허위적 관계 입증)이다. 결과는 원인변수에 의해서만 설명되어야 하며, 다른 변수에 의한 설명가능성은 배제되어야 한다는 원칙이다. 어떤 결과를 가져올 가능성이 있다고 생각되는 다른 원인들이 모두 배제되어야 특정 원인 때문에 그 결과가 초래되었다고 추론할 수 있다. 결과변수의 변화가 추정된 원인이 아닌 제3의 변수 또는 외재적 변수에 의해 설명될 가능성이 없어야 한다.

제2절 원 리

1. 단순회귀분석

1) 최소제곱법과 회귀식 추정

앞서 회귀분석은 독립변수와 종속변수와의 관계를 선형 함수로 표현해서 종속변수에 대한 독립변수의 영향 정도를 분석하고 예측하는 통계 방법이라고 했다. 여기서 핵심은 독립변수와 종속변수의 선형 함수를 찾는 작업이다. 선형 함수는 1차 방정식이며, 따라서 회귀분석을 단순히 표현하면 1차 방정식의 X변수와 Y변수의 관계를 나타낸 식이 된다. 이를 회귀식이라고 한다. 회귀식은 아래와 같다.

$$y_i = \beta_0 + \beta_1 x_i + \varepsilon_i \ \ (i=1,\ 2,\ 3\cdots,n)$$

이 식이 의미하는 바는 [그림 12-1]에서 볼 수 있듯이 각 개체들이 (A)와 같이 분포하고 있다고 했을 때, 이 개체들의 값을 가장 잘 표현해주는 하나의 선이다. 각각의 개체들의 고유값(관측값)을 모두 정확하게는 표현하기는 불가능하기 때문에 가장 근사하게 대표할 수 있는 값을 선으로 표현한 것이다. (B)가 그 결과를 보여준다.

바로 이 직선을 구하는 것이 회귀식을 구하는 것이 되며, 이 선이 1차 방정식인 $y_i = \beta_0 + \beta_1 x_i + \varepsilon_i$으로 표현된다. 여기서 x변수는 독립변수이고 y변수는 종속변수이다. 그리고 i는 전체 n개의 개체들 중에서 i번째 개체의 값을 나타낸다. 그런데 1차 방정식이라면 x와 y변수, 그리고 x변수의 기울기(β_1), 상수(β_0)로 구성될 텐데, ε_i가 포함되어 있다는 것을 볼 수 있다. 이것은 오차를 나타내는 변수로서 오차항이라고 한다. 쉽게 말해, 이는 실제 관측값과 그 관측값들을 대표해서 표현한 회귀선과의 차이를 의미한다. 실제 관측값이 그대로 회귀선 위에 있는 것이 아니고 가장 가까운 거리만큼 떨어진 곳의 회귀선이 대리하고 있기 때문에, 사실 그 거리만큼은 오차가 발생한다. 이를 표현해서 나타낸 것이다. 회귀식을 표현할 때는 현재의 회귀선으로 설명할 수 없는 오차항도 함께 표현해야 한다.

그림 12-1 개체 값과 회귀식

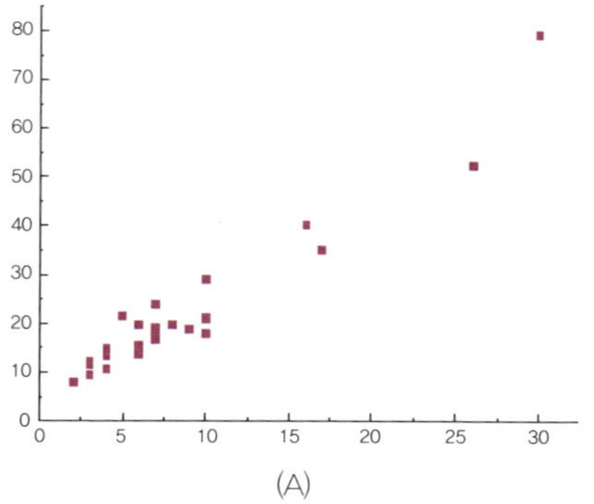

(A)

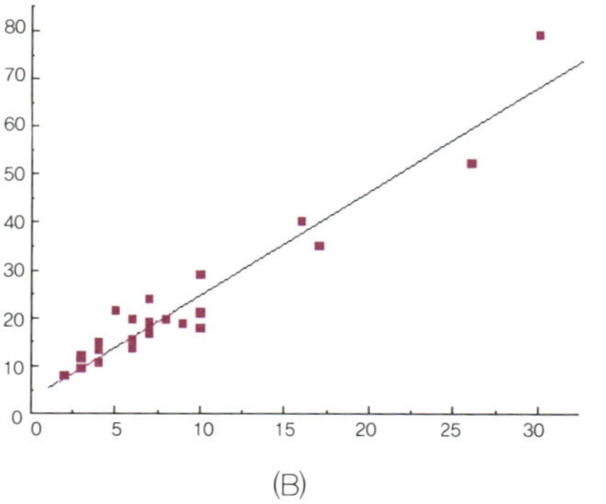

(B)

그러나 이 식은 모집단의 회귀식이다. 즉, 모집단의 모든 개체를 다 고려한 회귀식이다. β_0와 β_1는 미지의 모수이고, 이를 모집단 회귀식의 회귀계수(regression coefficient)라고 한다. 하지만 현실에서는 모집단의 모든 개체를 고려해서 분석하는 것이 아니라 표본에 기초해서 분석이 이루어지기 때문에, 표본을 통해 추정한 회귀식을 찾아야 한다. 모집단의 회귀식은 여러 개의 다양한 표본에 기초한 회귀방정식을 통해 추정되어야 한다. 표본에 기초한 추정회귀식이 여러 개이므로 회귀계수는 확률변수이다. 따라서 확률변수이라는 점을 따로 표현하여 추정회귀식은 아래와 같이 나타낸다.

$$\hat{y_i} = b_0 + b_1 x_i + e_i \ \ (i = 1, 2, 3 \cdots, n) \quad \text{또는} \quad \hat{y_i} = \hat{\beta_0} + \hat{\beta_1} x_i + e_i \ \ (i = 1, 2, 3 \cdots, n)$$

이 식은 추정회귀식 혹은 표본에 기초한 회귀식이다. 이는 모집단의 개체들을 모두 고려하지 못하기 때문에 모집단의 회귀계수인 β_0와 β_1를 추정한 $b_0(\hat{\beta_0})$와 $b_1(\hat{\beta_1})$를 사용하고, 오차 ε_i의 추정치로 e_i를 사용한다. e_i는 잔차(residual)라고 한다. 잔차는 결국 실제 관측값과 추정회귀선에 의한 예측값과의 차이가 된다. 따라서 잔차는 다음과 같이 표현된다.

$$e_i = y_i - \hat{y_i} \ \ (i = 1, 2, 3 \cdots, n)$$

잔차를 표현한 이 식은 회귀식을 구하는 핵심적인 단서가 된다. 왜냐하면 우리가 표본을 통해 구하고자 하는 회귀선은 실제 관측값과 회귀선에 의한 예측값 간의 차이가 적을수록 좋은 회귀선이 되기 때문이다. 많은 개체를 잘 대표할 수 있는 적절한 회귀선을 찾는 것이 회귀분석에서는 중요한 과제이다. 표본에서 찾게 되는 회귀식은 오차항의 기댓값이 0이 되는 1차 방정식($\hat{y_i} = b_0 + b_1 x_i$ 또는 $\hat{y_i} = \hat{\beta_0} + \hat{\beta_1} x_i$)의 형태로 표현된다.

따라서 회귀선을 찾는 것은 곧 잔차를 최소화하는 추정회귀선을 찾는 것을 의미한다. 회귀선이 y값을 추정할 때 발생하는 오차인 잔차들을 가장 작게 줄여주는 방법만 알고 있다면 가장 적절한 회귀선을 구할 수 있다. 그 방법이 바로 최소제곱법(method of least squares)이다. 최소제곱법은 잔차의 제곱들의 합을 최소로 하는 회귀식을 구하는 방법인 것이다. 이는 다음과 같이 표현된다.

그림 12-2 추정회귀식

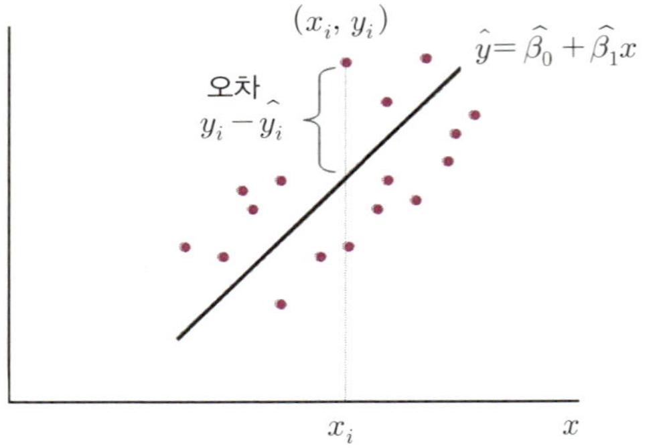

$$\sum_{i=1}^{n} e^2 = \sum_{i=1}^{n} (\text{관측값} - \text{예측값})^2$$
$$= \sum_{i=1}^{n} (y_i - \hat{y}_i)^2 = \sum_{i=1}^{n} (y_i - b_0 - b_1 x_i)^2$$

이 식에서 각각 계수값을 편미분해서 0으로 두고 각각의 계수값을 구하면 된다. 그 결과로 b_0와 b_1의 최소제곱 추정치(least squares estimator)를 구할 수 있다.

$$b_1 = \frac{\sum_{i=1}^{n} (x_i - \bar{x})(y_i - \bar{y})}{\sum_{i=1}^{n} (x_i - \bar{x})^2}$$

$$b_0 = \bar{y} - b_1 \bar{x}$$

이렇게 계산된 회귀계수는 통계적으로 의미가 있어야 한다. 회귀계수의 유의미성은 T검정을 통해 이루어진다. 회귀계수가 0이라는 귀무가설과 0이 아니라는 대립가설을 통해 검정한 결과에 따라 대립가설을 채택하게 되면 계산된 회귀계수가 의미 있는 값이라고 판단한다. 회귀계수의 유의미함은 회귀식에서 기울기의 유의미를 말하는 것이므로, 독립변수의 값이 한 단위 변화함에 따라 함께 변화하는 종속변수의 변동의 정도로 이해될 수 있다.

기울기에 해당하는 변수이자 독립변수의 계수에 해당하는 b_1은 앞서 살펴본 상관관계 공식을 적용해서 다른 형태로 변형한 식을 통해 구할 수 있다. 상관관계 계수는 $r = \frac{S_{(xy)}}{\sqrt{S_{(x)}^2 S_{(y)}^2}} = \frac{S_{(xy)}}{S_{(x)}S_{(y)}}$이고, 이를 다르게 표현하면 $S_{(xy)} = rS_{(x)}S_{(y)}$이다. 이 관계는 b_1과의 식에 대입할 수 있다. $b_1 = \frac{S_{(xy)}}{S_{(x)}^2}$이므로 $b_1 = \frac{S_{(xy)}}{S_{(x)}^2} = \frac{rS_{(x)}S_{(y)}}{S_{(x)}^2} = r\frac{S_{(y)}}{S_{(x)}}$가 된다. 따라서 상관계수와 두 변수의 표준편차를 알면 독립변수의 계수를 추정할 수 있다.

예를 들면, 광고 횟수가 매출액에 영향을 미치는 관계를 회귀식으로 나타내려고 한다. 이 관계는 인과관계로서 종속변수가 매출액이고 독립변수가 광고 횟수이다. 우선, 조사 대상 기업들 각각의 광고 횟수(1년 동안 광고 횟수, 단위: 회)와 매출액(1년 동안 매출액, 단위: 만 원) 자료를 수집한다. 즉, [표 12-1]과 같이 A기업의 광고 횟수와 매출액, B기업의 광고 횟수와 매출액, C기업의 광고 횟수와 매출액 등을 적는다.

표 12-1 기업별 광고횟수와 매출액

	광고 횟수(x)	매출액(y)
A기업	2	2,300
B기업	4	2,600
C기업	5	2,800
D기업	6	3,100
E기업	7	3,500
F기업	8	3,900
G기업	3	2,800
평균값	5	3,000

그리고 회귀식을 추정하기 위한 공식에 필요한 값들을 구한다. [표 12-2]와 같이 나타낼 수 있다.

표 12-2 광고 횟수와 매출액 간의 회귀식 추정

	광고 횟수(x)	매출액(y)	$x-\overline{x}$	$y-\overline{y}$	$(x-\overline{x})(y-\overline{y})$	$(x-\overline{x})^2$
A기업	2	2,300	−3	−700	2100	9
B기업	4	2,600	−1	−400	400	1
C기업	5	2,800	0	−200	0	0

D기업	6	3,100	1	100	100	1
E기업	7	3,500	2	500	1000	4
F기업	8	3,900	3	900	2700	9
G기업	3	2,800	-2	-200	400	4
합	-	-	-	-	6700	28
평균값	5	3,000	-	-	-	-

광고 횟수와 매출액의 회귀식($\hat{y_i} = b_0 + b_1 x_i$)은 '매출액 $= b_0 + b_1$광고횟수'로 표현될 수 있다. 여기서 b_0와 b_1의 값을 구하면 된다. 이는 앞서 제시한 식으로 구할 수 있다.

$$b_1 = \frac{\sum_{i=1}^{n}(x_i - \overline{x})(y_i - \overline{y})}{\sum_{i=1}^{n}(x_i - \overline{x})^2} = \frac{6700}{28} = 239.2857$$

$$b_0 = \overline{y} - b_1 \overline{x} = 3000 - (239.2857 \times 5) = 1803.571$$

따라서 회귀식은 $\hat{y} = 1803.571 + 239.2857x$이 된다. 이 식은 1차 방정식이기 때문에 x변수가 한(1) 단위 변할 때 y변수는 239.2857 만큼의 변화가 발생되는 것으로 이해된다. 이에 비추어보면, 광고 횟수가 1단위 변하면 매출액은 239.2857만큼 변한다고 볼 수 있다. 단위를 고려해서 다시 해석하면, 광고 횟수를 1회 변화시키면 매출액은 약 239만 원(2,392,857원)의 변화가 생긴다. 증감을 고려해서 살펴보면, 광고 횟수를 1회 늘리면 매출액은 약 239만 원 증가하고, 반대로 광고 횟수를 1회 줄이면 매출액은 약 239만 원 감소한다고 판단할 수 있다. 이 판단은 광고 횟수와 매출액과의 인과관계에 대한 현실적 이해이자 예측을 할 수 있는 기초자료가 된다.

회귀식은 상관관계를 알고 있을 때 독립변수와 종속변수의 표준편차를 통해서도 구할 수 있다. 위에서 회귀계수를 구하는 공식 중 상관관계 계수인 r을 이용한 방법을 살펴보았다. 즉, b_1은 $b_1 = r\frac{S_{(y)}}{S_{(x)}}$의 관계를 가진다. 그래서 예를 들어, 학생들의 여가 시간의 양이 학생들의 소득에 의해 영향을 받는지에 대해 분석하고자 한다. 둘의 인과관계는 독립변수가 소득이고 종속변수가 여가 시간이 된다. 회귀식으로 표현하면 x변수가 소득이고 y변수가 여가 시간이 되며, b_1은 소득의 기울기 값이 된다. 100명을 조사한 결과 독립변수(x)인 소득의 월평균은 40만 원이고 표준편차가 12만 원이었고, 종속변수(y)인 여가 시간의 월평균과 표준편차는 각각 30시간과 6시간이었다. 그리고 두 변수의 상관계수는 0.6이다. 이를 바탕으로 회귀식에 사용되는 두 계수를 구하면 다음과 같다.

$$b_1 = r\frac{S_{(y)}}{S_{(x)}} = 0.6 \times \frac{6}{12} = 0.3$$

$$b_0 = \bar{y} - b_1\bar{x} = 30 - 0.3 \times 40 = 18$$

따라서 회귀식은 $\hat{y} = 18 + 0.3x$가 된다. 이는 소득이 1만 원 증가하면 여가 시간은 0.3시간(18분) 증가하는 것을 의미한다.

2) 회귀식의 적합도

최소제곱법을 통해 독립변수와 종속변수 간의 회귀식을 도출하는 방법을 살펴보았다. 하지만 회귀식을 도출하는데서 회귀분석이 끝나는 것이 아니다. 도출한 회귀식을 통해 우리가 알고 싶은 현상이 얼마나 잘 설명되는가에 대한 의문이 들 수 있다. 즉, 도출한 회귀식에 사용된 독립변수가 종속변수의 변화를 어느 정도 잘 설명하고 있는가에 대한 논의가 함께 이루어져야 한다. 회귀식만 구하고 끝낸다면 내가 연구하고자 하는 종속변수에 해당하는 어떤 현상이 분석에 사용된 독립변수에 의해 설명이 잘되든 잘되지 않든 아무런 관심이 없는 결과인 양 내버려두는 것과 같다. 내가 선정한 독립변수가 내가 알고 싶은 현상을 얼마나 잘 설명하고 있는지에 대한 검토가 반드시 이루어져야 한다.

이에 대한 검토가 회귀식의 적합도(goodness of fit) 분석이다. 회귀식의 적합도란 회귀식을 통해 종속변수가 얼마나 잘 설명되는가에 대한 정도를 의미한다. 따라서 회귀식의 적합도가 높다는 것은 추정회귀식에 의해 종속변수의 예측값이 실제 관찰값에 가깝다는 것을 의미한다. 이는 추정회귀식에 의한 예측의 정확성이 높다는 것을 말한다.

회귀식의 적합도를 분석하는 원리는 종속변수만 존재할 때의 대표성과 독립변수의 등장으로 생기는 회귀식으로 인해 구분되는 편차를 서로 비교하는 것이다. 종속변수에 대한 설명의 정도를 알아보는 것이 회귀식의 적합도이므로, 우선 종속변수에 영향을 주는, 즉 종속변수를 설명하는 독립변수가 하나도 없다고 가정해 보자. 독립변수에 관한

그림 12-3 회귀식의 적합도

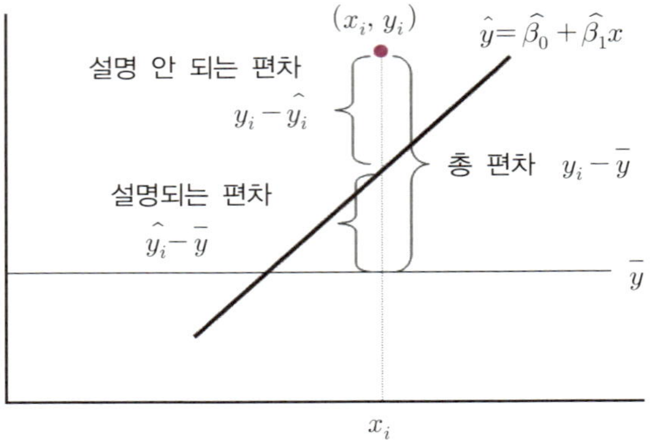

자료가 없기 때문에 알고자 하는 종속변수(y_i)의 변화나 현상을 대표하는 것은 해당 종속변수의 평균값($\bar{y}$)이 최선이 된다.

그러나 이때 종속변수에 영향을 미치리라고 생각되는 독립변수를 추가했다고 하자. 그러면 독립변수와 종속변수가 함께 고려되어 [그림 12-3]과 같이 두 차원(x변수, y변수)에 의해 각 개체들의 값이 표시된다. 이에 따라 종속변수 하나만 있을 때 최선의 대푯값인 종속변수의 평균값을 고려해서 보는 것이 아니라, 이제는 두 차원에 나타낸 개체 값(점)을 잘 대표할 수 있는 회귀식이 도출되므로 이를 고려해서 본다. 회귀식 위에 표시되는 값은 각 개체들을 대표할 수 있는 예측값($\hat{y}_i$)이 된다.

여기서 y_i, $\bar{y}$, $\hat{y}_i$이 세 값 간의 거리를 통해 회귀식의 적합도를 구할 수 있다. 우선, 실제 관측값인 y_i와 그 평균값인 $\bar{y}$ 간의 거리는 각 개체 값과 그 값들의 대푯값이라 할 수 있는 평균값과의 편차가 된다. 실제 관찰된 값과 대표로 정한 값의 차이인 것이다. 이를 총 편차(total deviation)라고 한다.

총 편차(total deviation): $y_i-\bar{y}$

그런데 여기에 독립변수가 추가되면서 도출된 회귀식에 의해 예측값 $\hat{y}_i$이 나타나면서, 처음의 평균값에서 이 예측값까지는 설명이 가능해진다. 실제 관측값 y_i와 그 평균값 $\bar{y}$까지의 편차에서, 평균값 $\bar{y}$과 회귀식에 의한 예측값 $\hat{y}_i$까지는 설명이 되는 것이다. 이를 설명이 되는 편차(explained deviation)라고 한다. 총 편차의 거리를 회귀식으로 인해 끌어올려서 좁힌 것이다.

$$\text{설명이 되는 편차(explained deviation): } \hat{y}_i - \bar{y}$$

하지만 여전히 설명이 되지 않는 부분이 되는 있는데, 그것은 실제 관측값 y_i과 회귀식에 의한 예측값 $\hat{y}_i$ 간의 거리이다. 이 부분은 현재의 독립변수로서는 더 이상 설명이 안 되는 부분이다. 이를 설명이 되지 않는 편차(unexplained deviation)라고 한다. 만일 종속변수에 영향을 미치는 또 다른 독립변수를 추가한다면 총 편차 $y_i - \bar{y}$ 중에서 설명이 되지 않는 편차는 더 줄어들 것이다.

$$\text{설명이 되지 않는 편차: } y_i - \hat{y}_i$$

따라서 편차의 구성은 다음과 같다.

$$\text{총 편차}(y_i - \bar{y}) = \text{설명이 되는 편차}(\hat{y}_i - \bar{y}) + \text{설명이 안 되는 편차}(y_i - \hat{y}_i)$$

회귀식의 적합도는 모든 개체들의 편차를 고려해서 구한다. 따라서 위의 편차의 구성을 다음과 같이 제곱합(sum of squares)으로 표현할 수 있다.

$$\sum_{i=1}^{n}(y_i - \bar{y})^2 = \sum_{i=1}^{n}(\hat{y}_i - \bar{y})^2 + \sum_{i=1}^{n}(y_i - \hat{y}_i)^2$$

여기서 $\sum_{i=1}^{n}(y_i - \bar{y})^2$은 총 제곱합(sum of squares total)이 되고, 이는 앞글자로 표시해서 통상적으로 SST(총 제곱합)라고 표시한다. 독립변수가 고려되지 않았을 때 종속변수가 흩어져 있는 정도를 나타내게 된다. 그리고 $\sum_{i=1}^{n}(\hat{y}_i - \bar{y})^2$은 회귀식으로 인해 설명되는 제곱합(sum of squares regression)이라고 하며, 이 역시 앞글자를 따서 SSR(회귀 제곱합)로 나타낸다. 그리고 $\sum_{i=1}^{n}(y_i - \hat{y}_i)^2$은 회귀식에 의해서도 설명되지 않는 제곱합(sum of squares error)으로서 SSE(오차 제곱합)로 표시한다. 이를 통해 이들의 관계를 표현하면 다음과 같다.

$$SST = SSR + SSE$$

이제 회귀식의 적합도를 측정할 수 있다. 회귀식의 적합도는 $\frac{SSR}{SST}$이 된다. 총 편차에서 분석에 사용된 독립변수로 인해 설명할 수 있는 편차가 어느 정도인가를 나타내는 것이다. 이 값은 0과 1 사이의 값을 가지게 된다. 이 값은 결정계수(coefficient of determination)라고 하고, R^2(혹은 소문자로 r^2)으로 나타낸다.

$$R^2 = \frac{\text{설명이 되는 편차}}{\text{총 편차}} = \frac{SSR}{SST}$$

만일 R^2이 0.8이 나왔다면 종속변수의 값 80%의 편차는 사용된 독립변수에 의한 회귀식에 의해 설명이 된다는 의미이다. 보통 이 값을 설명력이라고 표현한다. R^2의 값이 1에 가까울수록 표본들이 회귀선 주위에 밀집되어 있다는 뜻이고, 이는 추정회귀식이 관측값들을 잘 설명하고 있다는 것을 의미한다. 따라서 설명력이 높은 회귀식, 즉 회귀 적합도가 높은 회귀식이 좋은 회귀식이 된다.

앞서 구한 회귀식의 예에 회귀식 적합도를 구해 보면 [표 12-3]과 같다.

SSR = SST − SSE이므로 SSR은 약 18000000 − 196785.7 = 1603214이 된다. 따라서 $R^2 = \frac{SSR}{SST} = \frac{1603214}{1800000} = 0.89$이다. 따라서 매출액 편차의 약 89%는 광고 횟수가 독립변수로 선정된 회귀식에 의해 설명된다고 볼 수 있다.

한편, 설명력과 관련해서 주의할 점이 있는데, 특히 높은 설명력과 관련한 주의점이다. 설명력을 높이는 방법은 가장 잘 설명하는 독립변수를 설정하는 데 있겠지만, 지금

표 12-3 광고 횟수와 매출액 간의 회귀식 적합도

	광고 횟수 (x)	매출액 (y)	$\hat{y}$	$y-\hat{y}$	$(y-\hat{y})^2$	$y-\bar{y}$	$(y-\bar{y})^2$
A기업	2	2,300	2282.142	17.8576	318.8939	−700	490000
B기업	4	2,600	2760.714	−160.714	25828.93	−400	160000
C기업	5	2,800	3000	−200	39999.8	−200	40000
D기업	6	3,100	3239.285	−139.285	19400.37	100	10000
E기업	7	3,500	3478.571	21.4291	459.2063	500	250000
F기업	8	3,900	3717.857	182.1434	33176.22	900	810000
G기업	3	2,800	2521.428	278.5719	77602.3	−200	40000
합	–	–	–	–	196785.7 (SSE)	–	1800000 (SST)
평균값	5	3,000	–	–	–	–	–

까지 회귀식 적합도의 원리에서 알 수 있듯이 독립변수의 수가 많아지면 설명력은 자연히 높아지는 경향이 있다. 설명의 정도가 많든 적든 독립변수가 추가되면 설명력은 조금이나마 높아진다. 따라서 독립변수의 수를 잔뜩 늘리면 설명력이 높아지기 때문에 일부 연구자의 경우 독립변수를 많이 추가해서 설명력이 높다고 의미심장하게 말하는 경우가 있는데, 이는 바람직한 연구라고 볼 수 없다. 중요한 것은 핵심적인 영향을 주리라고 생각되는 이론적이고 경험적인 근거에 의한 독립변수의 추가이지 무작정 아무 변수나 포함해서 설명력을 높이는 것은 잘못된 행동이다. 통계분석은 핵심적인 설명을 할 수 있는 결과를 도출하는 데 그 목표가 있기 때문이다.

지금까지는 독립변수가 하나인 회귀식에 대해 설명했다. 하지만 독립변수가 2개 이상일 경우도 있다. 사실 현실을 대상으로 하는 분석에서는 독립변수가 1개일 때보다는 독립변수가 2개 이상일 경우가 더 많다. 이처럼 독립변수의 수에 따라 독립변수가 1개일 경우의 회귀분석을 단순회귀분석(bivariate regression analysis 또는 simple regression analysis)이라고 하고, 독립변수가 2개 이상일 경우의 회귀분석은 다중회귀분석(multiple regression analysis)이라고 한다. 단순회귀분석에서는 단순회귀식이 추정되고, 다중회귀분석에서는 다중회귀식이 추정되어 도출된다. 이어서 살펴볼 것이 다중회귀분석이다. 기본적으로 단순회귀분석과 원리가 같지만 추가적으로 고려해야 할 점이 있다. 그 점에 초점을 두고 논의한다.

2. 다중회귀분석

1) 다중공선성

다중회귀분석은 독립변수가 2개 이상이므로 회귀식은 아래와 같이 표현된다.

$$y_i = \beta_0 + \beta_1 x_{1i} + \beta_2 x_{2i} + \beta_3 x_{3i} + \cdots \beta_k x_{ki} + \varepsilon_i \quad (i = 1, 2, 3 \cdots, n)$$

앞서 살펴본 단순회귀분석에 추가적인 변수가 더해진 것을 알 수 있다. 이 역시 모집단의 회귀식이기 때문에 표본의 회귀식은 다시 아래와 같이 표현된다.

$$\hat{y_i} = b_0 + b_1x_{1i} + b_2x_{2i} + b_3x_{3i} + \cdots b_kx_{ki} + e_i \quad (i = 1, 2, 3 \cdots, n)$$

또는 $$\hat{y_i} = \hat{\beta_0} + \hat{\beta_1}x_{1i} + \hat{\beta_2}x_{2i} + \hat{\beta_3}x_{3i} + \cdots \hat{\beta_k}x_{ki} + e_i \quad (i = 1, 2, 3 \cdots, n)$$

다중회귀분석은 기본적으로 단순회귀분석과 같은 원리에서 회귀식이 추정된다. 다만, 변수가 증가함에 따라 고려해야 할 사항이 몇 가지 있다. 그 중 하나가 다중공선성(multicollinearity)이다. 다중공선성이란 독립변수들 간의 상관관계가 존재하는 것을 말한다. 회귀분석은 하나의 종속변수에 여러 개의 독립변수들이 영향을 미치는 것에 대한 분석이기 때문에 각각의 독립변수가 종속변수에 미치는 영향이 주요 고려 요소이다. 따라서 회귀분석에서는 독립변수 간의 상관관계는 거의 없거나 매우 낮다고 전제한다. 독립변수들끼리의 상관성이 높으면 그 가운데 인과관계가 또 발생할 수 있고, 그렇게 되면 분석하고자 하는 종속변수에 대한 독립변수의 영향은 정확히 알 수 없다. 하나의 인과관계가 아니라 여러 개의 인과관계가 발생되어 정작 분석하고자 하는 종속변수와 독립변수와의 관계에 대해서는 정확히 알지 못하고 상당히 혼란스러운 분석 결과가 되어버린다. 따라서 중요한 것은 회귀분석에서 독립변수가 여러 개 포함되어 분석된다면, 그 독립변수들 간의 상관관계는 거의 없어야 한다. 그렇지 않고 다중회귀분석에서 독립변수 간 상관관계가 존재하면서 동시에 그 정도가 비교적 강하다면 이를 다중공선성 문제가 존재하는 회귀식이라고 판단한다.

그렇다면 회귀분석을 본격적으로 시행하기 이전에 종속변수와 독립변수들 사이의 상관관계분석을 해야 함은 물론이고, 독립변수들 간의 상관관계도 확인해야 한다. 그래서 독립변수들 간의 상관관계가 높아서 다중공선성이 의심된다면 그에 대한 적절한 조치를 취하고 회귀분석을 실행해야 한다.

독립변수들 간의 다중공선성은 상관관계분석으로도 알 수 있지만, 상관관계 계수에 대한 상관성 판단이 사람에 따라 다르기 때문에 별도의 다중공선성의 정도를 알려주는 지표를 이용하는 것이 편리하다. 다시 말해, 다중공선성을 검정하는 방법이 있는데, 그 방법에 의해 도출된 수치를 보고 다중공선성 여부를 판단하면 된다. 그 방법은 VIF(variance inflation factor)이다. 분산의 팽창 요인이라고 볼 수 있는 VIF 값은 독립변수들 간의 상관관계가 회귀분석을 하기에 어떠한가에 대한 정보를 제공해준다. VIF는 다음과 같은 식에 의해 계산된다.

$$VIF = \frac{1}{1-R^2}$$

이 값과 더불어 공차(tolerance)라는 값도 독립변수들 간의 다중공선성을 확인하는 데 사용된다. 공차는 $1-R^2$으로 표현된다. VIF를 구할 때 사용되는 분모에 해당되는 값이다. 그래서 공차는 VIF로도 나타낼 수 있다.

$$1-R^2 = \frac{1}{VIF}$$

VIF나 공차 값은 1에 가까울수록 다중공선성이 존재하지 않는 것으로 판단한다. 이는 한 독립변수와 나머지 독립변수 간의 상관관계 계수를 제곱한 R^2이 0이 되는 경우를 말한다. 그렇기 때문에 VIF나 공차 값이 1이 되면 독립변수들 간의 상관관계는 존재하지 않게 된다.

하지만 현실에서는 독립변수들 간에 상관관계가 전혀 없는 경우는 드물다. 독립변수가 여러 개 분석되기 때문에 어느 변수들 사이가 되었든 둘의 상관관계가 존재하기 마련이다. 그래서 VIF와 공차는 1에 가까울수록 다중공선성이 없어서 이상적이기는 하지만, 현실적으로 상관관계가 존재하는 것을 감안하여 통상적으로 VIF의 경우 그 값이 2를 넘게 되거나 공차의 경우 0.5보다 작으면 다중공선성의 문제가 있다고 판단한다. 물론 이 값을 엄격히 적용해서 회귀분석을 하는 것이 중요하지만, 때에 따라서는 설사 다른 독립변수와 상관관계를 지니고 있다고 하더라도 해당되는 종속변수에 반드시 포함되어야 할 이론적 혹은 경험적 근거에 의한 독립변수라면 회귀식에 포함시켜 분석을 하기도 한다. 다만, 이때는 반드시 그 사실을 밝히고 이유를 설명해야 한다.

그렇지만 기본적으로 다중공선성 문제가 있는 것으로 확인되면 그 문제를 해결하기 위한 조치를 취해야 한다. 여러 가지 방법이 있을 수 있는데, 그 중 하나가 상관관계가 높은 두 변수 중에 하나만을 선택하는 방법이다. 이론적으로 그리고 경험적 근거에 기초해서 분석모형에 더 적절하다고 판단되는 한 변수를 포함하는 대신, 그 변수와 상관관계가 높은 다른 변수는 분석에 포함하지 않는 것이다. 혹은 상관관계가 높은 두 변수를 하나의 변수로 조정(평균값이나 하나의 값으로 표현될 수 있는 지표 등으로 사용)하여 사용하는 방법이다. 그리고 앞서 언급했듯이 반드시 두 변수를 포함해야 한다는 이론적이고 경험적인 근거가 있다면 다중공선성의 문제를 밝히고 그대로 분석을 진행하는 방법도 있다.

다중회귀분석에서는 표준화 회귀계수 값도 도출된다. 물론 단순회귀분석에도 도출되는 값이지만 하나의 변수만 존재할 때는 별도의 해석이 필요하지 않다. 그러나 다중회귀분석에서는 여기에 대한 정보도 알 필요가 있다. 표준화 회귀계수는 독립변수가 종속변수에 미치는 영향력의 상대적 크기를 나타낸다. 상대적인 크기이므로 여러 독립변수가 존재한다는 것을 전제하고 있는 정보이다.

독립변수들 간의 상대적인 영향력 비교는 단위가 같아야 한다는 조건이 성립해야 한다. 그래서 단위에 구애받지 않게 비교가 가능하게 하기 위해 표준화된 값으로 변환한 후 회귀분석을 실시해야 하는데, 그 결과값이 바로 표준화 회귀계수이다. 따라서 비표준화 회귀계수는 각 개체들이 가지고 있는 원래의 단위가 그대로 사용되어 분석된 회귀계수인 반면, 표준화 회귀계수는 각 개체들의 변수 값이 표준화 값으로 변환된 후 분석된 회귀계수이다. 따라서 자료의 원래 단위가 사용된 독립변수의 한 단위가 변화되었을 때 종속변수에 미치는 영향을 알아보기 위해서는 비표준화 회귀계수를 해석하면 되고, 독립변수들이 종속변수에 미치는 영향력의 크기를 상대적으로 비교하기 위해서는 표준화 회귀계수를 해석하면 된다.

2) 회귀식(회귀모형)의 유의성

회귀식의 유의성은 분석하고자 하는 회귀모형 자체가 의미가 있는가에 대한 검토이다. 독립변수들이 종속변수에 영향을 미치도록 적절하게 구성된 모형이어야 의미 있는 회귀모형이라고 할 수 있고, 그에 따라 회귀식이 유의미하다고 말 할 수 있다. 단순회귀분석에서도 회귀모형이 구성되기 때문에 이에 대한 검토가 필요한데, 앞에서 논의를 하지 않았다. 그 이유는 단순회귀 모형은 독립변수가 하나이므로 회귀계수의 유의함에 대한 검토가 곧 회귀식의 유의성을 나타내기 때문이다. 그러나 다중회귀식의 경우는 여러 개의 독립변수가 설정되어 있기 때문에 의미 있는 회귀계수의 수도 다양할 수 있다. 만일 어느 하나도 의미 있는 것이 없다고 판단되면 회귀식의 유의성도 없게 된다. 따라서 다중회귀식에서는 여러 개의 독립변수들의 회귀계수의 유의성을 함께 고려해서 회귀식 자체의 유의성을 검토하는 과정이 필요하다. 회귀식의 유의성을 앞서 단순회귀분석 설명에서 굳이 다루지 않고 다중회귀식에서 다루는 이유가 바로 그 때문이다.

회귀식의 유의성은 앞서 학습한 분산분석(analysis of variance)을 이용한다. 즉, 회귀모형에 의해 설명되는 분산(SSR)과 설명되지 않는 분산(SSE)의 비율을 이용해서 검정한다. 이 두 분산의 비율이 이루는 분포가 F분포가 되고, F검정에 의해 회귀식의 유의성이 판단된다. F분포는 앞서 분산분석에서도 논의했다.

F검정을 위해서는 SSR을 자유도로 나눈 평균제곱인 MSR(mean square regression)과 SSE를 자유도로 나눈 오차 평균제곱인 MSE(mean square error)가 함께 사용된다. 이 값들로 구성된 회귀분석의 분산분석표는 [표 12-4]와 [표 12-5]와 같다.

여기서 도출된 F값을 이용한 가설검정은 다음과 같다. 우선, 단순회귀븐석의 경우이다. 가설은 $H_0 : \beta = 0$, $H_1 : \beta \neq 0$이다. 가설검정은 $F = \frac{MSR}{MSE} > F_{1, n-2\ \alpha}$ 이면 H_0을 기각한다.

다음으로, 다중회귀분석의 경우 가설은 $H_0 : \beta_1 = \beta_1 = \beta_2 = \cdots = \beta_k = 0$, $H_1 : k$개의 β_i 중에서 적어도 하나는 $\neq 0$이다. 가설검정은 $F = \frac{MSR}{MSE} > F_{1, n-k-1, \alpha}$이면 H_0을 기각한다.

표 12-4 단순회귀분석의 분산분석표

요인(분산의 원천)	제곱합	자유도	평균제곱	F값
회귀	SSR	1	$MSR = \frac{SSR}{1}$	$F = \frac{MSR}{MSE}$
오차	SSE	$n-2$	$MSE = \frac{SSE}{n-2}$	
합계	SST	$n-1$		

표 12-5 다중회귀분석의 분산분석표

요인(분산의 원천)	제곱합	자유도	평균제곱	F값
회귀	SSR	k	$MSR = \frac{SSR}{k}$	$F = \frac{MSR}{MSE}$
오차	SSE	$n-k-1$	$MSE = \frac{SSE}{n-k-1}$	
합계	SST	$n-1$		

3. 더미변수 회귀분석

지금까지 설명한 회귀분석은 등간척도나 비율척도로 측정된 독립변수와 종속변수가 사용된 경우이다. 하지만 명목척도로 측정된 독립변수가 사용될 경우도 있다. 바로 이때 사용되는 회귀분석이 더미변수(dummy variable) 회귀분석 방법이다. 다시 말해, 더미변수 회귀분석은 명목척도로 측정된 독립변수와 등간 및 비율척도로 측정된 종속변수로 구성된 회귀분석 모형을 말한다. 여기서 '더미(dummy)'란 가짜, 모조품 등을 의미하는 말로서, 더미변수란 가짜변수 혹은 모조변수를 말한다. 이는 회귀분석이 기본적으로 등간 혹은 비율척도로 측정된 변수들이 사용된다는 점에서, 명목척도로 측정된 변수를 등간 혹은 비율척도로 변환시키다 보니 원래의 변수와는 다소 다른 일종의 가짜변수 혹은 가변수가 된 것을 나타내는 말이다. 그래서 더미변수라는 말은 가변수라는 용어와 혼용되는 경우가 많아서 가변수 회귀분석으로도 불린다.

더미변수 회귀분석의 기본 원리는 앞의 회귀분석에 관한 설명과 동일하고, 두 가지만 추가적으로 설명할 필요가 있다. 하나는 명목척도로 측정된 변수를 회귀분석 모형에서 분석 가능한 형태인 더미변수로 바꾸는 과정에 관한 설명이다. 또 다른 하나는 회귀분석 결과에서 더미변수를 어떻게 적용시켜서 회귀식을 구하고 해석하는가에 관한 설명이다.

이 두 가지에 대해 설명하기 전에 한 가지 언급해 둘 것은, 사실 더미변수 회귀분석은 앞서 학습한 일원분산분석과 다원분산분석과 관련성이 있다는 점이다. 만일 명목척도로 측정한 하나의 독립변수와 등간 및 비율척도로 측정된 하나의 종속변수가 있다면 이 역시 더미변수 회귀분석을 사용할 수 있다. 그런데 이는 앞서 설명한 일원분산분석과 동일하다는 것을 알 수 있다. 그리고 만일 명목척도로 측정한 두 개 이상의 변수가 독립변수라면 이는 역시 앞서 설명한 다원분산분석과 동일하다는 것을 알 수 있다. 이를 더 확장시켜 보면 독립표본 T검정과도 연결된다. 독립표본 T검정이나 일원분산분석이나 다원분산분석은 모두 명목척도로 측정한 독립변수였다. 쉽게 말해, 집단으로 표현되는 명목척도가 독립변수로 사용된 통계분석 방법들이다. 단지 그 차이는 독립표본 T검정의 경우 '명목척도로 측정된 두 개의 구성 요소를 지닌 하나의 독립변수'가 사용되고, 일원분산분석은 '명목척도로 측정된 두 개 이상의 구성 요소를 지닌 하나의 독립변수'가 사용되고, 다원분산분석은 '명목척도로 측정된 두 개 이상의 구성 요소를 지닌 두 개 이상의 독립변수'가 사용된다는 점이다. 여기에 더미변수 회귀분석은 앞의 세 기법을 모두 아우르면서 추가적으로 명목척도로 측정된 독립변수와 등간 혹은 비율척도로 측정된 독립변수를 함께 독립변수의 묶음으로 삼아서 분석한다. 앞의 분석기법과 비교하면 종속변수에 미치는 독립변수의 형태에 큰 제약이 많이 없어진 상태이다. 명목척도로 측정된 변수와 등간척도 및 비율척도로 측정된 변수들을 한꺼번에 독립변수로 삼아서 종속변수에 미치는 영향을 분석할 수 있는 기법인 것이다. 당연히 명목척도로 측정된 변수의 경우 구성 요소의 숫자에 제한도 없다. 따라서 더미변수 회귀분석은 별도의 분석기법으로서 나왔다고 보기보다는 앞서 배운 기법들의 연장선이라고 볼 수 있다.

그렇다면, 더미변수 회귀분석에서 추가적으로 설명하기로 한 첫 번째에 대해 살펴보기로 한다. 그것은 명목척도로 측정된 독립변수를 더미변수로 변환시키는 방법에 관한 것이다. 명목척도를 더미변수로 변환시킬 때는 1과 0이라는 숫자로 나타낸다. 이때 1과 0은 명목척도에서 사용되는 1과 0의 의미와는 달리 일종의 등간 혹은 비율척도로서 회귀분석에서 계산값으로 사용되는 값이다. 예를 들어, 거주 지역이라는 변수를 북부, 중부, 남부라는 구성 요소를 가진 명목척도로 측정된 값이 있다고 하자. 이 자료는 북부에 거주한다면 1, 중부에 거주한다면 2, 남부에 거주한다면 3으로 표시되어 있다. 그래서 만일 첫 번째 사람이 중부에 거주한다면 2로 표시되어 있고, 남부에 거주한다면 3으로 표시되어 있을 것이다. 그렇지만 여기서 표시되어 있는 1, 2, 3은 집단 구분을 위한 수치일 뿐이지 수 자체가 양(quantity)으로서의 의미를 지니는 값이 되지는 못한다. 그래서 회귀분석을 위해서는 비록 원래의 값은 아니지만 분석이 가능한 수치로 바꾸는 더미변수로의 변환이 필요한 것이다.

더미변수는 1과 0으로 표시된다고 했다. 그렇다면 북부, 중부, 남부에 각각 1, 2, 3으로 표시된 값을 어떻게 1과 0으로 바꿀 수 있을까? 그것은 1과 0의 조합을 이용하면 된다. [표 12-6]에 나와 있는 바와 같이 1번 사람은 중부에 거주하기 때문에 명목척도로 측정된 변수로 표시된 값은 2이고, 2번 사람은 북부에 거주한다는 것을 보여주는 1이고, 3번 사람은 남부에 거주하는 것을 보여주는 3으로 표시되어 있다. 이를 1과 0으로 바꾸기 위해서는 변수의 구성 요인을 드러내야 한다. 즉, 거주 지역이라는 변수가 아니라 북부, 중부, 남부라는 거주 지역의 구성 요인을 모두 표시해야 한다. 그런데 여기서 한 가지 알 수 있는 사실은 구성요인 세 가지를 모두 표시할 필요가 없다는 점이다. 두 가지 구성 요인, 즉 두 집단만 표시하면 된다. 왜냐하면 통계분석에서는 반드시 명목척

표 12-6 명목변수와 더미변수

	명목변수	더미변수	
	거주 지역	북부	중부
1번 사람	2	0	1
2번 사람	1	1	0
3번 사람	3	0	0

도로 측정된 변수에 대해 응답자는 어느 한 집단에만 포함되어야 하므로, 구성 요인 두 가지(두 집단)만 나타내도 구성 요인 세 가지 모두를 표현해 낼 수 있기 때문이다.

[표 12-6]에서 알 수 있듯이 더미변수에는 북부와 중부라는 두 구성 요인만 표시되어 있다. 그래서 1번 사람은 명목변수일 때 중부에 거주하는 사람으로서 2로 표시되어 있고, 더미변수로 바꾸면 중부에는 1로 표시하고 북부에는 0으로 표시된다. 2번 사람은 명목변수로서 거주 지역에 관한 조사에서 1로 응답했기 때문에 북부에 거주하는 것으로 알 수 있는데, 이를 더미변수로 변환시키면 북부에는 1로 표시하고 중부에는 0으로 표시한다. 3번 사람은 명목변수에서 3으로 응답한 것으로 보아 남부에 거주하는 것을 알 수 있고, 이를 더비변수로 변환시키면 북부와 중부 모두 0으로 표시된다. 자동적으로 이 사람은 마지막 남은 집단인 남부에 속하는 사람으로 알 수 있게 된다. 바로 이 점에서 원래 명목변수에서는 구성 요인이 3개이지만 더미변수로 변환시키면 2개의 구성 요인만으로도 표시될 수 있는 것이다. 만일 구성 요인이 4개라면 더미변수로 변화시킨 결과는 3개의 구성 요인으로 표시된 더미변수가 만들어질 것이다. 이때 표시된 구성 요인 모두에 0으로 기록되는 집단을 기준집단(reference group)이라고 한다. 이 집단이 더미변수의 영향을 해석하는 데 일종의 기준이 되기 때문이다. 앞서 든 예에서는 남부 집단이 기준집단이 된다.

더미변수 회귀분석에서 추가적으로 설명하는 두 번째는 분석 결과를 해석하는 방법에 관한 것이다. 이는 더미변수에 해당되는 수치를 회귀식에 적용하는 방법이다. 거주 지역에 따라 운동 시간이 영향을 받는다고 하면, 거주 지역이 독립변수가 되고 운동 시간이 종속변수가 된다. 이것의 회귀식은 $\hat{y_i} = b_0 + b_1 x_1$이다. x_1는 거주 지역이라는 독립변수로서 이 속에는 세 개의 구성 요소(북부, 중부, 남부)를 내포하고 있다. 그런데 이대로 분석할 수는 없다. 거주 지역 변수가 명목척도로 측정된 명목변수이기 때문이다. 이를 더미변수로 변환시키면 두 개의 구성 요소로 표현되어 다음과 같은 더미변수 회귀식이 만들어진다.

회귀식: $\hat{y_i} = b_0 + b_1 x_1$

더미변수 변환 회귀식: $\hat{y_i} = b_0 + b_1 d_1 + b_2 d_2$

x_1라는 명목변수는 dummy의 첫글자인 d로 표시된 더미변수로 변환되었다. 만일 남부를 기준 집단으로 삼았다면 d_1은 북부를 의미하고, d_2는 중부를 의미한다. 따라서 집단별로 운동 시간에 관한 회귀식을 구하고자 한다면, 북부의 경우 d_1에 1을 대입하고, d_2에 0을 대입한다. 중부의 경우는 d_1에 0을 대입하고, d_2에는 1을 대입한다. 남부는 d_1와 d_2 모두에 0을 대입한다. 그래서 집단별 회귀식은 아래와 같다.

북부: $\hat{y_i} = b_0 + b_1$(d_1에 1 대입, d_2에 0 대입)

중부: $\hat{y_i} = b_0 + b_2$(d_1에 0 대입, d_2에 1 대입)

남부: $\hat{y_i} = b_0$(d_1에 0 대입, d_2에 0 대입)

회귀분석에서 더미변수 하나만 독립변수로 존재하는 경우는 드물 것이다. 만일 그렇다면 이는 일원분산분석과 동일하고, 더미변수가 두 개 이상이 되면 다원분산분석과 동일한 결과를 얻게 될 것이다. 좀 더 많이 사용되는 회귀분석 모델은 더미변수와 등간 및 비율척도로 측정된 변수들이 함께 독립변수의 무리로 이루어진 경우이다. 예를 들어, 성별과 수면 시간이 운동 시간에 영향을 주는 연구는 성별이라는 명목척도로 측정된 변수와 수면 시간이라는 비율척도로 측정된 변수가 함께 회귀식을 구성하고 있는 경우이다. 이때 성별은 더미변수로 변환되어야 한다. 성별은 남성과 여성이라는 구성 요소가 2개이므로 더미변수는 1개가 생긴다. 그래서 회귀식은 아래와 같다.

$$\hat{y_i} = b_0 + b_1 x_1 + b_2 x_2$$

여기서 x_1은 수면 시간이고 x_2는 성별이다. 성별은 남성과 여성으로 구성되어 있으므로 여성을 기준 집단으로 삼아서 더미변수로 변환시키면 다시 아래와 같은 회귀식으로 표현할 수 있다. 그런데 더미변수 회귀식의 경우 더미변수와 다른 독립변수와의 상호작용 효과를 고려하느냐 하지 않느냐를 구분해서 나타내야 한다. 이는 다원분산분석에서 살펴본 주효과와 상호작용 효과에 관한 내용과 동일하다. 일단 상호작용 효과가 있는지에 대해 먼저 확인한 후, 상호작용 효과가 있다면 변수들 간의 상호작용 효과와 개별적 변수들의 효과가 있는 '주효과와 상호작용 효과가 존재할 때 더미변수 변환 회귀식'을 사용하고, 상호작용 효과가 없다면 '주효과만 존재할 때 더미변수 변환 회귀식'을 사용한다. 여기서 상호작용 효과가 있을 때도 주효과가 고려되는 이유는 이때의 주효과는 등간 혹은 비율척도로 측정된 변수 자체가 종속변수에 미치는 효과를 의미한다.

주효과만 존재할 때 더미변수 변환 회귀식:

$$\hat{y_i} = b_0 + b_1 x_1 + b_2 d_1$$

주효과와 상호작용 효과가 존재할 때 더미변수 변환 회귀식:

$$\hat{y_i} = b_0 + b_1 x_1 + b_2 d_1 + b_3 (d_1 \times x_1)$$

주효과만 있다면 '주효과만 존재할 때 더미변수 변환 회귀식'에서 남성에 관한 회귀식은 d_1에 1을 대입해서 구한다. 여성을 기준 집단으로 삼았기 때문이다. 그래서 여성에 관한 회귀식은 d_1에 0을 대입해서 구한다.

주효과만 존재할 때 남성 회귀식: $\hat{y_i} = (b_0 + b_2) + b_1 x_1$

주효과만 존재할 때 여성 회귀식: $\hat{y_i} = b_0 + b_1 x_1$

상호작용 효과가 있다면 '주효과와 상호작용 효과가 존재할 때 더미변수 변환 회귀식'에서 마찬가지로 남성에 관한 회귀식은 d_1에 1을 대입해서 구한다. 그리고 여성에 관한 회귀식 역시 d_1에 0을 대입해서 구한다.

주효과와 상호작용 효과가 존재할 때 남성 회귀식: $\hat{y_i} = b_0 + b_2 + (b_1 + b_3) x_1$

주효과와 상호작용 효과가 존재할 때 여성 회귀식: $\hat{y_i} = b_0 + b_1 x_1$

이와 같이 주효과만 있을 경우와 상호작용 효과가 함께 있을 경우의 남성의 수면시간별 운동 시간과 여성의 수면 시간별 운동 시간의 회귀식은 [그림 12-4]를 통해 알 수 있다. 이것은 다원분산분석에서 상호작용 효과에 대한 설명과 동일하다. 주효과만 있다면 남성과 여성의 회귀식은 평행하고 상호작용 효과가 함께 있다면 남성과 여성의 회귀식은 서로 교차한다. 이는 위에서 주효과만 있을 때 기울기 값이 동일하다는 데서

그림 12-4 더미변수 회귀분석의 주효과와 상호작용 효과

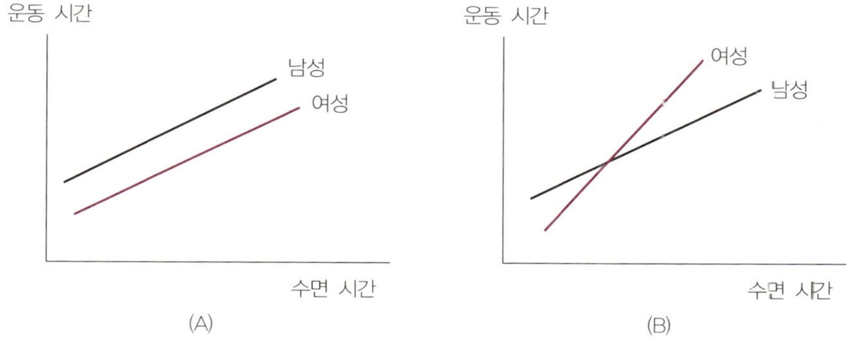

알 수 있고, 마찬가지로 상호작용 효과가 있을 때 기울기 값이 서로 다르다는 데서 알 수 있다. (B)와 같이 상호작용 효과가 있다면 수면 시간의 특정한 점에서 남성과 여성의 운동 시간 해석에 주의를 기울여야 한다.

제3절 분석 절차(실습)

1. 단순회귀분석의 사례

월소득이 문화지출비에 영향을 미치는지에 대해 알아보고자 한다. 독립변수는 월소득이 되고 종속변수는 문화지출비가 된다. 실습을 위한 데이터는 출판사 홈페이지를 통해 다운로드할 수 있다. 파일명은 '제12장(1) 단순회귀분석 실습자료'이다. 이 데이터를 이용하여 다음의 실습 절차대로 SPSS 프로그램을 실행하면 된다.

2. 단순회귀분석의 실습 절차

1) 메뉴의 '분석(A)'에서 '회귀분석(R)'을 선택하고, 그 중 '선형(L)'을 선택한다.

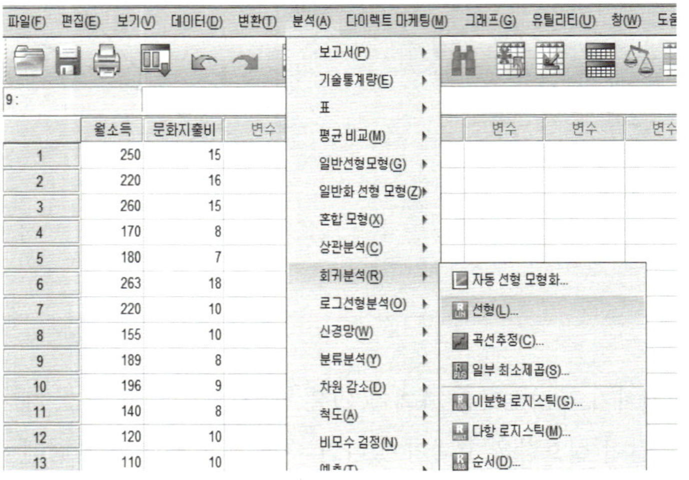

2) '선형 회귀분석' 창이 생긴다. 이 창에 분석하고자 하는 두 변수가 표시되어 있다.

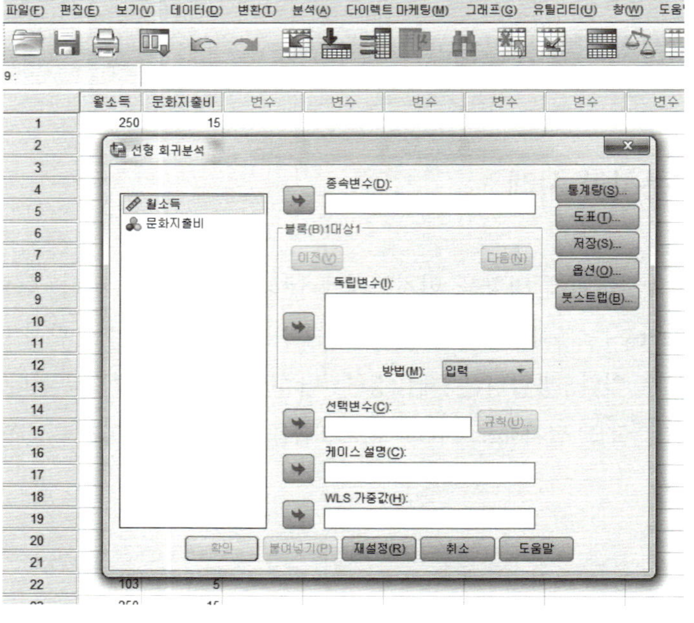

3) 종속변수와 독립변수를 각각 옮긴다. '문화지출비' 변수를 '종속변수(D)' 칸으로 옮기고, '월소득' 변수를 '독립변수(I)' 칸으로 옮긴다. 그리고 '통계량(S)' 메뉴를 클릭한다.

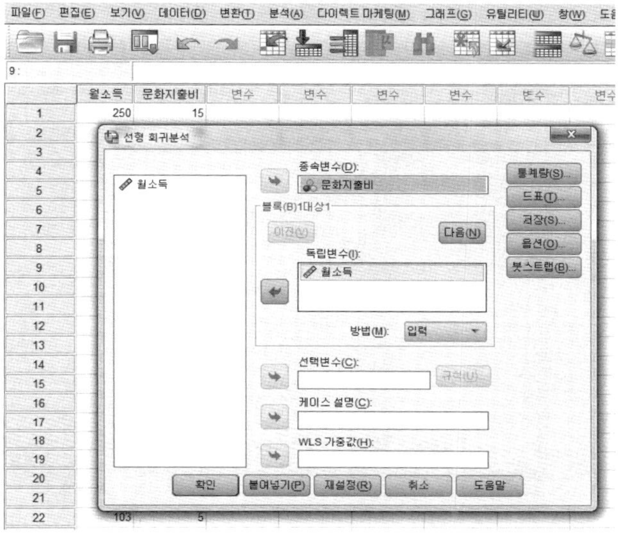

4) '선형 회귀분석: 통계량' 창이 생기고, 기본적으로 '회귀계수' 칸의 '추정값(E)'과 옆 칸의 '모형 적합(M)'이 체크되어 있는 것을 확인한다. 여기에 추가적으로 'R제곱 변화량(S)'과 '기술통계(D)', 그리고 '잔차' 칸의 '케이스별 진단(C)'을 체크한다. 그리고 '계속' 메뉴를 클릭한다.

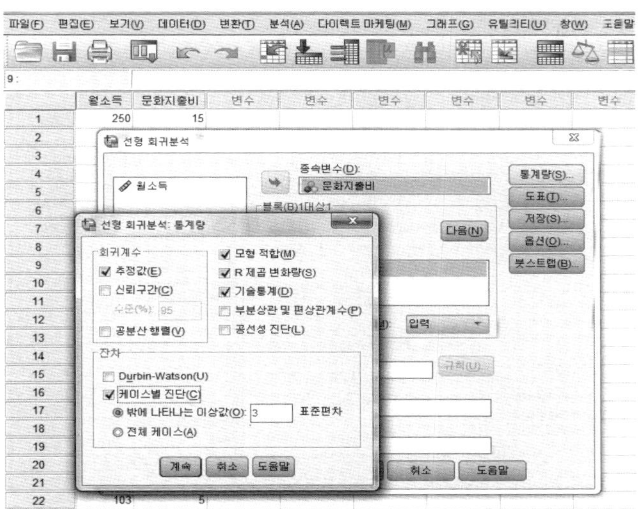

5) 최초의 '선형 회귀분석' 창만 열려 있게 된다. 이때 '도표(T)' 메뉴를 클릭한다.

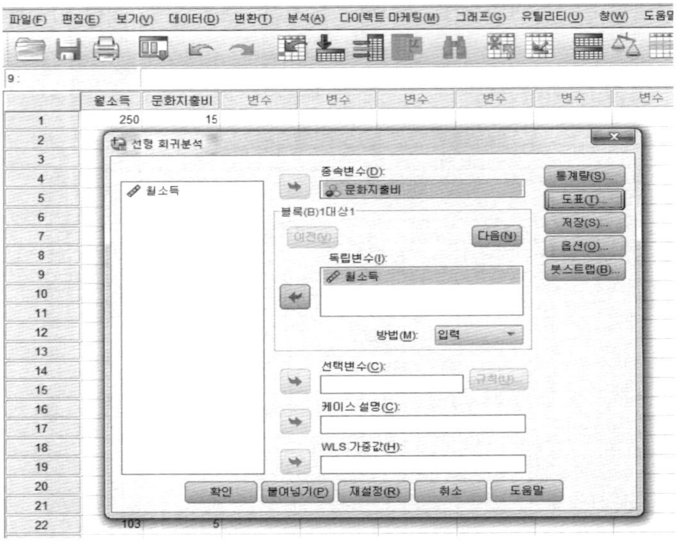

6) '선형 회귀분석: 도표' 창이 열린다. 여기서 'ZPRED'는 '산점도 1 대상 1' 칸에서 'X'로 옮긴다. 'ZRESID'는 '산점도 1 대상 1' 칸에서 'Y'로 옮긴다. 그리고 '표준화 잔차도표' 칸에서 '히스토그램(H)'와 '정규확률도표(R)'를 체크한다. 그리고 '계속' 메뉴를 클릭한다.

7) '선형 회귀분석' 창으로 다시 돌아온다. 여기서 '확인' 버튼을 클릭한다.

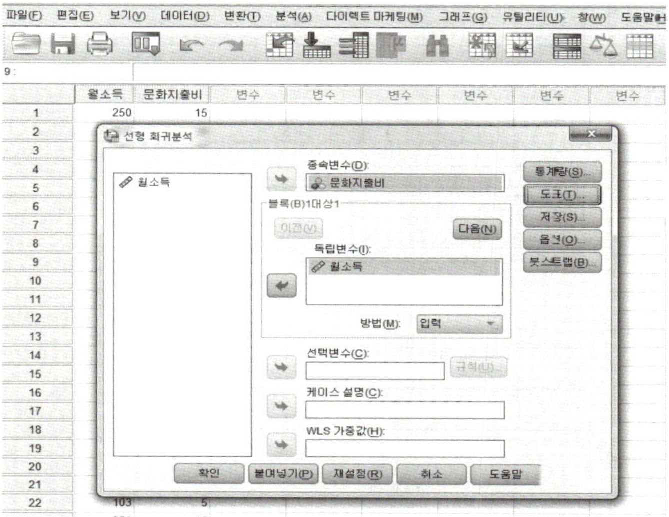

8) 결과를 확인한다. 이 결과는 이어지는 '제4절 결과 작성 방법'에 활용된다.

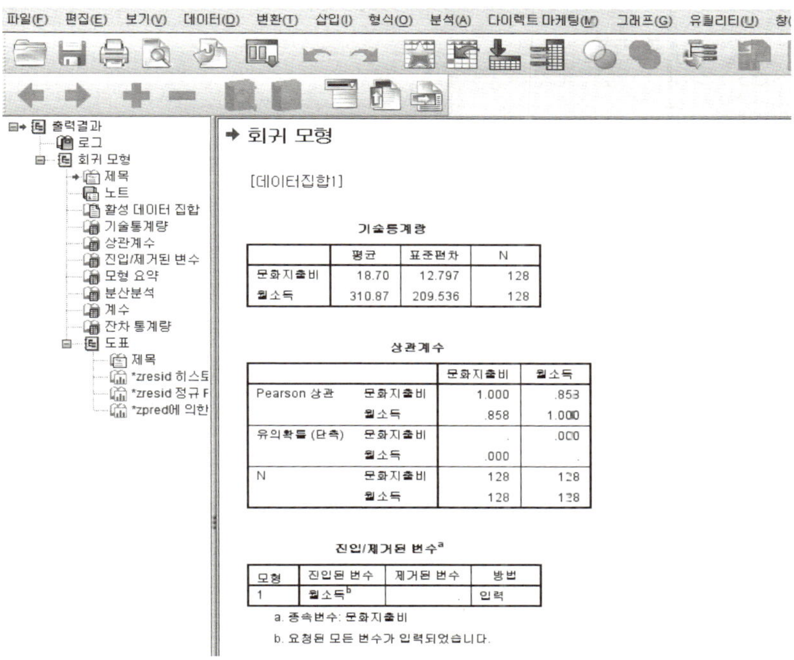

기술통계량

	평균	표준편차	N
문화지출비	18.70	12.797	128
월소득	310.87	209.536	128

상관계수

		문화지출비	월소득
Pearson 상관	문화지출비	1.000	.858
	월소득	.858	1.000
유의확률 (단측)	문화지출비	.	.000
	월소득	.000	.
N	문화지출비	128	128
	월소득	128	128

진입/제거된 변수[a]

모형	진입된 변수	제거된 변수	방법
1	월소득[b]	.	입력

a. 종속변수: 문화지출비

b. 요청된 모든 변수가 입력되었습니다.

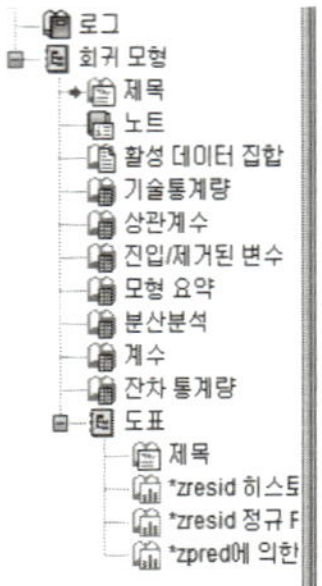

모형 요약[b]

모형	R	R 제곱	수정된 R 제곱	추정값의 표준오차	통계량 변화량				
					R 제곱 변화량	F 변화량	df1	df2	유의확률 F 변화량
1	.858[a]	.736	.734	6.602	.736	351.168	1	126	.000

a. 예측값: (상수), 월소득

b. 종속변수: 문화지출비

분산분석[a]

모형		제곱합	자유도	평균 제곱	F	유의확률
1	회귀 모형	15306.942	1	15306.942	351.168	.000[b]
	잔차	5492.176	126	43.589		
	합계	20799.117	127			

a. 종속변수: 문화지출비

b. 예측값: (상수), 월소득

계수[a]

모형		비표준화 계수		표준화 계수	t	유의확률
		B	표준오차	베타		
1	(상수)	2.408	1.047		2.300	.023
	월소득	.052	.003	.858	18.739	.000

a. 종속변수: 문화지출비

잔차 통계량[a]

	최소값	최대값	평균	표준편차	N
예측값	7.80	46.94	18.70	10.978	128
잔차	-16.943	13.701	.000	6.576	128
표준 오차 예측값	-.992	2.573	.000	1.000	128
표준화 잔차	-2.566	2.075	.000	.996	128

a. 종속변수: 문화지출비

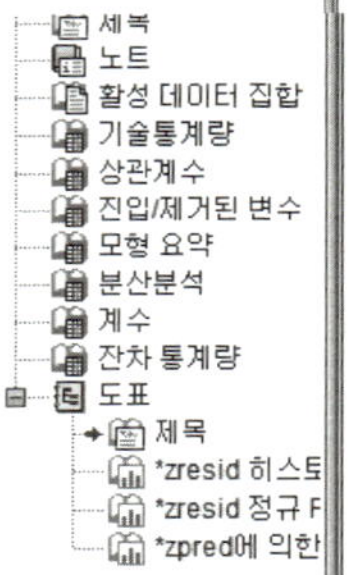

➜ 도표

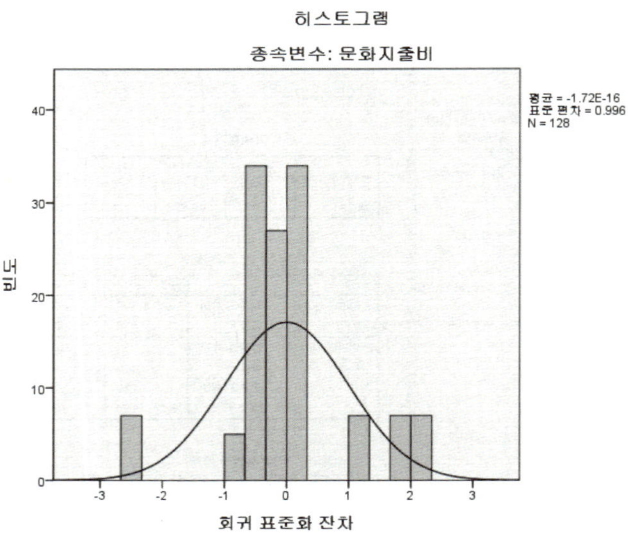

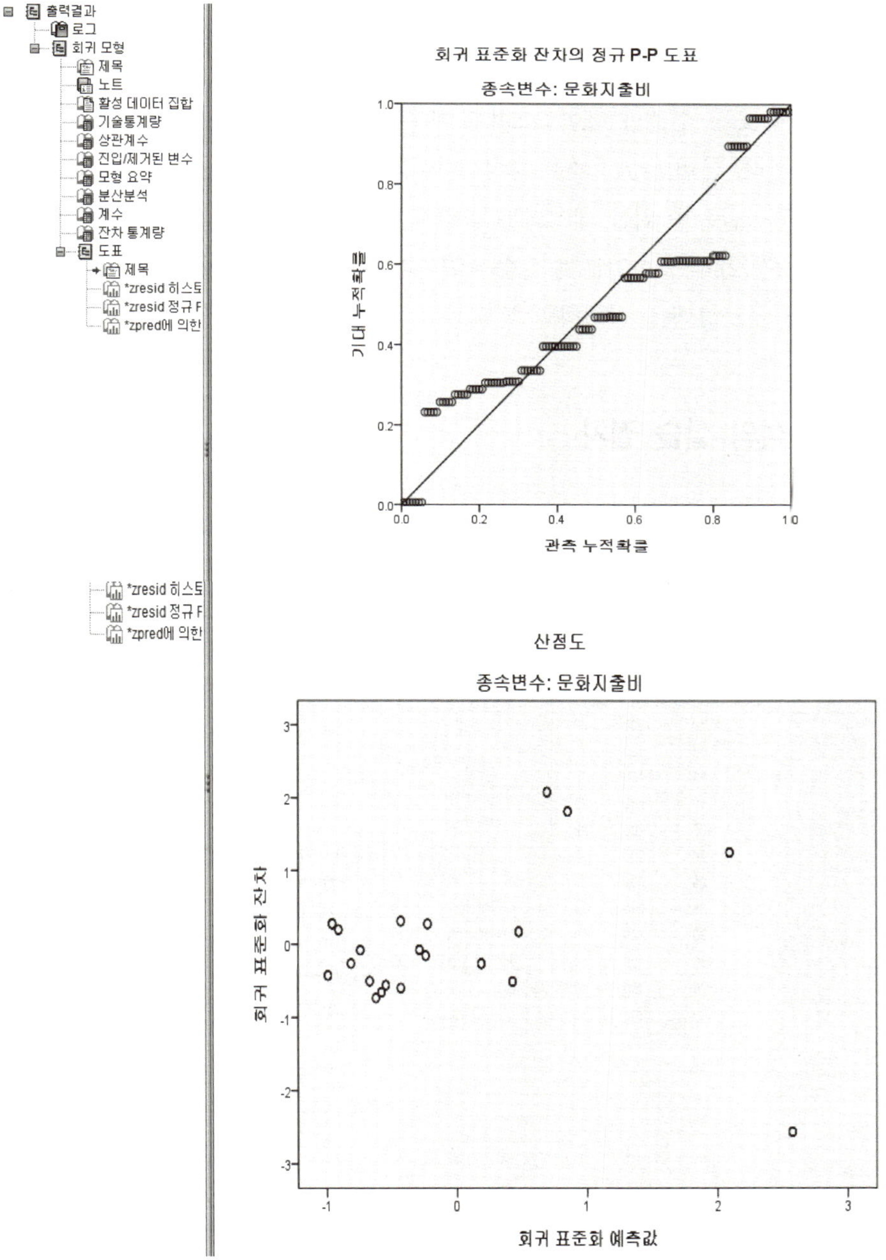
출력결과
로그
회귀 모형
제목
노트
활성 데이터 집합
기술통계량
상관계수
진입/제거된 변수
모형 요약
분산분석
계수
잔차 통계량
도표
제목
*zresid 히스토
*zresid 정규 F
*zpred에 의한
*zresid 히스토
*zresid 정규 F
*zpred에 의한
회귀 표준화 잔차의 정규 P-P 도표
종속변수: 문화지출비
기대 누적확률
관측 누적확률
산점도
종속변수: 문화지출비
회귀 표준화 잔차
회귀 표준화 예측값

3. 다중회귀분석의 사례

취미활동 시간이 소득 수준과 나이, 그리고 가족구성원 수에 의해 영향을 받는지에 대해 알아보고자 한다. 독립변수는 소득 수준, 나이, 가족구성원 수이고, 종속변수는 취미활동 시간이 된다. 실습을 위한 데이터는 출판사 홈페이지를 통해 다운로드할 수 있다. 파일명은 '제12장(2) 다중회귀분석 실습자료'이다. 이 데이터를 이용하여 다음의 실습 절차대로 SPSS 프로그램을 실행하면 된다.

4. 다중회귀분석의 실습 절차

1) 메뉴에서 '분석(A)'를 선택하고, 그 중 '회귀분석(R)'과 '선형(L)'을 차례로 선택한다.

2) '선형 회귀분석' 창이 생기고, 독립변수와 종속변수가 있는 것을 확인한다.

3) '취미활동 시간' 변수를 '종속변수(D)' 칸으로 옮기고, '소득 수준', '나이', '가족구성원 수' 변수를 모두 '독립변수(I)' 칸으로 옮긴다. 그리고 '통계량' 메뉴를 클릭한다.

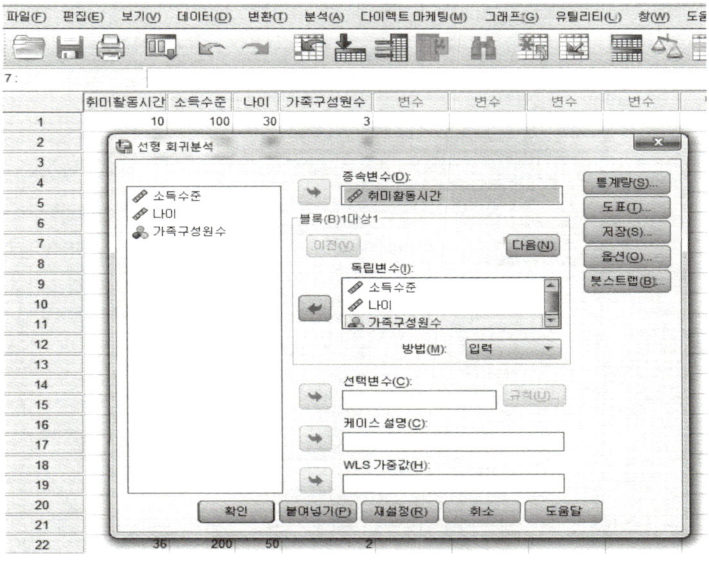

4) '선형 회귀분석: 통계량' 창이 생긴다. 여기서 '추정값(E)'과 '모형적합(M)'은 기본적으로 체크가 되어 있다. 여기에 추가해서 'R제곱 변화량(S)'과 '기술통계(D)', '공선성 진단(L)', '케이스별 진단(C)'과 '밖에 나타나는 이상값(O)'을 체크한다. 그리고 '계속' 버튼을 클릭한다.

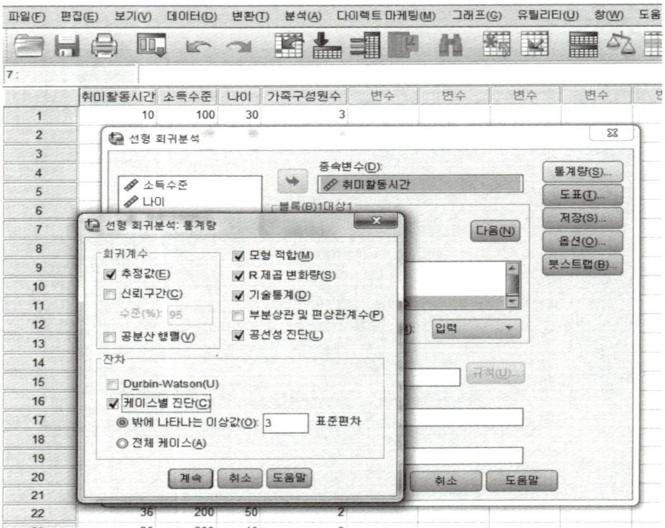

5) 최초 '선형 회귀분석' 창만 열려 있게 된다. 이때 '도표(T)' 메뉴를 클릭한다.

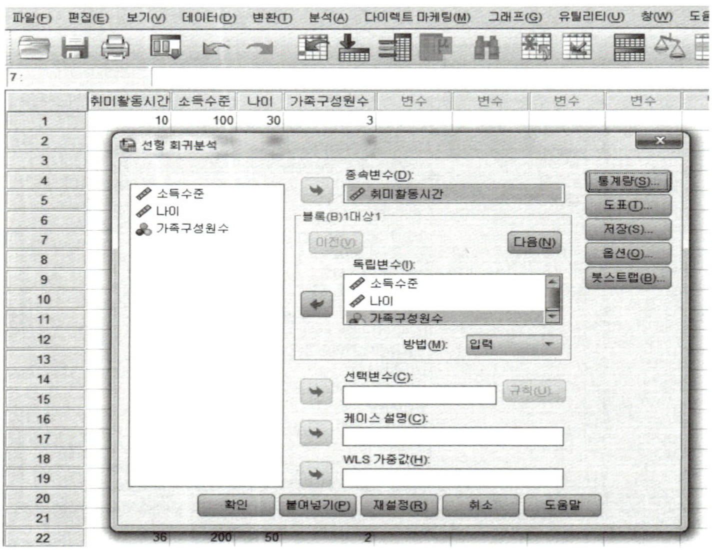

6) '선형 회귀분석: 도표' 창이 열린다. 여기서 'ZPRED'는 '산점도 1 대상 1' 칸에서 'X'로 옮긴다. 'ZRESID'는 '산점도 1 대상 1' 칸에서 'Y'로 옮긴다. 그리고 '표준화 잔차 도표' 칸에서 '히스토그램(H)'와 '정규확률도표(R)'를 체크한다. 그리고 '계속' 메뉴를 클릭한다.

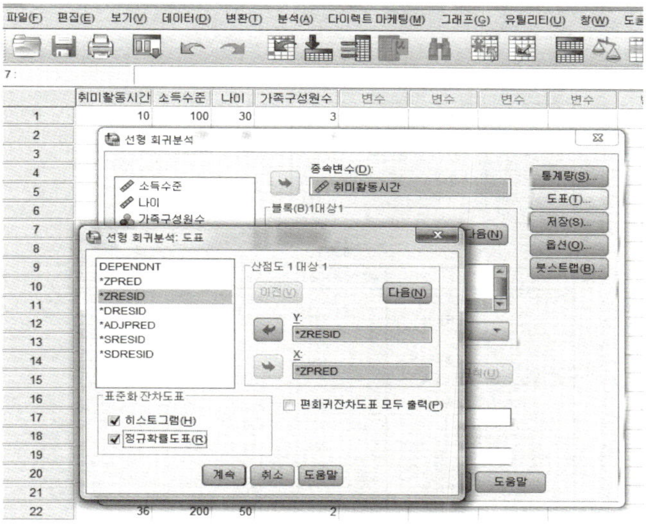

7) '선형 회귀분석' 창으로 다시 돌아온다. 여기서 '확인' 버튼을 클릭한다.

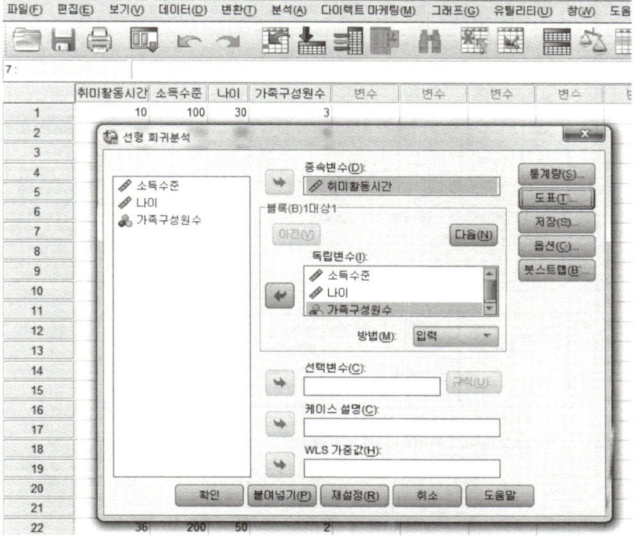

8) 결과를 확인한다. 이 결과는 이어지는 '제4절 결과 작성 방법'에 활용된다.

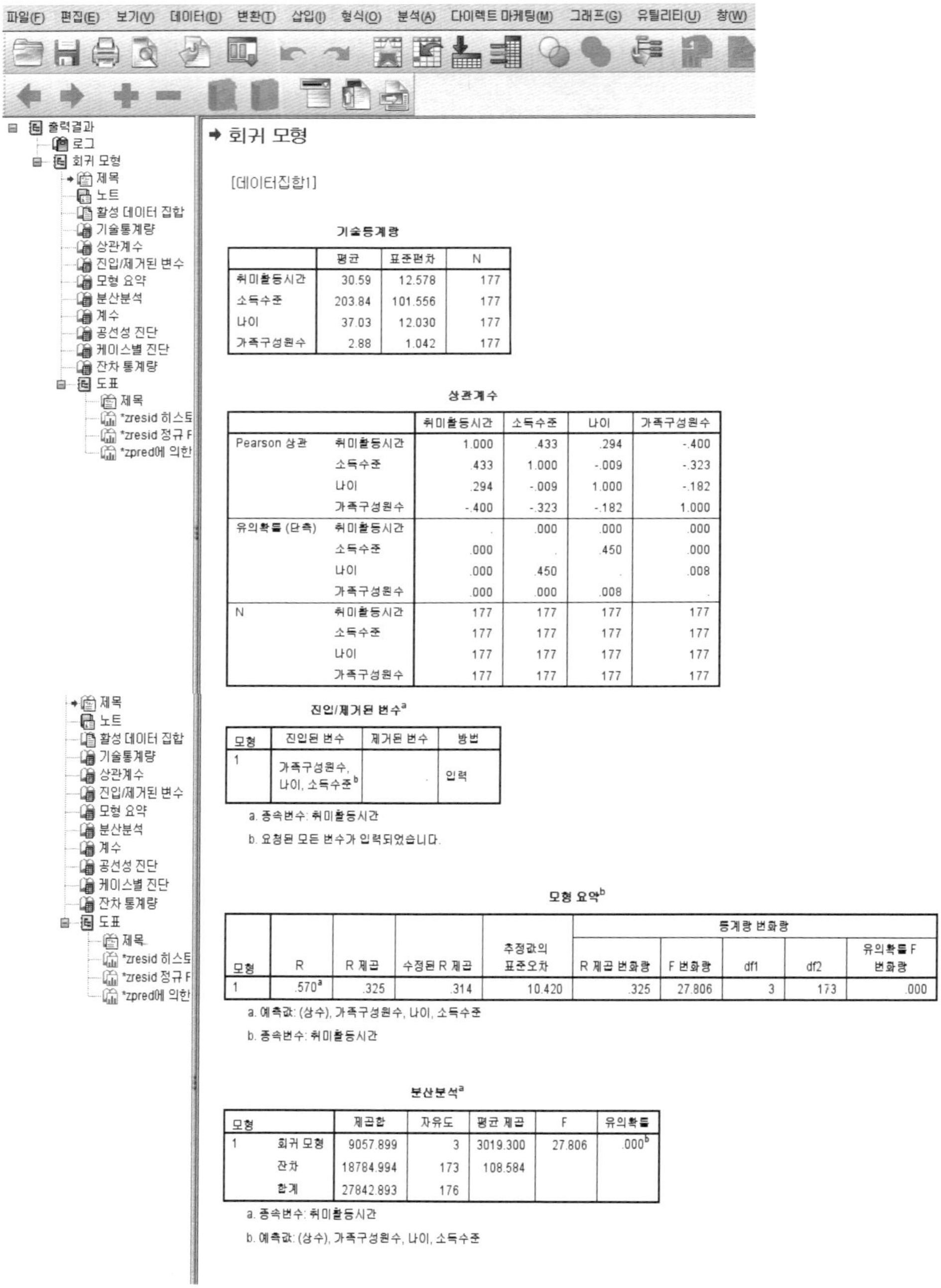

➔ 회귀 모형

[데이터집합1]

기술통계량

	평균	표준편차	N
취미활동시간	30.59	12.578	177
소득수준	203.84	101.556	177
나이	37.03	12.030	177
가족구성원수	2.88	1.042	177

상관계수

		취미활동시간	소득수준	나이	가족구성원수
Pearson 상관	취미활동시간	1.000	.433	.294	-.400
	소득수준	.433	1.000	-.009	-.323
	나이	.294	-.009	1.000	-.182
	가족구성원수	-.400	-.323	-.182	1.000
유의확률 (단측)	취미활동시간	.	.000	.000	.000
	소득수준	.000	.	.450	.000
	나이	.000	.450	.	.008
	가족구성원수	.000	.000	.008	.
N	취미활동시간	177	177	177	177
	소득수준	177	177	177	177
	나이	177	177	177	177
	가족구성원수	177	177	177	177

제목
노트
활성 데이터 집합
기술통계량
상관계수
진입/제거된 변수
모형 요약
분산분석
계수
공선성 진단
케이스별 진단
잔차 통계량
도표
제목
*zresid 히스토
*zresid 정규 P
*zpred에 의한

진입/제거된 변수[a]

모형	진입된 변수	제거된 변수	방법
1	가족구성원수, 나이, 소득수준[b]	.	입력

a. 종속변수: 취미활동시간

b. 요청된 모든 변수가 입력되었습니다.

모형 요약[b]

모형	R	R 제곱	수정된 R 제곱	추정값의 표준오차	통계량 변화량				
					R 제곱 변화량	F 변화량	df1	df2	유의확률 F 변화량
1	.570[a]	.325	.314	10.420	.325	27.806	3	173	.000

a. 예측값: (상수), 가족구성원수, 나이, 소득수준

b. 종속변수: 취미활동시간

분산분석[a]

모형		제곱합	자유도	평균 제곱	F	유의확률
1	회귀 모형	9057.899	3	3019.300	27.806	.000[b]
	잔차	18784.994	173	108.584		
	합계	27842.893	176			

a. 종속변수: 취미활동시간

b. 예측값: (상수), 가족구성원수, 나이, 소득수준

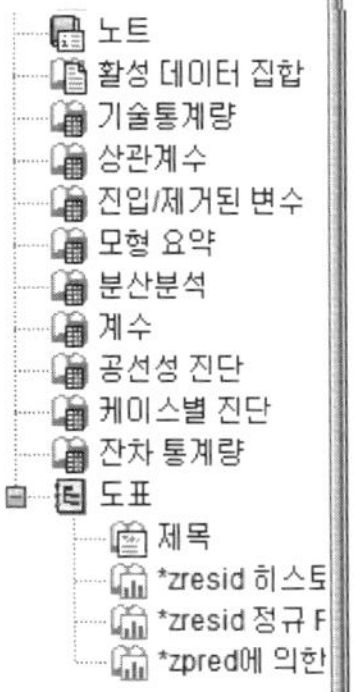

계수[a]

모형		비표준화 계수 B	비표준화 계수 표준오차	표준화 계수 베타	t	유의확률	공선성 통계량 공차	공선성 통계량 VIF
1	(상수)	19.979	4.513		4.427	.000		
	소득수준	.044	.008	.359	5.418	.000	.891	1.123
	나이	.265	.067	.254	3.986	.000	.962	1.040
	가족구성원수	-2.876	.812	-.238	-3.542	.001	.861	1.161

a. 종속변수: 취미활동시간

공선성 진단[a]

모형	차원	고유값	상태지수	분산비율 (상수)	분산비율 소득수준	분산비율 나이	분산비율 가족구성원수
1	1	3.656	1.000	.00	.01	.01	.01
	2	.211	4.160	.00	.53	.00	.17
	3	.111	5.737	.00	.15	.52	.25
	4	.022	12.948	1.00	.31	.48	.58

a. 종속변수: 취미활동시간

케이스별 진단[a]

케이스 번호	표준화 잔차	취미활동시간	예측값	잔차
78	3.555	50	12.96	37.039

a. 종속변수: 취미활동시간

잔차 통계량[a]

	최소값	최대값	평균	표준편차	N
예측값	12.96	49.63	30.59	7.174	177
잔차	-13.754	37.039	.000	10.331	177
표준 오차 예측값	-2.457	2.654	.000	1.000	177
표준화 잔차	-1.320	3.555	.000	.991	177

a. 종속변수: 취미활동시간

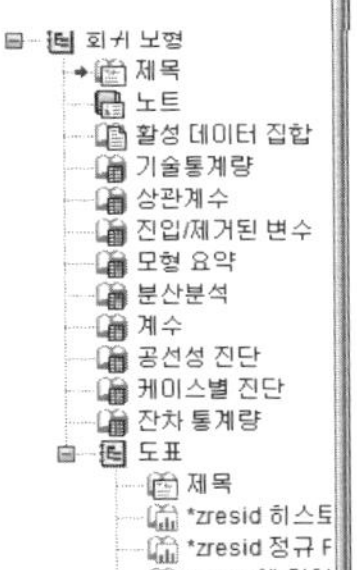

도표

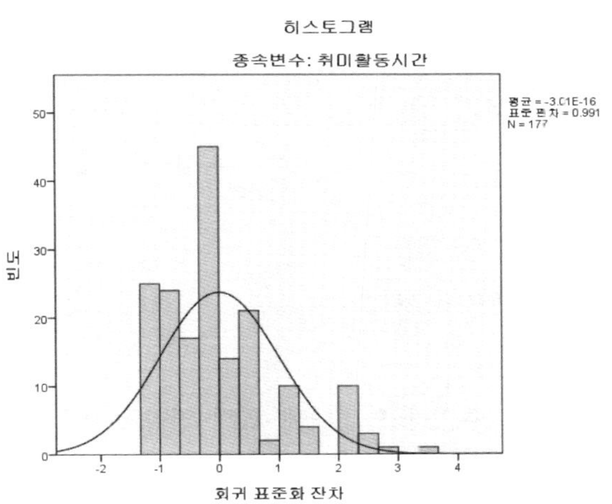

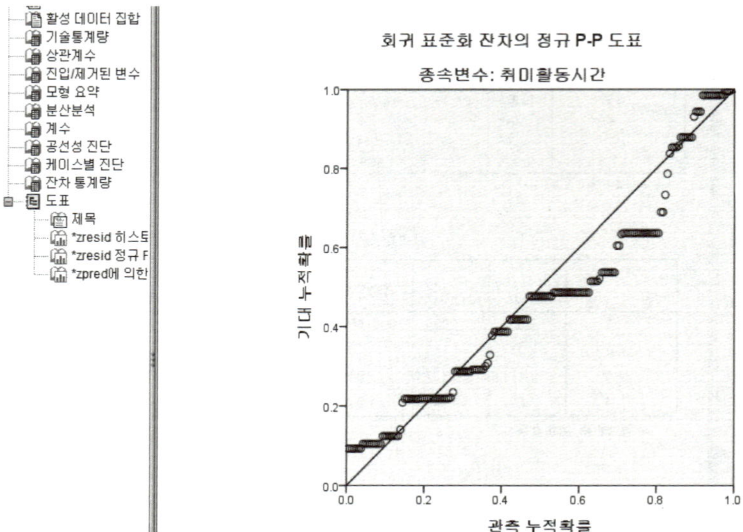

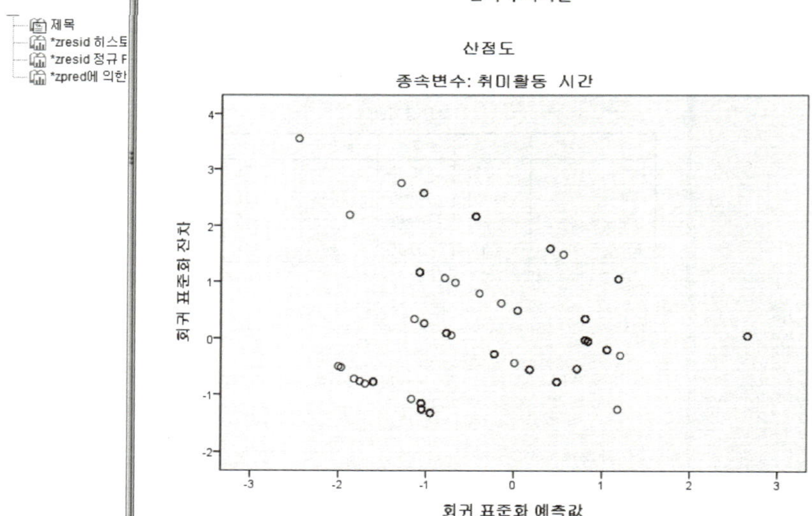

5. 더미변수 회귀분석의 사례

취미활동 시간이 소득 수준과 연령대에 의해 영향을 받는지에 대해 알아보고자 한다. 독립변수는 소득 수준, 연령대이고, 종속변수는 취미활동 시간이 된다. 여기서 연령대는 '청년층'과 '장년층'으로 구분된 자료로서 명목척도로 측정되었다. 실습을 위한 데이터는 출판사 홈페이지를 통해 다운로드할 수 있다. 파일명은 '제12장(3) 더미변수 회귀분석 실습자료'이다. 이 데이터를 이용하여 다음의 실습 절차대로 SPSS 프로그램을 실행하면 된다.

6. 더미변수 회귀분석의 실습 절차

1) 메뉴의 '변환(T)'에서 '다른 변수로 코딩 변경(R)'을 선택한다. 이는 명목척도로 측정된 '연령대' 변수를 더미변수로 바꾸기 위해서이다.

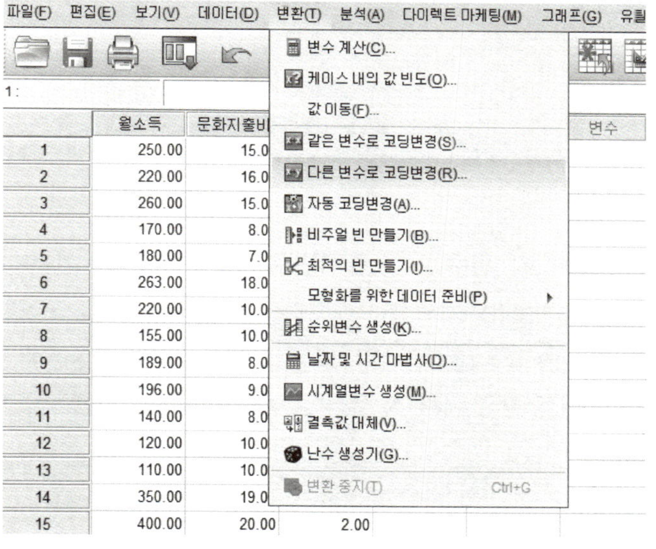

2) '새로운 변수로 코딩 변경' 창이 생기면 왼쪽 칸에는 변수들이 보이고, 새롭게 코딩을 변경하기 위해 필요한 칸이 보인다.

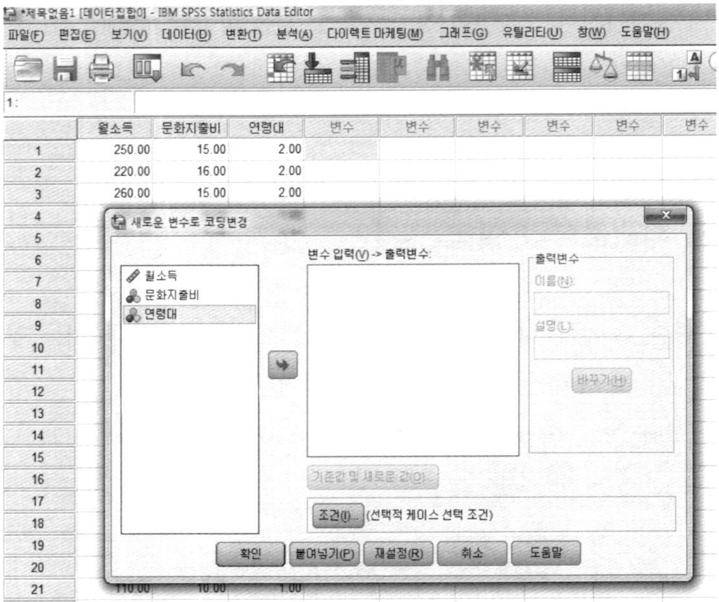

3) '연령대' 변수를 '숫자 변수(V) → 출력변수' 칸으로 옮긴다.

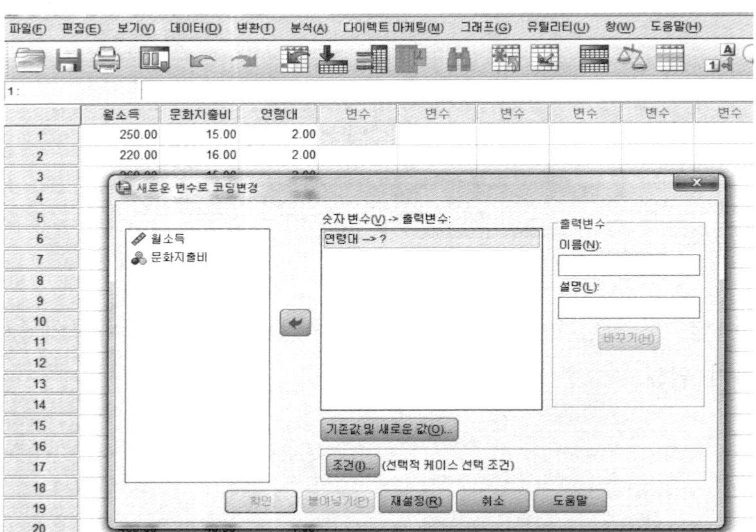

4) 맨 오른쪽에 있는 '출력변수' 칸의 '이름(N)' 칸에 새롭게 성성될 더미변수 이름을 적는다. 여기서는 연령대의 두 구성 요소(청년층, 장년층) 중 하나를 선택해서 '가변수 청년층'이라고 기입한다. 그리고 '바꾸기(H)'를 클릭한다.

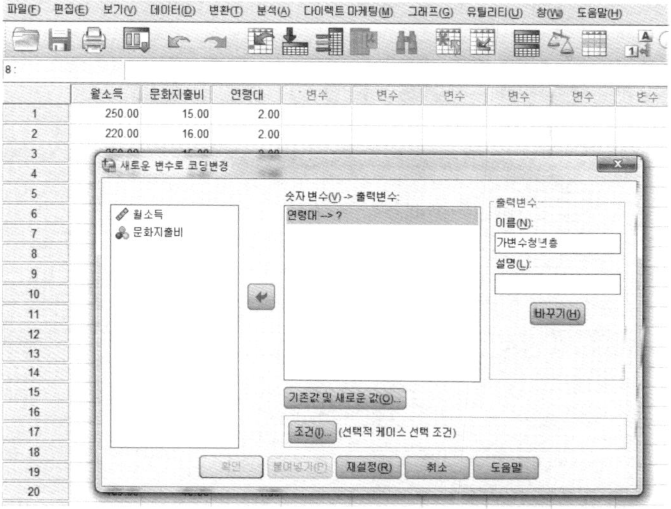

5) '숫자 변수(V) → 출력변수' 칸에 '가변수 청년층'이라는 새로운 변수가 생길 것이라는 표시가 나타난다. 그리고 그 아래에 있는 메뉴인 '기존값 및 새로운 값(O)'을 클릭한다.

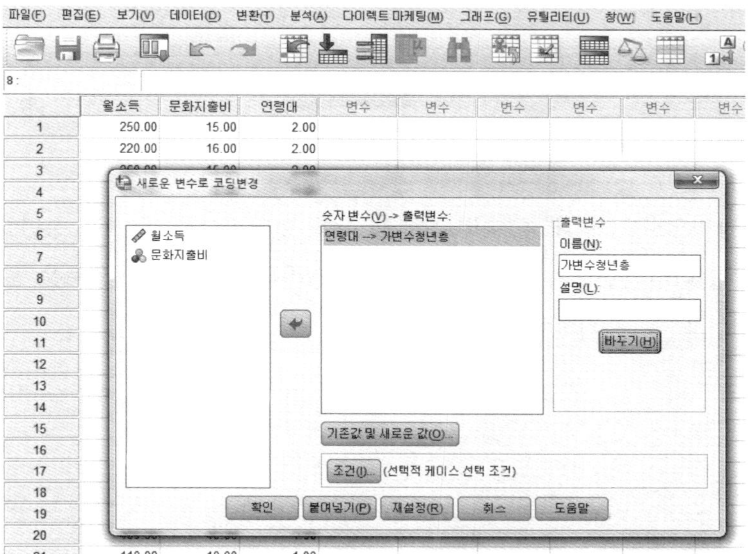

6) '새로운 변수로 코딩 변경: 기존값 및 새로운 값' 창이 나타난다. '기존값(V)'을 체크하고 자료의 '연령대' 변수에서 청년층으로 표시되어 조사된 값인 1을 적는다. 그리고 그 옆에 있는 '새로운 값' 칸에 청년층의 가변수 값인 1을 적는다. 그 후 아래 칸에 있는 '추가' 버튼을 클릭한다.

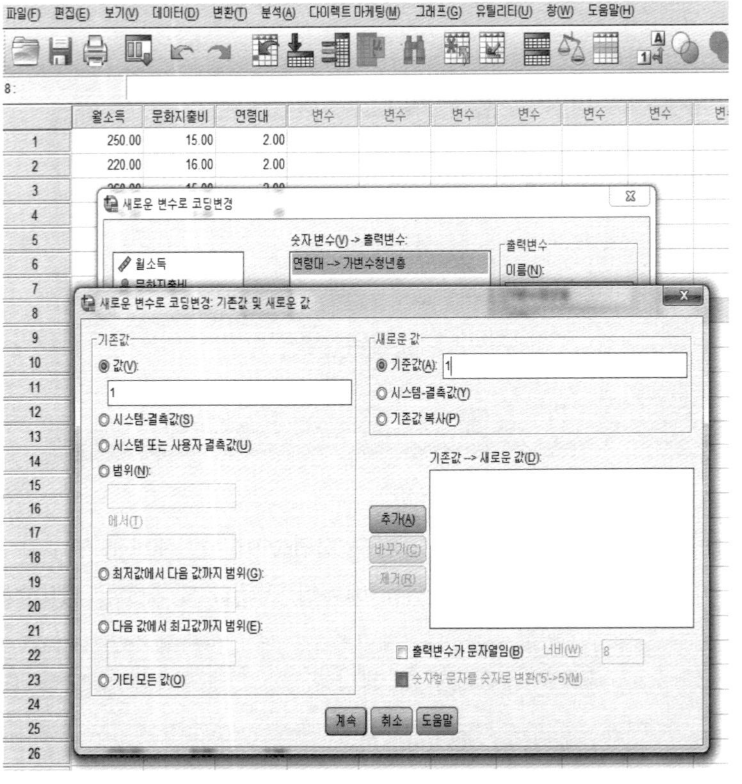

7) 같은 방법으로 '연령대' 변수의 장년층 값도 더미변수로 바꾼다. 장년층 값은 2로 측정되었는데, 더미변수로는 0이 되기 때문에 '기존값' 칸에는 2, '새로운 값' 칸에는 0으로 적는다. 그 후 '추가' 버튼을 클릭한다.

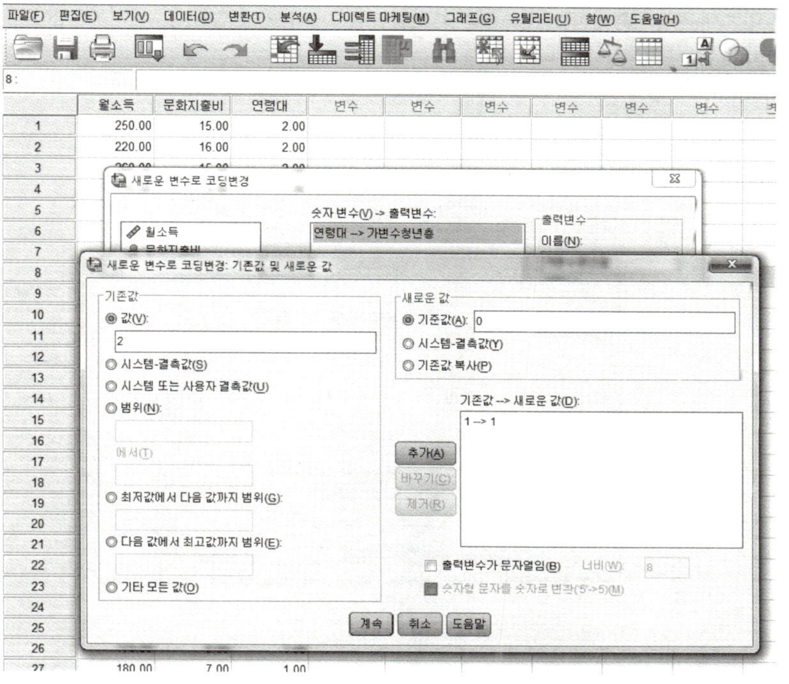

8) 그리고 맨 아래의 '계속' 버튼을 클릭한다.

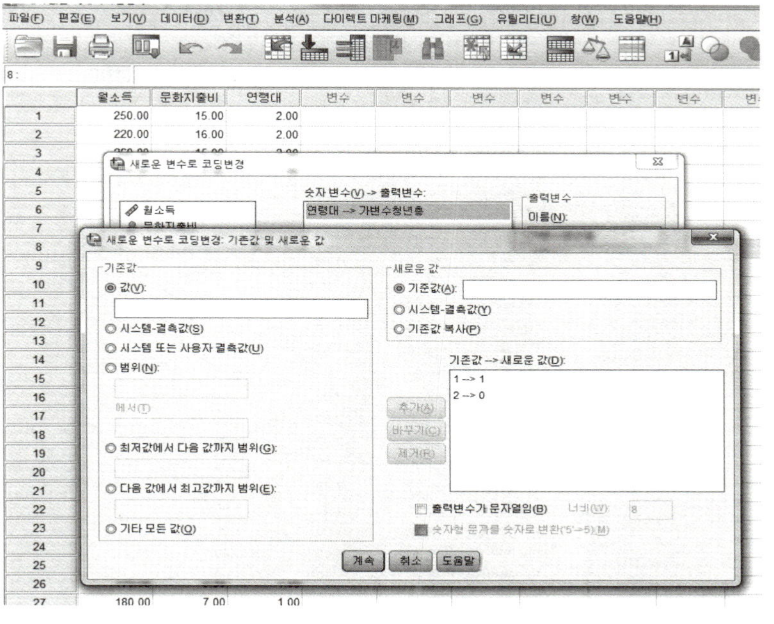

9) 처음의 '새로운 변수로 코딩 변경' 창으로 돌아오게 되고, 여기서 맨 아래에 있는 '확인'을 클릭한다.

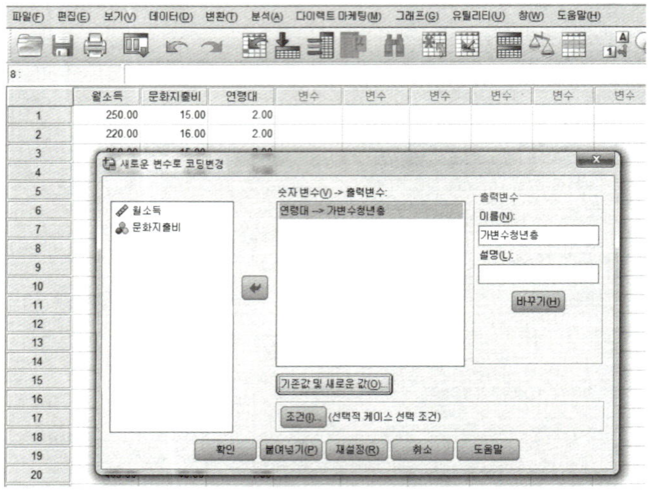

10) 원래의 자료에서 '연령대' 변수가 청년층을 1로 하고, 장년층을 0으로 하는 더미 수인 '가변수 청년층' 변수가 새롭게 생긴 것을 알 수 있다.

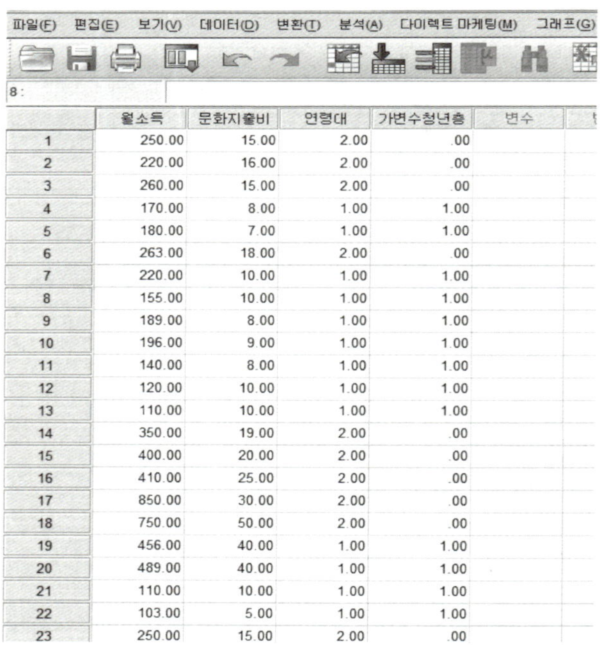

	월소득	문화지출비	연령대	가변수청년층	변수
1	250.00	15.00	2.00	.00	
2	220.00	16.00	2.00	.00	
3	260.00	15.00	2.00	.00	
4	170.00	8.00	1.00	1.00	
5	180.00	7.00	1.00	1.00	
6	263.00	18.00	2.00	.00	
7	220.00	10.00	1.00	1.00	
8	155.00	10.00	1.00	1.00	
9	189.00	8.00	1.00	1.00	
10	196.00	9.00	1.00	1.00	
11	140.00	8.00	1.00	1.00	
12	120.00	10.00	1.00	1.00	
13	110.00	10.00	1.00	1.00	
14	350.00	19.00	2.00	.00	
15	400.00	20.00	2.00	.00	
16	410.00	25.00	2.00	.00	
17	850.00	30.00	2.00	.00	
18	750.00	50.00	2.00	.00	
19	456.00	40.00	1.00	1.00	
20	489.00	40.00	1.00	1.00	
21	110.00	10.00	1.00	1.00	
22	103.00	5.00	1.00	1.00	
23	250.00	15.00	2.00	.00	

11) 상호작용 효과 변수를 만들기 위해 메뉴에서 '변환(T)'에서 '변수 계산(C)'을 선택한다.

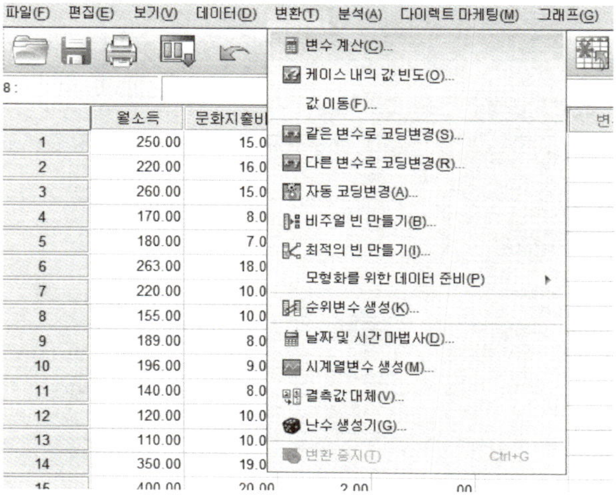

12) '변수 계산' 창이 생긴다.

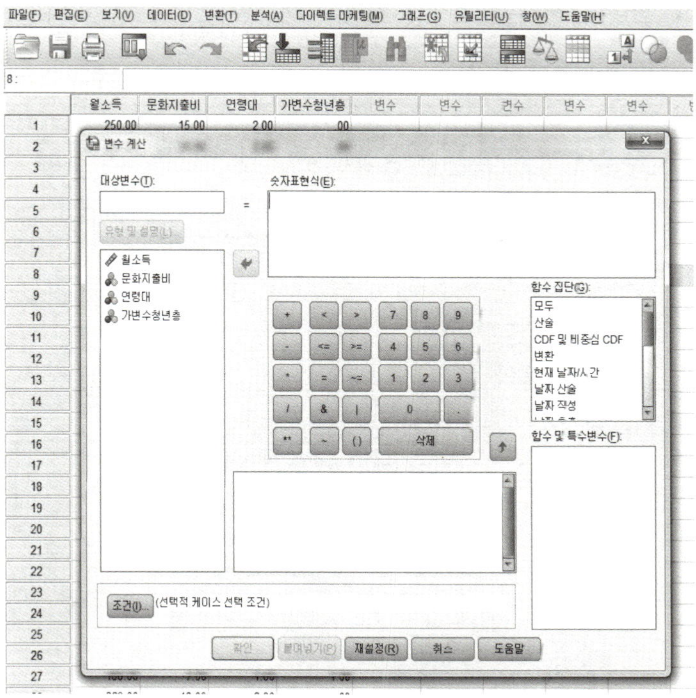

13) '대상변수(T)'에 새롭게 생길 상호작용효과 변수 이름을 쓴다. 여기서는 '가변수청년층 월소득'으로 했다.

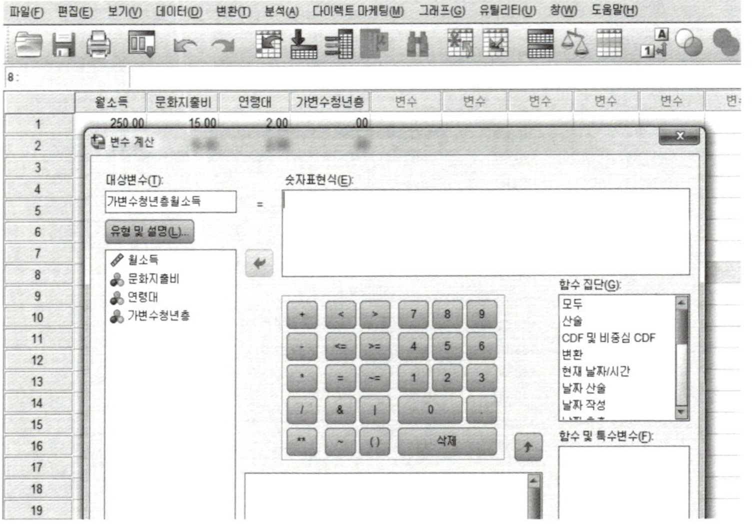

14) '유형 및 설명(L)'에서 상호작용 효과에 해당되는 변수 중 하나인 '월소득'을 선택하여 '숫자표현식(E)'으로 옮긴다.

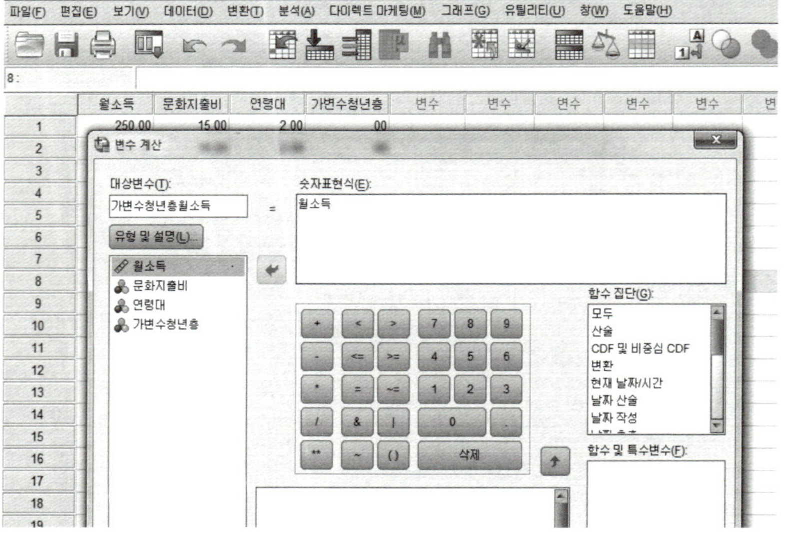

15) 상호작용이 이루어지도록 하는 기호인 '*'을 아래에서 찾아서 클릭한다. 그 후 또 다른 상호작용 효과에 해당되는 변수인 '가변수 청년층' 변수를 '유형 및 설명(L)'에서 클릭하여 '숫자표현식(E)'으로 옮긴다. 그리고 맨 아래 '확인' 버튼을 클릭한다.

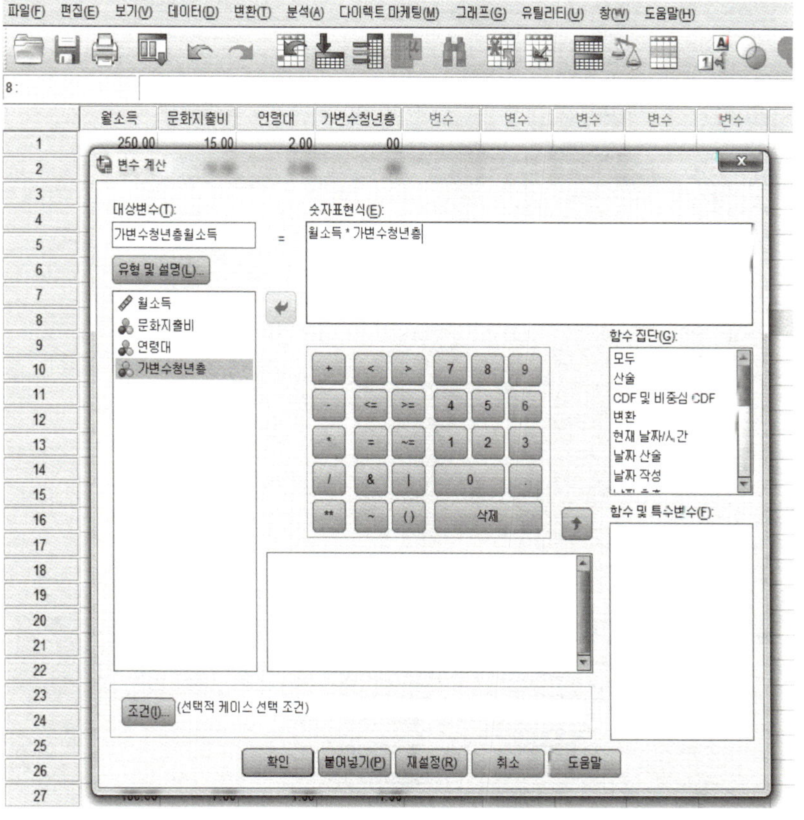

16) 원래의 분석 자료에서 독립변수 간 상호작용 효과를 보여주는 변수인 '가변수청년층 월소득' 변수가 생긴 것을 확인할 수 있다.

파일(F) 편집(E) 보기(V) 데이터(D) 변환(T) 분석(A) 다이렉트 마케팅(M) 그래프(G) 유틸리티(U) 창(W)

	월소득	문화지출비	연령대	가변수청년층	가변수청년층월소득	변수	변수
1	250.00	15.00	2.00	.00	.00		
2	220.00	16.00	2.00	.00	.00		
3	260.00	15.00	2.00	.00	.00		
4	170.00	8.00	1.00	1.00	170.00		
5	180.00	7.00	1.00	1.00	180.00		
6	263.00	18.00	2.00	.00	.00		
7	220.00	10.00	1.00	1.00	220.00		
8	155.00	10.00	1.00	1.00	155.00		
9	189.00	8.00	1.00	1.00	189.00		
10	196.00	9.00	1.00	1.00	196.00		
11	140.00	8.00	1.00	1.00	140.00		
12	120.00	10.00	1.00	1.00	120.00		
13	110.00	10.00	1.00	1.00	110.00		
14	350.00	19.00	2.00	.00	.00		
15	400.00	20.00	2.00	.00	.00		
16	410.00	25.00	2.00	.00	.00		
17	850.00	30.00	2.00	.00	.00		
18	750.00	50.00	2.00	.00	.00		
19	456.00	40.00	1.00	1.00	456.00		
20	489.00	40.00	1.00	1.00	489.00		

17) 회귀분석을 하기 위해 메뉴에서 '분석' → '회귀분석(R)' → '선형(L)'을 선택한다.

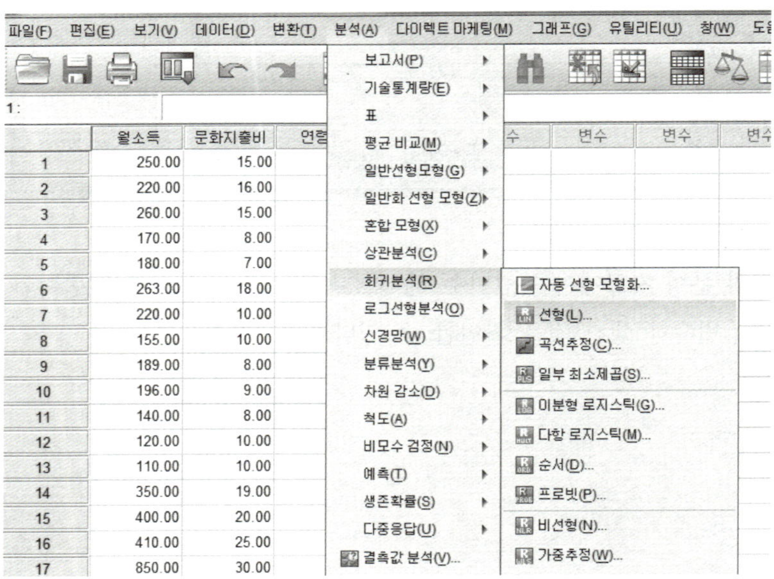

18) '선형 회귀분석' 창에서 '문화지출비'를 '종속변수(D)' 칸으로 옮기고, 첫 번째 독립변수인 '월소득'은 '독립변수(I)'로 옮긴다. 상호작용 효과 여부와 주효과 여부를 구분해서 확인하기 위해 '블록(B)1 대상1'에 있는 '다음(N)' 메뉴를 클릭한다.

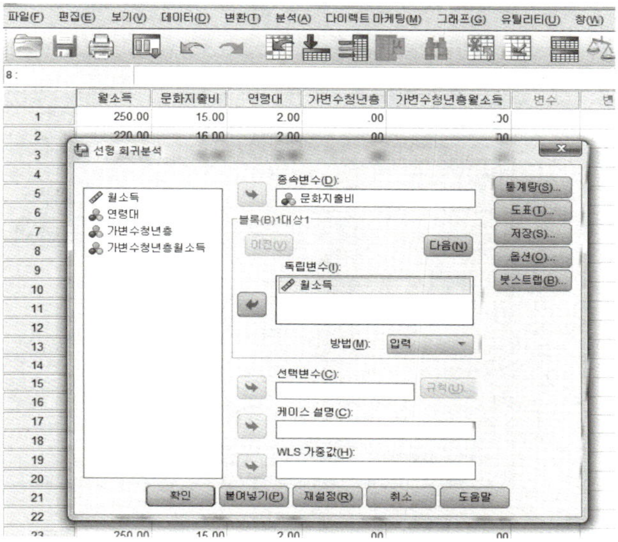

19) 두 번째 독립변수인 '가변수 청년층' 변수를 '독립변수(I)'로 옮기고, '다음(N)' 버튼을 클릭한다.

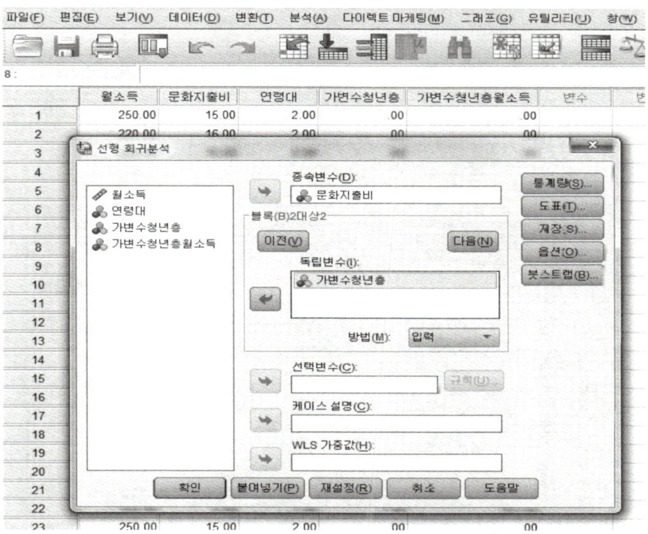

20) 상호작용효과 변수인 '가변수 청년층 월소득' 변수를 '독립변수(I)'로 옮긴다. 그리고 '통계량(S)'을 클릭한다.

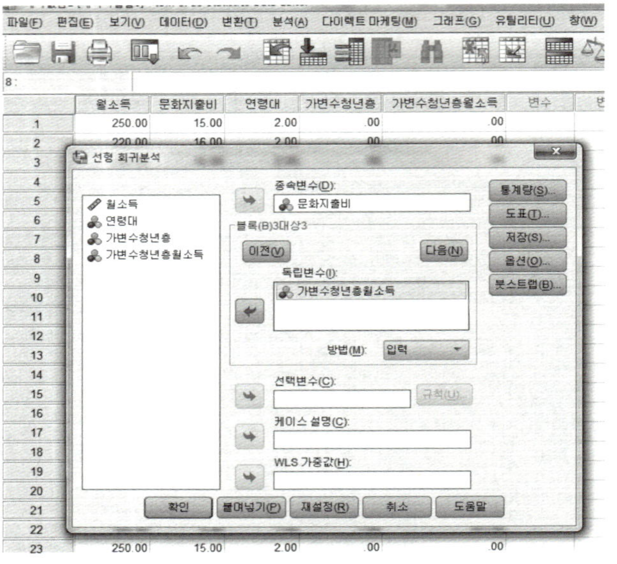

21) '회귀계수' 칸에 '추정값(E)'과 '잔차' 칸의 '케이스별 진단(C)'을 체크하고, '밖에 나타나는 이상값(O)'도 체크한다. 그리고 오른쪽에 있는 '모형적합(M)', 'R제곱 변화량(S)', '기술통계(D)'를 체크한다. 맨 아래에 있는 '계속' 버튼을 클릭한다.

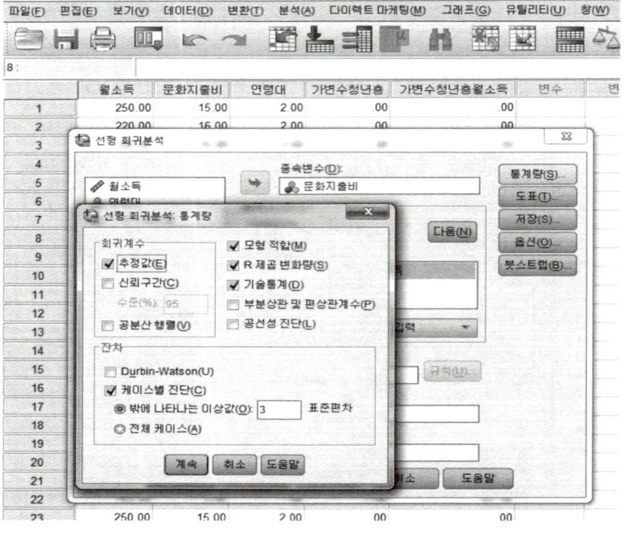

22) '선형 회귀분석' 창으로 돌아온다. 그리고 아래에 있는 '확인' 버튼을 클릭한다.

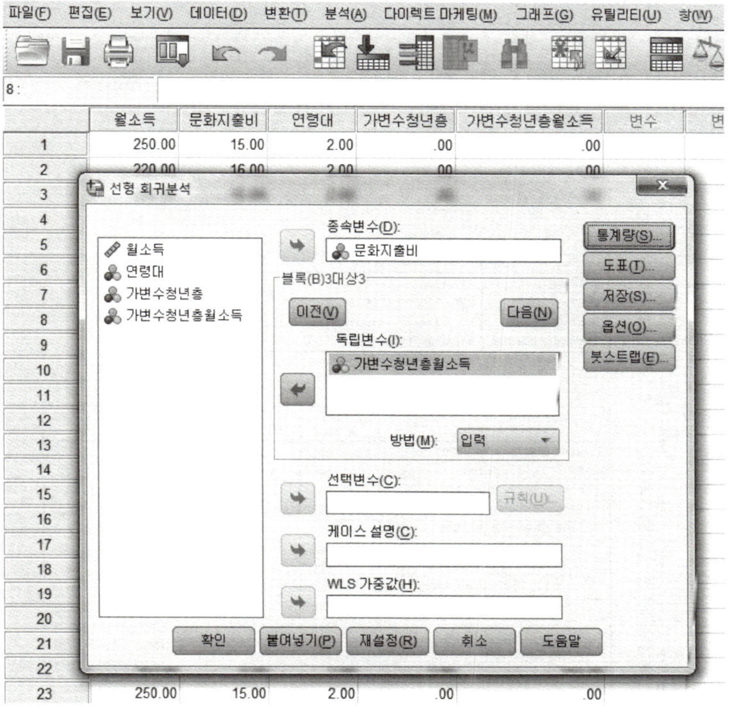

23) 결과를 확인한다. 이 결과는 이어지는 '제4절 결과 작성 방법'에 활용된다.

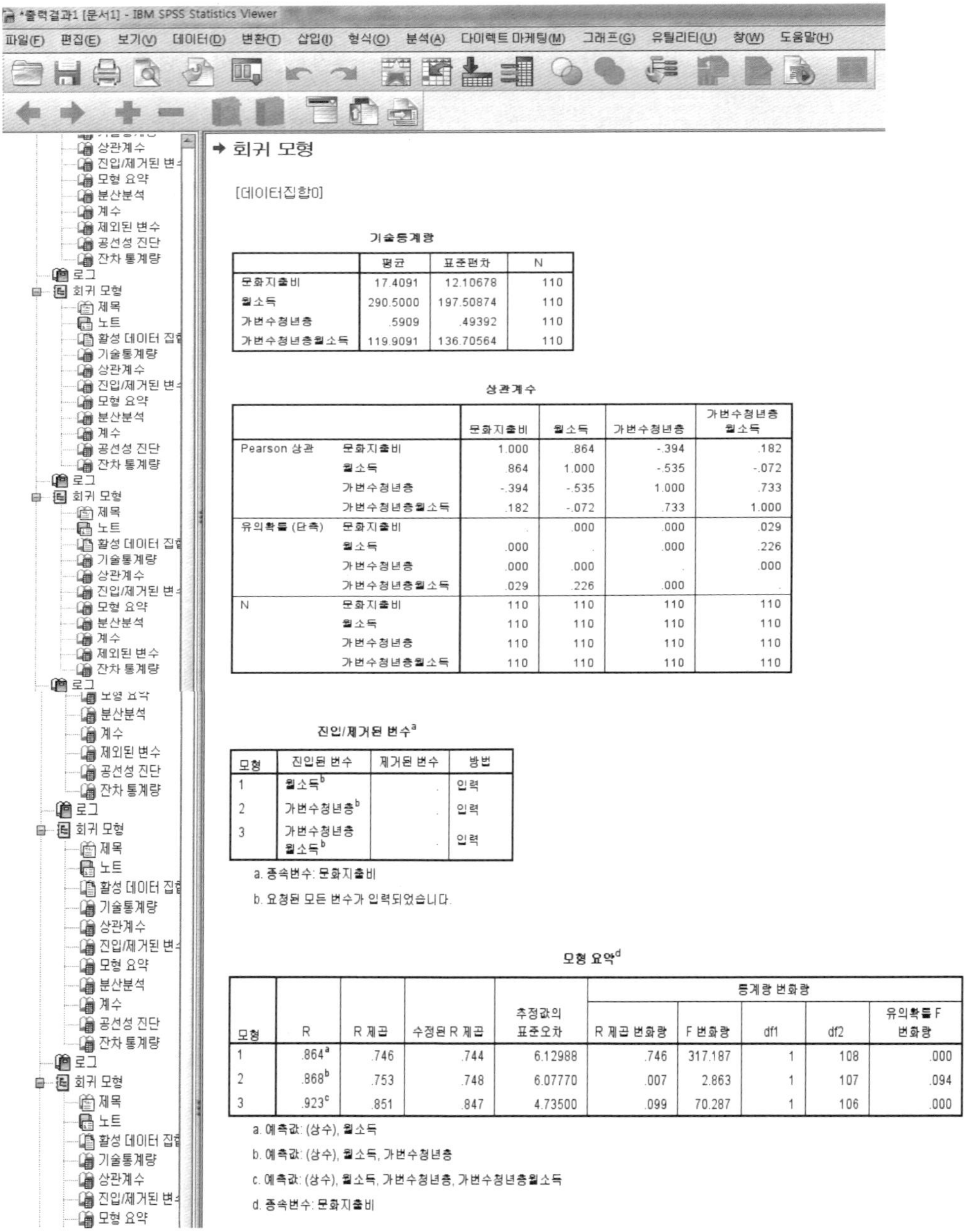

→ 회귀 모형

[데이터집합0]

기술통계량

	평균	표준편차	N
문화지출비	17.4091	12.10678	110
월소득	290.5000	197.50874	110
가변수청년층	.5909	.49392	110
가변수청년층월소득	119.9091	136.70564	110

상관계수

		문화지출비	월소득	가변수청년층	가변수청년층월소득
Pearson 상관	문화지출비	1.000	.864	-.394	.182
	월소득	.864	1.000	-.535	-.072
	가변수청년층	-.394	-.535	1.000	.733
	가변수청년층월소득	.182	-.072	.733	1.000
유의확률 (단측)	문화지출비	.	.000	.000	.029
	월소득	.000	.	.000	.226
	가변수청년층	.000	.000	.	.000
	가변수청년층월소득	.029	.226	.000	.
N	문화지출비	110	110	110	110
	월소득	110	110	110	110
	가변수청년층	110	110	110	110
	가변수청년층월소득	110	110	110	110

진입/제거된 변수[a]

모형	진입된 변수	제거된 변수	방법
1	월소득[b]	.	입력
2	가변수청년층[b]	.	입력
3	가변수청년층월소득[b]	.	입력

a. 종속변수: 문화지출비

b. 요청된 모든 변수가 입력되었습니다.

모형 요약[d]

모형	R	R 제곱	수정된 R 제곱	추정값의 표준오차	통계량 변화량				
					R 제곱 변화량	F 변화량	df1	df2	유의확률 F 변화량
1	.864[a]	.746	.744	6.12988	.746	317.187	1	108	.000
2	.868[b]	.753	.748	6.07770	.007	2.863	1	107	.094
3	.923[c]	.851	.847	4.73500	.099	70.287	1	106	.000

a. 예측값: (상수), 월소득

b. 예측값: (상수), 월소득, 가변수청년층

c. 예측값: (상수), 월소득, 가변수청년층, 가변수청년층월소득

d. 종속변수: 문화지출비

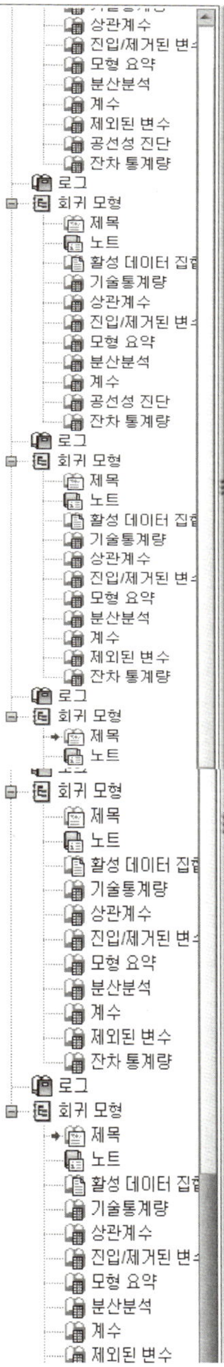

분산분석[a]

모형		제곱합	자유도	평균 제곱	F	유의확률
1	회귀 모형	11918.439	1	11918.439	317.187	.000[b]
	잔차	4058.152	108	37.575		
	합계	15976.591	109			
2	회귀 모형	12024.184	2	6012.092	162.760	.000[c]
	잔차	3952.407	107	36.938		
	합계	15976.591	109			
3	회귀 모형	13600.042	3	4533.347	202.199	.000[d]
	잔차	2376.549	106	22.420		
	합계	15976.591	109			

a. 종속변수: 문화지출비

b. 예측값: (상수), 월소득

c. 예측값: (상수), 월소득, 가변수청년층

d. 예측값: (상수), 월소득, 가변수청년층, 가변수청년층월소득

계수[a]

모형		비표준화 계수		표준화 계수	t	유의확률
		B	표준오차	베타		
1	(상수)	2.029	1.043		1.946	.054
	월소득	.053	.003	.864	17.810	.000
2	(상수)	-.284	1.714		-.166	.869
	월소득	.056	.003	.915	16.078	.000
	가변수청년층	2.361	1.395	.096	1.692	.094
3	(상수)	6.095	1.537		3.965	.000
	월소득	.041	.003	.666	12.463	.000
	가변수청년층	-10.909	1.920	-.445	-5.681	.000
	가변수청년층월소득	.049	.006	.556	8.384	.000

a. 종속변수: 문화지출비

제외된 변수[a]

모형		베타 입력	t	유의확률	편상관계수	공선성 통계량
						공차
1	가변수청년층	.096[b]	1.692	.094	.161	.713
	가변수청년층월소득	.246[b]	5.750	.000	.486	.995
2	가변수청년층월소득	.556[c]	8.384	.000	.631	.319

a. 종속변수: 문화지출비

b. 모형내의 예측값: (상수), 월소득

c. 모형내의 예측값: (상수), 월소득, 가변수청년층

잔차 통계량[a]

	최소값	최대값	평균	표준편차	N
예측값	4.4621	40.7803	17.4031	11.17010	110
잔차	-10.78027	13.30037	.00000	4.66939	110
표준 오차 예측값	-1.159	2.092	.000	1.000	110
표준화 잔차	-2.277	2.809	.000	.986	110

a. 종속변수: 문화지출비

제4절 결과 작성 방법(보고서 및 논문)

제3절에서 실습을 통해 분석한 결과를 아래와 같이 보고서나 논문으로 작성할 수 있다.

1. 단순회귀분석의 결과 작성 방법

단순회귀분석의 결과 작성 방법

1. 연구가설
   - ○ 귀무가설(생략 가능)
     월소득은 문화지출비에 영향을 미치지 않는다.
   - ○ 연구가설(대립가설)
     월소득은 문화지출비에 영향을 미친다(양측검정).
     월소득이 높을수록 문화지출비가 더 많다(단측검정).
     $H_{0:}\beta=0$, $H_{1:}\beta\neq 0(\text{or } \beta>0, \beta<0)$
   - ○ 독립변수는 월소득이고, 종속변수는 문화지출비이다.

2. 유의 수준 제시
   $\alpha=0.05$

3. 회귀분석 결과표 제시
   * 상관관계표는 필요시 부록이나 주석에 나타낸다. 혹은 상관관계 계수를 본문에 한 줄 정도로 언급한다.

월소득과 문화지출비 간의 상관관계

	월소득	문화지출비
월소득	1	
문화지출비	0.858**	1

** 0.01 수준(양쪽)에서 유의(0.01에서 유의하므로 0.05에서도 유의함).

회귀분석 결과표

	문화지출비(베타)	t	자유도	F	유의확률	R^2
월소득	0.052	18.739	1, 126	351.168	0.000	0.736

4. 해 석

분석 결과 월소득은 문화지출비에 영향을 미치는 것으로 나타났다(F=351.168, df = 1, 126, p<0.05). 월소득은 한 단위가 변할 때 문화지출비에 0.052만큼 영향을 미치는 것을 알 수 있다. 즉, 월소득이 1만 원 증가하면 문화지출비는 520원 증가하는 것이다. 설명력은 73.6%이다.

5. 함 의

독립변수와 종속변수의 변화 관계에 대해 이론적이고 경험적인 근거에 기초해서 설명한다. 그리고 연구 결과에 기초한 현실적 교훈과 적용에 대해 기술한다.

2. 다중회귀분석의 결과 작성 방법

다중회귀분석의 결과 작성 방법

1. 연구가설

○ 귀무가설(생략 가능)

취미활동 시간은 소득 수준과 나이, 그리고 가족구성원의 수에 따라 영향을 받지 않는다.

○ 연구가설(대립가설)

취미활동 시간은 소득 수준과 나이, 그리고 가족구성원의 수에 따라 영향을 받는다(양측검정).

취미활동 시간은 소득 수준이 높을수록 나이가 많을수록 가족구성원의 수가 적을수록 더 증가한다(단측검정).

$H_0: \beta_1 = 0, \beta_2 = 0, \beta_3 = 0$, $H_1: \beta_1 \neq 0, \beta_2 \neq 0, \beta_3 \neq 0$ (or $\beta_1 > 0, \beta_2 > 0, \beta_3 < 0$)

○ 독립변수는 소득 수준, 나이, 가족구성원 수이고,

종속변수는 취미활동 시간이다.

2. 유의 수준 제시

$\alpha = 0.05$

3. 회귀분석 결과표 제시

* 상관관계 표는 필요시 부록이나 주석에 나타낸다. 혹은 상관관계 계수를 본문에 한 줄 정도로 언급한다.
* 다중공선성 여부도 별도로 명시하지 않는다. 하지만 필요하다면(예: 중요 변수로 여겨지지만 다중공선성의 문제로 변수 조정을 한 경우 등) 주석에 간략히 언급한다.

취미활동 시간, 소득수준, 나이, 가족구성원 수 간의 상관관계

	취미활동 시간	소득 수준	나이	가족구성원 수
취미활동 시간	1			
소득 수준	0.433**	1		
나이	0.294**	−0.009	1	
가족구성원 수	−0.400**	−0.323	−0.182	1

** 0.01 수준(양쪽)에서 유의(0.01에서 유의하므로 0.05에서도 유의함).

회귀분석 결과표

	취미활동 시간 (베타)	t	유의확률	자유도	F	유의확률	R^2
소득 수준	0.044	5.418	0.000	3, 173	27.806	0.000	0.325
나이	0.265	3.986	0.000				
가족 구성원 수	−2.876	−3.542	0.001				

4. 해 석

분석 결과 취미활동 시간은 소득 수준, 나이, 가족구성원의 수에 따라 영향을 받는 것으로 나타났다(F=27.806, df =3, 173, p<0.05). 다른 변수들이 통제된 상태에서 소득 수준은 한 단위 증가할 때 취미활동 시간이 0.044시간만큼 증가하는 것으로 나타났다(베타=0.044, t =5.418, p<0.05). 그리고 다른 변수들이 통제된 상태에서 나이는 한 단위 증가할 때 취미활동 시간이 0.265시간만큼 증가하는 것으로 나타났다(베타=0.265, t =3.986, p<0.05). 또 다른 변수들이 통제된 상태에서 가족구성원 수는 한 단위 증가할 때 취미활동 시간이 2.876시간만큼 감소하는 것으로 나타났다(베타=−2.876, t =−3.542, p<0.05).

이처럼 세 변수는 모두 취미활동 시간에 유의한 영향을 준다. 그리고 세 변수가 취미활동 시간에 미치는 상대적인 영향력의 크기는 소득 수준(0.359), 나이(0.254), 가족구성원 수(−0.238)의 순으로 나타났다(이 값들은 표준화 회귀계수로서 별도로 본문에 나타내도 되고 나타내지 않고 기술만 해도 된다). 설명력은 32.5%이다.

5. 함 의

독립변수와 종속변수의 변화 관계에 대해 이론적이고 경험적인 근거에 기초해서 설명한다. 그리고 연구 결과에 기초한 현실적 교훈과 적용에 대해 기술한다.

3. 더미변수 회귀분석의 결과 작성 방법

더미변수 회귀분석의 결과 작성 방법

1. 연구가설

○ 귀무가설(생략 가능)

문화지출비는 월소득과 연령대에 따라 영향을 받지 않는다.

○ 연구가설(대립가설)

문화지출비는 월소득과 연령대에 따라 영향을 받는다(양측검정).

문화지출비는 연령대별 월소득에 따라 영향을 받는다(양측검정).

특정한 월소득을 기준으로 그보다 많으면 청년층의 문화지출비가 장년층의 문화지출비보다 더 높다(단측검정).

$H_0: \beta_1 = 0, \beta_2 = 0, \beta_3 = 0$, $H_1: \beta_1 \neq 0, \beta_2 \neq 0, \beta_3 \neq 0$ (or $\beta_1 > 0, \beta_2 > 0, \beta_3 < 0$)

○ 독립변수는 월소득, 연령대(청년층, 장년층)이고, 종속변수는 문화지출비이다.

2. 유의 수준 제시

$\alpha = 0.05$

3. 회귀분석 결과표 제시

회귀분석 결과표

	문화지출비 (베타)	t	유의확률	자유도	F	유의확률	R^2
월소득	0.041	12.463	0.000	3, 106	202.199	0.000	0.851
더미변수 청년층	−10.909	−5.681	0.000				
더미변수 청년층 월소득	0.049	8.384	0.000				

4. 해 석

＊상호작용 효과가 있을 때

분석 결과 문화지출비는 연령대별 월소득 수준에 따라 영향을 받는 것으로 나타났다(F= 202.199, df =3, 106, p <0.05). 즉, 문화지출비는 청년층과 장년층으로 구성된 연령대 변수와 월소득 변수 간의 상호작용 효과에 의해 영향을 받는 것으로 나타났다. 연령대별로 구분해서 보면, 청년층의 경우 월소득이 한 단위 변하면 문화지출비는 0.09만 원(900원)만큼의 영향을 받는다. 장년층의 경우는 월소득이 한 단위 변하면 문화지출비는 0.041만 원(410원)만큼의 영향을 받는다. 연령대별 월소득 간에 문화지출비의 차이는 월소득 222.63만 원을 기준으로 그보다 많을 때는 청년층의 문화지출비가 장년층보다 더 많고, 222.63만 원보다 적은 월소득일 때는 장년층의 문화지출비가 청년층의 문화지출비보다 더 많은 것으로 나타났다.

[참 고]

전체 회귀식: $y = 6.095 + 0.041x - 10.909d + 0.049xd$

청년층의 회귀식: $y =- 4.814 + 0.09x$ d에 청년층의 더미변수인 1을 대입한 결과

장년층의 회귀식: $y = 6.095 + 0.041x$ d에 청년층의 더미변수인 0을 대입한 결과

(더미변수와 가변수는 동일한 의미)

＊상호작용 효과가 없을 때

이 경우는 크게 세 가지로 나눌 수 있다. 첫째, 월소득 변수와 연령대 변수 둘 다 주효과가가 있을 때, 둘째 월소득만 주효과가 있을 때, 셋째, 연령대 변수만 주효과가 있을 때가 그것이다. 여기서는 첫 번째만 살펴본다. 두 번째와 세 번째는 하나의 변수만을 해석하면 되기 때문에 간단하다.

분석 결과 연령대별 월소득에 따라 문화지출비는 영향을 받지 않는 것으로 나타났다($F=162.760$, $df=2, 107$, $p>0.05$). 다만, 연령대와 월소득 각각의 주효과는 존재했다. 결과적으로 월소득에 관계없이 청년층이 장년층보다 항상 문화지출비를 더 많이 지출하는 것으로 나타났다. 월소득 한 단위(1만 원)가 증가하면 문화지출비는 0.056만 원(560원)이 증가한다.

[참 고]

전체 회귀식: $y=-0.284+0.056x+2.361d$

청년층의 회귀식: $y=2.077+0.056x$ d에 청년층의 더미변수인 1을 대입한 결과

장년층의 회귀식: $y=-0.284+0.056x$ d에 청년층의 더미변수인 0을 대입한 결과

5. 함 의

독립변수와 종속변수의 변화 관계에 대해 이론적이고 경험적인 근거에 기초해서 설명한다. 그리고 연구 결과에 기초한 현실적 교훈과 적용에 대해 기술한다.

읽기자료 12-1 통계 사용의 유의점

통계의 허(虛)와 실(實)

통계학은 17세기 유럽에서 좀 더 효율적인 국가 재정 관리를 위해 체계화시킨 학문이다.

물론 이미 고대 이집트, 중국, 그리스, 등에서도 인구, 농지 등 수량적 조사나 여러 가지 국가경영정보를 구축했지만, 학문으로서의 통계는 17세기에 이르러서야 체계를 잡기 시작한다. 물론 도박꾼의 파산(gambler's ruin)에 대한 기댓값을 구하는 문제에 대한 답을 구하면서 통계와 확률론이 탄생했다고 보는 경우도 있다.

근대 유럽 철학의 두 거두인 베이컨(Francis Bacon)과 데카르트(René Descartes)는 서로 다른 방향에서 통계학의 필요성에 일조했다.

먼저, 베이컨은 16세기 유럽사회에 유행하던 비합리적인 사상들을 네 가지 우상에 비유하면서 그러한 우상을 극복하기 위한 새로운 과학적 방법으로 귀납적 방법을 제안했다. 이는 먼저 많은 경험적 자료를 수집하여 분류하고 정리한 후 이로부터 참다운 지식을 얻어내는 방법을 말한다. 이에 비해, 데카르트는 진정한 진리 탐구의 방법은 '방법적 회의', 즉 철저한 의심을 통한 확실한 진리 인식이어야만 한다고 주장했다.

그는 불확실한 것에 대해서는 모조리 의심함으로써 철저히 인간의 이성에 의한 진리의 증명을 시도했다. 이 두 사람의 결국 직관과 선입견 논리만으로 구성한 지식과 결론에 대한 실천적 증명을 시도하는 유럽적 학문 방식을 이끌어냈다.

통계와 확률을 가장 많이 사용하는 분야 중의 하나는 천문학이다. 천문학의 경우 대부분의

지식은 예상치이다. 이는 인간이 현재 가지고 있는 관측과 탐사 장비가 전 우주를 실측할 정도로 발전하지 않은 까닭에 유일한 무기, 즉 수학과 확률과 제한된 탐사 결과를 활용할 수밖에 없기 때문이다. 우주의 넓이, 은하에서의 지구의 위치, 우주에 존재하는 지구와 유사한 환경의 행성의 수, 우주인과 우주 문명의 존재 여부 등 대부분의 우주적 수치들은 모두 복잡한 수학적 예측에 근거하고 있다. 생활 주변의 경우 1년의 길이가 4년마다 하루가 더 길어지는 것도 천문학적 관찰과 통계의 산물임은 주지의 사실이다.

19세기에서 사회과학 자료의 통계적 분석에 대한 개념적인 문제는 자료를 어떻게 균일한 여러 그룹으로 분할할 것인가였고, 이를 해결하기 위하여 다음의 세 가지 방안이 제시되었다. 먼저, 자료와 관련되는 더 많은 수의 요인들을 조사하고 이를 토대로 자료를 분할함으로써 균일한 그룹화를 기대하는 것이다. 다음으로, 불확실성이 개입하는 것을 막기 위해 최대한 큰 표본을 추출하여 자료를 수집하는 것이다. 마지막으로, 분류된 그룹 내에서의 균일성을 자체적으로 평가하기 위한 방법론을 개발하는 것이다.

통계가 필연적으로 가지는 또 다른 문제는 오차의 문제이다. 오차는 표본의 크기와 관련이 있지만, 표본의 크기는 조사에 들어가는 시간과 비용과 직결되는 문제이다. 따라서 조사하고자 하는 목적에 부합하는 정도의 경제성과 효율성을 고려한다면 일정한 정도의 오차는 감수할 수밖에 없다. 그러나 대부분의 사람은 '표본오차'에 대한 지식이 부족하고, 통계 수치와 통계를 발표하는 언론의 권위에 의존하기 때문에 통계수치 자체에 대한 막연한 기대와 신뢰를 갖는 경향이 있다.

통계는 국가의 규모가 커지고, 해당 국가의 국민에 대한 좀 더 정밀한 관리가 필요한 것과 맥락을 같이한다. 즉, 어느 정도의 세금을 걷고 어느 정도의 복지를 제공하고, 이를 위해 어떻게 예산을 운용해야 하는가를 알기 위해서는 통계 수치의 도움이 절실하다. 누가 얼마만큼의 소득이 있는지, 반대로 누가 얼마 정도의 지원이 필요한지 실체적 정보를 제공하는 것은 통계의 몫이다.

그러나 통계는 대상에 대한 전수조사에 의한 것이 아닐 경우가 많기 때문에 표본에 대한 신뢰도가 매우 중요하다. 흔히 표본의 대표성에 대한 문제가 그것이다. 현재 국회위원 총선거를 앞두고 실시하고 있는 많은 통계조사의 경우 예상 응답자의 상당수가 응답을 거부하고 있다고 한다. 이런 경우에 산출된 지지도를 신뢰하는 것이 과연 타당한 행동인가. 여기에 객관적인 수치를 조사원이 직접 측정하는 것이 아니라 설문에 의존하는 경우이므로 조사 내용 자체의 신뢰도에도 문제가 있다. 선거의 경우 자신이 지지하는 후보에 대한 응답은 얼마든지 숨길 수 있기 때문이다. 따라서 어떤 경우에도 통계는 참고 자료라는 사실을 명심해야 하며, 사실 자료 혹은 예측 자료로 맹신하는 것은 곤란하다.

출처: 안동신문, 2012.4.12.

제 13 장

요인분석

제 1 절 의 미

제 2 절 원 리

제 3 절 분석 절차(실습)

제 4 절 결과 작성 방법(보고서 및 논문)

제1절 의 미

요인분석(factor analysis)은 여러 변수들 간의 관계를 분석해서 변수들의 밑바탕에 놓여있는 공통 요인(common factor)을 찾아내는 방법이다. 다수 변수들의 토대를 이루는 요인을 발견하는 것으로 일종의 변수 축소 작업이기도 하다. 여러 변수들의 정보손실을 최소화하면서 소수의 요인들로 축약한 결과를 도출하는 것이 요인분석인 것이다.

예를 들면, 어떤 도시에 대해 여러 질문 문항으로 도시의 특징을 묻고 응답자들이 응답한 결과가 있다고 하자. 질문 문항은 '볼거리가 많다, 놀 곳이 많다, 휴양하기 좋다, 대중교통이 편리하다, 교통 체증이 없다, 고속도로와 인접해 있다'로 이루어져 있다고 할 때, 이 문항들에서 말하는 도시의 특징들은 공통된 것끼리 묶어서 보다 더 간단히 나타낼 수 있다. 크게 두 가지 요인으로 축약된 결과(도시의 특징)가 도출될 수 있는데, 물론 실제 분석을 해봐야 어떤 질문 문항(측정 항목)들이 유사한 요인으로 묶여질지 알 수 있기는 하다. 다만, 지금은 요인분석의 의미를 이해하는 데 목적이 있으므로 대략 비슷해 보이는 요인으로 분류해 보면, '관광지(요인1)'로서 특징과 '교통 편의성(요인2)'을 지녔다는 특징을 각각의 요인으로 들 수 있다. '볼거리가 많다, 놀 곳이 많다, 휴양하기 좋다'의 질문 문항에 대한 응답 결과가 유사하다고 분석되면 이를 하나로 묶어서 한 개의 요인(관광지로서 특징)으로 나타내고, '대중교통이 편리하다, 교통 체증이 없다, 고속도로와 인접해 있다' 역시 비슷한 응답 결과가 나와서 하나로 묶여지면 이를 또 다른 한 개의 요인(교통 편의성이 높다는 특징)으로 묶는 것이다. 그렇게 되면 이 도시의 특징은 크게 두 요인으로 축약되고 중복을 피하면서 보다 체계적인 분류를 제시하여 인지의 수월성을 높여 준다. [표 13-1]의 사례1은 이에 대해 정리해 놓은 결과이다.

또 다른 예로, 리더에 대한 평가를 '전문성', '기획력', '추진력', '분석력', '공감력', '이타심', '겸손함' 등의 측정 항목으로 측정했을 때 그 결과는 크게 두 요인으로 분류될 수 있다. 하나는 전문성, 기획력, 추진력, 분석력 등의 결과가 비슷한 요인으로 묶여져 '리더의 업무능력 측면'을 나타내는 요인이 되고, 공감력, 이타심, 겸손함은 '리더의 도덕성 측면'을 보여주는 요인이 될 수 있다. 이 역시 [표 13-1]의 사례2에 나타나 있다. 그 이외에도 이와 유사한 형태의 다양한 주제와 대상으로 요인분석을 실시할 수 있다.

표 13-1 요인분석의 예

사례1

A 도시의 특징	도시의 특징에 대한 공통 요인
볼거리가 많다	관광지(요인1)
놀 곳이 많다	
휴양하기 좋다	
대중교통이 편리하다	교통 편의성(요인2)
교통 체증이 없다	
고속도로와 인접해 있다	

사례2

리더에 대한 평가	리더 평가의 공통 요인
전문성	리더의 업무 능력 측면(요인1)
기획력	
추진력	
분석력	
공감력	리더의 도덕성 측면(요인2)
이타심	
겸손함	

이러한 예에서 알 수 있듯이 흔히 요인분석은 분석 대상을 보다 간결하게 이해할 수 있게 한다는 점에서 대상에 대한 여러 질문 문항으로 구성된 평가 설문지를 활용한 분석에서 많이 사용된다. 앞서 예로 든 도시의 특징이나 리더의 평가에 대한 여러 질문 문항도 그렇고, 어떤 제품에 대한 인식이나 이미지 등을 여러 질문 문항들로 묻는 설문지를 통해서도 요인분석을 할 수 있다. 대개 이 경우 각 문항별로 구성된 일정한 유형의 척도를 사용해서 응답을 하는데, 관료에 대한 이미지를 묻는 질문 문항을 예로 들면 '관료는 문제해결자로서 이미지를 지니고 있다'라는 문항에 '매우 그렇다, 그렇다, 보통, 그렇지 않다, 전혀 그렇지 않다'로 묻고, 또 '관료는 권력자로서 이미지를 지니고 있다'라는 문항에도 동일한 척도로 묻는 것이다. 이러한 여러 질문 문항은 몇 개의 요인으로 분류되기 위한 토대가 되는데, 기존에 존재하는 이론에 따라 예상되는 요인을 두고 질문 문항을 구성하기도 하고 사전 조사를 통해 대상에 대한 다양한 형태의 속성을 찾은 뒤 그에 기초해서 여러 질문 문항을 구성하기도 한다.

이처럼 요인분석은 별도의 독립변수와 종속변수가 존재하지 않는다. 변수들 간의 관계 분석이 핵심이기 때문에 인과적 설명을 위한 별도의 변수 설정은 없다. 그리고 수집된 자료 자체 내에서 변수들 간 공통 요인을 찾는 작업을 한다는 점에서 모집단의 특성인 모수추정을 하는 것도 아니다. 가설을 세우고 검정하지 않기 때문에 기술통계학의 영역에 더 가깝다고 할 수 있다. 물론 이론에 의해 공통 요인을 먼저 제시하고 확인하는 작업을 거치는 경우에는 가설 검정으로 분류할 수도 있으나, 이어지는 제2절에서 설명하겠지만 상대적으로 볼 때 요인분석은 가설 검정보다는 탐색의 형태로 실시되는 경우가 많다.

제2절 원 리

요인분석은 공통 요인의 존재를 탐색적으로 접근할 것인가, 아니면 이론 기반의 가설 검정으로 접근할 것인가의 결정을 통해 시작된다. 전자는 탐색적 요인분석(exploratory factor analysis)이고, 후자는 확인적 요인분석(confirmatory factor analysis)이다.

탐색적 요인분석은 탐색적이라는 말처럼 탐색 차원에서 변수들간의 공통 요인을 추출하는 방법이다. 설문지 등으로 측정한 여러 항목들의 상관성에 기초해서 유사한 속성으로 함께 묶일 수 있는 공통 요인을 찾아내는 것인데, 탐색 차원인 만큼 몇 개의 요인이 도출될지는 사전에 알 수 없다. 이와는 달리 확인적 요인분석은 사전에 어떤 대상에 대한 주요 속성이 이론적으로 알려져 있을 때 실제 설문지를 통한 경험적 분석에서도 그 속성이 도출되는지 확인하는 차원에서 이루어진다. 주로 주요 속성이 몇 개로 알려져 있다면 실제로도 그 주요 속성에 따라 같은 개수에 해당되는 공통 요인이 도출되는지 확인해보는 것이다. 언제나 그런 것은 아니지만 연구 현장에서는 탐색적 요인분석이 상대적으로 더 많이 이루어진다.

어느 요인분석을 하건 요인분석의 결과가 도출되는 기본은 변수들 간의 상관성에서 비롯된다. 그래서 요인분석의 결과 도출 과정에서는 상관관계분석이 진행된다. 그런데 여기서 한 가지 알아둘 사항이 있다. 이때의 상관관계는 인과관계와 연계된 상관관계의 의미가 아니라, 변수들 간 밑바탕의 공통된 속성에서 비롯된 상관관계라는 점이다. 밑

바탕이 같은 변수들이라면 서로 상관관계가 존재하는 것은 어쩌면 당연하다. 그래서 변수들 간의 상관관계를 통해 공통 요인을 찾는 작업을 하는 것이다.

그런데 앞서 제11장(상관관계분석)과 제12장(회귀분석)에서도 언급했듯이, 흔히 상관관계분석은 인과관계의 사전단계로 진행되고, 그러한 상황에서만 주로 이루어지는 분석이라고 여기는 경우가 많다. 물론 상관관계가 있다는 것이 곧바로 인과관계로 이어지는 것은 아니며, 실제로 인과관계는 존재하지 않더라도 상관관계는 존재하는 사례가 많다. 그래도 이때 말하는 상관관계와 인과관계는 변수들 간 상관성을 방향성에 기초해서 논의한다는 점에서 큰 맥락에서 보면 연계된 분석이라고 볼 수 있다. 상관관계의 유무와 인과관계의 유무가 항상 이어지는 구조는 아니더라도 기본은 서로 비슷한 부류의 분석 영역에 포함되는 것이다. 하지만 이와는 달리 요인분석에서 변수들 간의 상관관계는 변수들이 공통의 토대에서 나타난 것이라고 보기 때문에, 상관관계분석이나 인과관계 기반의 회귀분석 등에서 말하는 상관성과는 의미하는 바가 다소 다르다. 공통의 밑바탕을 두고 있어서 상관성이 존재한다는 것이 요인분석인 것이다. 물론 기술적으로 상관관계분석이 진행되는 과정은 동일하다. 다만, 그 의미의 차원을 다르게 볼 필요가 있다. 따라서 요인분석이 이루어지기 위해서는 기본적으로 변수들 간의 상관관계가 어느 정도 형성되어 있어야 분석이 가능하다.

요인분석은 이러한 상관관계분석이 기본이 되고, 구체적으로 공통 인자를 추출할 때는 주로 주성분 분석(principal component analysis)이 사용된다. 이는 요인추출방법의 하나로서, 변수들로부터 요인이 추출되는 방식이기 때문에 변수들의 분산 중에서 가능한 한 많은 부분을 설명하는 소수의 요인을 추출하는 데 사용되는 방법이다. 물론 이와는 달리 변수와 요인 간 추출 방향을 다르게 설정하는 또 다른 요인추출방법인 공통 요인분석(common factor analysis)도 있다. 하지만 이 방법보다는 주성분 분석이 일반적으로 더 많이 사용된다.

주성분 분석으로 요인추출을 할 때, 중요한 사항 중 하나는 공통 요인을 과연 어떻게 확인할 것인가의 문제이다. 주성분 분석을 하면 여러 개의 공통 요인이 될 만한 요인들이 추출되는데, 이때 추출된 모든 요인을 공통 요인으로 선택하지는 않는다. 적절하다고 판단되는 요인을 선택해서 그것을 변수들의 공통 요인으로 삼는다. 다시 말해, 변수들의 분산을 잘 설명하는 공통 요인이 무엇인지를 결정하는 것인데, 이는 곧 공통 요인의 수가 몇 개인지 결정되는 결과이기도 하다. 주성분 분석으로 여러 개의 공통 요인이 추출되어도 하나만 공통 요인으로서 적절할 수도 있고 두 개나 세 개가 적절할 수도 있다. 따라서 적절한 공통 요인을 선택하는 작업이 남았는데, 이는 곧 어떤 기준을 통해 그 적절한 공통 요인을 선택할 것인가의 문제이다.

여기에 대해서는 크게 두 가지 접근법을 활용할 수 있다. 하나는 아이겐 값(eigen-value)를 확인하는 것이고, 다른 하나는 애초에 추출될 요인 수를 미리 결정하는 경우이다. 아이겐 값을 확인한다는 것은 아이겐 값이 일정한 기준 이상의 수치로 나오게 되면 그것을 공통 요인으로 결정해서 선택한다는 의미이고, 애초에 추출될 요인 수를 미리 결정해서 그 수만큼 공통 요인으로 선택한다는 것은 연구주제와 관련된 기존의 이론에 기초해서 요인 수를 정해놓는 경우이다. 후자의 경우, 비단 이론에 기초한 요인 수 결정이 아니더라도 연구자가 해당 주제에 대해 충분한 사전 지식을 지니고 있다면 그에 기초해서 공통 요인의 수를 미리 정한 다음 분석 결과에서도 그 수만큼을 선택하는 것이다. 이때는 연구자가 연구주제에 대해 지니고 있는 이론적이고 경험적이며 실질적인 지식이 중요하다. 그에 기초해서 설득력 있게 설명하면서 해당되는 수만큼 공통 요인을 선택하면 된다. 사실, 이 두 가지 접근법 중 어느 방법이 더 좋은 방법이고 더 정확한 방법인가에 대한 답은 없다. 하지만 일반적으로 더 많이 사용되는 경우는 전자이다. 따라서 다음에서는 아이겐 값을 통해 공통 인자를 선택하는 방법을 중점적으로 설명한다. 이후 이어지는 분석 사례들도 모두 아이겐 값을 활용하는 방법에 기초하고 있다.

아이겐 값이란 요인분석을 진행하면서 추출된 공통 요인의 설명력을 나타내는 수치이다. 여러 변수들에 대한 공통 요인으로써 얼마나 적절한가를 보여주는 값인데, 통상적으로 1보다 큰 값이 선택의 기준이 된다. 그래서 추출된 공통 요인들 중에서 1보다 큰 아이겐 값을 갖는 공통 요인을 선택한다. 아이겐 값은 클수록 설명력이 더 높다는 것을 의미하기 때문에 만일 많은 공통 요인들이 1이상의 아이겐 값을 가지는 것으로 나타나면 높은 값을 중심으로 선택하면 된다. SPSS 프로그램을 실행한 후 분석결과지에서 아이겐 값을 찾는 방법은 '설명된 총 분산'을 나타내는 [표 13-2]와 같은 표를 보면 된다. 거기에 나타나 있는 '초기 고유값'의 '총계' 수치가 아이겐 값이다. [표 13-2]를 보면, 아이겐 값인 초기 고유값이 1 이상인 것이 2개(구성 요소 1과 2)이므로 공통 요인은 2개가 될 수 있다. [표 13-2]는 이어지는 제3절의 분석 절차(실습)에서 실제 도출된 것이다.

표 13-2 아이겐 값 확인

설명된 총 분산

구성요소	초기 고유값			추출 제곱합 로딩			회전 제곱합 로딩		
	총 계	분산의 %	누적률 (%)	총 계	분산의 %	누적률 (%)	총 계	분산의 %	누적률 (%)
1	2.432	34.737	34.737	2.432	34.737	34.737	2.431	34.727	34.727
2	1.634	23.346	58.083	1.634	23.346	58.083	1.635	23.355	58.083
3	.777	11.107	69.190						
4	.668	9.538	78.727						
5	.616	8.803	87.530						
6	.468	6.690	94.220						
7	.405	5.780	100.000						

아이겐 값을 통해 변수들의 공통 요인으로 어떤 것을 선택할지 결정했다면, 이제는 여러 변수들이 어떤 공통 요인에 해당하는지 확인해야 한다. 다시 말해, 추출된 여러 공통요인 중에서 아이겐 값이 1 이상이 되어 공통요인으로서 적절한 것이 2개로 나타났다면, 그 2개의 공통 요인 각각에 대해 어떤 변수들이 해당되는지 찾아야 한다. 10개의 변수들에서 2개의 공통 요인이 있는 것으로 분석되었다면 10개 변수들 각각은 2개의 공통요인 중에 어디에 해당되는 변수인지를 확인하는 것이다.

이는 요인적재(factor loading) 값을 통해 확인할 수 있다. 요인적재 값은 각 변수와 공통 요인 간의 상관계수로서, 각 공통 요인에 개별 변수들이 얼마나 관련성이 높은지 혹은 밀집성이 어느 정도인지를 판단하는 값이다. 요인적재 값이 클수록 특정 변수가 속하게 되는 특정 공통 요인이 무엇인지 뚜렷하게 보여준다. 어떤 변수가 어떤 공통 요인에 속하는지 보여주는 이 값은 통상적으로 0.5를 기준으로 삼아서 그 이상이면 특정 변수가 특정 공통 요인에 해당되는 것으로 판단한다.

요인적재 값은 요인회전(factor rotation)을 통해 구한다. 요인을 회전한다는 말은 추출된 공통 요인을 실제 변수들이 위치한 곳으로 가져가서(회전시켜서) 어떤 변수가 어떤 공통 요인에 해당하는지 확인하는 것을 의미한다. 이는 [그림 13-1]을 보면 쉽게 이해될 수 있다. 회전되지 않은 상태로 두 개의 공통 인자(요인1, 요인2)가 각각 존재할 때, a, b, c, d, e의 변수들이 어느 공통 요인과 더 관련성이 높은지 현재로서는 다소 불분명하다. 하지만 [그림 13-1]에서 점선으로 된 화살표로 표시된 것처럼 공통 요인

그림 13-1 직각회전

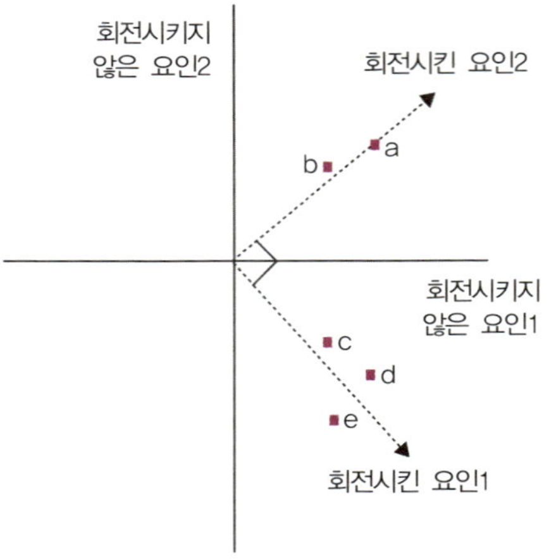

을 회전하면 각 변수들이 더 가까이 위치하게 되는 공통 요인이 무엇인지 더 명확해진다. 이때 생산되는 값이 요인적재 값이 되어 각 변수들이 어떤 공통 요인에 해당되는지를 알려준다.

회전은 여러 방법이 가능한데, 대표적으로 사각회전(oblique)과 직각회전(varimax)이 있다. 두 개의 공통 요인이 있다고 할 때 만일 그 두 공통 요인이 서로 상관관계가 존재하는 것으로 전제하면 공통 요인을 특정한 각도로 회전하는 사각회전을 한다. 그렇지 않고 만일 두 공통 요인 간 상관관계가 존재하지 않는 것으로 전제하면 공통 요인을 직각으로 회전하는 직각회전을 한다. 일반적으로 많이 쓰이는 방식은 직각회전이며, 원어 그대로 베리멕스라고도 부른다. [그림 13-1]도 직각회전을 나타낸 것이다.

[표 13-3]에서는 회전되지 않았을 때와 회전했을 때 공통 요인에 포함되는 변수들이 어떤 것인지 보다 명확히 보여주고 있다. SPSS 프로그램을 실행하여 분석결과지에 나타난 '성분 행렬'은 회전되지 않은 요인적재 값을 나타내고, '회전 성분 행렬'은 회전된 요인적재 값을 보여준다. [표 13-3]에서는 보이지 않지만, 간혹 변수들 중에는 공통 요인 모두에서 그 값이 비슷하게 나타나는 경우가 있을 수 있는데, 이때는 그 변수는 공통 요인 어디에도 속하지 않는 것으로 판단한다.

이처럼 요인분석에서는 아이겐 값으로 공통 요인을 찾고 해당되는 변수가 어느 공통

표 13-3 회전 여부에 따른 성분 행렬

성분 행렬

	구성 요소	
	1	2
양육비 부담	.467	.505
경력 단절 불안	.689	.111
승진에 불리	.730	−.086
교육비 부담	−.042	.830
직장 눈치	.742	−.225
주거비 부담	−.074	.786
능력 발휘 제한	.804	.014

회전 성분 행렬

	구성요소	
	1	2
양육비 부담	.452	.519
경력 단절 불안	.685	.131
승진에 불리	.733	−.065
교육비 부담	−.067	.829
직장 눈치	.749	−.204
주거비 부담	−.097	.784
능력 발휘 제한	.804	.038

요인에 속하는지에 대해 요인적재 값으로 판단한다. 그런데 여기에 더해 한 가지 더 고려할 사항이 있다. 공통성 값(communality: h^2)을 확인하는 것인데, 이는 추출된 공통 요인이 각 변수를 얼마나 잘 설명하는가를 나타내는 설명력의 값이다. 이 값이 클수록 공통 요인에 의해 각 변수가 설명되는 정도가 높다는 의미이다. 만일 지나치게 이 값이 낮게 나타나는 변수가 있다면 해당되는 변수에 대한 설명은 주의 깊게 해야 한다. 예컨대, 그 변수를 무시하고 다른 변수들 중심으로 해석하거나, 꼭 필요한 변수라서 반드시 설명이 필요하다면 공통성 값이 낮다는 점을 밝히고 설득력 있는 이론 등으로 설명을 이어간다. 아니면 해당 변수를 제거하고 다시 요인분석을 하는 방법도 있다.

SPSS 프로그램을 실행하면 분석결과지에 [표 13-4]처럼 '공통성'을 나타내는 표가 나오는데, 여기서 '추출'로 표시된 곳에 적힌 수치가 공통성 값이다. 이 값은 앞의 [표 13-3]에 있는 '회전 성분 행렬'에서 변수별로 각 공통 요인의 개별 요인적재 값을 제곱해서 더한 값으로 구해진다. 이 공통성 값은 아이겐 값과 함께 요인분석의 중요한 수치이기 때문에, 분석결과를 보고서 형식으로 작성할 때는 함께 하나의 표로 정리해서 나타낸다. 제4절 결과 작성 방법에 그 예시가 있다.

한편, 아이겐 값은 1보다 크지만 공통성 값은 상대적으로 작은 경우가 있다. 이럴 때는 설명력이 낮음에도 불구하고 해당 공통 요인에 특정 변수가 속하는 것으로 하는 것이 과연 적절한지를 고민해야 한다. 이론이 있다면 그에 기초해서 판단하거나 아니면 연구자의 경험적 판단 등이 이때 활용된다.

표 13-4 공통성 값

공통성

	초 기	추 출
양육비 부담	1.000	.474
경력 단절 불안	1.000	.487
승진에 불리	1.000	.541
교육비 부담	1.000	.691
직장 눈치	1.000	.602
주거비 부담	1.000	.624
능력 발휘 제한	1.000	.647

제3절 분석 절차(실습)

1. 요인분석의 사례

저출산의 원인을 몇 가지 요인으로 구분하는 분석을 진행하고자 한다. 그동안 저출산의 원인으로는 양육비 부담, 경력 단절에 대한 불안, 승진에 불리, 교육비 부담, 직장에서 눈치, 주거비 부담, 능력 발휘의 제한이 대표적으로 거론되었다고 하자. 이 일곱 가지 원인들이 몇 가지 요인으로 구분되는지 분석해보자. 실습을 위한 데이터는 출판사 홈페이지를 통해 다운로드할 수 있다. 파일명은 '제13장 요인분석 실습자료'이다. 이 데이터를 이용하여 다음의 실습 절차대로 SPSS 프로그램을 실행하면 된다.

2. 요인분석의 실습 절차

1) 메뉴에서 '분석(A)'를 선택하고 그 중에서 '차원 축소(D)'의 '요인분석(F)'를 선택한다.

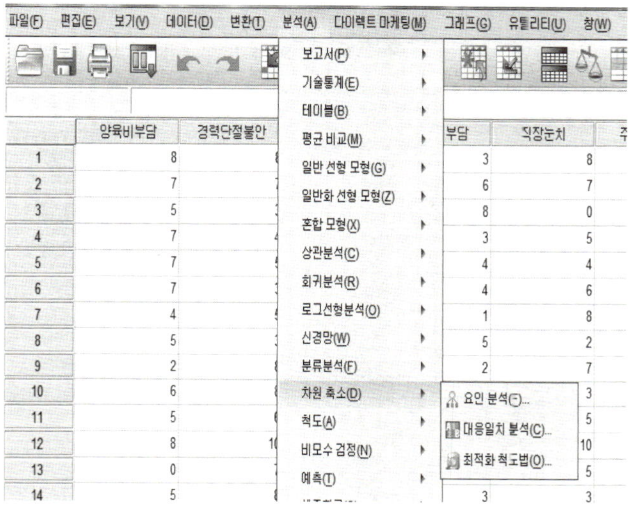

2) '요인분석' 창에서 왼쪽 박스 안에 요인분석에 사용될 변수들이 포함되어 있는 것을 확인한다. 이 실습에서 사용될 요인분석의 변수 총 7개가 보인다.

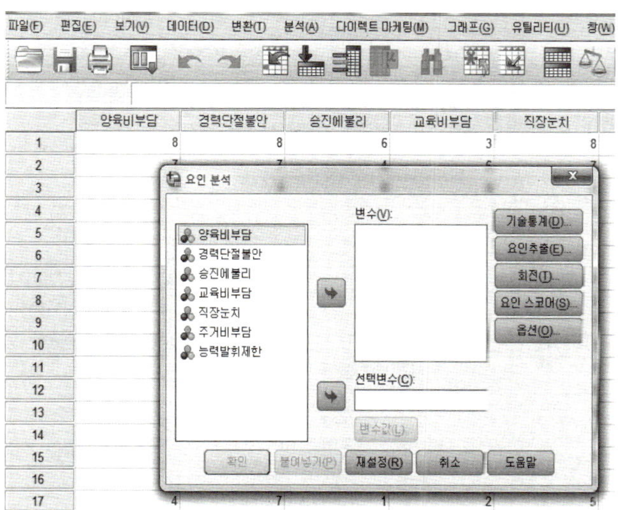

3) '요인분석' 창의 왼쪽 박스 안에 보이는 변수들은 모두 요인분석에 사용될 변수들이므로, 모두 '변수(V)'로 옮긴다. 그리고 '기술통계(D)' 버튼을 누른다.

4) '기술통계(D)' 버튼을 누르면 '요인분석: 기술통계' 창이 열린다. 여기에 있는 '통계' 박스 안의 '초기해법(I)'에 기본적인 체크가 되어 있는 것을 확인한 후, '상관 행렬' 박스 안에 있는 '계수(C)'를 체크한다. 그리고 '계속' 버튼을 누르고, 이어서 '요인추출(E)' 버튼을 누른다.

5) '요인추출(E)' 버튼을 누르면 '요인분석: 요인추출' 창이 생긴다. 여기에는 기본적으로 '방법(M)'에 '주성분'이 표시되어 있는데 이를 확인한다. 그리고 '분석' 안에 '상관행렬(R)'과 '표시' 안에 '회전하지 않은 요인해법(F)'에도 체크가 되어 있는지 확인하고, 또 '추출' 안에 '고유값 기준(E)'도 체크되어 있는지 확인한다. 그 후 '계속' 버튼을 누르고, 이어서 '회전(T)' 버튼을 누른다.

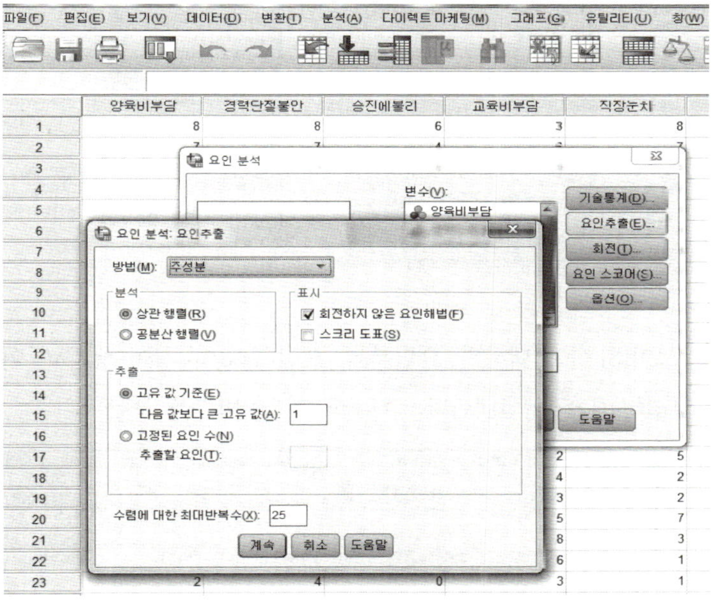

6) '회전(T)' 버튼을 누르면 '요인분석: 회전' 창이 생긴다. 이 창의 '방법'에 '베리멕스(V)'를 선택한다. 그러면 '표시' 안에 '회전 해법(R)'이 자동으로 체크된다. 이후 '계속' 버튼을 누르고, 이제는 '요인 스코어(S)'를 선택한다.

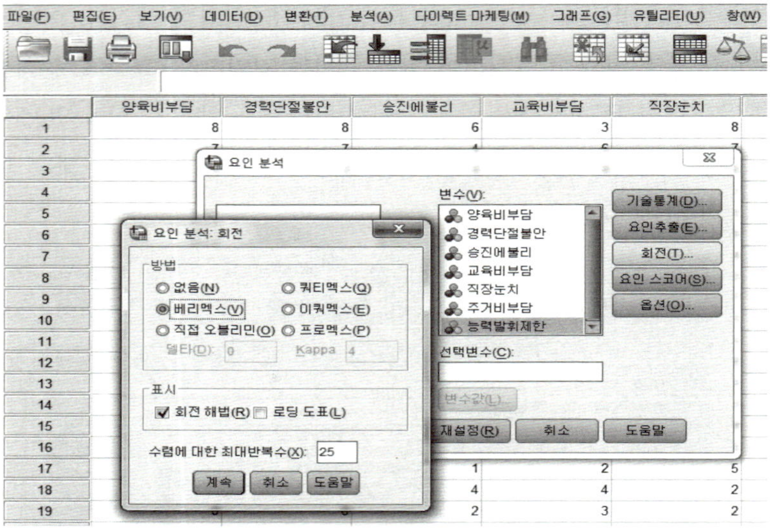

7) '요인 스코어(S)'를 선택하면 '요인분석: 요인 스코어' 창이 생기고, 여기서 '요인 스코어 계수행렬 표시(D)'를 선택한다. 그리고 '계속' 버튼을 누른다.

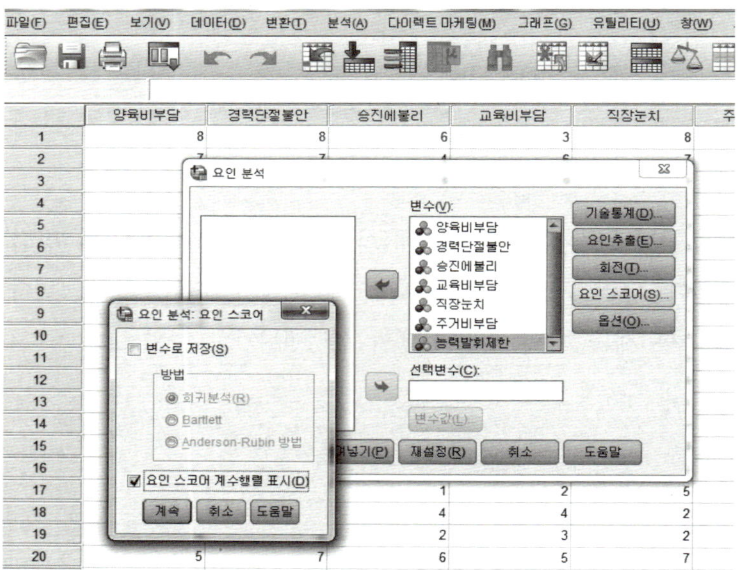

8) 현재와 같은 창으로 돌아오면, 마지막으로 '확인' 버튼을 누른다.

9) 결과를 확인한다. 이 결과는 이어지는 '제4절 결과 작성 방법'에 활용된다.

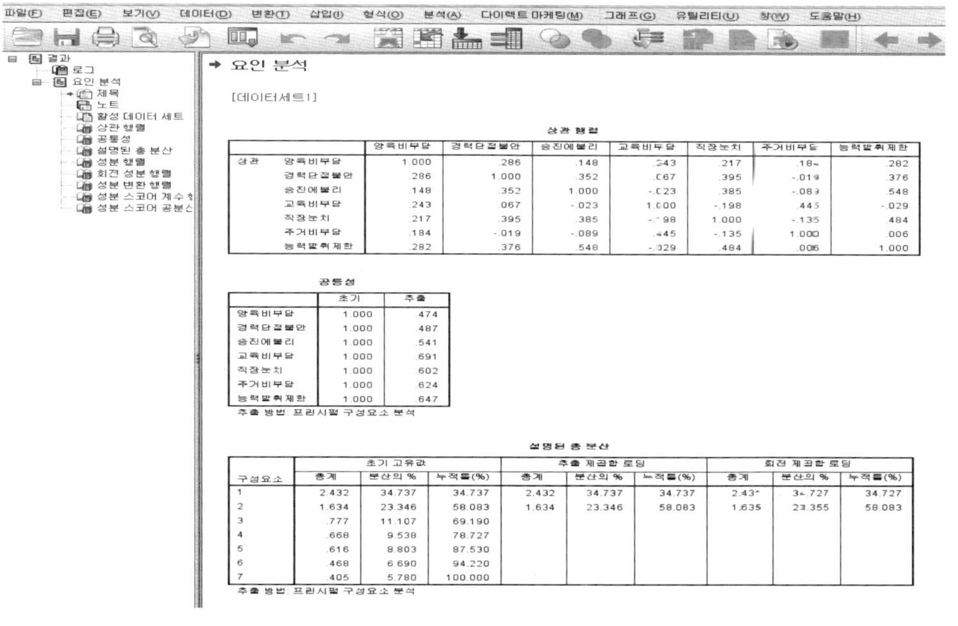

요인 분석

[데이터세트1]

상관 행렬

		양육비부담	경력단절불안	승진에불리	교육비부담	직장눈치	주거비부담	능력발휘제한
상관	양육비부담	1.000	.286	.148	.243	.217	.184	.282
	경력단절불안	.286	1.000	.352	.067	.395	-.019	.376
	승진에불리	.148	.352	1.000	-.023	.385	-.089	.548
	교육비부담	.243	.067	-.023	1.000	-.198	.445	-.029
	직장눈치	.217	.395	.385	-.198	1.000	-.135	.484
	주거비부담	.184	-.019	-.089	.445	-.135	1.000	.006
	능력발휘제한	.282	.376	.548	-.029	.484	.006	1.000

공통성

	초기	추출
양육비부담	1.000	.474
경력단절불안	1.000	.487
승진에불리	1.000	.541
교육비부담	1.000	.691
직장눈치	1.000	.602
주거비부담	1.000	.624
능력발휘제한	1.000	.647

추출 방법: 프린시펄 구성요소 분석

설명된 총 분산

구성요소	초기 고유값			추출 제곱합 로딩			회전 제곱합 로딩		
	총계	분산의 %	누적률(%)	총계	분산의 %	누적률(%)	총계	분산의 %	누적률(%)
1	2.432	34.737	34.737	2.432	34.737	34.737	2.431	34.727	34.727
2	1.634	23.346	58.083	1.634	23.346	58.083	1.635	23.355	58.083
3	.777	11.107	69.190						
4	.668	9.538	78.727						
5	.616	8.803	87.530						
6	.468	6.690	94.220						
7	.405	5.780	100.000						

추출 방법: 프린시펄 구성요소 분석

- 결과
  - 로그
  - 요인 분석
    - 제목
    - 노트
    - 활성 데이터 세트
    - 상관 행렬
    - 공통성
    - 설명된 총 분산
    - 성분 행렬
    - 회전 성분 행렬
    - 성분 변환 행렬
    - 성분 스코어 계수 행
    - 성분 스코어 공분산

성분 행렬[a]

	구성요소	
	1	2
양육비부담	.467	.505
경력단절불안	.689	.111
승진에불리	.730	-.086
교육비부담	-.042	.830
직장눈치	.742	-.225
주거비부담	-.074	.786
능력발휘제한	.804	.014

추출 방법: 프린시펄 구성요소 분석

a. 2개의 성분이 추출되었습니다.

회전 성분 행렬[a]

	구성요소	
	1	2
양육비부담	.452	.519
경력단절불안	.685	.131
승진에불리	.733	-.065
교육비부담	-.067	.829
직장눈치	.749	-.204
주거비부담	-.097	.784
능력발휘제한	.804	.038

추출 방법: 프린시펄 구성요소 분석
회전 방법: 카이저 정규화를 사용한 베리멕스

a. 3 반복에서 회전이 수렴되었습니다.

성분 변환 행렬

구성요소	1	2
1	1.000	.029
2	-.029	1.000

추출 방법: 프린시펄 구성요소 분석
회전 방법: 카이저 정규화를 사용한 베리멕스

성분 스코어 계수 행렬

	구성요소	
	1	2
양육비부담	.183	.315
경력단절불안	.281	.076
승진에불리	.302	-.044
교육비부담	-.032	.507
직장눈치	.309	-.129
주거비부담	-.045	.480
능력발휘제한	.330	.018

추출 방법: 프린시펄 구성요소 분석
회전 방법: 카이저 정규화를 사용한 베리멕스

성분 스코어 공분산 행렬

구성요소	1	2
1	1.000	.000
2	.000	1.000

추출 방법: 프린시펄 구성요소 분석
회전 방법: 카이저 정규화를 사용한 베리멕스

제4절 결과 작성 방법(보고서 및 논문)

제3절에서 실습을 통해 분석한 결과를 아래와 같이 보고서나 논문으로 작성할 수 있다.

요인분석의 결과 작성 방법

1. 연구 질문

저출산 원인은 몇 가지의 요인으로 구분될 수 있을까?

(앞의 기법들과 달리 여기서는 연구 가설 대신 연구 질문으로 표시한다. 탐색적 요인분석은 인과관계 중심의 가설 검정이 아니기 때문이다.)

2. 요인분석 결과 제시

저출산 원인에 대한 요인분석 결과

	사회적 요인	경제적 요인	공통성 값(h^2)
경력 단절에 대한 불안	0.685	0.131	0.487
승진에 불리	0.733	−0.065	0.541
직장에서 눈치	0.749	−0.204	0.602
능력 발휘의 제한	0.804	0.038	0.647
양육비 부담	0.452	0.519	0.474
교육비 부담	−0.067	0.829	0.691
주거비 부담	−0.097	0.784	0.624
아이겐 값	2.432	1.634	

* 회전된 요인 행렬(회전 성분 행렬), 아이겐 값, 공통성 값을 중심으로 나타낸다.

3. 해 석

저출산을 초래하는 원인에 대한 요인분석을 한 결과 크게 두 가지 공통 요인(사회적 요인, 경제적 요인)이 추출되었다. 첫 번째 공통요인은 사회적 요인으로서 아이겐 값은 2.432이다. 여기에는 '경력 단절에 대한 불안(0.685)', '승진에 불리(0.733)', '직장에서 눈치(0.749)', '능력 발휘의 제한(0.804)'이 포함된다. 각 변수들의 공통성 값도 비교적 높게 나타났다. 두 번째 공통 요인은 경제적 요인으로서 아이겐 값은 1.634이다. 여기에는 '양육비 부담(0.519)', '교육비 부담(0.829)', '주거비 부담(0.784)'이 포함된다. 이 역시 각 변수들의 공통성 값도 비교적 높게 나타났다. 따라서 저출산은 크게 사회적 요인과 경제적 요인에 그 원인이 있다는 점을 알 수 있다.

4. 함 의

저출산의 원인이 두 가지 요인으로 구분된 점에 대해 그 이유를 이론적이고 경험적인 근거에 기초해서 설명한다. 그리고 이 결과에 기초해서 현실적 교훈과 적용에 대해 기술한다.

부 록

1. 표준정규분포표(1)
2. 표준정규분포표(2)
3. T분포표
4. χ^2(카이제곱) 분포표
5. F분포표

1. 표준정규분포표(1)

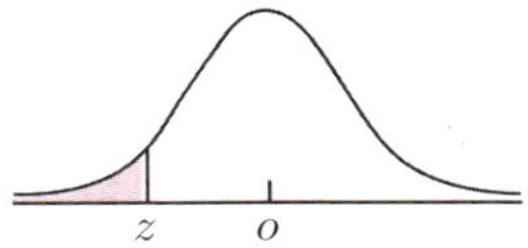

z	0	0.01	0.02	0.03	0.04	0.05	0.06	0.07	0.08	0.09
−0	0.5	0.496	0.492	0.488	0.484	0.4801	0.4761	0.4721	0.4681	0.4641
−0.1	0.4602	0.4562	0.4522	0.4483	0.4443	0.4404	0.4364	0.4325	0.4286	0.4247
−0.2	0.4207	0.4168	0.4129	0.409	0.4052	0.4013	0.3974	0.3936	0.3897	0.3859
−0.3	0.3821	0.3783	0.3745	0.3707	0.3669	0.3632	0.3594	0.3557	0.352	0.3483
−0.4	0.3446	0.3409	0.3372	0.3336	0.33	0.3264	0.3228	0.3192	0.3156	0.3121
−0.5	0.3085	0.305	0.3015	0.2981	0.2946	0.2912	0.2877	0.2843	0.281	0.2776
−0.6	0.2743	0.2709	0.2676	0.2643	0.2611	0.2578	0.2546	0.2514	0.2483	0.2451
−0.7	0.242	0.2389	0.2358	0.2327	0.2296	0.2266	0.2236	0.2206	0.2177	0.2148
−0.8	0.2119	0.209	0.2061	0.2033	0.2005	0.1977	0.1949	0.1922	0.1894	0.1867
−0.9	0.1841	0.1814	0.1788	0.1762	0.1736	0.1711	0.1685	0.166	0.1635	0.1611
−1	0.1587	0.1562	0.1539	0.1515	0.1492	0.1469	0.1446	0.1423	0.1401	0.1379
−1.1	0.1357	0.1335	0.1314	0.1292	0.1271	0.1251	0.123	0.121	0.119	0.117
−1.2	0.1151	0.1131	0.1112	0.1093	0.1075	0.1056	0.1038	0.102	0.1003	0.0985
−1.3	0.0986	0.0951	0.0934	0.0918	0.0901	0.0885	0.0869	0.0853	0.0838	0.0823
−1.4	0.0808	0.0793	0.0778	0.0764	0.0749	0.0735	0.0721	0.0708	0.0694	0.0681
−1.5	0.0668	0.0655	0.0643	0.063	0.0618	0.0606	0.0594	0.0582	0.0571	0.0559
−1.6	0.0548	0.0537	0.0526	0.0516	0.0505	0.0495	0.0485	0.0475	0.0465	0.0455
−1.7	0.0446	0.0436	0.0427	0.0418	0.0409	0.0401	0.0392	0.0384	0.0375	0.0367
−1.8	0.0359	0.0351	0.0344	0.0336	0.0329	0.0322	0.0314	0.0307	0.0301	0.0294
−1.9	0.0287	0.0281	0.0274	0.0268	0.0262	0.0256	0.025	0.0244	0.0239	0.0233
−2	0.0228	0.0222	0.0217	0.0212	0.0207	0.0202	0.0197	0.0192	0.0188	0.0183
−2.1	0.0179	0.0174	0.017	0.0166	0.0162	0.0158	0.0154	0.015	0.0146	0.0143
−2.2	0.0139	0.0136	0.0132	0.0129	0.0125	0.0122	0.0119	0.0116	0.0113	0.011
−2.3	0.0107	0.0104	0.0102	0.0099	0.0096	0.0094	0.0091	0.0089	0.0087	0.0084
−2.4	0.0082	0.008	0.0078	0.0075	0.0073	0.0071	0.0069	0.0068	0.0066	0.0064
−2.5	0.0062	0.006	0.0059	0.0057	0.0055	0.0054	0.0052	0.0051	0.0049	0.0048
−2.6	0.0047	0.0045	0.0044	0.0043	0.0041	0.004	0.0039	0.0038	0.0037	0.0036
−2.7	0.0035	0.0034	0.0033	0.0032	0.0031	0.003	0.0029	0.0028	0.0027	0.0026
−2.8	0.0026	0.0025	0.0024	0.0023	0.0023	0.0022	0.0021	0.0021	0.002	0.0019
−2.9	0.0019	0.0018	0.0018	0.0017	0.0016	0.0016	0.0015	0.0015	0.0014	0.0014
−3	0.0013	0.0013	0.0013	0.0012	0.0012	0.0011	0.0011	0.0011	0.001	0.001
−3.1	0.001	0.0009	0.0009	0.0009	0.0008	0.0008	0.0008	0.0008	0.0007	0.0007
−3.2	0.0007	0.0007	0.0006	0.0006	0.0006	0.0006	0.0006	0.0005	0.0005	0.0005
−3.3	0.0005	0.0005	0.0005	0.0004	0.0004	0.0004	0.0004	0.0004	0.0004	0.0003
−3.4	0.0003	0.0003	0.0003	0.0003	0.0003	0.0003	0.0003	0.0003	0.0003	0.0002
−3.5	0.0002	0.0002	0.0002	0.0002	0.0002	0.0002	0.0002	0.0002	0.0002	0.0002
−3.6	0.0002	0.0002	0.0001	0.0001	0.0001	0.0001	0.0001	0.0001	0.0001	0.0001
−3.7	0.0001	0.0001	0.0001	0.0001	0.0001	0.0001	0.0001	0.0001	0.0001	0.0001
−3.8	0.0001	0.0001	0.0001	0.0001	0.0001	0.0001	0.0001	0.0001	0.0001	0.0001
−3.9	0	0	0	0	0	0	0	0	0	0

2. 표준정규분포표(2)

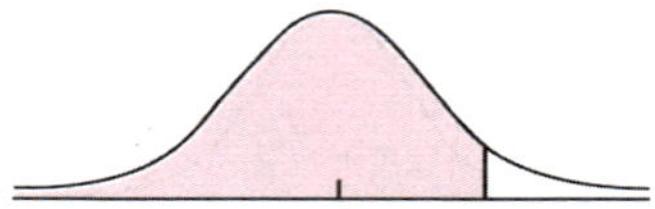

z	0	0.01	0.02	0.03	0.04	0.05	0.06	0.07	0.08	0.09
0	0.5	0.504	0.508	0.512	0.516	0.5199	0.5239	0.5279	0.5319	0.5359
0.1	0.5398	0.5438	0.5478	0.5517	0.5557	0.5596	0.5636	0.5675	0.5714	0.5753
0.2	0.5793	0.5832	0.5871	0.591	0.5948	0.5987	0.6026	0.6064	0.6103	0.6141
0.3	0.6179	0.6217	0.6255	0.6293	0.6331	0.6368	0.6406	0.6443	0.648	0.6517
0.4	0.6554	0.6591	0.6628	0.6664	0.67	0.6736	0.6772	0.6808	0.6844	0.6879
0.5	0.6915	0.695	0.6985	0.7019	0.7054	0.7088	0.7123	0.7157	0.719	0.7224
0.6	0.7257	0.7291	0.7324	0.7357	0.7389	0.7422	0.7454	0.7486	0.7517	0.7549
0.7	0.758	0.7611	0.7642	0.7673	0.7704	0.7734	0.7764	0.7794	0.7823	0.7852
0.8	0.7881	0.791	0.7939	0.7967	0.7995	0.8023	0.8051	0.8078	0.8106	0.8133
0.9	0.8159	0.8186	0.8212	0.8238	0.8264	0.8289	0.8315	0.834	0.8365	0.8389
1	0.8413	0.8438	0.8461	0.8485	0.8508	0.8531	0.8554	0.8577	0.8599	0.8621
1.1	0.8643	0.8665	0.8686	0.8708	0.8729	0.8749	0.877	0.879	0.881	0.883
1.2	0.8849	0.8869	0.8888	0.8907	0.8925	0.8944	0.8962	0.898	0.8997	0.9015
1.3	0.9014	0.9049	0.9066	0.9082	0.9099	0.9115	0.9131	0.9147	0.9162	0.9177
1.4	0.9192	0.9207	0.9222	0.9236	0.9251	0.9265	0.9279	0.9292	0.9306	0.9319
1.5	0.9332	0.9345	0.9357	0.937	0.9382	0.9394	0.9406	0.9418	0.9429	0.9441
1.6	0.9452	0.9463	0.9474	0.9484	0.9495	0.9505	0.9515	0.9525	0.9535	0.9545
1.7	0.9554	0.9564	0.9573	0.9582	0.9591	0.9599	0.9608	0.9616	0.9625	0.9633
1.8	0.9641	0.9649	0.9656	0.9664	0.9671	0.9678	0.9686	0.9693	0.9699	0.9706
1.9	0.9713	0.9719	0.9726	0.9732	0.9738	0.9744	0.975	0.9756	0.9761	0.9767
2	0.9772	0.9778	0.9783	0.9788	0.9793	0.9798	0.9803	0.9808	0.9812	0.9817
2.1	0.9821	0.9826	0.983	0.9834	0.9838	0.9842	0.9846	0.985	0.9854	0.9857
2.2	0.9861	0.9864	0.9868	0.9871	0.9875	0.9878	0.9881	0.9884	0.9887	0.989
2.3	0.9893	0.9896	0.9898	0.9901	0.9904	0.9906	0.9909	0.9911	0.9913	0.9916
2.4	0.9918	0.992	0.9922	0.9925	0.9927	0.9929	0.9931	0.9932	0.9934	0.9936
2.5	0.9938	0.994	0.9941	0.9943	0.9945	0.9946	0.9948	0.9949	0.9951	0.9952
2.6	0.9953	0.9955	0.9956	0.9957	0.9959	0.996	0.9961	0.9962	0.9963	0.9964
2.7	0.9965	0.9966	0.9967	0.9968	0.9969	0.997	0.9971	0.9972	0.9973	0.9974
2.8	0.9974	0.9975	0.9976	0.9977	0.9977	0.9978	0.9979	0.9979	0.998	0.9981
2.9	0.9981	0.9982	0.9982	0.9983	0.9984	0.9984	0.9985	0.9985	0.9986	0.9986
3	0.9987	0.9987	0.9987	0.9988	0.9988	0.9989	0.9989	0.9989	0.999	0.999
3.1	0.999	0.9991	0.9991	0.9991	0.9992	0.9992	0.9992	0.9992	0.9993	0.9993
3.2	0.9993	0.9993	0.9994	0.9994	0.9994	0.9994	0.9994	0.9995	0.9995	0.9995
3.3	0.9995	0.9995	0.9995	0.9996	0.9996	0.9996	0.9996	0.9996	0.9996	0.9997
3.4	0.9997	0.9997	0.9997	0.9997	0.9997	0.9997	0.9997	0.9997	0.9997	0.9998
3.5	0.9998	0.9998	0.9998	0.9998	0.9998	0.9998	0.9998	0.9998	0.9998	0.9998
3.6	0.9998	0.9998	0.9999	0.9999	0.9999	0.9999	0.9999	0.9999	0.9999	0.9999
3.7	0.9999	0.9999	0.9999	0.9999	0.9999	0.9999	0.9999	0.9999	0.9999	0.9999
3.8	0.9999	0.9999	0.9999	0.9999	0.9999	0.9999	0.9999	0.9999	0.9999	0.9999
3.9	1	1	1	1	1	1	1	1	1	1

3. T분포표

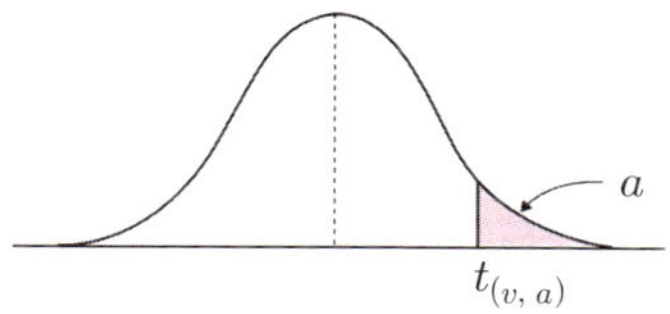

자유도 v	유의 수준(단측검정) 0.4	0.25	0.1	0.05	0.025	0.01	0.005	0.0025	0.001	0.0005
1	0.325	1	3.078	6.314	12.706	31.821	63.657	127.32	318.31	636.62
2	0.289	0.816	1.886	2.92	4.303	6.965	9.925	14.089	23.326	31.598
3	0.277	0.765	1.638	2.353	3.182	4.541	5.841	7.453	10.213	12.924
4	0.271	0.741	1.533	2.132	2.776	3.747	4.604	5.598	7.173	8.61
5	0.267	0.727	1.476	2.015	2.571	3.365	4.032	4.773	5.893	6.869
6	0.265	0.718	1.44	1.943	2.447	3.143	3.707	4.317	5.208	5.959
7	0.263	0.711	1.415	1.895	2.365	2.998	3.499	4.029	4.785	5.408
8	0.262	0.706	1.397	1.86	2.306	2.896	3.355	3.833	4.501	5.041
9	0.261	0.703	1.383	1.833	2.262	2.821	3.25	3.69	4.297	4.781
10	0.26	0.7	1.372	1.812	2.228	2.764	3.169	3.581	4.144	4.587
11	0.26	0.697	1.363	1.796	2.201	2.718	3.106	3.497	4.025	4.437
12	0.259	0.695	1.356	1.782	2.179	2.681	3.055	3.428	3.93	4.318
13	0.259	0.694	1.35	1.771	2.16	2.65	3.012	3.372	3.852	4.221
14	0.258	0.692	1.345	1.761	2.145	2.624	2.977	3.326	3.787	4.14
15	0.258	0.691	1.341	1.753	2.131	2.602	2.947	3.286	3.733	4.073
16	0.258	0.69	1.337	1.746	2.12	2.583	2.921	3.252	3.686	4.015
17	0.257	0.689	1.333	1.74	2.11	2.567	2.898	3.222	3.646	3.965
18	0.257	0.688	1.33	1.734	2.101	2.552	2.878	3.197	3.61	3.922
19	0.257	0.688	1.328	1.729	2.093	2.539	2.861	3.174	3.579	3.883
20	0.257	0.687	1.325	1.725	2.086	2.528	2.845	3.153	3.552	3.85
21	0.257	0.686	1.323	1.721	2.08	2.518	2.831	3.135	3.527	3.819
22	0.256	0.686	1.321	1.717	2.074	2.508	2.819	3.119	3.505	3.792
23	0.256	0.685	1.319	1.714	2.069	2.5	2.807	3.104	3.485	3.767
24	0.256	0.685	1.318	1.711	2.064	2.492	2.792	3.091	3.467	3.745
25	0.256	0.684	1.316	1.708	2.06	2.485	2.787	3.078	3.45	3.725
26	0.256	0.684	1.315	1.706	2.056	2.479	2.779	3.067	3.435	3.707
27	0.256	0.684	1.314	1.703	2.052	2.473	2.771	3.057	3.421	3.69
28	0.256	0.683	1.313	1.701	2.048	2.467	2.763	3.047	3.408	3.674
29	0.256	0.683	1.311	1.699	2.045	2.462	2.756	3.038	3.396	3.659
30	0.256	0.683	1.31	1.697	2.042	2.457	2.75	3.03	3.385	3.646
40	0.255	0.681	1.303	1.684	2.021	2.423	2.704	2.971	3.307	3.551
60	0.254	0.679	1.296	1.671	2	2.39	2.66	2.915	3.232	3.46
120	0.254	0.677	1.289	1.658	1.98	2.358	2.617	2.86	3.16	3.373
∞	0.253	0.674	1.282	1.645	1.96	2.326	2.576	2.807	3.09	3.291

* 양측검정은 위의 유의수준을 두 배해서 사용

4. χ^2(카이제곱)분포표

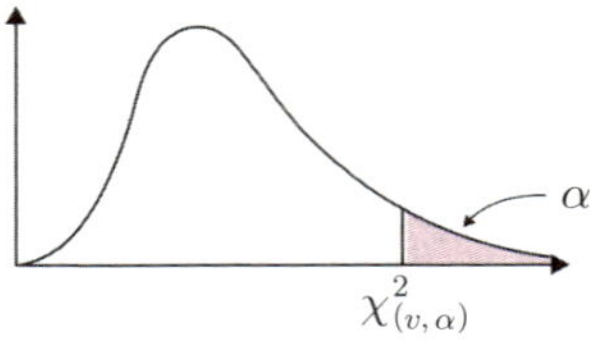

자유도 v	유의 수준 0.995	0.99	0.975	0.95	0.05	0.025	0.01	0.005
1	0.04393	0.03157	0.03982	0.02393	3.841	5.024	6.635	7.879
2	0.01	0.0201	0.0506	0.103	5.991	7.378	9.21	10.597
3	0.0717	0.115	0.216	0.352	7.815	9.348	11.345	12.838
4	0.207	0.297	0.484	0.711	9.488	11.143	13.277	14.86
5	0.412	0.554	0.831	1.145	11.07	12.832	15.086	16.75
6	0.676	0.872	1.237	1.635	12.592	14.449	16.812	18.548
7	0.969	1.239	1.69	2.167	14.067	16.013	18.475	20.278
8	1.344	1.646	2.18	2.733	15.507	17.535	20.09	21.955
9	1.735	2.088	2.7	3.325	16.919	19.023	21.666	23.589
10	2.156	2.558	3.247	3.94	18.307	20.483	23.209	25.188
11	2.603	3.053	3.816	4.575	19.675	21.92	24.725	26.757
12	3.074	3.571	4.404	5.226	21.026	23.337	26.217	28.3
13	3.565	4.107	5.009	5.892	22.362	24.736	27.688	29.819
14	4.075	4.66	5.629	6.571	23.685	26.119	29.141	31.319
15	4.601	5.229	6.262	7.261	24.996	27.448	30.578	32.801
16	5.142	5.812	6.908	7.962	26.296	28.845	32	34.267
17	5.697	6.408	7.564	8.672	27.587	30.191	33.409	35.718
18	6.265	7.015	8.231	9.39	28.869	31.526	34.805	37.156
19	6.844	7.633	8.907	10.117	30.144	32.852	36.191	38.582
20	7.434	8.26	9.591	10.851	31.41	34.17	37.566	39.997
21	8.034	8.897	10.283	11.591	32.671	35.479	38.932	41.401
22	8.643	9.542	10.982	12.338	33.924	36.781	40.289	42.796
23	9.26	10.196	11.689	13.091	35.172	38.076	41.638	44.181
24	9.886	10.856	12.401	13.848	36.415	39.364	42.98	45.558
25	10.52	11.524	13.12	14.611	37.652	40.646	44.314	46.928
26	11.16	12.198	13.844	15.379	38.885	41.923	45.642	48.29
27	11.808	12.879	14.573	16.151	40.113	43.194	46.963	49.645
28	12.461	13.565	15.308	16.928	41.337	44.461	48.278	50.993
29	13.121	14.256	16.047	17.708	42.557	45.722	49.588	52.336
30	13.787	14.953	16.791	18.493	43.773	46.979	50.892	53.672
40	20.707	22.165	24.433	26.509	55.758	59.342	63.691	66.766
50	27.991	29.707	32.357	34.764	67.505	71.42	76.154	79.49
100	67.328	70.065	74.222	77.929	124.342	129.561	135.807	140.169

5. F분포표

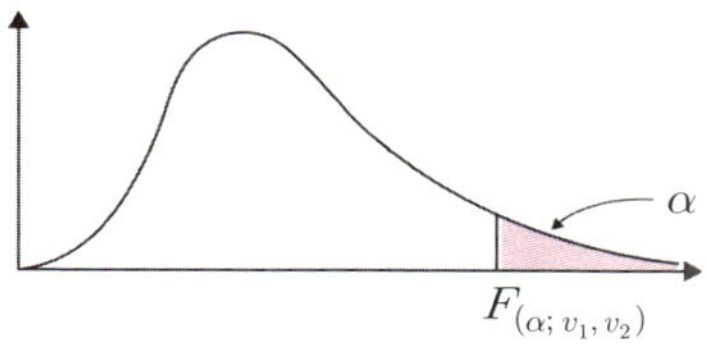

V_2	유의 수준	V_1								
		1	2	3	4	5	6	7	8	9
	0.1	39.9	49.5	53.6	55.8	57.2	58.2	58.9	59.4	59.9
1	0.05	161	200	216	225	230	234	237	239	241
	0.025	648	800	864	900	922	937	948	957	963
	0.01	4,052	5,000	5,403	5,625	5,764	5,859	5,928	5,981	6,022
	0.1	8.53	9	9.16	9.24	9.29	9.33	9.35	9.37	9.38
2	0.05	18.5	19	19.2	19.2	19.3	19.3	19.4	19.4	19.4
	0.025	38.5	39	39.2	39.3	39.3	39.3	39.4	39.4	39.4
	0.01	98.5	99	99.2	99.2	99.3	99.3	99.4	99.4	99.4
	0.1	5.54	5.46	5.39	5.34	5.31	5.28	5.27	5.25	5.24
3	0.05	10.1	9.55	9.28	9.12	9.01	8.94	8.89	8.85	8.81
	0.025	17.4	16	15.4	15.1	14.9	14.7	14.6	14.5	14.5
	0.01	34.1	30.8	29.5	28.7	28.2	27.9	27.7	27.5	27.3
	0.1	4.54	4.32	4.19	4.11	4.05	4.01	3.98	3.95	3.94
4	0.05	7.71	6.94	6.59	6.39	6.26	6.16	6.09	6.04	6
	0.025	12.2	10.7	9.98	9.6	9.36	9.2	9.07	8.98	8.9
	0.01	21.2	18	16.7	16	15.5	15.2	15	14.8	14.7
	0.1	4.06	3.78	3.62	3.52	3.45	3.4	3.37	3.34	3.32
5	0.05	6.61	5.79	5.41	5.19	5.05	4.95	4.88	4.82	4.77
	0.025	10	8.43	7.76	7.39	7.15	6.98	6.85	6.76	6.68
	0.01	16.3	13.3	12.1	11.4	11	10.7	10.5	10.3	10.2
	0.1	3.78	3.46	3.29	3.18	3.11	3.05	3.01	2.98	2.96
6	0.05	5.99	5.14	4.76	4.53	4.39	4.28	4.21	4.15	4.1
	0.025	8.81	7.26	6.6	6.23	5.99	5.82	5.7	5.6	5.52
	0.01	13.7	10.9	9.78	9.15	8.75	8.47	8.26	8.1	7.98
	0.1	3.59	3.26	3.07	2.96	2.88	2.83	2.78	2.75	2.72
7	0.05	5.59	4.74	4.35	4.12	3.97	3.87	3.79	3.73	3.68
	0.025	8.07	6.54	5.89	5.52	5.29	5.12	4.99	4.9	4.82
	0.01	12.2	9.55	8.45	7.85	7.46	7.19	6.99	6.84	6.72
	0.1	3.46	3.11	2.92	2.81	2.73	2.67	2.62	2.59	2.56
8	0.05	5.32	4.46	4.07	3.84	3.69	3.58	3.5	3.44	3.39
	0.025	7.57	6.06	5.42	5.05	4.82	4.65	4.53	4.43	4.36
	0.01	11.3	8.65	7.59	7.01	6.63	6.37	6.18	6.03	5.91
	0.1	3.36	3.01	2.81	2.69	2.61	2.55	2.51	2.47	2.44
9	0.05	5.12	4.26	3.86	3.63	3.48	3.37	3.29	3.23	3.18
	0.025	7.21	5.71	5.08	4.72	4.48	4.32	4.2	4.1	4.03
	0.01	10.6	8.02	6.99	6.42	6.06	5.8	5.61	5.47	5.35
	0.1	3.29	2.92	2.73	2.61	2.52	2.46	2.41	2.38	2.35
10	0.05	4.96	4.1	3.71	3.48	3.33	3.22	3.14	3.07	3.02
	0.025	6.94	5.46	4.83	4.47	4.24	4.07	3.95	3.85	3.78
	0.01	10	7.56	6.55	5.99	5.64	5.39	5.2	5.06	4.94
	0.1	3.23	2.86	2.66	2.54	2.45	2.39	2.34	2.3	2.27
11	0.05	4.84	3.98	3.59	3.36	3.2	3.09	3.01	2.95	2.9

	0.025	6.72	5.26	4.63	4.28	4.04	3.88	3.76	3.66	3.59
	0.01	9.65	7.21	6.22	5.67	5.32	5.07	4.89	4.74	4.63
12	0.1	3.18	2.81	2.61	2.48	2.39	2.33	2.28	2.24	2.21
	0.05	4.75	3.89	3.49	3.26	3.11	3	2.91	2.85	2.8
	0.025	6.55	5.1	4.47	4.12	3.89	3.73	3.61	3.51	3.44
	0.01	9.33	6.93	5.95	5.41	5.06	4.82	4.64	4.5	4.39

V_2	유의 수준	V_1									
		10	11	12	15	20	24	30	60	120	∞
1	0.1	60.2	60.5	60.7	61.2	61.7	62	62.3	62.8	63.1	63.3
	0.05	242	243	244	246	248	249	250	252	253	254
	0.025	969	973	977	985	993	997	1001	1010	1014	1018
	0.01	6,056	6,082	6,106	6,157	6,209	6,235	6,261	6,313	6,339	6,366
2	0.1	9.39	9.4	9.41	9.42	9.44	9.45	9.46	9.47	9.48	9.49
	0.05	19.4	19.4	19.4	19.4	19.4	19.5	19.5	19.5	19.5	19.5
	0.025	39.4	39.4	39.4	39.4	39.5	39.5	39.5	39.5	39.5	39.5
	0.01	99.4	99.4	99.4	99.4	99.4	99.5	99.5	99.5	99.5	99.5
3	0.1	5.23	5.22	5.22	5.2	5.18	5.18	5.17	5.15	5.14	5.13
	0.05	8.79	8.76	8.74	8.7	8.66	8.64	8.62	8.57	8.55	8.53
	0.025	14.4	14.4	14.3	14.3	14.2	14.1	14.1	14	14	13.9
	0.01	27.2	27.1	27.1	26.9	26.7	26.6	26.5	26.3	26.2	26.1
4	0.1	3.92	3.91	3.9	3.87	3.84	3.83	3.82	3.79	3.78	3.76
	0.05	5.96	5.94	5.91	5.85	5.8	5.77	5.75	5.69	5.66	5.63
	0.025	8.84	8.8	8.75	8.66	8.56	8.51	8.46	8.36	8.31	8.26
	0.01	14.5	14.4	14.4	14.2	14	13.9	13.8	13.7	13.6	13.5
5	0.1	3.3	3.28	3.27	3.24	3.21	3.19	3.17	3.14	3.12	3.11
	0.05	4.74	4.71	4.68	4.62	4.56	4.53	4.5	4.43	4.4	4.37
	0.025	6.62	6.57	6.52	6.43	5.33	6.28	6.23	6.12	6.07	6.02
	0.01	10.1	9.96	9.89	9.72	9.55	9.47	9.38	9.2	9.11	9.02
6	0.1	2.94	2.92	2.9	2.87	2.84	2.82	2.8	2.76	2.74	2.72
	0.05	4.06	4.03	4	3.94	3.87	3.84	3.81	3.74	3.7	3.67
	0.025	5.46	5.41	5.27	5.27	5.17	5.12	5.07	4.96	4.9	4.85
	0.01	7.87	7.79	7.72	7.56	7.4	7.31	7.23	7.06	6.97	6.88
7	0.1	2.7	2.68	2.67	2.63	2.59	2.58	2.56	2.51	2.49	2.47
	0.05	3.64	3.6	3.57	3.51	3.44	3.41	3.38	3.3	3.27	3.23
	0.025	4.76	4.71	4.67	4.57	4.47	4.42	4.36	4.25	4.2	4.14
	0.01	6.62	6.54	6.47	6.31	6.16	6.07	5.99	5.82	5.74	5.65
8	0.1	2.54	2.52	2.5	2.46	2.42	2.4	2.38	2.34	2.32	2.29
	0.05	3.35	3.31	3.28	3.22	3.15	3.12	3.08	3.01	2.97	2.93
	0.025	4.3	4.25	4.2	4.1	4	3.95	3.89	3.78	3.73	3.67
	0.01	5.81	5.73	5.67	5.52	5.36	5.28	5.2	5.03	4.95	4.89
9	0.1	2.42	2.4	2.38	2.34	2.3	2.28	2.25	2.21	2.18	2.16
	0.05	3.14	3.1	3.07	3.01	2.94	2.9	2.86	2.79	2.75	2.71
	0.025	3.96	3.91	3.87	3.77	3.67	3.61	3.56	3.45	3.39	3.33
	0.01	5.26	5.18	5.11	4.96	4.81	4.73	4.65	4.48	4.4	4.31
10	0.1	2.32	2.3	2.28	2.24	2.2	2.18	2.16	2.11	2.08	2.06
	0.05	2.98	2.94	2.91	2.84	2.77	2.74	2.7	2.62	2.58	2.54
	0.025	3.72	3.67	3.62	3.52	3.42	3.37	3.31	3.2	3.14	3.08
	0.01	4.85	4.77	4.71	4.56	4.41	4.33	4.25	4.08	4	3.91
11	0.1	2.25	2.23	2.21	2.17	2.12	2.1	2.08	2.03	1.99	1.97
	0.05	2.85	2.82	2.79	2.72	2.65	2.61	2.57	2.49	2.43	2.4
	0.025	3.52	3.48	3.43	3.33	3.23	3.17	3.12	3	2.94	2.88
	0.01	4.54	4.46	4.4	4.25	4.1	4.02	3.94	3.78	3.66	3.6
12	0.1	2.19	2.17	2.15	2.1	2.06	2.04	2.01	1.96	1.93	1.9
	0.05	2.75	2.72	2.69	2.62	2.54	2.51	2.47	2.38	2.34	2.3
	0.025	3.37	3.32	3.28	3.18	3.07	3.02	2.96	2.85	2.79	2.72
	0.01	4.3	4.22	4.16	4.01	3.86	3.78	3.7	3.54	3.45	3.36

V_2	유의 수준	V_1								
		1	2	3	4	5	6	7	8	9
	0.1	3.14	2.76	2.56	2.43	2.35	2.28	2.23	2.2	2.16
13	0.05	4.67	3.81	3.41	3.18	3.03	2.92	2.83	2.77	2.71
	0.025	6.41	4.97	4.35	4	3.77	3.6	3.48	3.39	3.31
	0.01	9.07	6.7	5.73	5.21	4.86	4.62	4.44	4.3	4.19
	0.1	3.1	2.73	2.52	2.39	2.31	2.24	2.19	2.15	2.12
14	0.05	4.6	3.74	3.34	3.11	2.96	2.85	2.76	2.7	2.65
	0.025	6.39	4.86	4.24	3.8	3.66	3.5	3.36	3.29	3.26
	0.01	8.86	6.51	5.56	5.04	4.69	4.46	4.28	4.14	4.03
	0.1	3.07	2.7	2.49	2.36	2.27	2.21	2.16	2.12	2.09
15	0.05	4.54	3.68	3.29	3.06	2.9	2.79	2.71	2.64	2.59
	0.025	6.2	4.77	4.15	3.8	3.58	3.41	3.29	3.2	3.12
	0.01	8.68	6.36	5.42	4.89	4.56	4.32	4.14	4	3.89
	0.1	3.05	2.67	2.46	2.33	2.24	2.18	2.13	2.09	2.06
16	0.05	4.49	3.63	3.24	3.01	2.85	2.74	2.66	2.59	2.54
	0.025	6.12	4.69	4.08	3.73	3.5	3.34	3.22	3.12	3.05
	0.01	8.53	6.23	5.29	4.77	4.44	4.2	4.03	3.89	3.78
	0.1	3.03	2.64	2.44	2.31	2.22	2.15	2.1	2.06	2.03
17	0.05	4.45	3.59	3.2	2.96	2.81	2.7	2.61	2.55	2.49
	0.025	6.04	4.62	4.01	3.66	3.44	3.28	3.16	3.06	2.98
	0.01	8.4	6.11	5.18	4.67	4.34	4.1	3.93	3.79	3.68
	0.1	3.01	2.62	2.42	2.29	2.2	2.13	2.08	2.04	2
18	0.05	4.41	3.55	3.16	2.93	2.77	2.66	2.58	2.51	2.46
	0.025	5.98	4.56	3.95	3.61	3.38	3.22	3.1	3.01	2.93
	0.01	8.29	6.01	5.09	4.58	4.25	4.01	3.84	3.71	3.6
	0.1	2.99	2.61	2.4	2.27	2.18	2.11	2.06	2.02	1.98
19	0.05	4.38	3.52	3.13	2.9	2.74	2.63	2.54	2.48	2.42
	0.025	5.92	4.51	3.9	3.56	3.33	3.17	3.05	2.96	2.88
	0.01	8.18	5.93	5.01	4.5	4.17	3.94	3.77	3.63	3.52
	0.1	2.97	2.59	2.38	2.25	2.16	2.09	2.04	2	1.96
20	0.05	4.35	3.49	3.1	2.87	2.71	2.6	2.51	2.45	2.39
	0.025	5.87	4.46	3.86	3.51	3.29	3.13	3.01	2.91	2.84
	0.01	8.1	5.85	4.94	4.43	4.1	3.87	3.7	3.56	3.46
	0.1	2.93	2.54	2.33	2.19	2.1	2.04	1.98	1.94	1.91
24	0.05	4.26	3.4	3.01	2.78	2.62	2.51	2.42	2.36	2.3
	0.025	5.72	4.32	3.72	3.38	3.15	2.99	2.87	2.78	2.7
	0.01	7.82	5.61	4.72	4.22	3.9	3.67	3.5	3.36	3.26
	0.1	2.88	2.49	2.28	2.14	2.05	1.98	1.93	1.88	1.85
30	0.05	4.17	3.32	2.92	2.69	2.53	2.42	2.33	2.27	2.21
	0.025	5.57	4.18	3.59	3.25	3.03	2.87	2.75	2.65	2.57
	0.01	7.56	5.39	4.51	4.02	3.7	3.47	3.3	3.17	3.07
	0.1	2.79	2.39	2.18	2.04	1.95	1.87	1.82	1.77	1.74
60	0.05	4	3.15	2.76	2.53	2.37	2.25	2.17	2.1	2.04
	0.025	5.29	3.93	3.34	3.01	2.79	2.63	2.51	2.41	2.33
	0.01	7.08	4.98	4.13	3.65	3.34	3.12	2.95	2.82	2.72
	0.1	2.75	2.36	2.13	1.99	1.9	1.82	1.77	1.72	1.68
120	0.05	3.92	3.07	2.68	2.45	2.29	2.18	2.09	2.02	1.96
	0.025	5.15	3.8	3.23	2.89	2.67	2.52	2.39	2.3	2.22
	0.01	7.08	4.98	4.13	3.65	3.34	3.12	2.95	2.82	2.72
	0.1	2.71	2.3	2.08	1.94	1.85	1.77	1.72	1.67	1.63
∞	0.05	3.84	3	2.6	2.37	2.21	2.1	2.01	1.94	1.88
	0.025	5.02	3.69	3.12	2.79	2.57	2.41	2.29	2.19	2.11
	0.01	6.63	4.61	3.78	3.32	3.02	2.8	2.64	2.51	2.41

V_2	유의 수준	V_1									
		10	11	12	15	20	24	30	60	120	∞
	0.1	2.14	2.12	2.1	2.05	2.01	1.98	1.96	1.9	1.86	1.85
13	0.05	2.67	2.63	2.6	2.53	2.46	2.42	2.38	2.3	2.23	2.21
	0.025	3.25	3.2	3.15	3.05	2.95	2.89	2.84	2.72	2.66	2.6
	0.01	4.1	4.02	3.96	3.82	3.66	3.59	3.51	3.34	3.22	3.17
	0.1	2.1	2.08	2.05	2.01	1.96	1.94	1.91	1.86	1.33	1.8
14	0.05	2.6	2.57	2.53	2.46	2.39	2.35	2.31	2.22	2.18	2.13
	0.025	3.15	3.1	3.05	2.95	2.84	2.79	2.73	2.61	2.55	2.49
	0.01	3.94	3.86	3.38	3.66	3.51	3.43	3.35	3.18	3.09	3
	0.1	2.06	2.04	2.02	1.97	1.92	1.9	1.87	1.82	1.79	1.76
15	0.05	2.54	2.51	2.48	2.4	2.33	2.29	2.25	2.16	2.11	2.07
	0.025	3.06	3.01	2.96	2.86	2.76	2.7	2.64	2.52	2.46	2.4
	0.01	3.8	3.73	3.67	3.52	3.37	3.29	3.21	3.05	2.96	2.87
	0.1	2.03	2.01	1.99	1.94	1.89	1.87	1.84	1.78	1.75	1.72
16	0.05	2.49	2.46	2.42	2.35	2.28	2.24	2.19	2.11	2.06	2.01
	0.025	2.99	2.94	2.89	2.79	2.68	2.63	2.57	2.45	2.38	2.32
	0.01	3.69	3.62	3.55	3.41	3.26	3.18	3.1	2.93	2.84	2.75
	0.1	2	1.98	1.96	1.91	1.86	1.84	1.81	1.75	1.72	1.69
17	0.05	2.45	2.41	2.38	2.32	2.23	2.19	2.15	2.06	2.01	1.96
	0.025	2.92	2.87	2.82	2.72	2.62	2.56	2.5	2.38	2.32	2.25
	0.01	3.59	3.52	3.46	3.31	3.16	3.08	3	2.83	2.75	2.65
	0.1	1.98	1.96	1.93	1.89	1.84	1.81	1.78	1.72	1.69	1.66
18	0.05	2.41	2.37	2.34	2.27	2.19	2.15	2.11	2.02	1.97	1.92
	0.025	2.87	2.82	2.77	2.67	2.56	2.5	2.44	2.32	2.26	2.19
	0.01	3.51	3.43	3.37	3.23	3.08	3	2.92	2.75	2.66	2.57
	0.1	1.96	1.94	1.91	1.86	1.81	1.79	1.76	1.7	1.67	1.63
19	0.05	2.38	2.34	2.31	2.23	2.16	2.11	2.07	1.98	1.93	1.88
	0.025	2.82	2.77	2.72	2.62	2.51	2.45	2.39	2.27	2.2	2.13
	0.01	3.43	3.36	3.3	3.15	3	2.92	2.84	2.67	2.58	2.49
	0.1	1.94	1.92	1.89	1.84	1.79	1.77	1.74	1.68	1.64	1.61
20	0.05	2.35	2.31	2.28	2.2	2.12	2.08	2.04	1.95	1.9	1.84
	0.025	2.77	2.72	2.68	2.57	2.46	2.41	2.35	2.22	2.16	2.09
	0.01	3.37	3.29	3.23	3.09	2.94	2.86	2.78	2.61	2.52	2.42
	0.1	1.88	1.85	1.83	1.78	1.73	1.7	1.67	1.61	1.57	1.53
24	0.05	2.25	2.21	2.18	2.11	2.03	1.98	1.94	1.84	1.79	1.73
	0.025	2.64	2.59	2.54	2.44	2.33	2.27	2.21	2.08	2.01	1.94
	0.01	3.17	3.09	3.03	2.89	2.74	2.66	2.58	2.4	2.31	2.21
	0.1	1.82	1.79	1.77	1.72	1.67	1.64	1.61	1.54	1.5	1.46
30	0.05	2.16	2.13	2.09	2.01	1.93	1.89	1.84	1.74	1.68	1.62
	0.025	2.51	2.46	2.41	2.31	2.2	2.14	2.07	1.94	1.87	1.79
	0.01	2.98	2.91	2.84	2.7	2.55	2.47	2.39	2.21	2.11	2.01
	0.1	1.71	1.68	1.66	1.6	1.54	1.51	1.48	1.4	1.35	1.29
60	0.05	1.99	1.95	1.92	1.84	1.75	1.7	1.65	1.53	1.47	1.39
	0.025	2.27	2.22	2.17	2.06	1.94	1.88	1.82	1.67	1.58	1.48
	0.01	2.63	2.56	2.5	2.35	2.2	2.12	2.03	1.84	1.73	1.6
	0.1	1.65	1.62	1.6	1.55	1.48	1.45	1.41	1.32	1.26	1.19
120	0.05	1.91	1.87	1.83	1.75	1.66	1.61	1.55	1.43	1.35	1.25
	0.025	2.16	2.11	2.05	1.94	1.82	1.76	1.69	1.53	1.43	1.31
	0.01	2.47	2.4	2.34	2.19	2.03	1.95	1.86	1.66	1.53	1.38
	0.1	1.6	1.57	1.55	1.49	1.42	1.38	1.34	1.24	1.17	1
∞	0.05	1.83	1.79	1.75	1.67	1.57	1.52	1.46	1.32	1.22	1
	0.025	2.05	2	1.94	1.83	1.71	1.64	1.57	1.39	1.27	1
	0.01	2.32	2.25	2.18	2.04	1.88	1.79	1.7	1.47	1.32	1

참고문헌

Anderson, David, Dennis Sweeney and Thomas Williams(2012). *Essentials of Statistics for Business and Economics*, Revised, Cengage Learning.

Babbie, Earl(2013). 고성호 외 옮김, 『사회조사방법론』, 13th edition, Cengage Learning.

Gravetter, Frederick J. and Larry B. Wallnau(2009). 김광재 · 김효동 옮김, 『사회과학 통계 방법론의 핵심 이론』, 8th edition, 커뮤니케이션북스.

Kendrick, Richard J. and J. Richard Kendrick(2004). *Social Statistics*, Addison-Wesley.

Mendenhall, William, Robert J. Beaver, and Barbara M. Beaver(2001). *Business Statistics*, 2nd edition, Thomson Learning.

Minium, Edward W.(2006). 김아영 · 차정은 옮김, 『통계분석 논리의 기초』, 박학사.

Newbold, Paul, William L. Carlson, and Betty M. Thorne(2007). *Statistics for Business and Economics*, 6th edition, Pearson Education.

Wheelan, Charles(2013). 김명철 옮김, 『벌거벗은 통계학』, 책읽는 수요일.

「통계법」

「통계법시행령」

「통계청과 그 소속기관 직제」

「국가통계 발전전략」

찾아보기

ㅇ

기타

김민주(金玟柱)

현재 동양대학교 북서울(동두천)캠퍼스 공공인재학부 교수이다. 고려대학교에서 2012년에 행정학 박사학위를 취득하고, 2013년 3월부터 동양대학교에서 교수로 재직 중이다. 저서로는 『자치와 보이지 않는 권력』(2021), 『호모 이밸루쿠스: 평가지배사회를 살아가는 시험 인간』(2020), 『재무행정학』(2019), 『공공관리학』(2019), 『시민의 얼굴 정부의 얼굴』(2018), 『정부는 어떤 곳인가』(2017), 『문화정책과 경영』(2016), 『평가지배사회』(2016), 『행정계량분석론』(2015), 『원조예산의 패턴』(2014)이 있다.

공공인재학부장을 역임했고, 각종 공무원시험 출제 위원, 국회도서관 자료추천위원단 위원, 경인행정학회 연구위원장, 행정안전부의 지방공기업평가 위원, 여성가족부의 청소년정책평가 위원, 경기도 동두천양주교육지원청의 공적심사위원회 위원, 동두천시의 재정운용심의위원회 위원 · 예산성과금심사위원회 위원 · 지역사회보장 대표협의체 위원 · 정보공개심의회 위원 · 성별영향분석평가위원회 위원 · 금고지정 심의위원회 위원 · 인구정책위원회 위원 · 노인복지관운영위원회 위원 등의 활동 경력을 지니고 있다. 관심 분야는 재무행정, 평가, 계량분석, 문화정책, 공공관리 등이다.

(minju0803@gmail.com)

제2판
행정계량분석론

펴낸날 제1판 제1쇄 2015년 1월 25일
제2판 제1쇄 2021년 3월 3일
지은이 김민주
펴낸이 임춘환
펴낸곳 도서출판 **대영문화사**
주소 (본사) 사무실: 경기도 고양시 일산서구 주화로 70
우신프라자 307호 (우) 10387)
(본사) 물류센터: 경기도 고양시 일산서구 덕산로
107번길 68-50 (우) 10205)
등록 1975년 12월 26일 제3-16호
전화 (031) 913-3062, (031) 914-3884~5
팩스 (031) 913-3839
홈페이지 http://www.dymbook.co.kr

ISBN 978-89-7644-773-9
값 22,000원